应用型本科金融学专业规划教材

HUOBI YINHANGXUE

货币银行学

孙文博　主编

东北财经大学出版社
Dongbei University of Finance & Economics Press

大连

图书在版编目（CIP）数据

货币银行学 / 孙文博主编． —大连：东北财经大学出版社，2025.8.—
（应用型本科金融学专业规划教材）．—ISBN 978-7-5654-5708-1

Ⅰ.F820

中国国家版本馆CIP数据核字第2025WB6392号

货币银行学

HUOBI YINHANGXUE

东北财经大学出版社出版

（大连市黑石礁尖山街217号　邮政编码　116025）

网　　　址：http://www.dufep.cn

读者信箱：dufep@dufe.edu.cn

大连天骄彩色印刷有限公司印刷　　东北财经大学出版社发行

幅面尺寸：185mm×260mm　　　　字数：444千字　　　印张：19.75

2025年8月第1版　　　　　　　　2025年8月第1次印刷

责任编辑：李丽娟　吉　扬　石建华　　　责任校对：何　群

封面设计：原　皓　　　　　　　　　　　版式设计：原　皓

书号：ISBN 978-7-5654-5708-1　　　　　定价：52.00元

党的二十大报告指出，"教育是国之大计、党之大计"，立德树人是教育的根本任务。在新文科建设与金融行业数字化转型的时代背景下，"货币银行学"作为连接经济理论与实践的核心课程，对培养"技术+金融+伦理"复合型人才具有战略意义。货币与银行犹如现代经济的"血脉中枢"，既渗透于个人收支规划、企业投融资决策等微观场景，更主导国家货币政策传导与宏观经济调控。从数字人民币落地到金融科技监管创新，从服务实体经济到助力共同富裕，货币银行学的理论与实践始终与国家发展同频共振。在此背景下，《货币银行学》教材应运而生。

本教材以"立德树人"为引领，融合党的教育方针与金融行业前沿理论，既系统构建货币供需、银行运营等核心理论框架，又融入金融伦理、风险防控等思政元素，通过"理论阐释 + 案例研学 + 实践应用"三位一体设计，助力读者洞悉经济运行逻辑，培养兼具专业素养与家国情怀的新时代金融人才，为服务国家经济高质量发展筑牢知识根基。

本教材积极践行新文科理念，从基础的货币制度演变、信用体系构建，到前沿的金融监管创新变革，每个知识点均经过精心雕琢与深度解读，既严守学术理论的严谨性，又融入丰富的实践应用场景，使知识鲜活起来。

此外，本教材为校级"十四五"规划教材，配套有电子课件、教案、题库、案例库、微课等数字化资源。期望读者通过学习，既能筑牢专业根基，又能培养敏锐的金融市场洞察力，实现理论向实践能力的高效转化，在复杂多变的金融环境中把握机遇、应对挑战。

本教材由吉林工商学院孙文博教授主编，吉林工商学院多位老师参编。各项目编写分工如下：孙文博负责编写项目五，崔宏伟负责编写项目二、项目三，付艳负责编写项目一、项目四，王晓丹负责编写项目六、项目十，于晶波负责编写项目十一、项目十二，张菁菁负责编写项目七、项目八、项目九，马慧敏负责编写项目十三、项目十四。本教材最后由孙文博进行总纂和定稿。

本教材适用于应用型本科院校金融学、经济学等相关专业教学，也可供金融领域从业者参考学习及经济爱好者自主研读。

受限于编者学识与经验，书中或存在不足之处，恳请各位专家、读者批评指正，以便后续修订完善。

编　者

2025年6月

项目一　货币职能与货币制度 / 1

项目二　信用与利率 / 25

项目三　金融工具与金融市场 / 44

项目十四　金融创新与金融改革 / 285

参考文献 / 305

项目一　货币职能与货币制度

学习目标

1.知识目标

理解货币的本质和职能，掌握货币的形态、货币制度构成要素的基本内容和中国现行货币制度，了解货币制度的演变，理解货币层次划分的依据和内容，掌握货币流通的概念和形式，了解国际货币体系的构成。

2.能力目标

能够运用所学知识分析各种货币形态演变的原因；搜集整理我国各层次货币供应量数据，分析数据背后央行货币调控。

3.素养目标

引领学生在纵观货币演变、货币制度发展和货币体系变革基础上进行宏观经济视野分析，提升金融素养。

思维导图

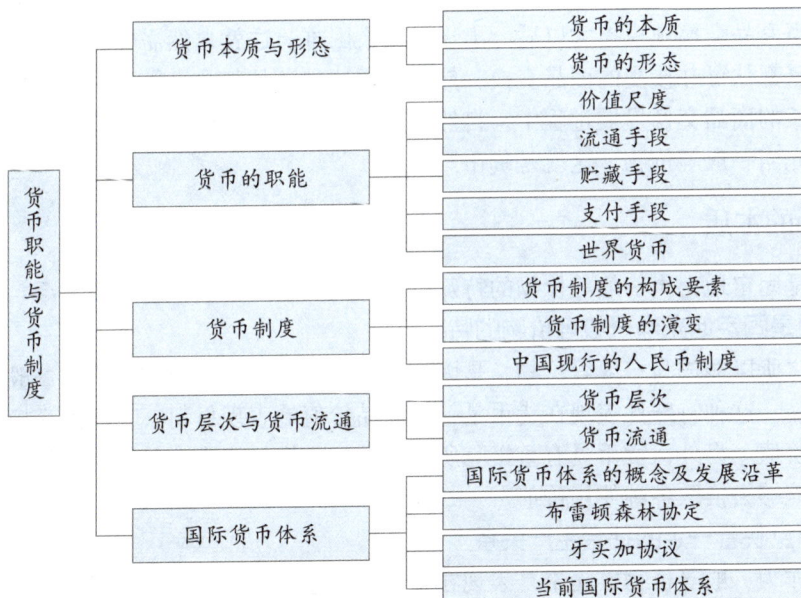

引例

中国将会进入无现金时代吗?

随着移动支付的不断普及,各种支付平台的不断发展,越来越多的用户开始使用手机进行移动支付。现在,人们已经很少带现金出门,毕竟随处都可以使用移动支付手段进行付款,人们乘车、吃饭、玩乐、购物都可以扫码付款。移动支付已全面渗入人们的生活当中,有时人们外出游玩仅靠一部手机就足够了。因此有人认为,我国将会进入无现金时代。

资料来源:作者根据相关资料编写。

思考:货币对于人们和经济社会的重要性始终未变,以其特有的渗透力影响着社会经济的方方面面,那么从古至今,货币的形态和货币制度经过了哪些演变?货币的本质到底是什么?又发挥着怎样的职能?在现代信用制度条件下,货币的范围究竟有多大?货币流通所采取的基本形式有哪些?本项目将揭开货币的面纱,对于货币的职能、货币制度的演变、货币层次及国际货币体系进行详细介绍。

任务一 货币本质与形态

剩余产品出现以后,产生了最初的交换形式——物物交换,但物物交换是以需要为前提的。当商品交换规模扩大以后,出现了交换困难,这就自然需要在交换时先与一种市场上大家都认可并接受的商品交换,然后再用这种商品与自己需要的商品相交换。这样,在漫长的商品交换发展过程中,自然从商品世界中分离出了一种特殊商品,在交换中固定地充当一般等价物,这就是货币。

一、货币的本质

货币是固定地充当一般等价物的特殊商品,反映了一定的社会生产关系。

(一)货币是固定地充当一般等价物的特殊商品

货币之所以能成为一般等价物,是因为货币首先是商品,但它又不是一般商品,而是特殊商品。这种特殊性表现在货币是一切商品价值的表现材料,在商品交换中直接体现商品的价值。另外,货币具有直接与所有商品相交换的能力,是财富的代表,拥有它就意味着能够去换取各种使用价值。

(二)货币反映着一定的社会生产关系

货币作为一般等价物,无论是表现在金银上,还是表现在某种价值符号上,都只是一种表面现象，其实质是反映商品生产者之间的关系。商品生产者相互交换商品，实际上是相互交换各自的劳动，只不过因为他们之间的劳动不能直接表现出来，所以才采取了商品的形式来进行交换。随着社会分工越来越细，商品交换也日益频繁，而货币作为商品交换的媒介和手段，有力地促进了商品交换的发展。因此，货币作为商品的一般等价物，也就使商品的不同所有者通过等价交换，实现了他们之间的相互交换劳动的关系，这种关系就是人和人之间的一定的社会生产关系。

二、货币的形态

自货币产生以来，随着商品交换和信用制度的发展而不断演进，货币形态大致经历了实物货币、金属货币、代用货币、信用货币、存款货币以及电子货币几个阶段。

(一) 实物货币

实物货币是人类历史上最古老的一种货币形态。在早期简单商品交换时代，生产力不发达，交换的目的是以满足人们某种生活和生产的需要为主，在当时的社会组织下，最能代表财富的并具有特殊使用价值的物品自然成为当时的货币。牲畜、盐、稀有的贝壳、珍稀鸟类羽毛、宝石、沙金等不容易大量获取的物品，都曾经被当作货币使用过。一般近海地区人们多用海贝和盐充当货币；游牧民族多用牲畜、皮革充当货币；农业区人们多用农具、布帛充当货币等。

拓展阅读 1-1
原始贝币

这些物品既是普通商品，可随时直接用于消费，又是特殊货币商品，可用来进行间接交换。但是多数实物货币都不易分割、不易保存、不便携带，因而不利于行使货币职能。

(二) 金属货币

金属货币是指以金属作为货币材料，充当一般等价物的货币。金属货币具有价值比较稳定、易于分割、易于保存、便于携带等优点，于是在交换中逐渐代替非金属实物货币成为主要对象，最终成为通行的货币。货币金属最初是贱金属，多数国家和地区使用的是铜。随着生产力的提高，参加交换的商品数量增加，需要包含价值量大的贵金属充当货币，币材也由铜过渡到金和银。

(三) 代用货币

代用货币就是代替金属货币在市场上流通的货币。它作为可流通的金属货币的凭证代替金属货币流通，其本身的价值就是所替代的货币的价值。银行券是代用货币的代表形式，即银行发行的一种不定期的债务凭证。它具有十足的金银作为保证，可以兑换成真实货币金或银。

货币只是交换的手段，而不是交换的目的，在货币不断转手的过程中，单有货币的象征存在就够了，这就产生了由价值符号或代用货币替代真实货币的可能性。代用货币是与金属货币共生共存的，当金属货币消亡时，代用货币自然也就消亡了。由于代用货币有一定的信用保证，可以自由兑换金银，故也称为可兑现的信用货币。代用货币的出现是货币币材的一大转折，为其后不兑现的信用货币的产生奠定了基础。

知识链接1-1

交子

最初的"交子"由商人自由发行。北宋初年，四川成都出现了专为携带巨款的商人经营现钱保管业务的"交子铺户"。存款人把现金交付给铺户，铺户把存款人存放现金的数额临时填写在用楮纸制作的券面上，再交还存款人，当存款人提取现金时，每贯付给铺户30文钱的利息，即付3%的保管费。这种临时填写存款金额的楮纸券便谓之"交子"。这时的"交子"，只是一种存款和取款凭据，而非货币。

随着商品经济的发展，"交子"的使用也越来越广泛，许多商人联合成立专营发行和兑换"交子"的交子铺，并在各地设交子分铺。由于交子铺户恪守信用，随到随取，所印"交子"图案讲究，隐做记号，黑红间错，亲笔押字，他人难以伪造，所以"交子"赢得了很高的信誉。商人之间的大额交易，为了避免铸币搬运的麻烦，直接用随时可变成现钱的"交子"来支付货款的事例也日渐增多。正是在反复进行的流通过程中，"交子"逐渐具备了信用货币的特点。后来交子铺户在经营中发现，只动用部分存款，并不会危及"交子"信誉。于是他们便开始印刷有统一面额和格式的"交子"，作为一种新的流通手段向市场发行。这种"交子"已经是铸币的符号，真正成了纸币。但此时的"交子"尚未取得政府认可，还是民间发行的"私交"。

资料来源：百度百科. 交子［EB/OL］.［2025-06-08］. http://baike.baidu.com/view/30120.html.

（四）信用货币

信用货币是以信用作为保证，通过信用程序发行和创造的货币。信用货币是货币进一步发展的产物，它不再代表任何贵金属，目前世界上几乎所有国家都采用这一货币形态。由于信用货币完全割断了与贵金属的联系，已成为纯粹的价值符号，本身不足值甚至没有内在价值，其发行不以金银作为准备，也不被承诺兑现金银，所以信用货币作为交换媒介必须满足两个条件：一是货币发行的立法保障和国家垄断；二是公众对此种货币具有信心。

在现代经济中，信用货币存在的形式主要是现金和银行存款。现金是指流通中的现钞通货，一般用于日常消费品、零星开支及劳务等小额交易。银行存款是指各单位、个人在银行账户上的存款，包括活期存款、定期存款和储蓄存款等。

（五）存款货币

存款货币是指可用于转账结算的活期存款。20世纪50年代以来，社会商品交换更加频繁，交换的数量更加庞大，同时随着信用制度的发展，银行结算手段的改进，现金流通逐渐减少，货币形式主要采取存款形式，货币概念得以扩张。存款货币表现为银行存款账户上的存款余额，银行活期存款的存款人可以签发支票付款或委托开户银行将款项支付给收款人，而不必费时费力地取现金支付。与其他货币形态相比较，存款货币最显著的一个特点是，它没有一定的实物形态，不具有可触摸性、可持有性，只不过是在银行存款账户上的一笔数字。

（六）电子货币

电子货币是指通过电子计算机自动转账系统实现支付货币的职能的信用工具。电子计算机的普及运用对各行各业都起到了极大的促进作用，使货币的发展产生了飞跃，货币由记在纸制凭证上的金额变成了储存在计算机系统中的一组加密数据。电子货币的出现，大大方便了顾客，既能节约流通费用，又能加速资金周转。由中央电子计算机和终端机及通信卫星、电话、电传、电视等组成的电子通信网络，使客户可以随时随地存款、取款或要求银行提供各种服务。美国经济学界把电子货币称为继金属铸币、纸币以后的"第三代货币"。

微课 1-1

探秘货币
——从贝壳
到数字背后
的秘密

从货币发展的各个阶段可以看出，一种货币形态能被另一种货币形态所取代，是由货币作为一般等价物的性质、社会生产的发展、各种币材的优胜劣汰和科学技术进步等所决定的，是社会经济向前发展的必然结果。

任务二　货币的职能

货币的本质决定货币的职能，货币的职能是货币本质的具体表现。货币在商品交换发展过程中，逐渐形成了价值尺度、流通手段、贮藏手段、支付手段和世界货币的职能。

一、价值尺度

这是货币最基本的职能，是货币在表现商品价值并测量商品价值量大小时所发挥的一种功能。

商品交换需要度量商品价值的大小，货币就是衡量商品价值的尺子。用货币作为尺度来衡量和表现其他一切商品的价值，就是货币的价值尺度职能。充当价值尺度的货币可以是本身具有价值的特殊商品，如金银，也可以是本身无价值但代表一定价值量的一般等价物，如信用货币制度下的纸币。

商品价值的货币表现是价格。商品价格同商品本身物质形态不同，它是一种观念形态，可以用口头或书面形式表达出来，不必用相应数量的货币摆在商品旁。因此，货币执行价值尺度的职能，并不需要真实的货币出场，只需要想象的观念上的货币就可以了。

二、流通手段

货币的流通手段职能是指货币在商品流通过程中起媒介作用时发挥的职能，它与价值尺度一样，是货币最基本的职能之一。

充当流通手段的货币不能是观念上的货币，而必须是现实存在的货币。因为货币作为商品交换的媒介时，它是代表一定价值量来同商品相交换，交易双方必须一手交钱、一手交货，遵循等价交换原则，买卖行为才能完成。当然我们所说的现实存在的货币，并不单指有形的货币，它也可以是无形的存款货币、电子货币等。

充当流通手段的货币不一定是具有十足价值的货币。因为货币作为流通手段时只是一种交易的媒介，是一种有权威证明的符号，商品所有者出售商品，换取货币，其目的是用货币去购买自己所需要的商品，只要货币能购得自己所需要的商品，货币本身的价值对商品所有者而言并不重要。这种事实使不足值的货币甚至无价值的货币开始登上舞台，发挥交易媒介职能。历史上的不足值铸币、无价值的纸币、存款货币以及电子货币都是凭借这一点才能够执行流通手段的职能。

三、贮藏手段

货币暂时退出流通领域，被人们保存、收藏起来，处于静止状态时，货币就执行了贮藏手段的职能。

由于货币是价值的化身，可以用它换取自己需要的任何商品，使人们感到它就是财富的代表，而且可以提高自己的社会地位和获得支配他人的权力，于是，人们积累贮藏货币的欲望也日益膨胀起来。对于商品生产者来说，为了维持自己的再生产持续不断，必须随时从市场上买进他们所需要的商品，而自己的商品并不能保证随时换取货币，因此，就必须把一部分货币贮藏起来以备不时之需。由此可见，作为贮藏手段的货币，既不能是观念上的货币，也不能是货币的符号，而必须是自身有真正价值的金属货币或充当币材的贵金属。

在金属货币制度下，货币的贮藏手段职能具有自发地调节货币流通的作用。当流通中的货币量过多时，多余的金属货币会退出流通领域成为贮藏货币；当流通中的货币量过少时，贮藏中的货币又会重新进入流通领域而成为流通手段。这样，货币执行贮藏手段职能就像"蓄水池"一样，可以自发地调节流通中的货币量，使它与商品流通的需要量相适应。

在不兑现的信用货币流通条件下，信用货币是纸质的价值符号，本身并无内在价值，也不能兑现金银，因此，它不具有典型意义上的贮藏手段职能。货币所有者把现金暂时沉淀在手里，只是用来充当流通手段和支付手段的准备金，是一种潜在的货币购买力；把现钞存入银行，从持币人的角度看，货币似乎是退出了流通，但银行在吸收存款之后，将该笔存款以贷款方式贷放到生产和流通领域，形成新的购买力，从这个流通角度来看，这种货币并没有退出流通。

四、支付手段

当货币用于单方面的支付，如用于债务、缴纳赋税、支付工资、支付租金、银行借贷、捐赠等，即货币价值进行单方面转移时，货币就在执行支付手段职能。

一般来说，买东西都是现钱交易，但在现实经济生活中，经常遇到赊账买卖。在进行赊销交易时，货币充当价值尺度，计算、衡量商品的价值，并表现出一定的价格；在交易完成时，买者不需要用货币而是用一定的付款承诺将商品从卖出者手中转移到自己手中，只是到了约定的付款期，买者才用货币向卖者清偿债务。这时，商品流通早已结束，只剩下单独的货币流通，货币所发挥的就不是一手交货、一手交钱的流通手段职能，而是单方面支付的支付手段职能。

执行支付手段职能的货币同执行流通手段职能的货币一样，必须是现实的货币，可以是不足值的。但是，如果到期的债权债务可以相互抵消，那么，就不再需要现实的货币，从而减少了流通中货币的需求量。

货币执行支付手段职能，首先促进了商品生产和商品流通的发展。因为货币支付手段职能可以实现货币借贷，从而扩大了商品生产者的资本；货币支付手段职能服务于财政税务，有利于国家对国民收入实现再分配，以促进国民经济发展和进行必要的宏观调控，但另一方面也扩大了商品经济的矛盾。在赊销交易出现以后，货币和商品不再在买卖过程中同时出现，购买者取得了商品，但没有同时支付货币。商品的转移和商品价值的实现，在时间上是分开了，在商品生产者之间形成错综复杂的债权、债务关系。一旦其中某个人不能按期付款，一个环节中断，就会导致其他人发生支付上的困难，造成连锁反应，甚至使一些人破产。

五、世界货币

当货币超越国界，在世界市场上作为一般等价物发挥作用时，就执行了世界货币的职能。

各国经济政策中重要的一步是外贸出口创汇，而商品流通一旦超越国界，扩大到世界范围，货币的职能也随之跨越国内流通领域，在国际市场上执行世界货币的职能，即在世界市场上发挥一般等价物作用时，就会在国际范围内执行价值尺度、流通手段、支付手段等职能。

在贵金属货币流通条件下，一般以金银为世界货币，以重量为单位，在各国流通无障碍。在当代，由于世界各国普遍采用不兑现的信用货币，没有代替金银的统一的国际货币，所以一些经济发达国家的货币便担当起该项重任，如美元、欧元、英镑、日元等。这些国家的法定货币之所以能在世界市场上被公认，一是该国具有相当的经济实力；二是币值相对稳定，信用较好；三是具有雄厚的外汇储备。

货币执行世界货币职能，主要表现在以下三个方面：一是作为国际上的支付手段，用来支付国际收支的差额，这是世界货币的主要职能。二是作为国际上的一般购买手段，用来购买国外商品。在这里，世界货币主要是直接同另一国的一般商品相交换，是一国单方面向另一国购买，而不是商品相互交换。三是作为各国间财富转移手段，由一国转移到另一国，充当一般的价值转移手段，如对外援助、战争赔款、资本的转移等。

任务三　货币制度

一、货币制度的构成要素

货币制度是指一个国家以法律形式规定的货币流通的结构和组织形式。它包括以下四个方面的内容：

（一）货币币材和货币单位的确定

1.货币材料的确定

货币材料是指国家以法律的形式明确规定哪一种或哪几种材料作货币材料。货币材料是整个货币制度的基础，确定不同的材料作货币材料，就构成不同的货币本位。现在世界各国都实行不兑现的信用货币制度，法律中都没有何种材料充当货币材料的规定，也就是说，过去货币制度中最重要的一个构成因素已经消失了。

2.货币名称和货币单位的确定

在金属货币时期，货币单位的确定不仅要规定单位名称，还要规定其所含的货币金属的重量，也称为价格标准。例如，英国的货币单位定名为"镑"，根据1816年5月的金币本位法案的规定，1英镑含成色11/12的黄金123.27447格令（合7.97克）。美国的货币单位定名为"元"，根据1934年1月的法令规定，1元含金量13.714格令（合0.888 671克）。中国1914年的"国币条例"中规定，货币单位名称为"圆"，1圆含纯银6钱4分8厘（合23.977克）。

在不兑现的信用货币制度下，信用货币完全割断了与贵金属的联系，此时货币单位的确定也就只是确定其单位名称而已。有的国家货币名称是货币单位直接冠以国家名，如美元、日元等；中国有些特殊，货币名称和单位名称并不一致，货币名称是人民币，货币单位是元。

（二）本位币和辅币

本位币又称主币，是一国的基本通货和法定的计价、结算货币。所谓基本通货，是指一个国家的计价标准单位，如美元、英镑等。本位币的最小规格是1个货币单位。本位币具有无限的法定支付能力，即无限法偿。本位币是法定作为价格标准的基本通货。法律规定，在货币收付中无论每次支付的金额多大，如用本位币支付时，收款人不得拒绝接受，故本位币被称为无限法偿货币。

辅币是本位币以下的小额货币，供日常零星交易和找零之用。辅币可以与本位币自由兑换。辅币是有限法偿货币。国家对辅币规定了有限的支付能力，即在每一次支付行为中使用辅币的数量受到限制，超过限额的部分，收款人可以拒绝接受，但向国家纳税或向银行兑换时不受数量限制。

（三）银行券和纸币的发行流通程序

银行券和纸币虽然都是没有内在价值的纸制的货币符号，但因为它们的产生和性质各不相同，其发行和流通程序也有所不同。

在银行业发展的早期，银行券由商业银行分散发行，19世纪以后各国才集中统一由中央银行发行。国家以法律形式规定中央银行发行的银行券为法定支付手段，拒绝接受者被视为违法。西方国家在1929—1933年经济危机后，各国的银行券都不再兑现，从而演变为不兑现的纸币。

纸币是本身没有价值又不能兑现的货币符号，它产生于货币的流通手段职能。货币在发挥流通手段职能时，只是交换的媒介，而不是交换的目的，只需有货币的象征和符号就可以了，这就意味着货币符号可以替代货币进行流通。后来政府根据货币的这一特性，有意识地铸造和发行不足值铸币，直至发行本身几乎没有价值的纸币，并通过国家法律强制其流通。可见，纸币产生的前提不是发达的信用制度，而是中央集权的国家政权和统一的国内市场。

(四)准备金制度

在实行金属货币制度下，准备制度主要是建立国家的黄金储备，这种黄金储备保存在中央银行或国库。它的用途主要有以下三点：作为国际支付的准备金，也就是作为世界货币的准备金；作为扩大和收缩国内金属流通的准备金；作为支付存款和兑换银行券的准备金。

当今世界各国均实行不兑现的信用货币流通制度，金银已退出货币流通领域，黄金准备的后两个作用已经消失。黄金作为国际支付准备金的作用依然存在，但形式却发生了变化，不再用黄金作为最后弥补国际收支逆差的手段，而是当一个国家出现巨额国际收支逆差时，可以在国际市场上抛售黄金，换取自由外汇，以平衡国际收支。

目前，各国中央银行发行的信用货币虽然不能再兑换黄金，但仍然保留着发行准备金制度。各国准备制度不同，但归纳起来，作为发行准备金的有黄金、国家债券、商业票据、外汇等。

二、货币制度的演变

货币制度历史上存在两大类型——金属货币制度和不兑现的信用货币制度。前者可分为银本位制、金银复本位制及金本位制，后者又称为纸币本位制。货币制度的具体类型如图1-1所示。

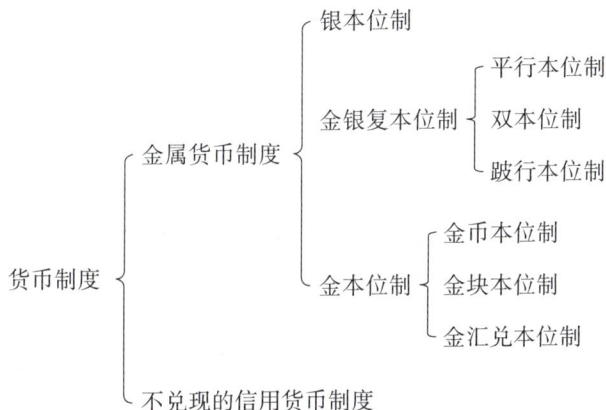

图1-1 货币制度的具体类型

(一)金属货币制度

一国一旦选定了某种货币单位，就将其货币单位用法律形式规定其与某一特定金属商品保持固定关系，以此作为衡量该商品价值的标准，进而建立起一国的商品价格体系。在任何一种货币制度中，均有多种货币同时流通，但是，商品和劳务交换会以一种货币单位作为计算单位或基本单位。这种作为计算单位的货币，被称为"本位货币"或"主币"。在货币近代史上，按照各国本位币所采用的金属类别，存在过银本位制、金银复本位制和金本位制。

1.银本位制

银本位制就是以白银作为本位币币材的一种货币制度。

拓展阅读1-2

中国历史上的
银本位制

银本位制有银两本位制和银币本位制两种类型：银两本位制是实行银块流通的货币制度，以白银的重量单位——两作为价格标准；银币本位制是实行银铸币流通的货币制度，以一定重量和成色的白银熔化成一定形状的本位币来流通。在银本位制下，银币可以自由铸造和熔化，具有无限法偿能力，白银及银币可以自由输出输入，银币的名义价值与其作为白银的实际价值相等。同时，银行券可以自由兑换银币或等量白银。

2.金银复本位制

随着商品货币经济的发展，在商品交易中，对金银两种贵金属的需求都增加了，白银主要用于小额交易，黄金则用于大宗买卖，这样就形成了白银与黄金都作为主币流通的局面，客观上产生了建立金银复本位制的要求。

金银复本位制又称金银两本位制，是以金币和银币同时作为本位货币的货币制度。在金银复本位制下，金币和银币同时被确定为主币；金币和银币均可自由铸造，并且都具有无限法偿能力；金币、银币可自由兑换；金银可自由输出输入国境。

金银复本位制先后经历了平行本位制、双本位制和跛行本位制三种类型。

（1）平行本位制。它是两种货币均按其所含金属的实际价值流通的币制。在平行本位制下，金银货币的交换比率完全由市场上生金银的比价自由确定，国家对此不加任何规定。这样，市场上的各种商品价格就会有两种标价方式——按金币标价和按银币标价，而金银的市场比价频繁发生变动，从而引起价格混乱，使市场交易陷入非常混乱的境地。为弥补平行本位制的不足，采用了双本位制。

（2）双本位制。它是使两种货币按法定比价流通的货币制度。在双本位制下，国家依据市场上的金银比价将金银兑换比率用法律条文固定下来，使金币和银币的交换比率不受市场上生金银价格波动的影响。在这种货币制度下，当金银的法定比价与市场比价不一致时，市价较法定比价高的货币（良币）会被人们熔化、输出而退出流通，而市价

微课1-2

较法定比价低的货币（劣币）则会逐渐增加，充斥市场。这种现象被称为"劣币驱逐良币"，即在一国国内有两种面值相同而实值不等的货币同时流通时，实际价值较低的货币（劣币）必驱逐实际价值较高的货币（良币）于市场之外。"劣币驱逐良币"规律，是英国经济学家汤姆斯·格雷欣最早发现的，因此又被称为"格雷欣法则"。

格雷欣法则

（3）跛行本位制。它是双本位制的变体。在这一制度下，金币与银币仍然同时为本位货币，仍按照法定比价同时流通，都具有无限法偿能力，但只有金币可以自由铸造，银币则不得自由铸造。人们形象地把金和银比做人的两只脚，银这只脚不能行走了，因此这种货币制度运转起来就像跛了一只脚的人走路一样，所以称为"跛行本位制"。从科学的划分标准来看，跛行本位制实质上已经不是金银复本位制，而是由复本位制向金本位制过渡的一种货币制度。

金银复本位制有其自身的优缺点。其优点表现在：币材充足，货币储备扩大；可分别用于大宗交易和小额交易，便利商品流通；币值稳定等。其缺点主要有：一是违背了

货币的排他性、独占性要求。在平行本位制下，将金、银同时充当币材，当国内金银比价发生波动时，会导致商品价格的波动，不能很好地发挥价值尺度职能。二是在双本位制下，由于受"劣币驱逐良币"规律的影响，银贱则银币充斥市场，金贱则金币充斥市场，必然引起货币流通的混乱。金银复本位制因其是一种不稳定的货币制度，阻碍了资本主义经济的发展，甚至导致货币制度事实上的倒退而被淘汰。

3.金本位制

金本位制是以黄金为本位币币材的一种货币制度，包括金币本位制、金块本位制和金汇兑本位制。

（1）金币本位制。金币本位制又称金铸币本位制，是以金铸币作为本位货币的一种货币制度，是最典型的金本位制。金币本位制有以下三个特征：第一，金币可以自由铸造，自由熔化；第二，金币可以自由流通，价值符号（辅币和银行券）可以自由兑换为金币；第三，黄金在各国之间可以自由地输出输入。

金币本位制对当时经济的发展发挥了重要作用。其崩溃的主要原因是：第一，世界黄金存量分配极不平衡，使得金币自由铸造与自由流通的基础受到削弱；第二，因黄金储备的减少使价值符号对金币自由兑换的可能性受到削弱。

（2）金块本位制。金块本位制又称生金本位制，是指国内不铸造金币，也不流通金币，中央银行只发行代表一定重量黄金的纸币或银行券的货币制度。在这种货币制度下，纸币或银行券只能按一定条件向发行银行兑换金块。如英国1925年规定，银行券与金块一次兑换数量不少于1 700英镑。

实行金块本位制节省了黄金使用量，减少了对黄金的发行准备要求，暂时缓解了黄金短缺与商品经济发展的矛盾，但并未从根本上解决问题。

（3）金汇兑本位制。金汇兑本位制又称虚金本位制，是指国内不流通金币，只流通银行券，而银行券可以在政府规定的汇率下自由地兑换另一种采用金币或金块本位制国家的货币，再兑换黄金的一种货币制度。在这种货币制度下，国家规定货币单位的含金量，但国内不铸造金币，也不使用金币，并且国内没有或只有部分黄金储备，只在该国存放外汇准备金，通过无限制供应外汇来维持本国币值的稳定。

金块本位制和金汇兑本位制两种货币制度都是既不稳定又残缺不全的货币制度，它们的特征是：第一，两种币制都没有黄金投入实际流通，难以发挥黄金的自发调节作用，不利于币值稳定。第二，实行金汇兑本位制的国家，又大大限制了兑换黄金，这就从根本上动摇了金本位制的基础。第三，实行金汇兑本位制的国家，把本国货币依附于它国，无法独立自主地保持本国货币的稳定。

20世纪30年代的经济大危机摧毁了这两种残缺不全的金本位制，各国都先后实行了不兑现的信用货币制度。

（二）不兑现的信用货币制度

不兑现的信用货币制度是指以不兑换黄金的纸币为本位币的货币制度。它是当今世界各国普遍推行的一种货币制度，这种货币制度以本身没有价值的信用货币作为流通中的一般等价物，其主要特点是：

（1）货币是以国家信用为基础的信用货币，无论是现金还是存款，都是国家对货币持有者的一种债务关系。存款货币是银行代表国家对存款人的负债；流通中的现金是中央银行信贷资金的来源，是中央银行代表国家对持有者的负债。

（2）信用货币不规定含金量，不能兑换黄金，不建立准备金制度，它只是流通中商品价值的符号。

（3）货币通过银行信贷程序发行和回笼，通过银行贷款、票据贴现、买入黄金或外汇及有价证券等渠道，投放到流通中去；通过收回贷款、收回贴现票款、卖出黄金或外汇及有价证券等渠道，使流通中的货币向银行回笼。

（4）纸币是没有内在价值的价值符号，不能自发适应经济运行的需要。信用货币制度的稳定性取决于国家的货币政策，中央银行必须按经济原则发行货币，并以其作为调控国民经济的重要工具，既控制通货膨胀，又防范通货紧缩。

（5）从世界范围看，信用货币制度下的存款货币、电子货币流通广泛发展，而现金货币流通呈日渐缩小的趋势。

三、中国现行的人民币制度

（一）人民币是我国的本位货币

人民币的单位为"元"，"元"是主币，"角"和"分"是辅币。人民币依其面额支付，人民币的纸币、铸币种类由国务院决定，人民币的符号为"￥"。人民币元是我国法定计价、结算的货币单位，具有无限法偿能力。

（二）人民币是我国的法定货币

在我国境内，以人民币支付一切公共和私人债务，任何单位和个人不得拒收。为了保证人民币的唯一合法地位，国家规定：严禁金银计价流通，严禁外币计价流通，严禁伪造、变造人民币，严禁任何单位和个人印制、发售代币票券以代替人民币在市场上流通，违者予以法律制裁。一切企事业单位和机关团体印刷和使用内部核算的凭证，必须报经上级机关批准，并且一律不准模仿人民币样式。

（三）人民币由中国人民银行统一印制、发行和管理

中国人民银行是国务院授权的人民币的唯一合法发行机构，它根据国内经济增长和商品流通扩大的客观需要掌管和调控发行货币的数量。在中国人民银行内部发行权集中于总行，内设人民币发行库，在其分支机构设立分支库，负责保管人民币发行基金。分支库调拨人民币发行基金，应当按照上级库的调拨命令办理，任何单位和个人不得违反规定，动用发行基金。

（四）人民币的发行保证

人民币的发行要按照经济发行的原则，人民币的发行量要以适应生产的发展和商品流通规模扩大的需要作为基础。人民币的发行还要有一定量的黄金外汇储备作保证。我国建立的黄金储备和外汇储备是国际支付的准备金，不是主要作为货币发行的准备，但对稳定币值、保证国内货币正常流通可以起到一定的作用。

知识链接1-2

2025年我国第一季度官方储备资产见表1-1。

表1-1　　　　　**2025年我国第一季度官方储备资产**（Official reserve assets）

项目 Item	2025.01		2025.02		2025.03	
	亿美元 100million USD	亿SDR 100million SDR	亿美元 100million USD	亿SDR 100million SDR	亿美元 100million USD	亿SDR 100million SDR
1.外汇储备 Foreign currency reserves	32 090.36	24 612.47	32 272.24	24 654.06	32 406.65	24 389.83
2.基金组织储备头寸 IMF reserve position	100.48	77.07	100.87	77.06	101.12	76.10
3.特别提款权 SDRs	527.12	404.29	530.77	405.48	538.82	405.53
4.黄金 Gold	2 065.34	1 584.06	2 086.43	1 593.91	2 295.94	1 727.97
	7 345万盎司	7 345万盎司	7 361万盎司	7 361万盎司	7 370万盎司	7 370万盎司
5.其他储备资产 Other reserve assets	−3.23	−2.48	−4.73	−3.61	−3.60	−2.71
合计 Total	34 780.07	26 675.41	34 985.58	26 726.90	35 338.93	26 596.72

资料来源：根据国家外汇管理局官网数据整理。

（五）人民币是独立自主的货币

中国的人民币是不依附于任何国家的货币，也不与任何国家的货币保持固定比价。人民币外汇价格由银行间外汇交易市场上的外汇供求关系所决定，是外汇市场外汇交易的结果。

任务四　货币层次与货币流通

一、货币层次

（一）货币层次划分的含义

货币量理应是现实经济生活中的货币总量，然而，随着市场经济的不断发展，特别是金融创新的兴起，新的金融工具层出不穷，许多新的金融工具都不同程度地具有"货币性"。这就使货币流通的范围不断扩大，流通中的货币形式也多种多样，从而给货币量的计算带来新的问题——货币量的口径问题，因而就有了货币的层次划分。

货币层次划分，是指将流通中的货币主要按照其流动性的强弱进行相关排列，分成若干层次并用符号代表的一种方法。实际上，货币的不同层次就是不同范围的货币概念。

划分货币层次的目的是掌握流通中各类货币的特定性质、运行规律以及它们在整个货币体系中的地位，进而探索货币流通和商品流通在结构上的依存关系和适应程度，以使中央银行制定正确的货币政策，实施及时、有效、有重点的金融宏观调控。

（二）货币层次划分的依据

长期以来，人们对货币的层次划分有很多不同的观点，但在把金融资产的"流动性"作为划分货币层次的主要依据这点上，看法却是一致的。因此，货币层次划分的主要依据就是"流动性"。

所谓"流动性"，是指金融资产转变为现实购买力，并使持有人不遭受损失的能力。换言之，"流动性"是一种金融资产的变现能力。

流动性越强的金融资产，现实购买力就越强；反之，则越弱。例如，现金具有直接的现实购买力，因此它是流动性最强的金融资产；定期存款则需要经过提现或转成活期存款才有现实购买力，故流动性较弱。流动性程度不同的金融资产在流通中周转的便利程度不同，形成的购买力强弱不同，从而对商品、劳务流通和其他各种经济活动的影响程度也就不同。

当然，以流动性为货币层次划分的主要依据，并不排斥各国的实际情况。在划分货币层次时，应把握两个原则：一是现实性，即层次指标体系的划分宜粗不宜过细，这样既能为实际工作者所接受，又可避免因各货币层次间组距过小反而不能明确划分的弊端；二是可测性，即各层次的排列内容有准确可靠的资料来源。

（三）货币层次的划分

在实际工作中，各国中央银行依据流动性，并按照本国的具体情况和货币政策要求，规定了各自的货币层次划分，公布了并不雷同的"货币层次指标系列"，而且可以根据理论进展状况和实际操作经验作适当的调整。以下主要介绍国际货币基金组织以及美国、欧盟、日本和中国的货币层次划分情况。

1.国际货币基金组织货币层次划分

国际货币基金组织把货币划分为最基本的三个层次，即：

M0=现金

M1=M0+商业银行活期存款

M2=M1+准货币（定期存款、储蓄存款、外币存款、各种短期信用工具）

知识链接1-3

国际货币基金组织

国际货币基金组织（International Monetary Fund，IMF）于1945年12月27日成立，与世界银行并列为世界两大金融机构之一，其职责是监察货币汇率和各国贸易情况，提供技术和资金协助，确保全球金融制度运作正常，其总部设在华盛顿。

资料来源：百度百科. 国际货币基金组织［EB/OL］.［2025-06-08］. http：//baike.baidu.com/view/19979.html.

2.美国的货币层次划分

美国对货币层次的划分方式变化比较频繁，目前，主要采取如下划分方式：

M1=通货+活期存款+其他支票存款

M2=M1+小额定期存款+储蓄存款+货币市场存款账户+货币市场基金份额（非机构所有）+隔日回购协议+隔日欧洲美元+合并调整

M3=M2+大额定期存款+货币市场互助基金份额（机构所有）+定期回购协议+定期欧洲美元+合并调整

L=M3+短期财政部证券+商业票据+储蓄债券+银行承兑票据

3.欧洲中央银行的货币层次划分

欧洲中央银行将货币分为狭义货币、中间货币和广义货币三个层次，具体划分如下：

M1=流通中现金+隔夜存款

M2=M1+期限为两年以下的定期存款+通知期限三个月以内的通知存款

M3=M2+回购协议+货币市场基金（MMF）+货币市场票据+期限为两年以内的债券

4.日本的货币层次划分

日本中央银行对货币层次划分如下：

M1=现金+即付存款（包括活期存款、普通存款、储蓄存款、通知存款、特别存款、纳税准备存款）

M2=M1+准货币（国内银行和信用金库的定期存款）+定期存单

M3=M2+邮政储蓄存款、信用合作社存款、劳动金库存款、农业合作社存款、渔业合作社存款+金钱信托

L=M_3+回购协议债券、金融债券、国家债券、投资信托和外国债券

5.中国的货币层次划分

中国参照国际通行的原则并结合我国的实际情况，将货币划分为以下四个层次：

M0=现金

M1=M0+企业活期存款+机关团体部队存款+农村存款+个人持有的信用卡存款

M2=M1+城乡居民储蓄存款+企业存款中具有定期性质的存款+信托类存款+其他存款

M3=M2+金融债券+商业票据+大额可转让定期存单等

在上述四个层次中，M1是通常所说的狭义货币量（货币供应量），其流动性较强；M2是广义货币量；M2与M1的差额为准货币，其流动性较弱；M3是为适应金融创新的要求而设立的，但目前尚未公布，故数据暂缺。

知识链接1-4

中国近五年货币供应量见表1-2。

表1-2　　　　　　　　　　中国货币供应量　　　　　　　　　单位：亿元人民币

货币层次 ＼ 时间	2020年12月余额	2021年12月余额	2022年12月余额	2023年12月余额	2024年12月余额
M0	84 314.53	90 825.15	104 706.03	113 444.64	128 194.16
M1	625 580.99	647 443.35	671 674.76	680 542.52	670 959.41
M2	2 186 795.89	2 382 899.56	2 664 320.84	2 922 713.33	3 135 322.30

资料来源：根据中国人民银行官网数据整理。

　　划分货币层次，并进而统计和公布各层次的货币供应量，对研究货币供应量的增减、促进社会总需求与总供给的平衡、加强和改善我国宏观调控均具有重要意义。

　　各国中央银行在划分货币层次的基础上，还要确定货币相关层次指标系列中的观察和控制重点。然而，由于各国金融市场发展程度有所不同，以及中央银行调控能力的差异，因此其观察和控制重点也不完全一样，即使在一国国内，根据经济发展和新金融工具的涌现，其重点也会有所变化。

二、货币流通

（一）货币流通的概念

　　货币流通是指货币作为流通手段和支付手段，在流通中所形成的连续不断的运动。货币的连续不断运动，具体表现为货币的不断收支活动，这些收支活动既包括商品流通引起的货币收支运动，又包括非商品流通引起的货币收支运动。

　　为正确理解货币流通，必须掌握货币流通自身的四个特点：

　　（1）在货币流通中，作为流通主体的货币形态始终不变；

　　（2）在货币流通中，作为媒介的货币不会退出流通，而是在媒介商品交换中不断运动；

　　（3）货币流通取决于交换的发展程度和社会对流通手段、支付手段的需要程度；

　　（4）货币流通具有相对独立性，它可以超越商品流通形成自身的运动。

（二）货币流通的形式

　　现代的货币流通有两种形式：现金流通和非现金流通。现金流通是指以现款（纸币和铸币）直接完成的货币收付行为。非现金流通是指各经济主体在银行存款的基础上，通过在银行存款账户上转移存款的办法来进行的货币收付行为。现金流通和非现金流通构成统一的货币流通。货币流通的两种形式是商品交换和银行制度发展的结果。

　　现金流通和非现金流通实际上是统一的、相互联系的，但两者之间也有一些区别。

1.现金流通与非现金流通之间的联系

　　（1）无论是现金流通中的现金（现金通货），还是非现金流通中的银行存款（存款通货），都是在银行信用基础上产生的信用货币，两者在性质上是一致的。

　　（2）现金流通与非现金流通在一定条件下可以相互转化，即现金的收支可以转化为存款货币收支，存款货币收付也可转化为现金的收付。对于商品、劳务交易，购买方可要求银行将货款转给卖方，进行转账结算，这是非现金流通。当卖方收到货款，可以提取现金，用于日常的小额支付，这又转化成现金流通。这种转化会引起两种形式货币量的此增彼减，也会对银行信用扩张和收缩带来影响。当现金流通转化为非现金流通时，银行的存款来源就会增加。银行据此发放贷款，就会造成信用扩张；反之，则会造成信用收缩。

2.现金流通和非现金流通的区别

（1）两者的服务对象不同。现金流通主要服务于与居民个人有关的货币收付和单位的小额零星货币收支；而非现金流通（转账结算）主要服务于经济主体之间的大额货币收支，如生产资料的交易、消费品的批发贸易、货币资金的缴拨等。

（2）两者受银行控制的程度和调节方式不同。现金流通是在银行体系之外，单位、个人之间进行的货币收付，银行不能干预，也难以直接控制；银行对现金流通的调节，必须以自愿为基础进行间接调节。非现金流通则是货币周转和银行信用业务交织在一起，由于每一笔存款货币的流通都集中在银行办理，因此，非现金流通直接处于银行的监督和管理之下，银行可以根据国家要求进行适当的直接控制。

值得注意的是，现金流通和非现金流通的区别是相对的。在发达的市场经济中，经济主体在两种货币流通中究竟采用何种形式，是没有任何限制性规定的。经济主体完全可以根据自身意愿和方便程度来选择货币收付的方式。随着经济、金融的发展，非现金流通日益成为主要的货币流通形式。

任务五　国际货币体系

一、国际货币体系的概念及发展沿革

国际货币体系就是各国政府为适应国际贸易与国际支付的需要，对货币在国际范围内发挥世界货币职能所确定的原则、采取的措施和建立的组织形式的总称。

在很长一段时间内，各国政府并不就国际货币事务进行相互协调，而是各自决定和处理属于各自管辖范围内的货币事务，而且也将货币是否可兑换、货币发行的储备基础、国际收支的调节等看作主权事务，其决策不受外国影响。19世纪中期，各国陆续实行的金本位制或银本位制事实上都是各国自行选择的结果，而不是各国相互磋商或协议的产物。可以说，那时的国际货币体系是以各国自行选择和国际惯例为基础的不成文体系。

第二次世界大战结束时，许多国家认识到，对待国际货币事务再也不能采取"放任自流"或"任其发展"的态度了，应当有一个经过各国协商并达成一致协议的规定，以成文形式约定处理国际货币事务的基本原则，并就国际合作事项做出原则性安排，同时设立专门负责国际货币事务的国际性机构（国际货币基金组织（IMF）和世界银行等）。这个国际协议就是"布雷顿森林协定"。这是国际货币体系向国际法、国际协调机制发展的一个重要转折。

20世纪70年代初，国际经济出现一系列重大事件，包括石油危机，美国的国际收支危机和美元危机。当时的美国总统尼克松采取了让国际社会感到吃惊的几项举措，单方面中止了美元与黄金的挂钩关系，并事实上让美元贬值。原以维持国际汇率稳定为宗旨的"布雷顿森林协定"因此遭受重大冲击，许多国家的货币纷纷浮动起来，19世纪30年代曾经出现过的竞相贬值的局面再次浮现。在这个时候，国际社会做出了一些探讨，并达成一些妥协性协议，即"牙买加协议"。例如，尊重各国对货币事务的主权资格，允许一定范围内的汇率浮动，同时强调对国际货币事务的多边协调，并积极推进个例事务上的国际协调。这些协议的基本精神延续至今。但是，20世纪80年代的国际债务危机、20世纪90年代的几次金融危机以及2008年的金融危机都对"牙买加协议"提出了重大挑战，不同国家提出了不尽相同的改革方案。由此可以看出，有效且稳定的国际货币体系是国际经济极其重要的环节。

二、布雷顿森林协定

1944年7月1日至22日，在美国新罕布什尔州的布雷顿森林举行了国际货币金融会议，美、英等44个国家出席了这次会议。这次会议通过了"联合国货币金融会议的最后决议书"，以及"国际货币基金组织协定""国际复兴开发银行协定"两个附属文件，这两个附件总称为"布雷顿森林协定"，确立了以美元为中心的国际货币制度——布雷顿森林体系。

"布雷顿森林协定"的主要内容有：

（1）建立一个永久性的国际金融机构，即国际货币基金组织（IMF），以促进国际政策协调。

（2）以黄金为基础，以美元为主要国际储备货币，建立以美元为中心的可调整的固定汇率制度。

美元与黄金保持固定联系，其他各国货币按其含金量与美元之间定出比价。根据当时1美元的含金量为0.888671克纯金，确定一盎司黄金等于35美元。这就形成了"双挂钩"的以美元为中心的国际货币体系，即美元与黄金挂钩，其他各国货币与美元挂钩。

（3）通过国际货币基金组织向国际收支赤字国提供短期资金融通，以协助其解决国际收支困难。

（4）取消外汇管制。国际货币基金组织的宗旨之一就是努力消除阻碍多边贸易和多边清算的外汇管制，它要求成员国履行货币兑换义务。

以美元为中心的国际货币体系，在一定时期对稳定资本主义世界货币的汇率发挥了重要的作用，从而促进了第二次世界大战后世界贸易的发展和各国经济的发展，当然，它也为建立美国的霸权地位提供了条件。进入20世纪50年代，随着美国政治、经济地位的下降，西欧、日本等国的经济开始崛起，世界经济的格局开始发生变化，美国对世界经济的垄断和美元的霸权地位开始动摇，美国的外汇收支逆差迅速增加，黄金储备大量外流，到1960年年底出现黄金储备不足以抵补短期外债的情况，从而导致美元危机的爆发。从20世纪60年代到70年代初爆发美元危机达11次之多。1973年2月，国际金融市场又一次爆发美元危机，掀起抛售美元，抢购德国马克、日元和黄金的风潮，从而导致战后美元的又一次贬值，贬值了约10%。西方主要国家的货币对美元也都实行浮动汇率。由此，以美元为中心的世界货币体系宣布破产。

三、牙买加协议

布雷顿森林体系瓦解后，1976年IMF通过"牙买加协议"，确认了布雷顿森林体系崩溃后浮动汇率的合法性，继续维持全球多边自由支付原则。虽然美元的国际本位和国际储备货币地位遭到削弱，但其在国际货币体系中的领导地位和国际储备货币职能仍得以延续，IMF原组织机构和职能也得以续存。但是国际货币体系在布雷顿森林体系下的准则与规范却支离破碎。因此现存国际货币体系被人们戏称为"无体系的体系"，规则弱化导致重重矛盾。特别是经济全球化引发金融市场全球化趋势在20世纪90年代进一步加强时，该体系所固有的矛盾日益凸显。

"牙买加协议"的要点包括：

（1）浮动汇率合法化。会员可以自由选择任何汇率制度，可以采取自由浮动或其他形式的固定汇率制度。但会员的汇率政策应受到IMF的监督，并与IMF协商。

（2）黄金非货币化。废除黄金条款，取消黄金官价，各会员中央银行可按市价自由进行黄金交易；取消会员相互之间以及会员与IMF之间须用黄金清算债权债务的规定；IMF所持有的黄金应逐步加以处理，其中1/6（2 500万盎司）按市价出售，以其超过官价（每盎司42.22美元）部分作为援助发展中国家的资金。另外1/6按官价由原缴纳的各会员国买回，其余部分约1亿盎司，根据总投票权的88%做出的决定处理，向市场出售或由各会员国购回。

（3）提高特别提款权（SDR）的国际储备地位。修订特别提款权的有关条款，以使特别提款权逐步取代黄金和美元而成为国际货币制度的主要储备资金，协议规定各会员之间可以自由进行SDR交易，而不必征得IMF的同意。

知识链接1-5

特别提款权

特别提款权（Special Drawing Right，SDR），亦称"纸黄金"（Paper Gold），最早发行于1969年，是国际货币基金组织根据会员国认缴的份额分配的，可用于偿还国际货币基金组织债务、弥补会员国政府之间国际收支逆差的一种账面资产。其价值由美元、欧元、人民币、日元和英镑组成的一篮子储备货币决定。会员国在发生国际收支逆差时，可用它向基金组织指定的其他会员国换取外汇，以偿付国际收支逆差或偿还基金组织的贷款，还可与黄金、自由兑换货币一样充当国际储备。因为它是国际货币基金组织原有的普通提款权以外的一种补充，所以称为特别提款权。

资料来源：百度百科. 特别提款权［EB/OL］.［2025-06-08］. https：//baike.baidu.com/item/特别提款权/248098.

（4）扩大对发展中国家的资金融通。以出售黄金所得收益设立"信托基金"，以优惠条件向最贫穷的发展中国家提供贷款或援助，以解决它们的国际收支的困难。

（5）增加会员国的基金份额。各会员国对IMF所缴纳的基本份额，由原来的292亿

SDR 增加到 390 亿 SDR，增加了 33.6%。各会员国应缴份额所占的比重也有所变化，主要是石油输出国的比重提高一倍，由 5% 增加到 10%，其他发展中国家维持不变，主要西方国家除德国和日本略增加以外，其他都有所下降。

四、当前国际货币体系

（一）美元是世界最主要的储备货币和支付货币

在布雷顿森林体系崩溃以后，美元经历了一个从相对衰落到重新兴起的过程。布雷顿森林体系的崩溃打破了美元与黄金的直接挂钩，削弱了美元的国际信用基础。随着东欧剧变和苏联的崩溃，美元的国际地位又得到了加强。东欧各国与从苏联分裂出来的各国都急于参与国际贸易取得经济发展，在这种情况下，各国对美元的需求迅速上升，导致美元外汇储备的大量增加。进入 21 世纪以来，欧元的兴起使得美元的比重有所下降，但美元在各国国际储备和国际贸易结算中仍占绝对优势地位。2024 年美元在全球储备中的份额约为 58%，占全球支付的 47.8%。

美元作为一国主权货币和作为全球流通及价值储存工具间的矛盾日益扩大，使得现行国际货币体系存在内在的不稳定性。2008 年金融危机发生以后，美国资产价格泡沫破裂，在此条件下，美国货币当局采取量化宽松的货币政策刺激经济，使得美元的流动性非常宽松，并反映到全球范围内，导致俄罗斯、南非、巴西、中国、印度等国的资产价格迅速攀升。在这个过程中，美元作为世界储备货币，获得了大量的铸币税收入。

（二）欧元成为国际主要计价货币

依托发展了近 50 年的欧盟，欧元作为欧盟的统一货币，自 1999 年正式启用以来，迅速成为国际货币体系中的重要力量，目前已成为国际货币体系中仅次于美元的第二大货币。欧元流通后，成为国际贸易中的结算货币以及非常有吸引力的储备货币。截至 2025 年 6 月，使用欧元的国家有 20 个，覆盖约 3.5 亿人，除欧盟以外的 60 个国家和地区已将其货币直接或间接与欧元挂钩。在挺过了 2008 年的国际金融危机、2009 年的欧洲主权债务危机、2020 年的特殊情况以及从 2022 年开始的通货膨胀后，欧元在全球外汇储备中的份额约为 20%，在全球支付份额约为 23%。

欧元对全球经济影响巨大。首先，促进欧洲经济一体化，消除了欧元区国家之间的汇率风险，降低了交易成本，促进了贸易和投资，提高了整体竞争力；其次，影响国际货币格局，欧元的崛起打破了美元长期以来的垄断地位，形成了美元、欧元和其他货币共同竞争的格局，这种多元化的货币体系有助于维护国际货币体系的稳定，避免单一货币主导全球经济的风险；最后，推动全球经济发展，欧元作为全球第二大储备货币，欧元的稳定和流通性有助于促进国际贸易和投资。

（三）人民币影响力逐步增强

2016 年 10 月 1 日起人民币成为特别提款权（SDR）新货币篮子里的第五种货币，新的 SDR 货币篮子包含美元、欧元、人民币、日元和英镑 5 种货币，权重分别为 41.73%、30.93%、10.92%、8.33% 和 8.09%。这是中国经济融入全球金融体系的一个重要里程碑，人民币纳入 SDR 篮子也使得该篮子更加多元化，更具代表性，从而有助于提高 SDR 的稳定性和作为国际储备资产的吸引力。

人民币在SDR篮子货币权重提升。2022年5月11日，国际货币基金组织（IMF）执董会完成了五年一次的特别提款权（SDR）定值审查。执董会一致决定，维持现有SDR篮子货币构成不变，即仍由美元、欧元、人民币、日元和英镑构成，并将人民币权重由10.92%上调至12.28%（升幅1.36个百分点），将美元权重由41.73%上调至43.38%，同时将欧元、日元和英镑权重分别由30.93%、8.33%和8.09%下调至29.31%、7.59%和7.44%，人民币权重仍保持第三位。

人民币国际化进程持续深化，在全球范围内的吸引力和影响力逐步增强。2024年7月，在基于金额统计的全球支付货币排名中，人民币保持全球第四大活跃货币的位置，占比4.74%，作为储备货币，仅占全球外汇储备的近3%。未来人民币国际化会实现与欧元、英镑、日元相当的地位，与中国在世界经济中的比重相当。

金融视窗

数字人民币（DCEP）

数字人民币（Digital Currency Electronic Payment，DCEP），是由中国人民银行发行，由指定运营机构参与运营并向公众兑换，以广义账户体系为基础，支持银行账户松耦合功能，与纸钞和硬币等价，并具有价值特征和法偿性的可控匿名的支付工具。

2014年，央行成立专门的研究团队。

2017年1月，央行在深圳正式成立数字货币研究所。

2019年11月，DCEP基本完成顶层设计、标准制定、功能研发、联调测试等工作。

2020年4月，数字货币由央行牵头进行，各家银行内部正在就落地场景等进行测试。

2020年8月，在京津冀、长三角、粤港澳大湾区及中西部具备条件的试点地区开展数字人民币试点。

数字人民币的特点包括：

1. 双层运营体系

数字人民币采取了双层运营体系，即中国人民银行不直接对公众发行和兑换央行数字货币，而是先把数字人民币兑换给指定的运营机构，比如商业银行或者其他商业机构，再由这些机构兑换给公众。运营机构需要向中国人民银行缴纳100%准备金，这就是1∶1的兑换过程。这种双层运营体系和纸钞发行基本一样，因此不会对现有金融体系产生大的影响，也不会对实体经济或者金融稳定产生大的影响。

2. 以广义账户体系为基础

在现行数字货币体系下，任何能够形成个人身份唯一标识的东西都可以成为账户。比如说车牌号就可以成为数字人民币的一个子钱包，通过高速公路或者停车的时候进行支付。这就是广义账户体系的概念。

3. 支持银行账户松耦合

支持银行账户松耦合是指不需要银行账户就可以开立数字人民币钱包。

对于一些农村地区或者边远山区群众、来华境外旅游者等，不能或者不便持有银行账户的，也可以通过数字钱包享受相应的金融服务，有助于实现普惠金融。

4.其他个性化设计

（1）双离线支付：像纸钞一样实现满足飞机、邮轮、地下停车场等网络信号不佳场所的电子支付需求。

（2）安全性更高：如果真的发生了盗用等行为，对于实名钱包，数字人民币可提供挂失功能。

（3）多终端选择：不愿意用或者没有能力用智能手机的人群，可以选择IC卡、功能机或者其他硬件。

（4）多信息强度：根据掌握客户信息的强度不同，把数字人民币钱包分成几个等级，如需要大额支付或转账，则必须通过信息强度高的实名钱包。

（5）点对点交付：通过数字货币智能合约的方式，可以实现定点到人交付，例如，可以把民生资金发放到群众的数字钱包上，从而杜绝虚报冒领、截留挪用的可能性。

（6）高可追溯性：在有权机关严格依照程序出具相应法律文书的情况下，进行相应的数据验证和交叉比对，为打击违法犯罪提供信息支持，即使腐败分子通过化整为零等手段，也难以逃避监管。

资料来源：百度百科. 数字人民币［EB/OL］.［2025-06-08］. https：//baike.baidu.com/item/数字人民币/49874368.

启示：党的二十大报告明确指出，"加快发展数字经济，促进数字经济和实体经济深度融合"。这为数字人民币的发展指明了方向。数字人民币的顶层设计与技术创新，充分彰显了以人民为中心的发展思想。双层运营体系在保障金融体系稳定的同时，维护了现有金融秩序，助力国家金融稳定发展；广义账户体系与银行账户松耦合等设计，极大地拓展了金融服务边界，有力推动普惠金融发展，让金融服务惠及更多群体，如农村、偏远山区群众及来华境外旅游者等，切实满足人民群众对金融服务的需求。

在应用场景方面，数字人民币紧密贴合现实需求，如双离线支付解决了特殊环境下的支付难题，这正是坚持问题导向的生动体现；其安全与便捷的平衡设计，如高可追溯性与挂失功能，既满足了监管需求，维护了金融安全秩序，又保障了用户权益，全方位践行了"人民至上"的理念。数字人民币的发展路径，为金融数字化转型提供了中国方案，展现了中国在金融领域守正创新、系统推进的实践智慧，与党的二十大精神高度契合，将持续助力我国经济高质量发展。

☑ 项目小结

本项目主要阐述了货币的起源与形态变迁，从实物货币、金属货币到信用货币、数字货币的发展历程；解析了不同货币制度的运行机制，包括金本位制、布雷顿森林体系及现行信用货币体系的特点与演变逻辑；介绍了现代货币体系的构成要素，分析其在经济运行中的核心作用；结合前沿案例，列举了技术革新、经济政策等对货币体系发展的影响因素，帮助读者系统掌握货币制度与体系演变的理论知识和实践要点。

项目训练 》

一、重要概念

货币 信用货币 货币制度 货币层次划分 非现金流通

二、单项选择题

1.历史上最早出现的货币形态是（ ）。

A.实物货币 B.代用货币 C.信用货币 D.电子货币

2.货币在进行价值单方面转移时，执行（ ）职能。

A.价值尺度 B.流通手段 C.贮藏手段 D.支付手段

3.格雷欣法则是（ ）法则。

A.良币驱逐劣币 B.劣币驱逐良币

C.劣币良币并存 D.纸币铸币同时流通

4.我国目前实行的货币制度是（ ）。

A.金本位制 B.银本位制 C.金银复本位制 D.信用货币制

5.货币层次划分的主要依据是（ ）。

A.安全性 B.收益性 C.流动性 D.现实性

三、多项选择题

1.货币职能中，两个基本职能是（ ）。

A.价值尺度 B.流通手段 C.贮藏手段

D.支付手段 E.世界货币

2.货币发挥流通手段职能时的特点是（ ）。

A.必须是现实的货币 B.可以是观念上的货币

C.必须是足值的货币 D.可以是不足值的货币

E.价值的单方面转移

3.货币制度的基本内容是（ ）。

A.货币币材 B.货币单位

C.本位币和辅币 D.货币的发行流通程序

E.准备金制度

4.不属于货币层次划分的主要依据的是（ ）。

A.流动性 B.收益性 C.安全性

D.现实性 E.标准性

四、判断题

1.代用货币是可兑现的信用货币。 （ ）

2.信用货币是在信用关系发展的基础上产生的，代替金属铸币的货币符号。

（ ）

3.金币本位制、金汇兑本位制和金块本位制条件下，金铸币都是流通中的货币。

（ ）

4.用辅币支付的金额不管有多大，债权人都必须接受。　　　　　　　　(　　)

5.在货币层次划分中，M1的流动性大于M2，M2的统计口径大于M1。　(　　)

6.非现金日益成为主要的货币流通形式。　　　　　　　　　　　　　　(　　)

五、思考题

1.货币有哪些职能？

2.货币制度的主要内容是什么？

3.中国现行的货币制度是怎样的？

4.货币流通有哪些形式？它们之间的关系怎样？

六、讨论题

结合当前实际，讨论人民币是否是世界货币。

七、案例分析

中国人民银行严肃整治拒收人民币现金行为

中国人民银行严格贯彻落实国务院要求，坚持宣传引导与严肃惩治相结合，持续推进整治拒收人民币现金工作。对核实为拒收人民币现金的，中国人民银行依法处罚并予以曝光，切实保护消费者的合法权益，维护人民币法定地位。2024年1—5月，中国人民银行对7家核实为拒收人民币现金的单位及相关责任人依法做出经济处罚。处罚金额从0.3万元至5.5万元人民币不等。被处罚的单位主要为快递公司、房地产公司、餐饮公司、保险公司等。被处罚单位或法律意识淡薄，或服务意识不强，或基于商业目的，张贴"拒收现金"标示牌，以"无接触""上级要求"等为由，在有人值守且完全具备现金收取条件下，拒收现金。

资料来源：中国人民银行.中国人民银行严肃整治拒收人民币现金行为［EB/OL］.［2025-06-08］.http://www.pbc.gov.cn.

问题：拒收人民币现金是否违反法律？公众应如何配合做好整治拒收人民币现金工作？

项目二 信用与利率

学习目标

1.知识目标

掌握信用的定义、特征及主要形式（商业、银行、国家、消费信用），理解利率的概念、种类及其在金融市场中的作用；了解信用体系的发展过程及现代信用体系的构成；掌握利息的基本计算方法，理解并识别影响利率变动的关键因素。

2.能力目标

能够运用所学知识分析信用与利率在经济活动中的作用，解决实际中的利息计算问题。有效检索并整合信用与利率相关的最新信息，形成独到见解；能够清晰、准确地传达信用与利率知识，提升专业交流能力。

3.素养目标

增强学生的诚信意识，理解信用在社会经济活动中的基石作用，培养个人诚信品质；培养学生的宏观经济视野，从全局角度看待信用与利率问题。

思维导图

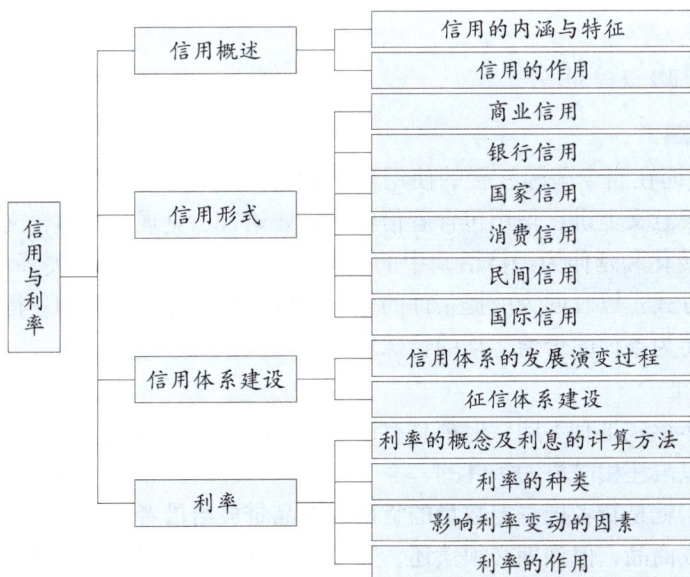

引例

信用为本 数字赋能 余姚创新打造"道德银行"

近年来，余姚市持续深化公民道德建设，迭代打造"道德银行"，通过建立健全公民信用评价激励机制，推动道德"与信贷联姻、和礼遇挂钩"，营造了"讲道德有好报、守信用有回报"的良好社会氛围。该做法先后获浙江省、宁波市主要领导批示，被央视《新闻联播》、人民日报、浙江日报等中央和省级主流媒体报道，入选浙江省《党史学习教育百法百例》《"浙江有礼"省域文明新实践案例汇编》。目前，"道德银行"移动应用已上线浙里办平台并覆盖全市 21 个乡镇街道、261 个行政村，累计入驻市民超 60 万人，月均访问量超 5 万人次，贷款户数为 18 928 户，贷款金额达 25.65 亿元。

资料来源：宁波市信用办. 信用为本 数字赋能 余姚创新打造"道德银行"［EB/OL］.［2023-02-03］. https：//credit.zj.gov.cn/art/2023/2/3/art_1229713957_3121.html.

思考：余姚市"道德银行"以信用为核心，数字技术为驱动，创新性地融合道德评价与信贷激励，强化社会诚信体系，获多方赞誉并成功示范信用科技在社会治理与经济发展中的深远影响。那么，什么是信用？信用具有什么样的功能？信用都有什么形式？这些问题将在本项目的学习中得到解答。

任务一　信用概述

一、信用的内涵与特征

（一）信用的内涵

"信用"一词在当今国际社会的使用频率较高，它源于拉丁文，意为信任、相信、声誉等。从一般意义上讲，信用包含着信任、恪守诺言、兑现合约等含义。但经济学中信用的含义就转化和延伸为经济活动中的借贷行为，包括商品的赊欠买卖与货币借贷，并有两种表现方式：以收回为前提条件的付出和以保障归还为义务的获得。因此，所谓信用是指以偿还为条件的价值运动的特殊形式。

（二）信用的特征

信用的具体形式虽有不同，但都具有以下共同特征：

1.信用是以偿还和付息为条件的

具体来说，就是贷者把一定数量的货币或商品贷放给借者，借者可以在一定时期内使用这些货币或商品，但到期必须偿还，并按规定支付一定的利息。西方国家企业的活期存款虽然没有利息，但存款者可以享受银行的有关服务和取得贷款的某些权利，所以实际上还是有利息的。至于国家间的借款，是由于政治目的或某种经济目的而采取的免除利息的优惠，属于特殊情况。

2.信用的标的是一种所有权与使用权相分离的资金

信用的标的是一种所有权与使用权相分离的资金，它的所有权掌握在信用提供者手中，信用的接受者只是具有使用权，信用关系结束时，其所有权和使用权才统一在原信用提供者手中。

3.信用关系以相互信任为基础

信用是以授信人对受信人偿债能力的信心而形成的，借贷双方的相互信任构成信用关系的基础。如果相互不信任或出现信任危机，信用关系是不可能产生的，即使产生了，也不可能长期持续。

4.以收益最大化为目标

信用关系的产生是借贷双方追求利润最大化或成本最小化的结果。不论是实物借贷还是货币借贷，债权人将闲置资金或实物借出，都是为了获得闲置资产的最大收益，避免浪费；债务人借入所需资金或实物同样是为了追求最大收益，避免生产的中断。

二、信用的作用

现代经济是货币信用经济，信用在经济活动中具有非常重要的作用，但信用发挥的作用既有积极的一面，也有消极的一面。

（一）信用的积极作用

1.配置资金

运用信用能够最大限度地动员和组织社会上暂时闲置的资金，积少成多，续短为长，在社会资本总量不变的情况下，改变资本的分配关系，变消费基金为生产资金，从而满足经济建设的资金需要，促进生产力的发展。

在以信用的方式进行资金分配时，资金往往流入那些经济效益好、管理水平高的企业，而经济效益差的企业往往得不到资金，因此，信用在对资金重新分配的过程中，对社会生产过程产生重要影响，改变了原有生产格局，对产业结构和经济结构进行了优化调整。

2.提高和创造信用流通工具

信用活动的实现需要借助于一定的载体，即证明债权债务关系或所有权关系存在的凭证，这些凭证就是信用工具，如汇票、本票、支票等。在实际经济生活中，银行提供的信用流通工具最多，使用也最广泛，从大类上可分为两类：现金和表现为各种银行存款的非现金货币，它们都是信用货币，反映一定的信用关系。

3.节省流通费用

信用的产生，一方面使得商品交换的规模得以进一步扩大，原来需要一手交钱一手交货的商品交易，现在可以采用延期付款的方式先行取得商品，而后进行货款的收付，从而减少了人们储币和持币的时间，也降低了持币成本；另一方面，银行信用的产生，使得即使是一手交钱、一手交货的交易也不需要用现钞进行支付，而是通过支票账户的存款划转就可以完成，这样，在同样的商品交换规模条件下，全社会可以大大节约印制、运送、保管货币现钞的费用，从而节约了交易和流通成本，提高了商品交换的效率。

4.宏观调控

现代经济是建立在信用基础之上的，信用关系是现代经济中最普遍、最基本的经济关系。国家可以通过信用对经济进行宏观调控。首先，这种宏观调控表现在总量的调控上，银行通过信用规模的扩张和收缩，有效控制社会的货币流通量，使得货币供给量和需求量趋向均衡。其次，信用的宏观调控功能表现在结构的调节上。这主要是运用利率杠杆，通过信贷方向的调整，对国民经济结构、产业结构实施影响，使国民经济各部门均衡、协调发展，从而实现宏观经济的良性循环。

（二）信用的消极作用

1.引发信用风险

信用风险是指债务人无法按照承诺偿还债权人本息的风险。在现代社会，信用关系已经成为最普遍、最基本的经济关系，社会各个主体之间债权债务交错，形成了错综复杂的债权债务链条，这个链条上有一个环节断裂，就会引发连锁反应，对整个社会的信用联系造成很大的危害。

2.诱发经济泡沫

经济泡沫是指某种资产或商品的价格大大偏离其基本价值。经济泡沫的开始是资产或商品的价格暴涨，价格暴涨是供求不均衡的结果，即这些资产或商品的需求急剧膨胀，极大地超出了供给，而信用对膨胀的需求给予了现实的购买和支付能力的支撑，使经济泡沫的出现成为可能。

任务二　信用形式

信用形式是信用活动的具体表现形式。随着商品货币关系的发展，信用形式也不断发展和完善，主要有商业信用、银行信用、国家信用、消费信用、民间信用和国际信用等具体形式。

一、商业信用

（一）商业信用的概念

商业信用是指工商企业之间相互提供的与商品交易直接相联系的信用活动。商业信用的具体形式有赊购、赊销、分期付款、预付货款、经销、代销及补偿贸易等。

（二）商业信用的特点

（1）商业信用的债权人与债务人都是企业，反映的是不同的商品生产企业或商品流通企业之间因商品交易而引起的债权债务关系。

（2）商业信用是以商品形态提供的信用，其资金来源是企业资金循环过程中的商品资金，是企业生产经营资金的一部分，而不是闲置的货币资金。

（3）商业信用的运动在经济周期的各个阶段中与产业资本的运动状态相一致。在经济繁荣时期，商业信用的规模会扩大；在经济危机时期，商业信用的规模会缩小。

（4）商业信用是一种直接信用，资金供求双方直接达成协议建立信用关系，无需信用中介机构的介入。

（三）商业信用的局限性

商业信用对于加速资本的循环和周转，保证再生产过程顺利进行起到了积极的作用，但受其自身特点的影响，又具有一定的局限性：

1.信用规模上的局限性

商业信用的规模受到提供信用的企业所拥有的资金数额的限制，企业能赊销的商品只能是商品资金的一部分。

2.信用方向上的局限性

商业信用受商品流向的限制，只能向需要该种商品的企业提供。

3.信用范围上的局限性

商业信用是直接信用，借贷双方只有在相互了解对方的信誉和偿还能力的基础上才可能确立商业信用关系。

4.信用期限上的局限性

商业信用所贷出的资本是商品资本，是再生产过程的一部分，期限一般受企业生产周转时间的限制，所以商业信用只能解决短期资金融通的需要，而不能用于长期投资。

二、银行信用

（一）银行信用的概念

银行信用是指银行以及非银行金融机构以货币形式通过贷款、贴现等方式向社会和个人提供的信用。银行信用活动包括两个方面：一是以吸收存款等形式集中各方面的闲散资金；二是通过贷款等形式运用这些资金。

微课2-1

银行信用

（二）银行信用的特点

银行信用是在商业信用的基础上产生的一种信用形式，它克服了商业信用的局限性，具有以下特点：

1.银行信用是一种间接信用

银行信用的主体是银行和其他金融机构，它们在信用活动中充当信用中介。银行以其特有的负债业务获得资金来源，然后加以运用，充当了资金供给者和需求者的一个中介，起到桥梁的作用。

2.银行信用是以货币形态提供的

一方面，银行信用能够以信用形式集中社会各方的闲置资金，形成巨额的借贷资本，克服了商业信用在规模上的局限性；另一方面，银行信用是以货币形态提供的，可以不受商品流转方向的限制，从而克服了商业信用方向上的局限性。

3.银行信用期限灵活

银行吸收的各项存款由于存取时间不一致，存取交错在一起，形成银行账户上稳定的余额，为银行发放长期贷款提供了资金来源，因而银行既可以提供短期信用，也可以提供长期信用，克服了商业信用在期限上的局限性。

4.银行信用作用范围不断扩大

由于银行实力强，信誉高，安全稳定，能与社会各方面发生比较广泛的信用关系，从而克服了商业信用在作用范围上的局限。

银行信用在借贷数量、范围、期限、成本上都优于商业信用，可以在更大程度上满足经济发展的需要，所以银行信用是现代市场经济条件下最主要的信用形式。而且银行信用具有集中性、计划性、安全性、稳定性的特点，使得银行信用在信用体系中居于主导地位。

三、国家信用

（一）国家信用的概念

国家信用是指以国家为主体的借贷行为，它包括国家以债务人的身份取得信用和以债权人的身份提供信用两个方面。国家取得信用分为：国家以债务人的身份向国内居民、企业、团体取得信用，它形成国家的内债；国家以债务人的身份向国外居民、企业、团体政府和国际金融组织取得信用，它形成国家的外债。国家提供信用包括：国家以债权人的身份向国内企业、居民提供贷款；国家以债权人的身份向外国企业、政府和金融机构提供贷款。

（二）国家信用的形式

1.国家公债

国家公债是一种长期负债，期限在1年以上。筹集的资金一般用于国家的大型项目建设，通常在发行时不注明具体的用途和项目。

2.国库券

国际上的国库券通常为短期负债，期限多在1年以内，以1个月、3个月和6个月的居多，也有期限超过1年的。

3.专项债券或重点建设债券

专项债券或重点建设债券是一种在发行时指明用途并将筹集的资金专项使用的债券。

（三）国家信用的特点

1.国家信用的信誉度高

国债、国库券等以政府的财政收入作为偿还担保，并以一些优惠条件如税收减免、高利息等优惠条件吸引人们购买，因此在必要时，国家信用可以动员更多的资金。

2.国家信用与银行信用具有相同的资金来源

二者在社会闲散资金总量一定的条件下，存在此消彼长的关系。

3.国家信用是一种直接信用形式

国家直接向社会成员借款，信用主体与发行单位直接联系，购买债券的社会成员为债权人，发行债券的国家为债务人。

4.国家信用不以营利为目的

国家信用通常是为了弥补财政赤字，促进国民经济的均衡发展，并且所筹资金主要投向社会效益高而本身盈利比较低的项目。

四、消费信用

（一）消费信用的概念

消费信用是指银行和非银行金融机构、工商企业以货币或商品的形式向消费者个人提供的、用于生活消费的信用。消费信用有两种类型：一种是由工商企业以赊销、分期付款等形式向消费者提供商品或劳务；另一种是由银行直接向消费者个人发放贷款，用以购买耐用消费品、住房及支付旅游费用等。

（二）消费信用的形式

1.分期付款

分期付款是指消费者在购买耐用消费品（如汽车、房屋）时，先按规定比例支付一部分货款，然后按合同分期加息支付其余款项。

2.商品赊销

商品赊销主要用于日常零星购买，属于短期信用，一般采用允许有一个透支限额的消费信用卡方式进行。这是我国消费信用的主要发展方向。

3.消费信贷

消费信贷是银行或其他金融机构采用信用贷款或抵押贷款的方式向购买耐用消费品的个人发放的贷款。信用贷款仅凭借款人的信誉进行贷款；抵押贷款则要求借款人以固定资产、金融资产或其他财产作贷款抵押。

（三）消费信用的作用

消费信用对经济有很多积极影响：如可以提高人们的消费水平；在一定条件下可以促进消费品的生产与销售，甚至在某种条件下可以促进经济增长；可以引导消费，调节消费结构；可以调节市场供求关系；可以促进新技术的应用、新产品的推广以及产品更新换代等。但是，消费信用在一定情况下也会对经济发展产生消极作用，它的过度发展会增加经济的不稳定，造成通货膨胀和债务危机。

五、民间信用

（一）民间信用的概念

民间信用也称个人信用，是指个人之间相互以货币或实物所提供的信用。

（二）民间信用的形式

民间信用的形式有直接的货币借贷或实物借贷，也有通过自发组织的协会、互助储金会等进行的借贷，还有由中介人担保的借贷等。

（三）民间信用的特点

民间信用借贷利率由双方议定，一般较高，且信用风险大，容易发生违约纠纷。但它具有面广、点多的优越性，能够广泛吸引资金，满足广大城乡经济、个体经济、民营经济等的大量资金需求，是银行信用等信用形式的有力补充。不过，由于民间信用的自发性和盲目性，加大了国家控制资金的难度；同时，民间信用中的金融投机和高利盘剥现象，破坏了国家正常的金融秩序和社会秩序。因此，民间信用是金融监管当局急需规范的信用形式。

六、国际信用

（一）国际信用的概念

国际信用是指国与国之间的企业、经济组织、金融机构及国际经济组织相互提供的与国际贸易密切联系的信用形式。

（二）国际信用的形式

1.出口信贷

出口信贷是指出口国家政府为了支持和扩大本国产品的出口，提高产品的国际竞争能力，通过提供利息补贴和信贷担保的方式，鼓励本国银行向本国出口商或外国进口商提供的中长期信贷。出口信贷包括两种具体方式：

（1）卖方信贷，是指出口方银行向出口商提供的贷款。由于得到了银行的贷款支持，出口商便可以向进口商提供延期付款的信用。

（2）买方信贷，即出口方银行向进口商或进口方银行提供的贷款。直接向进口商提供的贷款一般要由进口方银行提供担保。

2.国际商业银行贷款

国际商业银行贷款是指一些大型商业银行向外国政府及其所属部门、工商企业或金融机构提供的中长期贷款。这种贷款利率一般比较高，不享受出口信贷优惠，通常是在伦敦同业拆借利率之上，另加一定的附加利率，期限大多为3～5年。这种贷款通常没有采购限制，也不限定用途。

3.国际政府间信用

国际政府间信用是指国际上一主权国家政府对另一主权国家政府提供的信用。这种信用一般是非生产性的，如用于解决财政赤字或国际收支逆差，必要时还用来应付货币信用危机等。

4.国际金融机构贷款

国际金融机构贷款主要指包括国际货币基金组织、世界银行在内的国际性金融机构向其成员国提供的贷款。这种信用一般有特定的用途，贷款期限较长，并且贷款条件优惠。

拓展阅读2-1

银行是信用的产物

5.国际资本市场业务

国际资本市场业务主要是指在国际资本市场上的融资活动，包括在国际资本市场上买卖或发行债券、股票。

6.直接投资

直接投资是指一国居民直接对另一个国家的企业进行生产性投资，并由此获得对投资企业的管理控制权。

任务三 信用体系建设

一、信用体系的发展演变过程

信用体系是由相互协调的信用形式、信用工具及其流通方式、信用机构和信用管理体制有机结合的统一体。完善的信用体系是信用诸要素的有机结合体。首先，信用体系的基础是广泛众多的具有民事行为能力的微观经济主体，它们有自然人信用规范和法人信用规范支撑。其次，各种信用形式相互补充，协调发展，每一种信用活动均有信用鼓励和信用失范惩罚的法规与机制。再次，各种信用机构能够展开公平竞争，能够共享征信数据，尽量减少信息不对称产生的逆向选择和道德风险。最后，社会化的信用管理支持系统能够提供公正、高效的信用服务，包括商业化的信用信息和公正、中立的信用评价。在不同的社会经济条件下，信用诸要素有不同的结合方式，从而形成不同的信用体系。下面以我国的信用体系为例，介绍信用体系的发展演变过程。

(一) 自然经济条件下的信用体系

在小生产者、自耕农和小手工业者占优势的自然经济条件下，信用形式主要是高利贷信用，信用工具缺乏，信用机构以货币兑换商和原始银行为主体，不具有创造信用的功能，全社会没有形成信用管理的机制。这一阶段的信用体系以个人信用为主要内容，信用范围较窄，信用规模不大，个人资信易于把握，信用活动的风险较小，受实物抵押的约束，借款人逃避债务的可能性不大。这是一种简单的信用体系。

(二) 计划经济条件下的信用体系

新中国成立以后，在相当长一段时间内实行计划经济，它强调资金的集中分配、集中管理，而不强调独立的经济实体及其独立经济利益的存在，排斥商品经济的同时也就排斥了信用活动。当时的实际情况是，银行、企业之间并不存在信用活动，资金运用财政化的特征明显。这一方面导致资金使用效率低下，加剧了资金稀缺程度；另一方面助长了社会公众对资金供给的依赖。

(三) 有计划的商品经济条件下的信用体系

改革开放后，随着经济体制改革的推行、有计划的商品经济体制的建立，社会重新拥有了各种各样的信用活动，呈现出信用主体多元化、信用形式和信用机构多样化的特征，表明我国信用体系开始建立。但这种信用体系仍然是不完整的，它缺少一个重要的元素，即信用管理体系，致使信用失范成为信用活动中比较广泛的、经常的经济现象。它会导致以下不良后果：银行产生大量不良资产；信用债务链不断滋生；银、企结合形成瓶颈，企业融资乏力。

(四) 市场经济条件下的信用体系

我国市场经济条件下的信用体系是一个不断发展和完善的系统，是促进社会主义市场经济健康发展、提升社会治理能力、增强国家竞争力的重要基石。近年来，我国社会信用体系逐步完善，守信激励和失信惩戒制度基本形成，信用观念深入人心，信用在优化营商环境、促进金融服务实体经济、提升政府治理和服务效能、弘扬社会主义核心价值观等方面发挥了重要作用。为了进一步健全社会信用体系和监管制度，中共中央提出要弘扬诚信文化，健全诚信建设长效机制，为经济社会高质量发展提供基础性支撑。

二、征信体系建设

征信体系是指与征信活动相关的法律规章、组织机构、市场管理、文化建设、宣传教育等共同构成的一个体系。作为现代金融体系运行的基石，征信体系是防范金融风险、保持金融稳定、促进金融发展和推动经济社会和谐发展的基础。

尽管不同国家的征信体系在运作模式、管理方式、法律法规等方面存在诸多差异，但其基本的构成要素是一致的，主要包括三个组成部分：

（一）征信机构

征信机构是指依法设立的独立于信用交易双方、专门从事征信业务即信用信息服务的专业化第三方机构。征信机构是征信活动的组织载体，是征信市场的核心主体。因此，征信机构是一个国家征信体系的重要组成部分，是征信体系整体发展水平最重要的标志。征信机构种类繁多，目前世界各国的征信机构根据投资主体和征信机构经营目的的不同，一般可以划分为公共征信机构、私营征信机构以及会员制征信机构三类。

（二）征信法律法规体系

征信法律法规体系是规范征信活动主体权利义务关系的相关法律法规的总称，是由若干与征信相关的法律法规组成的整体。总体上，征信法律法规可以分为两大类：征信关联立法和征信主体立法。从各国经验来看，征信法规的立法理念就是保护数据主体的利益。个人征信立法的主要目的是通过立法对个人数据提供适当的保护；企业征信立法的主要目的是通过对企业征信公司的资质认证，确保调查和评价过程的客观、公开及公平。

（三）征信监管体系

征信的管理和监管是征信体系的重要组成部分，是征信体系健康、持续发展的重要保证。征信监管体系的范围和内容主要包括四个方面：

（1）征信机构的市场进入。对直接关系到个人、企业经济利益，关系到商业银行经营风险和金融系统安全全局的征信机构，各国一般都采用比较严格的准入管理。

（2）对征信机构经营合规性的监管。其主要包括征信数据采集、披露程序和手段的合规性，对采用违反法律规定的程序和手段采集和使用数据的行为有权进行处罚。

（3）对征信信息安全性的监管。世界各国一般都把征信信息纳入国家经济信息安全的管理范围，对征信机构数据库的安全性以及征信数据的跨国流动进行严格的检查和监督。

（4）对由征信信息真实性问题引起的纠纷进行行政裁决。对于涉及的有关违法行为，征信监管部门接受司法部门的咨询，为征信法律纠纷的司法裁定提供帮助。

任务四　利率

一、利率的概念及利息的计算方法

（一）利率的概念

利息是借款人使用借入资金所付出的代价，也是资金的所有者因让渡货币的使用权而从借款人处取得的超过本金部分的一种报酬。

利率即利息率，是指借贷期内所形成的利息额与所贷资金额的比率。

（二）利息的计算方法

利息的计算有两种基本方法：单利法与复利法。

1.单利法

单利法是指在计算利息额时，只按本金计算利息，而对利息不再付息。其计算公式是：

$$I = P \times i \times n$$
$$S = P(1 + i \times n)$$

式中：I 为利息额，P 为本金，i 为利率，n 为借贷期限，S 为本金和利息之和，简称本利和。例如，一笔为期 5 年、年利率为 4% 的 10 万元贷款，利息总额为 100 000×4%×5=20 000（元），本利和为 100 000×（1+4%×5）=120 000（元）。

2.复利法

复利法是一种将上期利息转为本金一并计息的方法。如按年计息，第一年按本金计息；第一年末所得的利息并入本金，第二年则按第一年末的本利和计息；第二年末的利息又并入本金，第三年则按第二年末的本利和计息；依此类推，直至信用契约期满。其计算公式是：

$$S = P \times (1 + i)^n$$
$$I = S - P$$

若将上述实例按复利计算，则：

$$S = 100\,000 \times (1 + 4\%)^5 = 121\,665.29（元）$$
$$I = 121\,665.29 - 100\,000 = 21\,665.29（元）$$

即按复利计息，可多得利息 1 665.29 元（21 665.29−20 000）。

二、利率的种类

按照不同的划分方法，利率可以划分为不同的种类。

（一）长期利率和短期利率

此分类以信用行为期限长短为划分标准。一般地说，1 年期以下（含 1 年）的信用行为，通常叫短期信用，相应的利率就是短期利率；1 年期以上的信用行为通常称为长期信用，相应的利率就是长期利率。利率的高低与期限长短、风险大小有直接的联系，一般来说，期限越长，投资风险越大，其利率也越高；期限越短，投资风险越小，其利率也越低。

知识链接 2-1

表 2-1 为中国工商银行 2025 年 5 月 20 日公布的人民币存款利率表。

表2-1　　　　　　　　　　　　人民币存款利率表　　　　　　　　　日期：2025-05-20

项目	年利率（%）
一、城乡居民及单位存款	
（一）活期	0.15
（二）定期	
1.整存整取	
三个月	0.65
半年	0.85
一年	0.95
二年	1.05
三年	1.25
五年	1.3
2.零存整取、整存零取、存本取息	
一年	0.65
三年	0.85
五年	0.85
3.定活两便	按一年以内定期整存整取同档次利率打6折
二、协定存款	0.1
三、通知存款	
一天	0.1
七天	0.3

资料来源：中国工商银行. 人民币存款利率表 ［EB/OL］.［2025-05-20］. https://www.icbc.com.cn/column/1438058341686722587.html.

（二）名义利率和实际利率

此分类以利率是否剔除了通货膨胀率的影响为划分标准。名义利率是直接以货币表示的市场通行使用的利率。实际利率是名义利率剔除通货膨胀因素以后的真实利率，即在物价不变，从而货币购买力不变条件下的利息率。由于一般以物价上涨率来代替通货膨胀率，且不考虑利息的贬值因素，则：实际利率=名义利率–物价上涨率。因此，判断利率水平的高低，不能只看名义利率，必须以实际利率为依据。当物价上涨率高于名义利率时，实际利率就成为负数，称为负利率。负利率对经济起着逆向调节作用。

（三）市场利率、公定利率和官定利率

此分类以利率是否按市场规律自由变动为划分标准。市场利率是按市场规律而自由变动的利率，即由借贷资本的供求关系直接决定并由借贷双方自由议定的利率。公定利率是指由非政府的金融行业自律性组织确定的利率，如银行公会等所确定的要求各会员银行必须执行的利率。官定利率，也叫法定利率，是政府金融管理部门或者中央银行确定的，要求强制执行的各种名义利率。它是国家为了实现宏观调控目标的一种政策手段。

我国目前的利率体系是以官定利率为主。绝大多数利率仍是由中国人民银行制定、报国务院批准后执行。市场利率范围有限，主要是在同业拆借等领域。

知识链接 2–2

贷款市场报价利率（LPR）

贷款市场报价利率（LPR）是指金融机构对其最优质客户执行的贷款利率，其他贷款利率以此为基础通过加减点确定。贷款市场报价利率的集中报价和发布机制是在报价行自主报出本行贷款基础利率的基础上，指定发布人对报价进行加权平均计算，形成报价行的贷款基础利率报价平均利率并对外予以公布。目前，LPR包括1年期和5年期两个品种。LPR市场化程度较高，能够充分反映信贷市场资金供求情况，使用LPR进行贷款定价可以促进形成市场化的贷款利率，提高市场利率向信贷利率的传导效率。

资料来源：360百科．贷款市场报价利率［EB/OL］．［2024-06-13］．https：//baike.so.com/doc/30506757—32302247.html.有修改。

（四）基准利率与非基准利率

此分类以该利率在整个利率体系中的地位为划分标准。基准利率是指在整个金融市场上和整个利率体系中处于关键地位，起决定性作用的利率。当它变动时，其他利率也相应发生变动。一般以中央银行的再贴现利率为基准利率。非基准利率是指基准利率以外的所有利率。非基准利率在利率体系中均不处于关键地位，不起决定性作用。

（五）固定利率与浮动利率

此分类以借贷期内利率是否调整为划分标准。固定利率是指在借贷期内不做调整的利率。固定利率的最大特点是利率不随市场利率的变化而变化，借贷双方可以十分方便地计算成本与收益，因此，适用于借贷期限较短或市场利率变化不大的情况。浮动利率是一种在借贷期内可定期调整的利率。根据借贷双方的协定，由一方在规定的时间依据某种市场利率进行调整，一般调整期为半年。实行浮动利率，借款人在计算借款成本时比较复杂，但由于借款双方可以共同承担利率变化的风险，利息负担与资金供求状况密切结合，因此适宜于中长期贷款。

三、影响利率变动的因素

影响利率变动的因素有很多，主要有借贷资金的供求状况、通货膨胀、国际市场利率水平、国家的经济政策和利率管理体制等。

（一）借贷资金的供求状况

在市场经济条件下，利率作为借贷资金的价格，其水平要受资金市场的供求状况影响。在整个资金市场上，当借贷资金供过于求时，利率下降；当借贷资金供不应求时，利率上升。所以，资金的供求状况是影响利率变动的最直接、最重要的因素。

（二）通货膨胀

在信用货币流通的条件下，就有可能产生通货膨胀。在通货膨胀条件下，如果名义利率不变，实际利率必然下降，资金的贷出者必然遭受经济损失。因此，在确定利率时，就要考虑物价上涨对借贷资金本金和利息的影响，采取提高利率水平或采用附加条件等方式来减少通货膨胀带来的损失。另外，国家也常将利率作为抑制通货膨胀、稳定物价的重要手段。因此，利率水平必然要受到通货膨胀的影响。

（三）国际市场利率水平

国际利率水平对一国利率水平的影响与一国的开放程度有关。一个国家开放程度越高，国际利率水平对其国内利率的影响就越大。国际利率水平对国内利率水平的影响是通过国际资本流动实现的。当国际利率水平高于国内利率水平时，资本会外流，资本外流造成本国资本供给减少，在需求不变的前提下，国内利率水平上升；相反，国内利率水平下降。

（四）国家的经济政策

国家实行不同的经济政策，对利率水平会产生不同的影响，例如，国家实行紧缩的货币政策会使市场利率上升，实行扩张的货币政策会使市场利率下降。另外，国家可以根据其产业发展、地区发展策略对扶植发展的产业给予优惠利率，对不同的行业还可以实行差别利率，对不同的地区也可实行差别利率。

微课2-2

利率

拓展阅读2-2

银行利率调整对经济的影响

（五）利率管理体制

利率管理体制是经济体制的组成部分，它规定金融管理当局或中央银行的利率管理权限、范围和程度，是影响利率的重要因素。利率管理体制有利率管制和利率市场化两种类型，各国因国情不同实行不同的利率管理体制。我国目前正处在从利率管制向利率市场化过渡阶段。

此外，影响利率变化的因素还有银行经营成本、传统习惯、法律规定、国际协议等。总之，影响利率波动的原因很多，往往又是多种因素交错在一起，综合影响利率的变动。

四、利率的作用

在现代经济中，利率发挥着极其重要的调节作用，主要表现在以下几个方面：

（一）激励企业提高资金使用效率

在经济生活中，工商企业向商业银行借款，而商业银行和其他金融机构又向中央银行借款。对于它们来说，利息始终是利润的抵减因素。为了取得最大的经济效益，企业（包括金融机构）一定会加强经营管理，加速资金周转，努力节约资金的使用和占用，减少利息支出。

（二）引导个人的投资行为

一方面，合理的利率能够增强人们储蓄的愿望和热情，因此利率的变动在一定程度上可以调节个人的消费倾向和储蓄倾向，引导人们的储蓄行为。另一方面，在保证一定安全性、流动性的前提下，决定收益性的利率就成为人们投资时着重考虑的因素。因此，利率可以引导人们选择金融资产。

（三）聚集社会闲散资金

在市场经济条件下，资金的短缺制约着一国经济的发展。但同时，社会上也存在着一定数量的闲置资金。银行通过合适的利率可把社会再生产过程中暂时闲置的货币资金和社会各阶层闲置的货币收入集中起来，形成巨大的社会资金，通过信贷资金的分配，满足生产发展的资金需要，促进经济快速发展。

（四）合理配置资源，优化产业结构

利率对于社会资源的配置、国民经济结构的调节作用，主要是通过采取差别利率政策来实现的。对国家急需重点发展的产业、企业及有关的项目和产品，可以采取优惠利率予以支持；对于国家要限制或压缩的产业、企业及有关项目和产品，可以通过采取惩罚利率予以限制。在利率机制的驱动下，企业投资会逐渐转向高收益的产业、部门和产品，从而优化产业结构，实现社会资源的优化配置，进而促进国民经济的协调、稳定发展。

（五）稳定物价

利率稳定物价的作用可从货币和商品两方面来体现：①调节货币供求。利率的高低直接影响银行的信贷总规模，而信贷规模又直接决定货币供应量。当通货膨胀发生或预期通货膨胀将要发生时，通过提高贷款利率，调节货币需求量，使得货币需求下降，信贷规模收缩，促使物价趋于稳定。②调节商品供求。如果通货膨胀不是由于货币总量不平衡所致，而是由于商品供求结构失衡所致，则对于供不应求的短线产品的生产可降低对其贷款的利率，促使企业扩大再生产，增加有效供给，迫使价格回落。

（六）平衡国际收支

当国际收支逆差较严重时，可以提高本国利率吸引外国短期资金流入本国，同时也可以阻止本国资金的流出。当国内经济衰退与国际收支逆差并存时，就不能简单地调高利率水平，而应调整利率结构：一方面降低长期利率，鼓励投资，刺激经济复苏；另一方面提高短期利率，阻止国内资金外流并吸引外资流入，从而达到内外部同时均衡。

金融视窗

信用体系构建与利率市场化的双重奏

在现代金融体系中，信用与利率如同经济的双引擎，共同驱动着市场的繁荣与发展。我国近年来推进的信用体系建设和利率市场化改革两者相辅相成，共同描绘了一幅金融深化改革的宏伟蓝图。信用体系的建设强调了诚信的重要性，它是市场经济的

基石，也是金融活动的生命线。随着社会信用体系建设的不断深入，个人与企业的信用记录日益完善，成为金融市场评估风险、定价的重要依据。一家初创科技企业，凭借其良好的信用记录和创新的商业模式，成功获得了低息贷款支持，加速了产品研发和市场拓展的步伐。在这一过程中，信用不仅成为了企业的无形资产，也促进了金融资源的优化配置。与此同时，利率市场化改革促进了金融机构之间的公平竞争，打破了原有的垄断格局，提高了金融服务的效率和质量。利率市场化改革的推进，使得金融机构能够根据市场供求状况自主定价，提高了金融市场的竞争力和效率。随着存贷款利率的浮动范围逐步扩大，金融机构更加注重风险管理和产品创新，以满足不同客户的多样化需求。信用体系建设和利率市场化改革都是金融创新的体现，它们推动了金融市场的深刻变革和持续发展。金融机构在追求经济效益的同时，也应承担起相应的社会责任。通过信用体系建设和利率市场化改革，金融机构可以更好地服务实体经济，促进经济社会的全面发展。

资料来源：作者根据相关资料整理。

启示： 党的二十大报告明确了深化金融改革、服务实体经济的发展方向，我国信用体系建设与利率市场化改革与之紧密呼应。信用体系作为市场经济根基，通过完善信用记录为金融风险定价提供依据，如案例中初创企业凭借良好信用获低息贷款，优化了资源配置，夯实市场诚信基础。

利率市场化改革打破金融垄断，推动机构竞争，促使金融服务提质增效。机构依市场供求自主定价，创新产品服务，有力支撑实体经济，契合现代央行制度建设要求。二者需协同发力，信用体系支撑利率市场化风险定价，后者反推信用评估优化，形成"信用—利率—实体"良性循环，缓解融资难、提升资金配置效率。未来应强化信息共享与改革协同，完善信用机制、深化利率市场化，驱动金融市场稳健发展，赋能社会主义现代化建设。

☑ 项目小结

本项目主要阐述了信用的特征、信用在经济中的作用以及基本的信用形式；介绍了信用体系建设的内容和我国信用体系建设的情况；介绍了利息的计算方法，阐明了利率在微观和宏观经济中的重要作用，列举了影响利率的多种因素。

项目训练 》

一、重要概念

信用　银行信用　商业信用　利率　实际利率

二、单项选择题

1.商业信用是企业之间由于（　　　）而相互提供的信用。

A.生产联系　　　　B.产品调剂　　　　C.物质交换　　　　D.商品交易

2.以金融机构为媒介的信用是（　　　）。

A.银行信用　　　　　　B.消费信用　　　　　　C.商业信用　　　　　　D.国家信用

3.国家信用的主要工具是（　　　　）。

A.政府债券　　　　　B.银行贷款　　　　　C.银行透支　　　　　D.发行银行券

4.工商企业之间以赊销方式提供的信用是（　　　　）。

A.商业信用　　　　　B.银行信用　　　　　C.消费信用　　　　　D.国家信用

5.在多种利率并存的条件下起决定作用的利率是（　　　　）。

A.差别利率　　　　　B.实际利率　　　　　C.公定利率　　　　　D.基准利率

6.国家货币管理部门或中央银行所规定的利率是（　　　　）。

A.实际利率　　　　　B.市场利率　　　　　C.公定利率　　　　　D.官定利率

7.名义利率与物价变动的关系成（　　　　）。

A.正相关关系　　　　B.负相关关系　　　　C.交叉相关关系　　　　D.无相关关系

三、多项选择题

1.信用形式包括（　　　　　　　）。

A.商业信用　　　　　　　　B.工业信用　　　　　　　　C.国家信用

D.民间信用　　　　　　　　E.公司信用

2.商业信用是现代信用的基本形式，它是指（　　　　　　　）。

A.工商企业之间存在的信用

B.以商品或货币形式提供的信用

C.是买卖行为和借贷行为同时发生的信用

D.是商品买卖双方可以相互提供的信用

E.其规模大小取决于银行信用规模

3.商业信用的局限性表现在（　　　　　　　）。

A.商业信用的规模受商品买卖的限制

B.商业信用的方向受到限制

C.商业信用的期限较短

D.商业信用一定程度上限制了银行信用的发展

E.企业的很多信用需要无法通过商业信用来满足

4.国家信用中最典型的两种形式是（　　　　　　　）。

A.银行透支　　　　　　　　　B.向国外借款

C.发行公债券　　　　　　　　D.在国际金融市场发行债券

E.发行国库券

5.以下属于消费信用的是（　　　　　　　）。

A.出口信贷　　　　　　　　B.国际金融租赁

C.银行向消费者提供的住房贷款　　　　D.银行提供的助学贷款

E.企业向消费者以延期付款的方式销售商品

四、判断题

1.信用只有在货币的流通手段存在的条件下才能发生。　　　　　　　　（　　　）

2.企业之间在买卖商品时，以货币形态提供的信用是商业信用。　　　　（　　　）

3.银行信用是以货币形态提供的信用，与商品买卖活动规模密切相关。　　（　　）

4.通过办理商业票据的贴现或抵押贷款等方式，商业信用可以转变为银行信用。

（　　）

5.商品赊销不用支付利息，因此不属于信用范畴。　　　　　　　　（　　）

五、思考题

1.信用的作用是什么？

2.银行信用有什么特点？

3.利率的作用是什么？

4.影响利率变动的因素有哪些？

5.征信体系的构成要素有哪些？

6.王某向银行存入10 000元5年期定期存款，以现行的存款利率为标准，试回答如下问题：①他5年后应得利息多少元？②如他存入1年后，全部提前支取，可得利息多少元？③如银行按复利计息，以现行的1年期的存款利率为标准，5年期的定期存款可获利息多少元？④根据计算得出的数据说明我国单利制度的合理性。

六、讨论题

结合我国个人经济生活和企业经济活动的实际情况，讨论信用活动对居民生活和企业生产经营活动的影响。

七、案例分析

MLF和存款利率下行　金融支持实体再加力

为维护月末银行体系流动性合理充裕，2024年7月25日，中国人民银行（下称"央行"）以固定利率、数量招标方式开展了2 351亿元逆回购操作，此外，以利率招标方式开展2 000亿元中期借贷便利（MLF）操作。其中，公开市场7天期逆回购操作利率（下称"7天期逆回购利率"）为1.7%，在7月22日已下调10个基点；MLF中标利率为2.3%，较7月15日MLF操作中标利率下调20个基点。

中国民生银行首席经济学家温彬表示，央行在依照惯例每月15日开展一次MLF操作的基础上，又于7月25日增加了一次MLF操作窗口，加之前期已宣布视情况开展临时正、逆回购操作，都表明央行保持流动性合理充裕、巩固经济回升向好的态度坚决。近期公开市场操作利率、贷款市场报价利率（LPR）、存款利率和MLF利率接连下降，有助于进一步降低实体经济综合融资成本。

央行数据显示，我国贷款利率已连创历史新低，企业贷款利率进入"3字头"，部分城市房贷利率迎来"2字头"，实际利率随着物价回升也趋于下行。

伴随多个政策利率下调，2024年7月25日，根据资金供求变化和自身经营需要，六大国有银行主动下调了存款利率。业内人士指出，本次主要银行主动下调存款利率，是基于前期1年期LPR下降，以及国债收益率等市场利率走势所自主决定的，是存款利率更加市场化的体现。2021年6月份以来，主要银行1年期、3年期存款利率分别累计下调0.5、1.7个百分点。

"与LPR下降仅仅相隔3个工作日，大型商业银行就下调存款挂牌利率，体现出存款利率市场化调整机制作用有效发挥，商业银行市场化定价的能力进一步增强。"招联首席研究员董希淼分析，按照以往经验，预计股份制银行在近期就会跟进调整，中小银行可能逐步分批跟进下调。

温彬表示，对于银行而言，调整优化存款利率，有利于稳定银行负债成本，提升金融服务实体经济可持续性，从而进一步加大对实体经济的支持。近年来，银行支持实体经济力度较大，贷款利率降幅明显，但在负债端，受存款利率下调后效果需随存量存款重定价逐步显现、部分银行通过违规手工补息揽存等因素影响，负债成本降幅明显小于资产收益降幅。

对于普通储户而言，以存款本金10万元为例，一年期定期存款每年利息减少100元，影响相对有限。同时，专家建议，居民还可通过柜台债、理财、基金等方式，多元化配置资产，资产综合收益不会受到大的影响。

资料来源：陈勇洲. MLF和存款利率下行金融支持实体再加力［EB/OL］.［2024-07-26］. http://stcn.com/article/detail/1269932.html.

问题：六大国有银行主动下调存款利率的决策是如何体现市场化利率调整机制的？这种调整对银行的负债成本管理和对实体经济的支持有何影响？

项目三　金融工具与金融市场

学习目标

1.知识目标

通过本项目的学习要求学生了解金融工具的概念、特征和分类、金融市场的各个子市场的特点，理解金融市场的一般构成及各市场的运行机制及其在经济中的作用。

2.能力目标

能够分析金融市场的动态变化，识别投资机会与潜在风险；能够设计并实施合理的投融资策略，选择适合的金融工具以满足特定需求；具备一定的金融市场业务操作能力，如基本的交易、投资管理等。

3.素养目标

培养严谨的科学态度与持续学习的习惯，提升专业素养；增强法律意识，确保金融活动的合法性与合规性；培养团队合作精神与社会责任感，关注金融市场对社会经济的广泛影响。

思维导图

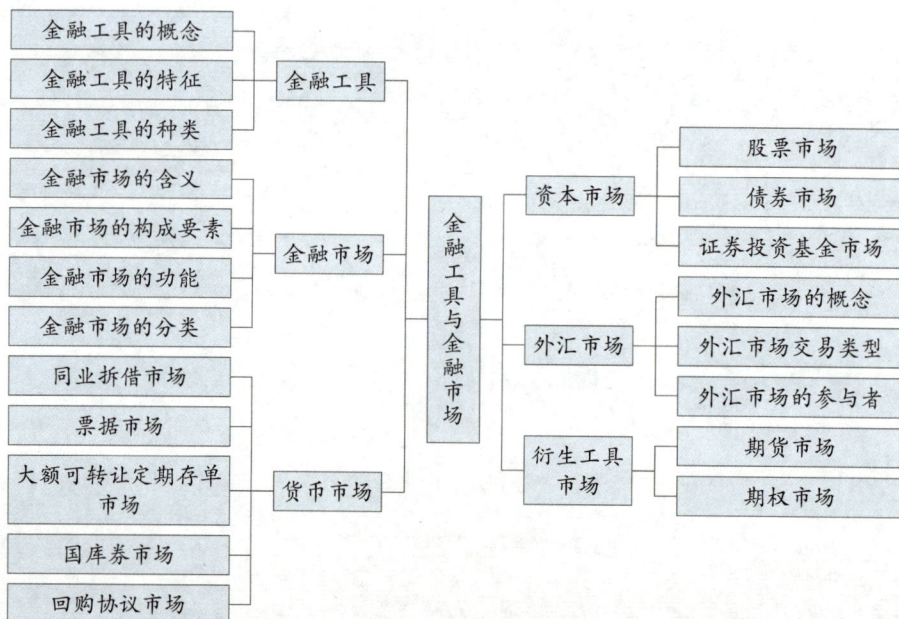

引例

三个难题

现实生活中，我们经常看到这样的事实：

某位刚毕业走向工作岗位的大学生，即将为结婚购买一套住房，然而根据他的收入计算，他理想中的住房的价格大约相当于他15年的工资收入总和。但是，他没有这笔钱，那么购房的理想就只能是个梦想了吗？

某个小企业开发出了一种能随着环境的变化而自动变色的材料，市场调查表明，这种材料具有巨大的市场需求，但是投产这种材料却需要数十亿元的长期投资，相当于这个企业50年的利润总和，那么这个企业就不得不放弃这项有利可图的生产计划吗？

某投资基金公司经过分析得出结论，由于墨西哥湾漏油事件后果严重，因此国际原油价格将猛烈上涨，其结果就是一家生产"高效节油发动机"的公司的股票价格将会大幅度上涨。于是该投资基金公司决定大量收购这家公司的股票。但该投资基金公司账户上已经没有闲置资金可用，出售已有的资产又会面临短期内的较大损失，那么这家投资基金公司是不是只能眼睁睁地看着到手的投资机会白白溜走？

资料来源：作者根据相关资料整理编写。

思考：如何筹集到足够多的资金是解决以上三个难题的关键。一个重要的解决问题的途径就是借助于金融市场。那么如何通过金融市场融资呢？本项目将介绍金融市场融资的工具即金融工具和金融市场问题。

任务一　金融工具

一、金融工具的概念

金融市场上所有的交易都是围绕着货币资金展开的。不同期限、不同金额、不同使用条件的货币资金在不同的交易者之间流动需要一个载体，这个交易载体就是金融工具。

金融工具是指在信用活动中产生的能够证明债权债务关系或资金所有权关系的、具有法律效力的"书面文件"，它对于债权债务双方所应承担的义务与享有的权利均有法律约束意义。

二、金融工具的特征

（一）期限性

期限性是指一般金融工具都规定有偿还期限。偿还期限是指债务人必须全部归还本金之前所经历的时间，一般情况下各种金融工具上都明确载明偿还的期限、本金偿还方式和利息支付方式。金融工具的偿还期可以有零期限和无期限两个极端。如活期存款的期限可以看作零期限，而普通股票或永久性债务的偿还期则是无期限的。

（二）流动性

流动性是指金融工具在金融市场上迅速变为现金而不致遭受损失的能力。金融工具越容易变现、成本越低，流动性就越强；反之，则流动性越差。一般来说，金融工具的流动性与偿还期成反比。偿还期越短，流动性越强；偿还期越长，流动性越差。但这不是绝对的，金融工具的流动性还受其盈利水平高低的影响，一个国家的金融市场如果比较发达，一些盈利水平高的金融工具即使偿还期比较长，往往也具有很强的流动性，很容易在金融市场出售。另外，金融工具的流动性与发行者的资信程度成正比，发行者信誉越高，流动性越强；反之，则流动性越差。

（三）风险性

风险性是指购买金融工具的本金和预期收益遭受损失的可能性。一般情况下，存在着两种风险：一是信用风险，即债务人不履行合约，不按期归还本金和支付利息的风险。这种风险的大小主要取决于债务人的信誉和经营状况。二是市场风险，即由于金融工具市场价格的下跌所带来的风险。金融市场瞬息万变，这类风险很难准确预测，比如股票的市价经常会发生变化，一旦价格下跌，会给投资者带来损失。因此，在金融投资中，采取必要的保值措施非常重要。

（四）收益性

收益性是指金融工具能够给持有者带来一定的收入。金融工具的总收益由资本增益和资本利得两部分组成，前者是持有金融工具期间获得的利息收入，后者是金融工具取得价格与卖出价格（或赎回价格）的差额。不同的金融工具在收益上存在差异，其收益的主要决定因素包括产品性质（债券、股票）、收益计算方式、发行人情况、产品期限以及金融市场状况等。

三、金融工具的种类

（一）按金融工具的期限划分

按金融工具的期限划分，金融工具可分为短期金融工具和长期金融工具。短期金融工具主要有商业票据、国库券、银行承兑汇票、大额可转让定期存单、回购协议等。长期金融工具主要包括股票、公司债券、金融债券及中长期国债等。

1.短期金融工具

短期金融工具指期限在一年以内（含一年）的信用凭证。它主要有以下几种：

（1）商业票据

商业票据是企业之间由于信用关系形成的短期无担保债务凭证的总称。它是在商业信用的基础上产生的。传统的商业票据有商业汇票和商业本票两种。

商业汇票是由债权人签发的要求债务人按约定的期限向持票人或第三人无条件支付一定款项的命令书。商业汇票必须经过债务人承认才有效。债务人承认付款的手续叫承兑。由债务人承兑的汇票叫商业承兑汇票；由银行受债务人委托承兑的汇票称为银行承兑汇票。

商业本票又称期票，是债务人向债权人签发的承诺在约定的期限内无条件支付一定款项的债务凭证。

（2）银行票据

银行票据是在银行信用的基础上由银行签发的或由银行承担付款义务的信用凭证。它包括银行汇票、银行本票和银行支票。

银行汇票是汇款人将款项交存当地银行，由银行签发给汇款人持往异地办理转账结算或支取现金的票据。

银行本票是申请人将款项交存银行，由银行签发的承诺自己在见票时无条件支付确定的金额给收款人或持票人的票据。

银行支票是指银行的存款人签发的要求银行从其活期存款账户上支取一定金额给指定人或持票人的凭证。

（3）大额可转让定期存单

大额可转让定期存单简称CD，它是由商业银行签发的注明存款金额、期限、利率，可以流通转让的信用工具。大额可转让定期存单不记名，期限较短，面额固定且金额较大，可流通转让，但在期满前不能要求银行偿付。

（4）国库券

国库券是政府为弥补短期财政收支的差额而发行的一种短期债务凭证（如图3-1所示）。国库券的信誉程度高、风险小、流动性强、期限短，因此受到众多投资者的青睐。

图3-1　国库券

（5）回购协议与逆回购协议

回购协议是卖方在卖出某种金融资产时与买方约定在未来的某一时间将该资产以规定的价格，按照规定的条件再买进的合约。逆回购协议是关于买方买进某金融资产时约定在未来将该金融资产以规定的价格、按照规定的条件再卖出的合约。

2.长期金融工具

长期金融工具是指期限在一年以上的信用凭证。它主要有以下几种：

（1）股票

股票是股份有限公司公开发行的用以证明投资者的股东身份和权益，据以获得股息、红利的有价证券。图3-2为股份有限公司发行的股票的票样。

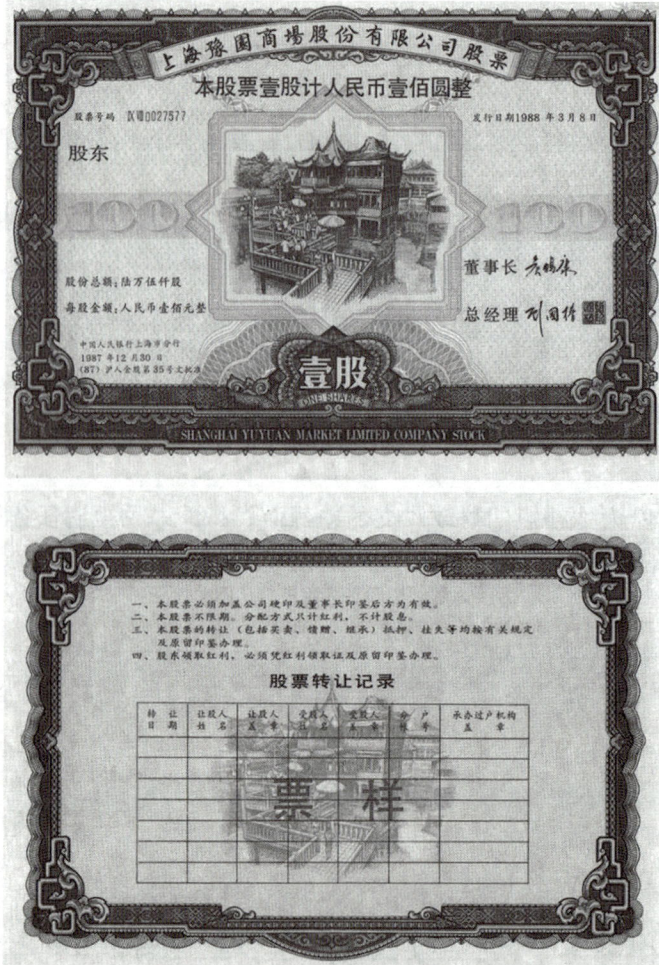

图3-2 股票票样

股票有多种分类方法，按股东享有权利的不同，分为普通股和优先股。

普通股是目前最常见、最典型的一种股票。普通股是指每一股份对公司财产都拥有平等权益的股票。普通股的股东享有经营管理权、收益分配权、优先认股权、剩余财产分配权，其股息不固定。

优先股是指股东有优先于普通股分红和优先于普通股的剩余财产分配的权利。优先股的股息通常是固定的。

我国的股票分类具有典型的中国特色，根据股票上市地点和投资者的不同，我国的股票有A股、B股、H股、N股等之分。A股即人民币普通股，是由我国境内股份有限公司发行，供境内机构和个人（不含港、澳、台投资者）以人民币购买和交易的普通股股票；B股是由我国境内股份有限公司发行，以人民币标明面值，以外币购买，在境内证券交易所上市，供境内外投资者买卖的股票；H股、N股分别是我国境内股份有限公司发行的，在我国香港、纽约上市交易的股票。

按投资主体的性质不同，我国上市公司的股票还被划分为国家股、法人股和社会公众股。国家股是指有权代表国家投资的部门或机构以国有资产向股份有限公司投资形成的股票；法人股是指企业法人或具有法人资格的事业单位和社会团体以其依法可支配的资产投入股份有限公司形成的股票。国家股和法人股统称为国有股，一般不能上市流通转让，被称为非流通股；社会公众股是指社会公众依法以其拥有的财产投入股份有限公司形成的可上市流通股票。这样同一家上市公司发行的股票就有流通股和非流通股之分，这被称为股权分置。

此外，股票按是否记名分为记名股票和不记名股票；按是否载明票面金额分为面额股票和无面额股票；按公众对股票的评价可分为蓝筹股票、周期性股票、成长性股票、防守性股票、投机性股票。

知识链接3-1

普通股和优先股的利弊

普通股和优先股对发行人和投资人各有利弊：

普通股的优点：一是发行普通股筹措资本具有永久性。这对保证公司对资本的最低需要、维持公司长期稳定发展极为有益。二是发行普通股筹资没有固定的股利负担。三是发行普通股筹集的资本是公司最基本的资金来源。四是由于普通股的预期收益较高并可一定程度地抵消通货膨胀的影响（通常在通货膨胀期间，不动产升值时普通股也随之升值），因此容易吸收资金。

普通股的缺点：一是普通股的资本成本较高；二是以普通股筹资会增加新股东，这可能会分散公司的控制权。

优先股的优点：首先，优先股筹集的资本属于权益资本，通常没有到期日，即使其股息不能到期兑现也不会引发公司的破产；其次，优先股股东一般没有投票权，不会使普通股股东的控制权受到威胁；最后，优先股的股息通常是固定的，在收益上升时期可为现有普通股股东"保存"大部分利润，具有一定的杠杆作用。

优先股的缺点：首先，优先股筹资的成本比债券高，这是由于其股息不能抵冲税前利润；其次，有些优先股（累积优先股、参与优先股等）要求分享普通股的剩余股息所有权，稀释其每股收益。

资料来源：作者根据相关资料整理。

（2）债券

债券是债务人向债权人出具的，在一定期限内支付利息和到期偿还本金的债务凭证。

债券按不同的方式可以划分为不同的种类。按发行主体的不同，债券可分为政府债券、企业债券和金融债券。政府债券，是国家根据信用原则举借债务的借款凭证。政府债券按偿还期不同可分为短期债券、中期债券、长期债券。一年以内的短期政府债券通常被称为国库券；一年以上的中长期政府债券被称为国债券，是资本市场的重要金融工具。企业债券也称公司债券，是企业向投资者出具的、承诺在规定期限内还本付息的债务凭证。企业债券的风险较大，因此其利率要略高于其他债券。为保证投资人的权益，各国对企业债券的发行都有具体规定。企业债券经过审查，符合规定要求后，可以在二级市场上流通转让。金融债券，是银行或其他金融机构为了筹措中长期贷款的资金而发行的债务凭证。其发行额须经中央银行批准，利率略高于同等期限的定期存款，可以在二级市场上流通转让。

债券按利率的确定方式可以分为固定利率债券、浮动利率债券和指数债券。固定利率债券是将利率印在票面上并按其向债券持有人支付利息的债券，该利率不随市场利率的变化而调整。浮动利率债券的利率水平伴随着市场利率的变动而进行相应的调整，通常是在某一基准利率之上增加一个固定的溢价，以防止市场利率变动可能造成的价值损失。指数债券是指通过将利率与通货膨胀率挂钩来保证债权人不致因物价上涨而遭受损失的公司债券，挂钩办法通常为：债券利率=固定利率+通货膨胀率+固定利率×通货膨胀率。

债券按抵押担保状况可分为信用债券和抵押债券。信用债券是指完全凭公司信誉，不需提供任何抵押品而发行的债券。一般只有声誉良好的大公司才能发行这种债券。这种债券期限较短，利率较高。抵押债券是以土地、房屋等不动产为抵押品而发行的一种公司债券。如果公司不能还本付息，债权人有权处理抵押品。

（3）证券投资基金

证券投资基金（以下简称基金）是指一种利益共享、风险共担的集合证券投资方式，即通过发行基金单位集中投资者的资金，由基金托管人托管，由基金管理人管理和运用资金，从事股票、债券等金融工具的投资，并将投资收益按基金投资者的投资比例进行分配的一种间接投资方式。

基金有很多类型，可按不同的标准进行划分。①按基金单位可否赎回划分，基金可分为开放式基金和封闭式基金。开放式基金的基金单位总数可随时增减，投资者可按基金的报价在基金管理人指定的营业场所申购或赎回基金。封闭式基金事先确定发行总额，在封闭期内基金单位总数不变，发行结束后可以上市交易，投资者可通过证券商买卖基金单位。②按基金的组织形式划分，基金可分为契约型基金和公司型基金。契约型基金是由委托人、受托人和受益人三方订立基金契约，由基金经理公司根据契约运用基金财产，由受托者（在我国为商业银行）负责保管信托财产，而投资成果则由投资者（受益者）享有的一种基金。公司型基金是按照《公司法》组建的投资基金，投资者购买公司股份成为股东，由股东大会选出董事、监事，再由董事、监事投票委托专门的销售公司来进行。③按照投资收益目标不同来划分，基金可以分为成长型基金、收益型基金和平衡型基金。成长型基金是以基金资产价值能够不断成长为主要目的，重视投资对象的成长潜力，风险较高，投资对象以股票投资为主。收益型基金则以追求投资的当期收益为主，重视投资对象的当期股利和利息，其投资对象以债券为主。平衡型基金兼具两者的优点，既追求长期的资本增值也不放弃当期的收入。④从投资的区域来划分，投资基金可以分为国内基金和海外基金。国内基金是指在一国国内发行的基金，于国内的金融产品，通常以投资于国内股市为主。海外基金则是投资于海外的金融市场。

（二）按是否与实际信用活动直接相关划分

按是否与实际信用活动直接相关，金融工具可分为基础性金融工具和衍生金融工具。基础性金融工具是指在实际信用活动中出具的能证明信用关系的合法凭证，如商业票据、股票、债券等。衍生金融工具是指在基础性金融工具如股票、债券的基础上派生出来的新型金融工具。

衍生金融工具主要有以下几种：

1.金融远期

金融远期也称金融远期合约，是指双方约定在未来某一确定时间，按确定的价格买卖一定数量的某种金融资产的合约。

2.金融期货

金融期货也称金融期货合约，是指买卖双方在有组织的交易所内以公开竞价的形式达成的，在将来某一特定时间交割标准数量特定金融工具的合约。

金融期货具有以下几个特征：

（1）金融期货交易的对象是标准化的金融工具合约，如外汇、股票、利率等。

（2）金融期货的交易过程是在现在完成的，但却在未来某个规定的时间进行交割。

（3）金融期货的交易价格是通过公开的市场竞争形成的，并不是随金融工具的市场价格的变化而变化。

（4）金融期货的交易合约在规定的交割日期到来之前，可以在市场上任意转让。

3.金融期权

金融期权是指在未来特定的期限内，按照特定的协议价格买卖金融工具的选择权。

期权是一种选择权交易，作为期权的买方在向期权的卖方支付一定数量的权利金后，就取得在规定的期限按协定价格向期权卖方购买或出售一定数量的某种商品的权利。对于买方来讲，期权是一种权利，他可以在到期或到期前行使、放弃、转卖这种权利，其最大损失是期权费；对于卖方来讲，期权是一种义务，卖方必须承担到期或到期前交割履约的义务。

4.可转换证券

可转换证券是指其持有者可以在一定时期内按一定比例的价格将之转换成一定数量的另一种证券的证券。可转换证券通常是转换成普通股票。按发行时证券的性质，可转换证券主要分为可转换债券和可转换优先股票两种。

5.互换

互换是指交易双方约定在合约有效期内，以事先确定的名义本金额为依据，按约定的支付率（利率、股票指数收益等）相互交换支付的约定。互换主要有两种类型：一种是货币互换，另一种是利率互换。

6.存托凭证

存托凭证是指在一国证券市场流通的代表外国公司有价证券的可转让凭证。存托凭证由 J.P.摩根首创，目前主要有美国存托凭证（ADR）。

7.权证

微课3-1

金融工具

权证是指标的证券发行人或其以外的第三人发行的，约定持有人在规定期间内或特定到期日，有权按约定价格向发行人购买或出售标的证券，或以现金结算方式收取结算差价的有价证券。按持有人权利不同，权证可以分为认购权证和认沽权证。认购权证是持有人有权按规定价格购买标的证券。认沽权证是持有人有权按规定价格卖出标的证券。

知识链接3-2

期权家族中"形形色色"的成员

第一只期权自 2015 年 2 月 19 日在我国上市以来，已经平稳运行了多年，其实在世界其他国家，期权属于非常成熟的金融衍生品，并且经过多年的发展，在个性化需求的"催生"下，各种"形形色色"的期权产品应运而生。

1.香草期权

这是一个听起来很有食欲的名字，其实它就是"最简单"的期权，通常有欧式期权（到期日才能行权）和美式期权（到期日前任意交易日行权）之分。在冰淇淋中，国外认为香草味是最纯粹、最原始的味道，所以用它来命名期权的原因是：这种期权的结构是最单一、最普通的，没有内嵌任何特殊条款。比如，我国目前上市的 50ETF 期权就是香草期权中的一员。

2.彩虹期权

提起彩虹，大家想到的是七彩线条，用它来命名期权的原因是：这种期权标的物不只一种，而是像彩虹的颜色那样有多种，并且标的种类不仅仅是股票，还可能是大宗商品等基础资产。例如，两色彩虹最大值欧式看涨期权，这个期权有两种标的，收益取决于标的资产中价值较大的那个，并且只能在到期日行权。

3.天气期权

如今金融衍生品发展迅速，标的资产越来越"虚拟化"，从看得见的商品，到隐约可见的股票，到模糊的指数、波动率，再到难以捉摸的天气。不过无论标的如何变化，顺应的都是人们或避险或投机的需求。天气期权就是为了管理自然灾害风险，将这些预测难度大的风险因素转嫁到期权的卖方。天气期权的标的是各种与天气相关的指数，比如能源温值、生长温值、湿度指数、降水指数。

4.巨灾期权

巨灾期权是保险与资本市场融合的产物，大家都知道保险公司最不希望看到突发灾难，这会给它们带来巨大亏损。比如1992年的超级飓风"安德鲁"，导致15家美国财险公司倒闭，由此巨灾期权应运而生，它以巨灾损失指数作为标的。保险公司通过在期权市场上缴纳期权费购买合约，当灾难发生且巨灾损失指数满足触发条件时，巨灾期权购买者可以选择行使该期权获得收益，以弥补所遭受的损失。

　　资料来源：长江期权俱乐部. 期权家族中"形形色色"且十分有意思的成员〔EB/OL〕.〔2021-07-18〕. https://finance.sina.com.cn/option/yw/2021-07-19/doc-ikqcfnca7685277.有改动。

任务二　金融市场

一、金融市场的含义

　　金融市场是指金融工具的供求关系以及在此基础上所形成的交易活动的总和。

　　金融市场有广义和狭义之分。广义的金融市场是指一切进行资金交易的市场，既包括以金融机构为中介的间接融资，也包括资金供求者之间的直接融资。狭义的金融市场主要指资金供求者之间的直接融资，通常包括以所有可流通的有价证券为金融工具的融资活动以及金融机构之间的资金拆借和黄金外汇买卖。金融市场既可以是无形的，也可以是有形的。金融市场形成的初期，一般都有固定的场所，即有形市场。随着商品经济、信用活动和科学技术的发展，金融市场突破场所的限制，人们可以借助于电话、电传、计算机网络等现代化设施来进行资金融通，从而形成一种无形的市场。

微课3-2

金融市场

二、金融市场的构成要素

　　金融市场大致包括以下几个构成要素：交易主体、交易对象、交易工具、交易组织形式和交易价格。

（一）交易主体

　　交易主体就是金融市场的参与者，也就是参与金融市场交易活动而形成供需双方的各经济单位和个人。具体来看，金融市场的交易主体主要有以下几类：

1.企业

　　企业在金融市场上主要是作为资金的需求者。任何企业在生产经营的过程中，都可能出现资金的短缺，企业为了弥补资金短缺，除了可以从银行借款外，还可以通过发行公司债券、股票、票据贴现等方法在金融市场上筹资。企业在金融市场上有时也作为资金的供给者，企业在生产经营活动中可能会出现资金的闲置，对于暂时闲置的资金，企业既可以存入银行，也可以用于短期或长期证券的投资。

2.金融机构

　　中央银行作为金融市场的参与者之一，不仅是资金的供给者和资金的需求者，同时，其参与金融市场的活动主要是为了实施货币政策，调节和控制货币供应量，以实现稳定货币、发展经济的目标。一方面，商业银行是金融市场上资金的最大供应者，它除了对客户提供各种贷款之外，还对各种有价证券进行投资。另一方面，商业银行也通过吸收存款以及发行金融债券、定期存单等方式筹集资金，成为资金的需求者。其他金融机构也通过各种方式从金融市场筹集资金或者向金融市场供给资金。

3.居民个人

居民个人主要是金融市场的资金供应者，居民个人用现期货币收入或货币积蓄可以进行存款，也可以在证券市场中购买股票、债券，选择多种不同的金融工具进行投资。居民个人在金融市场上有时也是以资金的需求者的身份出现的，如进行住房抵押借款、小额质押贷款等。

4.政府机构

政府机构在金融市场上大多数时候以资金需求者的身份参加交易，比如政府可能会为了弥补财政赤字和应付季节性收支不平衡而发行国债。

（二）交易对象

金融市场的交易对象是货币资金，无论是银行的存款，还是证券市场上的证券买卖，最终要达到的目标都是货币资金的转移，或贷者向借者的转移，或贷者向贷者的转移，或借者向借者的转移。与商品市场上商品的买卖不同点在于，金融交易大多只是表现为货币资金使用权的转移，而商品交易则表现为商品所有权和使用权的同时转移。

（三）交易工具

金融市场在进行交易时主要是以金融工具作为交易的凭证。金融交易可以采用口头协定、账面信用和书面凭证三种方式进行。前两种方式虽然简单，但由于协议条件没有正式凭证，不能可靠地确定债权债务关系，容易发生纠纷，并且无法在金融市场上流通转让，不能适应信用关系日益发展和复杂交错的情况。书面凭证则具体载明支付或偿还条件等事宜，可凭此确立信用关系和流通转让，因而成为金融交易的必要工具。金融工具种类繁多、各具特色，能够分别满足资金供求双方的不同需要，由此形成金融市场的各类子市场。

（四）交易组织形式

交易的组织形式，是指金融市场的交易主体进行交易时所采取的方式。其主要有三种：一是交易所交易。这是一种由交易双方集中在交易所内通过公开竞价的方式进行资金交易的组织形式。二是柜台交易。这是指在各种金融机构柜台上买卖双方进行面议、分散交易的方式。三是场外交易。这种交易方式没有固定的交易场所，也不需要进行直接接触，而是借助于通信手段完成交易。

（五）交易价格

在金融市场上，利率是资金商品的价格，利率的高低调节着资金供求和引导资金的流向。当资金供不应求时，市场利率会上升；当资金供大于求时，市场利率会下降。各种金融市场都有自己的利率，如贴现市场利率、国库券市场利率、银行同业拆借市场利率等。不同的利率之间有密切的联系。通过市场机制作用，各种利率在一般情况下呈同方向的变化趋势。

三、金融市场的功能

金融市场最主要的功能是实现货币资金的流动，使得货币资金在价格信号的引导下在不同的主体间实现尽可能的优化配置，通过在资金盈余和赤字部门间的余缺调节，实现社会生产要素的重新组合，从而促进经济效益的提高。具体而言，金融市场的功能主要体现在以下几个方面：

（一）筹集资金的功能

金融市场能够有效地动员和筹集资金，能够把社会上暂时闲置的货币资金聚集起来，将社会储蓄转化为生产资金。不同资金的需求者对于资金的数量、期限有着不同的要求，金融市场上存在着种类繁多的金融工具，资金的需求者可以根据自身的要求加以选择。资金的供给者，在提供资金时，一方面想要获利，另一方面又想保证安全性和流动性。不同金融工具的安全性、流动性和盈利性是不同的，资金的供给者也可根据自身的投资需求选择不同的金融工具。金融市场为资金的供给者和需求者提供了多种选择，满足双方的不同需求，对资金的供求双方有着强大的吸引力，各种金融工具的自主使用和灵活多样的金融交易提高了融资的效率。

（二）资源配置的功能

一个国家的经济发展除了取决于资金投入的多少以外，还取决于这些资源能否被有效地利用。通过金融市场可以实现资源的优化配置和有效利用。在金融市场上通过资金的合理流动，可以促进生产资源的合理配置。货币资金流向的依据是资金的收益率，一个企业如果经营状况好、效益高、资金收益率高，就会吸引投资者认购该企业发行的股票、债券，从而使该企业顺利地筹措到资金，使资金向效益好、使用效率高、资金收益率高的产业和行业流动；反之，如果一个企业经营效益差、资金收益率低甚至亏损，该企业将无法顺利地从金融市场上筹集到资金。由此可见，金融市场能自动调节资金的流向，自发调节不合理的产业结构，促使有限资源的合理运用。

（三）风险分散和风险转移功能

金融市场的风险分散功能体现在两个方面：一是金融市场上多样化的金融工具为资金盈余者提供了多种选择，其可以根据自己的风险、收益偏好将盈余资金投资在不同的金融工具上，进行投资组合。例如，可以将一部分资金存在银行，一部分资金购买保险，再一部分资金购买不同公司发行的股票，这就避免了金融投资的集中与单一，实现了投资风险的分散。二是在金融市场上筹集资金的资金需求者面对众多的投资者发行自己的金融工具，使得众多的投资者共同承担了该金融工具发行者运用这笔资金的经营风险。

金融市场的风险转移功能体现在金融工具在流通市场上的转让。当某一种金融工具的持有者认为继续持有该金融工具的风险过高时，他会通过流通市场将此金融工具卖出，在其卖出该金融工具的同时，也将该金融工具的风险转移了出去。需要强调的是，金融工具的转让只是将风险转移给了购买该金融工具的另一个投资者，并没有消除风险。

（四）调节功能

金融市场的调节功能是指其调节货币的供给与需求的功能。金融市场是中央银行实施宏观金融间接调控的理想场所，中央银行可以通过金融市场进行公开市场业务操作，调节货币供应量；也可通过再贴现率的调整，影响信贷规模。当经济过热时，中央银行可以在金融市场上卖出有价证券，回笼货币；也可以提高再贴现率，从而使商业银行的贷款利率上升，使信贷规模缩小，使货币供给量减少，达到紧缩经济的目的；反之，当经济衰退时，中央银行可以通过在金融市场买入有价证券和降低再贴率等手段增加货币供给量，促进经济回升。金融市场的存在，增强了中央银行宏观调控的灵活性和有效性。

四、金融市场的分类

金融市场是一个由许多相互独立又相互关联的子市场组成的大市场，按照不同的标准可将其划分为不同的市场。

(一) 按金融交易的期限划分

按金融交易的期限，金融市场可分为货币市场和资本市场。

货币市场是指融资期限在一年以内（包括一年）的短期资金交易市场。货币市场的金融工具期限短、风险小、流动性强。资本市场是指融资期限在一年以上的长期资金交易市场。资本市场的金融工具期限长、风险大、流动性较差。

(二) 按成交后是否立即交割划分

按成交后是否立即交割，金融市场可分为现货市场和期货市场。

现货市场是指交易达成后立即进行交割或在成交后的第二个营业日内进行交割的市场。期货市场是指交易达成后不立即进行交割，而是按期货合约规定的交割日进行交割的市场。

(三) 按有无固定场所划分

按有无固定场所，金融市场可划分为有形市场和无形市场。

有形市场是指有具体固定交易场地，有专门组织机构和人员，有专门设备的组织化的市场。无形市场是一种观念的市场，是指既没有集中固定的场所，也没有专门组织，其交易是通过电话、电传、电报等手段完成的非组织化市场。

(四) 按市场中交易的标的物划分

按市场中交易的标的物，金融市场可分为货币市场、资本市场、衍生工具市场、外汇市场、黄金市场。

货币市场是交易短期（通常一年以内）金融工具的市场。资本市场是交易长期（一年以上）金融工具的市场。股票市场和债券市场是资本市场的两个主要组成部分。衍生工具市场是远期、期货、期权、互换等金融衍生工具进行交易的市场。外汇市场是指由外汇需求者和外汇供给者以及买卖中介机构所构成的在国际上从事外汇买卖的交易场所或交易网络。黄金市场是专门集中进行黄金买卖的交易中心或场所。

(五) 按金融工具的流通状态划分

按金融工具的流通状态，金融市场可分为初级市场和次级市场。

初级市场也称一级市场和发行市场，是证券和单据等金融工具最初发行的市场。在初级市场上，公司或政府机构发行股票、债券、票据等金融工具，以筹集资金。次级市场也称二级市场和交易市场，是已发行的证券或票据等金融工具转让买卖的市场。初级市场和次级市场相互依赖，共同构成了完整的金融市场体系。初级市场的活跃可以为次级市场提供更多的交易对象，而次级市场的流动性又能够促进初级市场的健康发展。

（六）按金融交易的地域划分

按金融交易的地域，金融市场可分为国内金融市场和国际金融市场。

国内金融市场的活动范围限于本国领土之内，参与交易的双方当事人都为本国的自然人和法人。国际金融市场的活动范围则超越了国界，其范围可以是某一区域性的，如北美地区、东南亚地区等，也可以是世界性的。国际金融市场的交易主体可以是不同国家和地区的自然人与法人。

任务三　货币市场

按交易对象划分，货币市场主要由同业拆借市场、票据市场、大额可转让定期存单市场、国库券市场、回购市场等子市场构成。

一、同业拆借市场

同业拆借市场是金融机构同业间进行短期资金融通的市场。其参与主体仅限于金融机构。金融机构以其信誉参与资金拆借活动，也就是说，同业拆借是在无担保的条件下进行的，是信用拆借，因此市场准入条件往往比较严格。在美国，只有在联邦储备银行开立准备金账户的商业银行才能参加联邦基金市场（同业拆借市场）。目前，我国同业拆借市场的主体包括了我国所有金融机构，但金融机构进入同业拆借市场必须经中国人民银行批准。

（一）同业拆借市场的形成与功能

同业拆借市场的形成源于中央银行对商业银行法定存款准备金的要求。中央银行规定，商业银行吸收来的存款必须按照一定的比例缴存到其在中央银行开立的准备金账户中，用以保证商业银行的支付清偿能力（流动性）。如果商业银行缴存的准备金达不到中央银行规定的银行比率，则商业银行将受到中央银行的处罚；反之，如果商业银行缴存的准备金超过了中央银行规定的比率，对于超过部分的超额存款准备金，中央银行不付息或仅支付极低的利息。于是，信息交换后，准备金不足的银行开始从准备金盈余的银行拆入资金，以达到中央银行对法定存款准备金的要求，准备金盈余的银行也因资金的拆出而获得收益。拆出拆入银行间资金的划转通过它们在中央银行开设的准备金账户进行。由此可见，同业拆借市场上交易的主要是商业银行等存款性金融机构存放在中央银行存款账户上的超额准备金，其主要功能在于为商业银行提供准备金管理的场所，提高其资金使用效率。

（二）同业拆借市场的特点

同业拆借市场实质是一种资金的借贷活动，但与其他资金借贷活动相比有以下特点：

1.同业拆借市场的资金借贷程序简单快捷

借贷双方可以通过电话直接联系，或与市场中介人联系，在借贷双方就贷款条件达成协议后，贷款方可直接通过代理行经中央银行的电子资金转账系统将资金转入借款方的资金账户上，数秒即可完成转账程序。

2.同业拆借市场的参与者主要是商业银行

由于同业拆借市场期限较短，风险较小，许多银行都把短期闲置资金投放于该市场，以及时调整资产负债结构，保持资产的流动性。特别是那些市场份额有限、承受经营风险能力脆弱的中小银行，更是把同业拆借市场作为短期资金运用的经常性场所。非银行金融机构也是金融市场上的重要参与者，例如券商、储蓄贷款协会等。

3.同业拆借市场利率一般按日计算

利率可以由拆借双方协议确定，也可以借助中介机构通过市场公开竞价确定。国际货币市场广泛使用的利率是伦敦银行同业拆借利率（LIBOR）。

（三）同业拆借市场交易内容

1.头寸资金拆借

头寸资金拆借是指参加拆借市场的金融机构为了轧平头寸、补足存款准备金和票据清算资金而进行的短期融资活动。银行在轧平当日票据交换差额时，对缺乏资金头寸的银行来说，可以在拆借市场补足头寸，以保证清算正常进行。这种方式比向中央银行申请再贴现或再贷款获取资金要便利快捷得多，拆出资金银行也可获得利差收益。

2.同业借贷

同业借贷不以调剂短期头寸资金为目的，而是以调剂一段时间中季节性、临时性需要为目的。拆入银行根据自己业务经营的季节性、临时性需要借入资金，用于短期存款或投资获利；拆出银行为自己的短期闲置资金找到出路，增加收益。与头寸拆借不同的是，同业借贷期限较长，盈利要求较高。

二、票据市场

票据市场是各类票据发行、流通和转让的市场。通常，票据市场可分为商业票据市场和银行承兑汇票市场。

（一）商业票据市场

商业票据是一种由企业开具，无担保、可流通、期限短的债务性融资本票。由于无担保，所以只有信誉卓越的大公司才有资格发行商业票据。商业票据的期限较短，在发达的美国商业票据市场上，商业票据的期限不超过270天，通常在20天至45天之间。

1.商业票据的发行市场

（1）发行人和投资人

商业票据的发行主体并不仅仅局限于工商企业，各类金融公司更是这个市场的重要筹资主体。金融公司是一种金融中介机构，常常附属于一个制造业公司，其主要业务是为购买该企业产品的消费者提供贷款支持。大型制造业公司（如通用电气公司）的显赫声誉与实力使得其所属的金融公司可以直接通过商业票据的发行来获得成本低于银行贷款的资金来源。低成本的融资特征使商业票据成为银行贷款的重要替代品。

商业票据的投资人极其广泛，商业银行、保险公司、非金融企业、信托机构、养老基金、货币市场基金等都是商业票据的购买者。

（2）发行方式

商业票据的发行分为直接募集和交易商募集两种方式。前者是指不经过交易商或中介机构，商业票据的发行人直接将票据出售给投资人，其优点在于节约了付给交易商的佣金。大多数金融公司和一些大型工业公司在发行数额巨大的商业票据时都采用这种方式。交易商募集则是指发行人通过交易商来销售自己的商业票据。市场中的交易商既有证券机构，也有商业银行。无论是直接募集还是交易商募集，商业票据大都以贴现方式发行。

（3）商业票据的发行与贷款承诺

随着越来越多的信用优良的大企业通过发行商业票据来筹集低成本的运营资金，商业银行的短期贷款业务逐渐萎缩，银行的经营面临巨大挑战。为了应对挑战，商业银行创新出一种新产品——贷款承诺，也叫信用额度，即银行承诺在未来一定时间内，以确定的条款和条件向商业票据的发行人提供一定数额的贷款。为此，商业票据的发行人要向商业银行支付一定的承诺费。贷款承诺降低了商业票据发行人的流动性风险。因为通常情况下，商业票据的发行人会滚动发行票据，即用发行新票据的收入来偿还到期的票据，而票据的这种滚动发行风险很大，一旦由于各种原因使票据的发行人无法出售新票据，则其将面临严重的流动性问题，这有可能导致一个原本有着充足清偿能力的公司破产。商业银行提供的贷款承诺使商业票据的发行人可以及时地从银行获得贷款资金，从而避免上述情况的发生。因此，大多数商业票据发行人都尽量利用商业银行的贷款承诺来为他们的商业票据提供支持，这也降低了票据购买者的风险，降低了票据的利率水平。

2.商业票据的流通市场

商业票据的流通市场不发达。商业票据的持有者一般都将票据持有至到期。如果票据的持有者有迫切的现金需要，可以把票据回售给交易商或发行人。

我国目前还不允许各类企业发行没有交易背景、纯粹为了融资的典型商业票据。《中华人民共和国票据法》第十条明确规定："票据的签发、取得和转让应当遵循诚实信用的原则，具有真实的交易关系和债权债务关系。"这表明我国的票据法将票据仅仅作为商品交易支付和结算的工具，并不希望票据当事人利用票据进行纯粹的融资活动。

（二）银行承兑汇票市场

所谓承兑是指汇票到期前，汇票付款人或指定银行确认票据记明事项，在票面上做出承诺付款并签章的行为。汇票之所以需要承兑是由于汇票的出票人与付款人不是同一个人，汇票的出票人单方面将付款人、金额、期限等内容记载于票面，付款人必须承诺兑付，否则汇票是无效的。只有承兑后的汇票才具有法律效力，才能在金融市场上流通转让。汇票由银行承兑的叫银行承兑汇票（如图3-3所示），是货币市场中的一种重要金融工具。

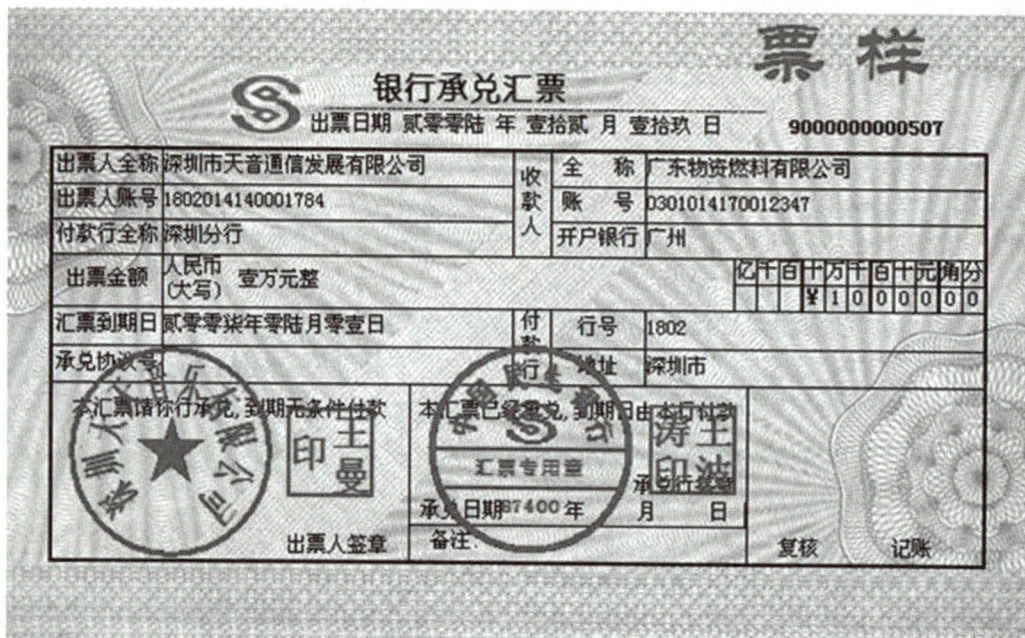

图3-3　银行承兑汇票

银行承兑汇票广泛地运用于国际与国内贸易中。以国内贸易为例，假如A公司与B公司达成了商品交易合同，约定6个月后A公司向B公司支付100万元的货款。在此项商业信用中，为了规避风险，B公司要求A公司开具银行承兑汇票，则A公司向其开户银行建设银行申请开立以A公司为出票人、B公司为收款人、建设银行为承兑人、票面金额为100万元人民币、期限为6个月的汇票。建设银行审查同意后，对汇票进行承兑。A公司将此张经建设银行承兑的汇票交付给B公司，B公司向A公司发货。汇票到期前，A公司应将100万元人民币的货款交存建设银行。汇票到期后，B公司向建设银行提示付款，则建设银行向B公司支付货款。如果汇票到期时A公司在建设银行存款账户上的存款不足100万元，建设银行也必须向B公司无条件地履行支付责任，并对其垫付的部分款项视同逾期贷款向A公司计收罚息，直至还清为止。

（三）票据贴现市场

票据贴现市场是因票据贴现活动而产生的融资市场。票据贴现是指票据的持有人将未到期的票据转让给银行，银行扣除一定的利息后将票面的余额支付给持票人的行为。票据贴现市场所转让的商业票据主要是经过背书的本票和汇票。从表面看，票据贴现是一种票据转让行为，但实质上它构成了贴现银行的授信行为，将商业信用转化为银行信用。银行办理票据贴现后，若出现资金短缺，可将客户向其贴现的票据办理转贴现和再贴现。

贴现利息=票面金额×贴现率×（未到期天数÷365）

贴现金额=票面金额−贴现利息

　　　　=票面金额×〔1−贴现率×（未到期天数÷365）〕

例如，某公司于4月15日持一张商业汇票到M银行办理票据贴现业务，该汇票3月3日开出，6月16日到期，面额为100万元，年贴现率为6.6%，求银行贴现付款额。

银行贴现付款额=100×（1−6.6%×62÷365）=98.88（万元）

三、大额可转让定期存单市场

大额可转让定期存单亦称大额可转让存款证，是银行印发的一种定期存款凭证，凭证上印有一定的票面金额、存入日和到期日以及利率，到期后可按票面金额和规定利率提取全部本利，逾期存款不计息。

（一）大额可转让定期存单市场的产生及意义

大额可转让定期存单产生于20世纪60年代初的美国。由于此前美国金融市场活跃，金融工具种类很多，利率不断上升，而商业银行又受美联储Q条例的存款利率上限的限制，活期存款又不支付利息，致使不少投资者纷纷把手中的现金投资于安全性和收益性比较好的短期票据市场，引起银行存款的大量流失。为此，1961年2月美国花旗银行宣布开始对大公司和其他大客户发行大面额存单，统一面额和期限，利率高于同期限的定期存款，并允许持有者在存单到期前将其转让。纽约一贴现公司宣布同意作为交易公司买卖100万美元为面额的可转让存单，为其创造了一个二级市场，引起了其他金融机构的效仿，纷纷发行此存单，这样大额可转让定期存单市场开始产生。

大额可转让定期存单面市后，商业银行增加了一种新的筹资工具。与存款负债相比，它更加具有主动性、灵活性，能够吸收数额较大、期限稳定的存款。此外，它还改变了商业银行资产负债管理偏重贷款、投资的资产管理思想，加强了负债调剂流动性品种，商业银行可以通过大额可转让定期存单主动增加负债，控制资金来源，利用所筹资金达到自己的经营目标。对于投资者，通过大额可转让定期存单可以充分利用自己的闲散资金增加收益，需要资金时可以变现，享受活期存款的流动性。由于发行大额可转让定期存单的一般是有资信的大银行，安全性较高。

知识链接3-3

"Q条例"

Q条例是指美国联邦储备委员会按字母顺序排列的一系列金融条例中的第Q项规定。1929年之后，美国经历了一场经济大萧条，金融市场随之也开始了一个管制时期，与此同时，美国联邦储备委员会颁布了一系列金融管理条例，并且按照字母顺序为这一系列条例进行排序，如第一项为A项条例，其中对存款利率进行管制的规则正好是Q项，因此该项规定被称为Q条例。后来，Q条例成为对存款利率进行管制的代名词。

Q条例的内容是：银行对于活期存款不得公开支付利息，并对储蓄存款和定期存款的利率设定最高限度，即禁止联邦储备委员会的会员银行对它所吸收的活期存款（30天以下）支付利息，并对上述银行所吸收的储蓄存款和定期存款规定了利率上限。Q条例的实施，对20世纪30年代维持和恢复金融秩序、40至50年代初美国政府低成本筹措战争资金、战后美国经济的迅速恢复，起到了一定的积极作用。

20世纪60年代，美国通货膨胀率提高，市场利率开始明显上升，有时已经超过存款利率的上限。证券市场的不断发展，金融国际化、投资多样化又导致银行存款大量流向证券市场或转移至货币市场，造成金融中介的中断和"金融脱媒"现象的发生，且愈演愈烈，Q条例约束和分业经营的限制，使银行处于一种不公平的竞争地位。各存款类机构都出现经营困难，一些储蓄协会和贷款协会出现了经营危机，银行信贷供给能力下降，全社会信贷供给量减少。1980年3月，美国政府制定了《存款机构放松管制的货币控制法》，决定自1980年3月31日起，分6年逐步取消对定期存款利率的最高限，即取消Q条例。

资料来源：作者根据相关资料整理。

（二）大额可转让定期存单与一般银行存款单的区别

1.是否记名的区别

普通存单是记名的，不能转让，更不能在金融市场上流通，而大额可转让定期存单则采取不记名、可以转让流通的形式。

2.面额固定与否的区别

普通存单票面金额不固定，存款额有大有小，而大额可转让定期存单面额固定，存款额度大，起点高，一般是10万美元以上。

3.能否流通的区别

普通存单到期才能支付利息，如提前支取要遭受部分利息损失，而大额可转让定期存单可以在二级市场进行买卖变现。

4.期限长短的区别

普通存单期限较长，一般为1年以上，而大额可转让定期存单期限较短，最短为7天，一般为3个月、6个月。

5.利率浮动与否的区别

普通存单利率大多固定，而大额可转让定期存单利率可固定，可浮动，即使是固定利率存单，在二级市场转让时还按市场利率计算价格。

四、国库券市场

1877年，英国财政大臣诺斯考特爵士向《经济学家》刊物的主编沃尔特·巴杰特先生请教了一个问题：政府筹措款项困难怎么办？沃尔特·巴杰特认为，政府拥有最佳信用，不妨仿照商业习惯发行短期政府债券来筹资。于是，在英国出现了世界上最早的、以贴现方式发行的短期政府债券。国库券即短期政府债券，是一国政府为满足短期财政资金的需要而发行的一种短期债券。国库券市场即国库券发行、流通转让的市场。

（一）国库券发行市场

1.国库券的发行人

国库券的发行人是政府及政府的授权部门，以财政部为主。在大多数发达国家，所有由政府发行的债券统称为公债，以区别于非政府部门发行的私债，只有中央政府发行的1年期以内的债券才称为国库券。在我国改革开放初期，曾经将所有由政府财政部门发行的政府债券都称为国库券，而不管其期限是在1年以内还是1年以上。目前，将中央政府发行的所有期限的债券统称为国债，对国库券的界定也与国际社会相一致。

政府发行国库券的主要目的有两个：一是融通短期资金，调节财政年度收支的暂时不平衡，弥补年度财政赤字。在一个财政年度内，政府财政状况出现上半年支大于收、下半年收大于支的情况，通过发行国库券可以很好地解决这个问题。此外，通过发行国库券，政府可以获得低息、长期的资金来源，用以弥补年度的财政赤字。二是调节经济。20世纪30年代之后，经济学家们逐渐认识到政府干预经济的重要性，美国经济学家阿·勒纳提出功能财政论：政府的财政政策，政府的开支与税收，政府的债务收入与债务清偿，政府的新货币发行与货币收缩等政策运用，都应该着眼于这些举动对经济所产生的结果。于是，作为一项重要的财政政策工具，国库券的发行又被赋予了调控宏观经济的功能。

2.国库券的发行方式

作为短期债券，国库券通常采用贴现发行方式，即政府以低于国库券面值的价格向投资者发售国库券，国库券到期后按面值支付，面值与购买价之间的差额即为投资者的利息收益。

国库券通常采取拍卖方式定期发行。以美国为例，3个月和6个月的国库券每周发行一次，发行数量通常在前一个星期二的下午公布；12个月的国库券在每个月的第三个星期发行，公布日是在前一个星期五。财政部接收出价最高的订单，出价最高的购买者首先被满足，然后按照出价的高低顺序，购买者依次购得国库券，直到所有的国库券售完为止。在这个过程中，每个购买者支付的价格都不相同，这种方式就是国库券发行市场中的"美国式招标"；如果国库券的最终发行价格按所有购买人实际报价的加权平均价确定，不同的购买人支付相同的价格，则称为"荷兰式招标"。

当政府财政出现临时性资金短缺时，财政部也可以不定期地发行一定数量的国库券，在美国被称为"现金管理券"，期限与财政部预计资金短缺的时间一致。

3.国库券发行市场中的一级交易商

国库券的拍卖发行通常需要专门的中介机构操作，其中最重要的中介机构是一级交易商。一级交易商是指具备一定资格，可以直接向国库券发行部门承销和投标国库券的交易商团体，一般包括资金实力雄厚的商业银行和证券公司。一级交易商通过整买，然后分销、零售，使国库券顺利地到达最终的投资者手中，形成"批发-零售一体化"的分工型发售环节，这有利于降低发行费用，减少发行时间，明显提高了发行效率。

（二）国库券的流通市场

国库券的流通市场非常发达，市场参与主体十分广泛，中央银行、商业银行、非银行金融机构、企业、个人及国外投资者等都广泛地参与到国库券市场交易活动中。在这个市场中，还有一级交易商发挥做市商的职能，通过不断地买入和卖出国库券活跃市场，保持市场交易的连续性、及时性和平稳性，提高市场的流动性。

各国法律大都规定，中央银行不能直接在发行市场上购买国库券，因此，中央银行参与国库券的买卖只能在流通市场上。中央银行买卖国库券的市场被专业化地称为"公开市场"。在这个市场上，中央银行仅与市场的一级交易商进行国库券的现券买卖和回购交易，用以影响金融机构的可用资金数量。可见，国库券的流通市场是中央银行进行货币政策操作的场所。

商业银行等金融机构积极参与国库券市场的交易活动。它们投资国库券的主要目的在于实现安全性、收益性与流动性相统一的投资组合管理。国库券的高安全性、高流动性和税收优惠特点使各类金融机构都将其作为投资组合中的一项重要的无风险资产。

非金融企业和居民个人参与国库券市场的交易活动大都通过金融中介机构。20世纪70年代之后，货币市场基金成为居民参与国库券交易的主要渠道。

五、回购协议市场

回购协议是20世纪货币市场最重要的金融创新活动。

回购协议的出现和回购协议市场的发展深刻地改变了以商业银行为代表的金融机构对于资产管理的理念，显著地增强了各种金融工具的流动性和资产组合的灵活性，从而大大提高了资金的使用效率，促进了金融体系的稳定，丰富了中央银行公开市场操作的手段。

(一) 回购协议的优越性

（1）对于资金借入方来说，回购协议可以使其免受购回金融资产时市场价格上升引起的损失，降低市场风险。

（2）对于资金借出方，回购协议中涉及的抵押证券可以使其在减少债务人无法按期还款的信用风险的同时，也免受卖出时市场价格下降引起的损失。

（3）回购协议的出现，使得商业银行可以将大量的资产投资于国库券、银行承兑汇票等有利可图的生息资产，将超额准备金降到最低限度，从而最大限度拓展业务，增加盈利，避免了由于发放贷款或者支付需要而以贴现的方式出售原有的金融资产或回收贷款，增强了银行资金运用的灵活性。

（4）商业银行利用回购协议获得的资金无须向中央银行交纳法定存款准备金，从而降低了商业银行筹集资金的成本，增加了商业银行扩张业务的积极性。

（5）降低了银行间同业拆借的风险和成本，能够更好地引导信贷资金实现最佳配置。

（6）中央银行采用回购协议可以保证对货币供应量的调节不失控，同时降低公开市场操纵的成本。

(二) 回购协议市场的主要参与者

回购协议市场的参与者主要是银行、企业、政府等。

1.银行

银行是回购协议市场的最主要的参与者。这个市场可以为银行提供成本较低的资金来源，而且不受政府有关法定准备金比率的限制，这对于银行提高资金利用效率具有重要的意义。银行既是回购协议市场的资金供给者，也是资金需求者。

2.企业

企业参与回购市场主要是为其掌握的短期资金寻找能够带来利息收益的、安全的投资项目，因此企业主要是回购协议市场的资金提供者。

3.政府

政府参与回购协议的交易，主要是在法律允许的范围内为其掌握的闲置资金寻找具有还款保障的短期投资渠道。

知识链接3-4

债券回购交易流程

1.回购委托。客户委托证券公司做回购交易。

2.回购交易申报。根据客户委托，证券公司向证券交易所主机做交易申报，下达回购交易指令。回购交易指令必须申报证券账户，否则回购申报无效。

3.交易系统前端检查。交易系统将融资回购交易申报中的融资金额和该证券账户的实时最大可融资额度进行比较，如果融资要求超过该证券账户实时最大可融资额度，则属于无效委托。

4.交易撮合。交易所主机将有效的融资交易申报和融券交易申报撮合配对，回购交易达成，交易所主机相应成交金额实时扣减相应证券账户的最大融资额度。

5.成交数据发送。T日闭市后，交易所将回购交易成交数据和其他证券交易成交数据一并发送结算公司。

6.标准券核算。结算公司每日日终以证券账户为单位进行标准券核算，如果某证券账户提交质押券折算成的标准券数量小于融资未到期余额，则为"标准券欠库"，登记公司对相应参与人进行欠库扣款。（由于采取前端监控的方式，一般情况下，不会出现参与人和投资者"欠库"的问题，只有标准券折算率调整才可能导致"标准券欠库"）

7.清算交收。结算公司以结算备付金账户为单位，将回购成交应收应付资金数据，与当日其他证券交易数据合并清算，轧差计算出证券公司经纪和自营结算备付金账户净应收或净应付资金余额，并在T+1日办理资金交收。

资料来源：作者根据相关资料整理。

任务四　资本市场

资本市场主要由股票市场、债券市场和证券投资基金市场构成。

一、股票市场

（一）股票的发行市场

股票的发行市场是指股份有限公司通过发行股票向投资者筹集股本金的市场，又称为一级市场或初级市场。

1.股票发行市场的参与者

股票发行市场的参与者相对集中，主要包括：①发行股票的股份有限公司；②购买股票的投资者（股东）；③为发行股票提供服务的金融中介机构，主要是证券公司。

2.股票的发行方式

股票的发行方式是指股票推销出售的方式。

根据募集对象划分，股票发行方式可分为私募发行和公募发行。私募发行又称不公开发行或内部发行，是指只向少数特定的投资者发行股票的方式；公募发行又称公开发行，是指发行人通过中介机构向不特定的社会公众广泛地发售证券。在公募发行情况下，所有合法的社会投资者都可参加认购。与私募发行相比，公募发行可筹集到大额资金，证券的流动性较强，有利于提高发行人的社会信誉，但发行过程复杂、发行费用较高。

根据发行者推销出售股票的方式不同，股票的发行方式可分为直接发行与间接发行。直接发行又叫直接招股，是指股份公司自己承担股票发行的一切事务和发行风险，直接向认购者推销出售股票的方式。这种发行方式只适合于有既定发行对象或发行风险小、手续简单的股票，一般私募发行采取这种方式。间接发行又称间接招股，是指发行者委托证券发行中介机构出售股票的方式。股票的间接发行有两种方式：代销和包销。

拓展阅读3-1

路演

3.股票的发行价格

当股票发行公司计划发行股票时，就需要根据不同情况，确定一个发行价格以推销股票。一般而言，股票发行价格有以下几种：面值发行、时价发行、中间价发行和折价发行等。

面值发行，即按股票的票面金额确定为发行价格，也称平价发行。由于市价往往高于面额，因此以面额为发行价格能够使认购者得到因价格差异而带来的收益，使股东乐于认购，又保证了股份公司顺利地实现筹措资金的目的。

时价发行，即不是以面额，而是以流通市场上的相关类型股票的价格（即时价）为基础确定发行价格。这种价格一般高于票面金额，二者的差价称溢价，溢价带来的收益归该股份公司所有。时价发行能使发行者以相对少的股份筹集到相对多的资本，从而减轻负担。

中间价发行，即股票的发行价格取票面金额和市场价格的中间值。这种价格通常在时价高于面额、公司需要增资但又需要照顾原有股东的情况下采用。中间价发行对象一般为该股票的原有股东，在时价和面额之间采取一个折中的价格发行，实际上是将差价收益的一部分归原有股东所有，一部分归公司所有，用于扩大经营。因此，在进行分摊时要按比例配股，不改变原来的股东享有的权利。

折价发行，即发行价格是在票面金额的基础上打了折扣。折价发行有两种情况：一种情况是优惠性的，通过折价使认购者分享权益。另一种情况是该股票行情不佳，发行有一定困难，发行者与推销者共同议定一个折扣率，以吸引那些预测行情要上浮的投资者认购。由于各国一般规定发行价格不得低于票面金额，因此，这种折扣发行须经过许可方能实行。

(二)股票的流通市场

股票的流通市场又称二级市场，是指由股票持有人买卖或转让已发行的股票所形成的市场。

1.股票的交易价格

股票的交易价格是指股票在二级市场上进行转让时的实际成交价格。从理论上来说，股票交易价格主要取决于预期股利收益和市场利率。用公式可表示为：

股票交易价格=预期股利收益÷市场利率

由公式可知，股票交易价格与预期股利收益成正比，与市场利率成反比。但这个公式只是一个理论上的公式，实际上股票的交易价格受多种因素的影响。影响股票价格变动的因素主要有：

(1)经济因素。这是引起股价变动的最主要的因素，包括经济政策、经济周期、利率、通货膨胀、汇率等。这些因素的变化会影响公司的经营活动及盈利状况，从而影响预期股利收益。

(2)政治因素。它主要指一些重大的、突发性的政治事件，如政府更迭、政治动乱、战争爆发甚至于政府首脑的健康状况或丑闻等，这些政治事件的发生，会引起市场供求关系的变化，进而引起股票价格的变化。

(3)市场因素。这里主要指在股票市场上通过对股票买卖进行操纵而引起股价波动的一些活动，如投机性炒作、大户买卖等。

2.股票价格指数

为了记录、衡量、分析股市行情的来龙去脉，经济学家以数学为工具编制了各种股票价格指数，以适应各类需要。股票价格指数是以计算期样本股市价总值除以基期市价总值再乘以基期指数而得到的。通行的做法是由专门的指数编制公司负责编制和发布股票价格指数，在证券交易所、证券经营机构的各种金融类媒体上公开发布。股价指数是反映股票市场中股票价格变动总体水平的重要尺度，更是分析、预测发展趋势进而决定投资行为的主要依据。

根据所选取成分股的不同，目前各国股票价格指数可分为综合指数和成分指数两种。前者包括全部上市股票，后者则从上市股票中选择一些具有代表性的上市公司编制。我国的上海证券综合指数和深圳证券综合指数均属综合指数，而上证30指数与深圳成分股指数则为成分指数。国际上比较著名的道·琼斯股票价格平均指数、日经225指数、标准普尔500指数等也都是成分指数。

拓展阅读3-2

世界著名股票价格指数简介

二、债券市场

(一)债券发行市场的要素

债券发行市场由债券发行市场主体、债券市场工具和债券发行市场的组织形式构成，称为债券发行市场的三大要素。

1.债券发行市场主体

按照债券发行市场主体在债券发行市场扮演的角色不同，其可划分为发行者、投资者、中介机构和管理者四类。

（1）发行者即资金的需求者，是债权债务关系中的债务人，可以是以发行债券形式筹措资金的企业、政府和金融机构。

（2）投资者即债券的认购者，是资金的供给者，也是债权债务关系中的债权人。投资者可以是个人、企业、金融机构和政府机构。

（3）中介机构在债券发行市场上负责办理从发行开始到发行完毕的所有手续和为公开信息披露而制定有关文件。中介机构主要指那些为债券发行提供服务的机构，一般包括承销商、受托人、财务代理人、担保人、会计师等。

（4）管理者主要负责监督管理债券的发行、承销以及买卖等经营行为，以维护证券市场的正常秩序。管理者主要指对债券发行市场进行监督管理的政府机构。

2.债券市场工具

债券市场工具也就是债券本身，随着债券市场的不断扩大、筹集手段与技术水平的不断发展，债券市场工具也日趋多样化。按照不同的划分方式，债券市场工具可划分为不同的种类。

3.债券发行市场的组织形式

债券发行市场的组织形式是指把债券销售出去，从而把市场参与者联系起来的一种市场组织方式。它包括有形市场和无形市场两种方式。有形市场方式是指承销人向投资者在柜台上销售债券的方式；无形市场方式是指不通过固定的柜台或确定的场所发行债券的方式。

4.债券发行条件

债券发行条件是指债券发行者在以债券形式筹集资金时所必须考虑的有关因素，包括发行金额、票面金额、期限、偿还方式、票面利率、付息方式等内容。如果筹资者（发行人）对这些因素考虑不周全，就会影响发行的效果、降低发行收入、增加筹资成本。债券的发行方式一般也采取私募发行和公募发行两种方式。

（二）债券的价格与收益

1.债券的价格

（1）债券的发行价格

债券的发行价格是指在发行市场（一级市场）上，投资者在购买债券时实际支付的价格。目前，通常有三种情况：一是按面值发行、面值收回，其间按期支付利息；二是按面值发行，到期按本息相加额一次偿还，我国目前发行债券大多数是这种形式；三是以低于面值的价格发行，到期按面值偿还，面值与发行价之间的差额就是债券利息。

（2）债券的市场交易价格

债券发行后，一部分可流通债券在流通市场（二级市场）上按不同的价格进行交易。交易价格的高低取决于公众对该债券的评价、市场利率以及人们对通货膨胀率的预期等。一般来说，债券价格与到期收益率成反比。也就是说，债券价格越高，从二级市场上买入债券的投资者所得到的实际收益率越低；反之，亦然。

不论票面利率与到期收益率的差别有多大，只要离债券到期日越远，其价格的变动越大；实行固定票面利率的债券的价格与市场利率及通货膨胀率成反方向变化，但实行保值贴补的债券例外。

2.债券的收益

债券的收益可以用债券收益率表示。债券收益率是债券投资者在债券上的收益与其投入的本金之比。一般来说有两种不同的收益指标：

（1）票面利息率

它是固定利息收入与票面本金额的比率，一般在债券票面上注明，这是投资于债券时最直观的收入指标。面值相同的债券，票面注明的利率较高的，利息收入自然就较高，风险也较小；反之，亦然。但是，由于大多数债券都是可转让的，其转让价格随行就市，所以投资者认购债券时实际支出的价款并不一定与面值相等，这样用票面利息率衡量投资收益就不再有实际意义。

（2）直接收益率

直接收益率又称现行收益率，是投资者实际支出的价款与实际利息之间的比率。其公式是：

$$直接收益率=\frac{票面面额 \times 票面利率}{实际购买债券价格}\times100\%$$

三、证券投资基金市场

（一）基金的发行和募集

基金的设立在获得主管部门批准后，便进入募集发行阶段，即向特定投资者或社会公众宣传介绍基金的情况，通过基金承销机构或基金自身向投资者销售受益凭证或基金公司股份募集资金。只有在募集资金达到法规对投资基金的要求后，募集的资金才能用来进行投资。

基金的发行和股票的发行一样，有着多种形式。基金的发行除了按照发行的对象不同可以分为私募发行和公募发行以外，还可以按照基金发行销售的渠道分为自办发行和承销发行两种方式。其中，自办发行即基金公司通过自己的销售渠道直接向投资者发售基金单位，采用这种发行方式的费用较低。承销发行即通过中介机构向投资者发售基金单位，它又可分为代销和包销。我国目前按照《证券投资基金管理暂行办法》的规定，投资基金只能采用公募即公开发行的方式。

（二）基金的买卖及价格

前已述及，基金按不同的方式可以划分为不同的种类，在此我们主要介绍开放式基金和封闭式基金的买卖及价格。

购买首次发行的开放式基金称为认购，以后的基金买卖称为申购和赎回。开放式基金申购和赎回的手续十分简便，申购时投资者只需将有关申请表格填好，连同款项交给基金销售机构，基金销售机构在收到申请书及款项后交给基金托管人核收，经复核无误后，基金托管人便在持有人名册上添加投资者的记录，并出具所持有单位的收据给投资者，投资者便正式成为基金的持有人。投资者在出售基金单位时，只需填写赎回申请，按指定程序向基金销售机构发出赎回申请，经基金托管人核准及注销有关记录后，便将赎回款支付给投资者。开放式基金的申购价为基金每单位资产净值加上首次申购费用，赎回价为基金每单位资产净值减赎回费。

封闭式基金在封闭期内不能向基金管理公司提出赎回，通常是在证券交易所挂牌，交易方式类似于股票及债券的买卖。投资者通过证券商代理其买卖，封闭式基金的价格由市场供求情况决定，其价格随行就市。

知识链接3-5

基金定投知识

1.什么是定投？

定投是常见的基金投资方式，是指在固定间隔的时间点上对目标基金进行金额固定的分批投入。定投的投资方式能够较好地分散投资风险，具有聚少成多的理财功能，其机械化操作带来了投资的简便性，同时也能够降低主观操作风险。

2.哪里定投费用更省？

定投基金的费用与单笔投资基金的费用相同，包括申购费、管理费、托管费和赎回费，其中在基金买卖过程中需要由投资者支付的费用为申购费与赎回费。投资者从独立基金销售机构定投基金费用会更优惠。投资者通过银行做基金定投，申购费率一般不优惠或者优惠幅度不大，如投资者通过一般银行进行基金定投，基本上无任何费率优惠，要收取1.5%的申购费。但投资者通过独立基金销售机构做定投，大多数申购费率可打4折，也即0.6%。按简单单利计算，如果有A、B两个投资者均每月定投某股票型基金1 000元，投资者A通过普通银行网上银行进行定投，投资者B通过独立基金销售机构（也可以网上交易）进行定投，那么A比B每个月要多扣9元。10年后，同样是投入了120 000元，A比B在申购费上要多扣1 080元。

3.定投的方式有哪些？

（1）定时定额投资。定时定额是指投资人指定投资的时间（每月任意一个工作日）和金额，在投资人指定的投资时间进行扣款，扣款金额为投资者指定的金额。

（2）智能定投。智能定投是建立在传统定投基础上，进行适当择时操作的投资方式。它一方面保留了普通定投的机械化、降低主观操作风险的优点，另一方面又通过数量分析方法进行模糊择时，优化投资成本。如今智能定投可以从金额、日期、周期、涨跌、均线等多方面进行选择。

资料来源：作者根据相关资料编写。

任务五 外汇市场

外汇市场是国际金融的枢纽，它的存在和发展调节了各国和地区间外汇的余缺和外汇供求的平衡，并解决了不同国家和地区间的支付结算和债权债务清算，实现了国际的资本转移和借贷资金的融通，促进了国际贸易和金融的发展，从而对各国经济乃至整个世界经济的发展起着重要的推动作用。

一、外汇市场的概念

外汇市场是指由外汇需求者和外汇供给者以及买卖中介机构所构成的在国际上从事外汇买卖的交易场所或交易网络。

外汇市场有广义和狭义之分。狭义的外汇市场即通常所称的外汇批发市场——银行与银行间的外汇买卖市场，具体包括：同一市场各银行间的外汇交易；不同市场各银行间的外汇交易；中央银行与外汇指定银行之间的交易及各国中央银行之间的交易。广义的外汇市场除了包括批发市场之外，还包括外汇零售市场——银行与一般顾客间的外汇买卖市场。

二、外汇市场交易类型

（一）货币兑换业务

货币兑换业务是指顾客与外汇银行的不同币种之间以一定汇率进行兑换的业务。

（二）即期外汇交易

即期外汇交易又称现汇买卖，是交易双方以当时外汇市场的价格成交，并在成交后的两个营业日内办理有关货币收付交割的外汇交易。即期交易的汇率是即期汇率，或称现汇汇率。即期外汇交易通常采用以美元为中心的报价方法，即以某个货币对美元的买进或卖出的形式进行报价。

（三）套汇交易

套汇交易是套利交易在外汇市场上的表现形式之一，是指套汇者利用不同地点、不同货币在汇率上的差异进行低买高卖，从中套取差价利润的一种外汇交易。套汇交易又分为直接套汇和间接套汇。

（四）远期外汇交易

远期外汇交易是指外汇买卖成交后，双方约定货币种类、数量、汇价，在约定的将来某个时间即到期日进行交割的一种外汇交易，其期限一般是30天、60天、90天、180天或1年。

（五）外汇期货交易

外汇期货交易即通过标准化的合约规定在未来的特定时间以特定价格购买特定数量的某种外汇。这种交易在专门的期货交易所进行，交易双方要缴纳足够的保证金，随时可以通过了结差价的形式结清交易。

（六）掉期外汇交易

掉期外汇交易是指投资者将一定金额的同种货币一方面买入（卖出），另一方面卖出（买入），其结果是他所持有的货币期限发生了变化。这种交易有如下两种情况：即期对远期的掉期，远期对远期的掉期。所谓即期对远期的掉期，是指投资者在买入（卖出）即期外汇的同时，卖出（买入）远期外汇，以避免外汇风险的交易。而远期对远期的掉期指投资者在买入（卖出）一种远期外汇的同时，卖出（买入）另一种期限的远期同种外汇的交易。

(七) 外汇期权交易

外汇期权交易指交易双方按照约定的汇价就将来是否买入或卖出某种外汇资产选择权达成合约，合约持有人即期权的买方获得的是一种权利而不是义务，可以选择执行或不执行合同，当行市不利时，可以放弃买入（卖出）该种外汇资产，而期权的卖方则有义务在买方要求执行合同时同买方进行交易。

(八) 套利交易

套利交易是利用两国利率之差与两国货币掉期率的不一致来获利的交易。其中抛补套利较为常见，套利者在把资金从低利率国调往高利率国的同时，还要在外汇市场上卖出远期的高利率国货币以防止其汇价下跌的损失。

三、外汇市场的参与者

外汇市场上的参与者主要由专业参与者、一般顾客及中央银行等管理机构组成。

(一) 专业参与者

1.外汇指定银行

外汇指定银行是外汇市场上最重要的参与者。外汇指定银行是指各国根据外汇法由中央银行指定可以经营外汇业务的商业银行和其他金融机构。外汇指定银行包括：外国银行在本国的分行或分支机构；本国的外汇专业银行和兼营外汇业务的本国银行；经营外汇业务的金融机构如信托公司、财务公司等。

2.外汇交易员

在外汇银行中直接进行外汇业务操作的是外汇交易员，其直接对客户报出汇价，代表银行进行交易。交易员专门负责某一种或几种货币的交易。外汇交易员依照经验和授权交易范围的不同，分为首席交易员、高级交易员、交易员、初级交易员等。首席交易员一般只在碰到对银行关系重大的问题时做出决策。

3.外汇经纪人

外汇经纪人是促成商业银行之间的交易，依靠同外汇银行的密切联系和对汇率变动的判断促成交易，并从中收取手续费的外汇市场中介者。由于通信系统的日益完善，各银行的报价公开显示出来，使得经纪人面临很大竞争，因此又有一种以自己的资金参与买卖并承担损益的经纪人。

(二) 一般顾客

一般顾客包括外汇的实际供应者、外汇需求者、外汇投机者。其中外汇投机者是外汇市场的主要力量。在其余的顾客中，一部分是出于交易的目的，为满足国际结算的需求而进行外汇买卖；一部分是为了保值而进行套期交易等。

(三) 中央银行

中央银行是外汇市场上重要的参与者，中央银行在外汇市场上有两大职能：首先是监督市场，通过制定和颁布条例和法令，防止违法行为，维护外汇市场的正常运行；其次是干预市场，通过吸纳或抛售外汇来控制本国的货币供给量和稳定本国货币。中央银行干预市场，主要是干预即期市场，保持币值的稳定，避免汇率对本国出口商品竞争力的不利影响，维护国际收支平衡。

任务六　衍生工具市场

衍生工具市场是指以金融衍生工具为交易对象的市场，一般表现为一些合约市场，如远期、期货、期权、互换等市场。

一、期货市场

期货市场是商品经济发展的产物。1848年，82位商人发起组织了芝加哥期货交易所。该交易所成立初期主要进行现货交易和现货中远期合约转让，1865年推出标准化合约，并实行保证金制度，这标志着现代意义上的期货交易的诞生。该交易所现在已经成为世界最大的综合性期货交易所。1972年5月，美国国际货币市场首次推出了外汇期货。1974年12月，出现了黄金期货。芝加哥期货交易所于1973年4月开始做买进期权，1977年6月，开始做卖出期权。1982年2月，美国堪萨斯农产品交易所开始经营股票指数期货。在美国首创金融期货交易后，其他国家纷纷效仿，金融期货市场飞速发展，交易品种日益增多，交易数量增长很快。在市场发展过程中，期货交易工具分化为两种类型：一是买卖双方以实物交割为目的签订的远期合约交易；二是在高度组织化的交易所买卖由交易所统一制定的关于某种商品或金融工具的标准化合约的期货交易。

（一）期货市场交易种类

1.商品期货

（1）农产品期货。期货发展初期主要以农产品的避险为主，因此农产品可以说是最早的期货商品，以谷物（小麦、玉米、豆粕等）为主，另外还有畜产品，以及其他软性产品，如咖啡、可可、蔗糖等经济作物。

（2）金属期货。金融期货可分为贵金属如黄金、白银等期货，以及一般金属如铜、铝等期货。

（3）能源期货。能源期货是主要以石油及其附属产品（原油、燃油、汽油等）为主的期货。

2.金融期货

（1）利率期货。利率期货是在20世纪70年代西方国家经济空前动荡、利率剧烈波动的背景下产生的。它以各类融资工具为交易对象，主要包括各国的中长期国债、短期政府债券、欧洲美元存款等。其中交易量最大的是3个月欧洲美元期货合约、美国国库券期货合约。

（2）货币期货。从一个国家货币的角度来看，货币期货就是外汇期货。货币期货交易是指在期货交易所内交易双方通过公开叫价，买进或者卖出某种非本国货币，并签订一个在未来某一时间根据协议价格交割标准数量外汇的合约。外汇期货交易的目的是避免外汇风险而进行的套期保值。

（3）股票价格指数期货。股票价格指数期货是金融市场的又一大创新。它以反映股票价格水平的股票指数为依据，以期货合约的形式进行交易。股票价格指数期货交易是一种契约化的交易方式，买卖双方交易的不是抽象的股票指数，而是代表一定价值的股票指数期货合约，它利用股票综合指数的变化来代表期货合约价值的涨跌。在整个交易过程中，没有股票的转手，只有指数期货合约的买卖。

（二）期货交易的特点

（1）任何期货交易都是对绝对标准化的期货合约进行交易，交易者只能通过买卖标准化合约的份数来调整交易金额。

（2）期货实行当日无负债结算，交易所和清算所依当日行情划转保证金账户。如果保证金不足且无法补足，清算所有权强平，以保障市场稳定。

（3）期货交易的交易双方是通过第三方期货交易所和结算所来完成交易和清算，交易双方不直接发生联系。

（4）期货交易多采用保证金结算和对冲了结合约，很少进行实物的交割。

（三）期货市场的结构

期货交易是针对标准化合约的保证金交易，这种交易必须在严格的组织环境中进行。所有的期货交易都是通过期货交易所进行的。期货市场是由期货交易所、期货结算所、期货经纪人和期货交易者四个方面组成。

1.期货交易所

期货交易所是由会员联合组成的组织，自身不参与交易，只是为期货交易提供场所、设备、制定交易规则、维护公开平等的交易的专门机构。只有期货交易所的会员才可以进入交易所内交易，非会员只能委托会员代理交易。

2.期货结算所

期货结算所是负责期货的结算，包括到期合约的交割与未到期合约的平仓，并保证每笔交易的清算以及合约购入者最终获得其所需的商品的专门机构。期货结算所的结算秩序依赖一系列规章制度维持，主要包括登记制度、开仓押金制度、最高持仓制度、风险处理制度。

3.期货经纪人

期货经纪人是专门接受委托、代客交易并收取佣金的期货交易所会员，期货经纪人的主要责任是：代理客户办理买卖期货的各种手续；向客户介绍和解释期货合约的内容和交易规则；向客户通报市场信息并在可能的情况下提出有利的交易机会；报告期货合约的完成情况与盈亏结果。

4.期货交易者

期货交易者主要是两大类：投机者和真实交易者（生产商、加工商和贸易商）。投机者参加期货交易的目的是要承受价格风险，以获得更大的利润。生产商、加工商和贸易商之类的真实交易者是把期货市场当作转移价格风险的场所，利用期货合约作为将来在现货市场上买卖商品的替代物，利用期货市场进行对冲交易以减少价格风险。

（四）期货市场的作用

期货市场是现代金融市场不容忽视的重要组成部分，其作用主要表现在风险回避和价格发现两个方面。

1.风险回避

期货市场的存在，使得未来某一个时间的价格是锁定的。生产者可以根据明确了的价格从事生产，需求者也可以支付固定的价格，而不受价格变动的影响。期货市场的风险回避包含两个层次的内容：

（1）交易者可以事先明确商品的交易价格，锁定价格，排除价格变化对自己的任何影响。

（2）期货市场为交易者减少损失、降低风险提供了可能。商品交易价格由于受供求关系影响，当发生不利于某一交易者的情况时，可以做与原来相反的交易，从而减少损失。

2.价格发现

期货交易价格是交易者对目前与未来供求关系价格趋势的综合观点。由于期货交易价格完全由买卖双方公开竞价来决定，所有的交易者都有同等的机会在现有的供求关系下，按其认为最合适的价格来成交，期货交易价格反映了价格的相对合理的水平。其可以为企业的生产与经营、促进经济资源的有效利用起导向作用。

二、期权市场

（一）期权交易的特点

1.期权买卖双方的权利与义务不对称

期权交易的买方所购买的仅是一种权利，而不是一种义务，买方不承担必须买进或卖出的义务。卖方必须承担到期时卖出或买进的义务。由于期权的卖方收取了一定的期权费，这就使得他将选择权让给了期权的买方，只要期权的买方要求履约，期权的卖方就必须履约。

2.期权买卖双方的风险不对称

期权的买方有了选择权，承担的风险就会锁定，其所承受的风险上限是期权费，比其他的期货交易的风险小。期权的卖方承受的风险理论上是无穷大。

3.期权买卖双方的收益不对称

期权的买方收益理论上是无穷大。期权的卖方收益上限是买方支付的期权费。

（二）期权的种类

1.按期权买者的权利划分

按期权买者的权利划分，期权可分为看涨期权和看跌期权。凡是赋予期权买者购买标的资产权利的合约，就是看涨期权；而赋予期权买者出售标的资产权利的合约就是看跌期权。

2.按期权合约的标的资产划分

按期权合约的标的资产划分，期权合约可分为利率期权、货币期权（也称外汇期权）、股价价格指数期权、股票期权以及金融期货期权。

3.按期权买者执行期权的时限划分

按期权买者执行期权的时限划分，期权可以分为欧式期权和美式期权。欧式期权的买者只能在期权到期日才能执行期权；而美式期权允许买者在期权到期前的任何时间执行期权。

（三）期权费的决定因素

1.期权合约的有效期

有效期越长，期权买方的获利机会越大，因此期权费越高。

2.期权有效期的种类

一个阶段要比某一时刻对期权的买入者更为有利，美式期权的期权费要比欧式期权的期权费高。

3.协定价格的高低

看涨期权的期权费随着协定价格的升高而减少，看跌期权的期权费随协定价格的下降而减少。

4.证券市场行情

在证券价格趋于上涨时，看涨期权的期权费将增加，而在证券价格呈下降的趋势时，看跌期权的期权费将会增加。在证券市场处于剧烈波动时，期权费要比稳定的证券市场高。

5.证券自身的特点

价格波动剧烈的证券的期权费要比价格波动不活跃的证券的期权费低。

金融视窗

以着力推进高水平的金融开放激发高质量发展新动能

金融强国不仅需要具备强大的综合实力，也要具备全球领先的国际影响力，这就决定了必须着力推进金融高水平开放。要通过稳步扩大金融领域制度型开放、坚持"引进来"与"走出去"并重、提升跨境投融资便利化等路径，吸引更多外资金融机构和长期资本来华展业兴业，以金融高水平开放更好地连接国内国际两个市场、两种资源，使高水平开放成为激发金融高质量发展新动能的重要动力源。一方面，以高水平开放增强金融供给与现代化产业体系和人民群众日益增长的金融需求之间的适配性。通过加快优化国际营商环境，充分发挥超大规模市场优势，完善准入前国民待遇加负面清单管理制度，形成对外资金融机构的强大吸引力，通过"引进来"将国际金融资源有效地用于中国式现代化建设。通过吸引外资金融机构，扩充金融市场主体，促进金融市场资源配置效率的改善。另一方面，扩大金融高水平开放，服务好"走出去"和"一带一路"建设，稳健扎实推进人民币国际化。积极参与国际金融治理，增强上海国际金融中心的竞争力和影响力，巩固提升香港国际金融中心地位，提高金融业全球竞争能力，以金融高水平开放支持构建新发展格局。

资料来源：陈雨露．以金融强国建设全面推进中国式现代化［EB/OL］．［2024-01-02］．http：//www.qstheory.cn/dukan/hqwg/2024-01/02/c_1130051181.htm.

启示：党的二十大报告指出，要"深入推进改革创新，坚定不移扩大开放"。此案例彰显了金融高水平开放的重要意义，与本项目素养目标紧密契合。

培养严谨科学态度与持续学习习惯是金融从业者必备素养。在推进金融开放进程中，需深入研究国内外市场动态、政策法规，以科学严谨的态度应对复杂多变的金融形势，不断学习新知识、新技能，提升专业素养，如精准把握跨境投融资便利化政策，助力资源高效配置。

增强法律意识至关重要。确保金融活动合法合规，是金融开放稳健推进的基石。从引入外资金融机构到人民币国际化，每个环节都需严格遵循法律法规，维护金融市场秩序，契合依法将各类金融活动纳入监管的要求。

团队合作精神与社会责任感不可或缺。金融开放涉及多部门协作，需各方凝聚合力，如金融监管部门、金融机构等协同合作，优化营商环境，吸引外资金融机构。同时，关注金融市场对社会经济的广泛影响，通过金融开放推动实体经济发展，构建新发展格局，肩负起促进经济社会发展的社会责任。

☑ 项目小结

本项目介绍了金融工具和金融市场的相关知识，阐明了金融工具的特征、种类以及各种金融工具的有关内容，阐述了金融市场的构成要素、功能和各个金融市场的子市场，包括货币市场、资本市场、外汇市场、衍生市场等的具体内容，为进一步学习金融市场各种投融资活动奠定了基础。

项目训练 》

一、重要概念

金融工具　金融市场　货币市场　资本市场

二、单项选择题

1.从本质上说，回购协议是一种（　　）协议。

A.担保贷款　　　　B.信用贷款　　　　C.抵押贷款　　　　D.质押贷款

2.下列不属于货币市场的是（　　）。

A.银行同业拆借市场　　　　　　　B.贴现市场

C.短期债券市场　　　　　　　　　D.证券市场

3.金融市场按中介特征划分为直接金融市场和（　　）。

A.间接金融市场　　B.有形市场　　　C.无形市场　　　　D.公开市场

4.资本市场包括股票市场、债券市场和（　　）。

A.贴现市场　　　　B.国库券市场　　C.基金市场　　　　D.同业拆借市场

5.银行在票据未到期时将票据买进的做法叫（　　）。

A.票据交换　　　　B.票据承兑　　　C.票据结算　　　　D.票据贴现

6.下列关于初级市场与二级市场关系的论述正确的是（　　）。

A.初级市场是二级市场的前提　　　B.二级市场是初级市场的前提

C.没有二级市场，初级市场仍可存在　　D.没有初级市场，二级市场仍可存在

7.外汇市场的主要交易对象是（　　）。

A.汇率　　　　　　B.基金　　　　　C.外汇　　　　　　D.债券

三、多项选择题

1.金融工具一般具有的特征有（　　　　　）。

A.期限性　　　　　B.收益性　　　　　C.流动性

D.风险性　　　　　E.可转让性

2.金融工具面临的风险有（　　　　　）。

A.法律风险　　　　B.市场风险　　　　C.经营风险

D.财务风险　　　　E.信用风险

3.下列信用工具中，属于短期信用工具的是（　　　　　）。

A.商业汇票　　　　B.优先股　　　　　C.公债券

D.商业本票　　　　E.大额可转让定期存单

4.按股东享有权利的不同，股票可分为（　　　　　）。

A.蓝筹股　　　　　B.普通股　　　　　C.优先股

D.成长性股票　　　E.投机性股票

5.下列金融工具中，没有偿还期的有（　　　　　）。

A.永久性债券　　　B.银行定期存款　　C.股票

D.大额可转让定期存单　　E.商业票据

四、判断题

1.通过办理商业票据的贴现或抵押贷款等方式，商业信用可以转变为银行信用。
（　　　）

2.金融工具具有收益性，即肯定能为持有者带来固定的收益。（　　　）

3.商业票据是提供商业信用的债务人为保证自己对债务的索取权而掌握的一种书面所有权凭证，它可以通过背书流通转让。（　　　）

4.商业本票是指债权人通知债务人支付一定款项给第三人或持票人的无条件支付命令书。（　　　）

5.商业汇票是汇款人将款项交存当地银行由银行签发给汇款人持往异地办理转账结算或支取现金的票据。（　　　）

6.划线支票是指转账支票。（　　　）

五、思考题

1.金融工具的特征有哪些？

2.资本市场包括哪些子市场？

3.金融市场的功能有哪些？

六、讨论题

在资本市场上，公司可直接在一级市场上筹集资金，为什么还必须同时在二级市场存在和充分发展呢？

七、案例分析

中国太保发布500亿元战新并购基金与私募证券投资基金

2025年6月3日，中国太平洋保险（集团）股份有限公司（以下简称"中国太保"）正式发布总规模500亿元的太保战新并购基金与私募证券投资基金。国资基金是国有经济的重要组成部分，既是国有企业承接战略使命任务的重要载体，也是国企提升核心竞争力的重要支撑。本次两大基金发布是中国太保深入贯彻党的二十大精神，服务"金融强国"和上海"五个中心"建设，支持国内资本市场发展，提升金融服务能级的主动作为。其中：太保战新并购私募基金（暂定名，以基金正式备案名称为准）目标规模为300亿元，首期规模为100亿元，聚焦上海国资国企改革和现代化产业体系建设的重点领域，推动上海战新产业加快发展和重点产业强链补链，打造以"长期资本+并购整合+资源协同"为特色的上海国资创新转型生态。太保致远1号私募证券投资基金（暂定名，以基金正式备案名称为准）目标规模为200亿元，旨在响应国家"扩大保险机构设立私募证券投资基金改革试点"号召，积极践行长期主义，发挥耐心资本优势，完善长周期权益资产配置体系，聚焦股息价值核心投资策略，助力资本市场持续健康发展。作为全国领先的综合性保险集团，近年来，中国太保始终秉持战略定力，聚焦金融"五篇大文章"，加大科技保险和投资支持，普惠保险覆盖超2亿人次，绿色保险总额超360万亿元，绿色投资规模超2 600亿元。同时，发挥保险资金长期稳定优势，持续完善对上海三大先导产业及科技型企业的保险服务供给，重点布局医疗健康、先进制造、人工智能等战新产业，服务企业超1万家，科技投资规模突破千亿元，在服务国家战略和上海发展中走稳走深走实高质量发展之路。

资料来源：佚名. 中国太保发布500亿战新并购基金与私募证券投资基金［EB/OL］.［2024-07-26］. https://finance.sina.com.cn/jjxw/2025-06-06/doc-inezcriy2455776.shtml.

问题：结合当前保险资金投资政策以及市场环境，分析中国太保发布500亿元战新并购基金与私募证券投资基金对其自身发展以及资本市场可能产生的影响有哪些？

项目四 金融机构体系

学习目标

1.知识目标
掌握金融机构的分类构成情况，理解典型金融机构的定义、性质、业务范围，掌握中国现行的金融机构体系，了解国际金融机构情况。

2.能力目标
能够运用所学知识分析各种金融机构在金融市场中的作用，结合经济发展背景分析金融机构发展情况。

3.素养目标
引领学生拓宽视野，在学习金融机构构成知识的基础上，提升金融视野的宽度和广度。

思维导图

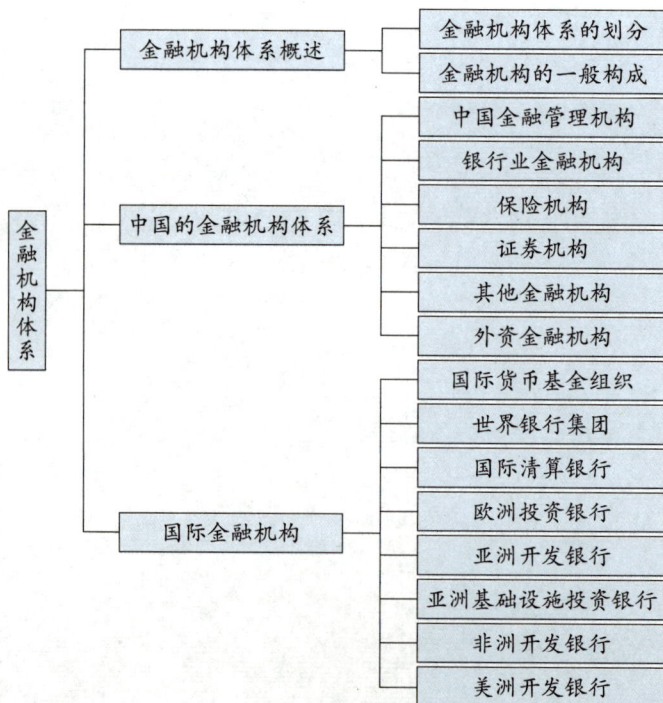

引例

融资租赁

　　某企业净资产不多，但是专业技术较强。该企业想扩大生产，上新的生产线，于是找到一家融资租赁公司，采用直接融资租赁方式，只支付设备价款的10%，即可获得设备使用权。该企业将设备快速投入生产，抓住了市场，既完成了扩大规模的经营目标，又用分期付款的方式分散了一次性资金投入带来的资金压力。融资租赁与银行贷款在融资额度、融资期限、还款方式、担保方式以及收费结构上有一定区别，可以为企业提供更多的融资方式。

　　资料来源：作者根据相关资料编写。

　　思考：由于金融市场不断完善，金融机构种类数量繁多，人们对金融机构体系的构成及职责分工的认识非常模糊。每种金融机构的性质是什么，可以开展哪些业务，有什么作用？本项目将介绍金融机构体系的分类构成及各种金融机构的性质、职能、业务范围和职责分工等内容。

任务一　金融机构体系概述

一、金融机构体系的划分

　　金融机构一般是指经营货币与信用业务、从事各种金融活动的组织机构。因为金融活动极其广泛，开展金融业务的机构众多，其性质和职能又各有不同，所以金融机构的分类也是从多角度划分的。

（一）银行与非银行金融机构

　　银行机构是古老、传统、典型的金融机构，所以把金融机构划分为银行和非银行金融机构两大类，这也是最普遍的划分方法。

1.银行

　　银行是现代金融业的代表机构，也是现代金融机构体系中的主体。银行按职能可划分为中央银行、商业银行、专业银行；按地域划分为全国性银行、地方性银行；按资金来源划分为股份制银行、合资银行、独资银行。

2.非银行金融机构

　　非银行金融机构是相对于银行机构而言的，是指银行机构以外的其他经营金融业务的机构或组织。非银行金融机构以接受信用委托、提供保险服务、从事证券融资等不同于银行的多种业务形式进行融资活动，以其适应市场经济多领域、多渠道融资的需要，成为各国金融体系中重要的组成部分。非银行金融机构主要包括保险公司、证券公司、信用合作社、投资基金管理公司、信托公司、财务公司、租赁公司等。

（二）存款类金融机构和非存款类金融机构

1.存款类金融机构

存款类金融机构是指主要依靠吸收存款作为资金来源的金融机构，主要包括商业银行、信用合作社以及储蓄银行等。

2.非存款类金融机构

微课4-1

中国最早的存款
机构——寺院

非存款类金融机构是指以接受资金所有者根据契约规定缴纳的非存款性资金为主要来源的金融机构，主要包括保险公司、投资银行、信托公司、金融公司等。

当今，为适应高度发达的市场经济的需要，世界上大多数国家都形成了以中央银行为核心，以商业银行为主体，包括各类非银行金融机构的规模庞大的金融机构体系。

二、金融机构的一般构成

（一）银行

1.中央银行

中央银行处于一个国家体系的中心环节，是统治全国货币金融的最高权力机构，也是全国信用制度的枢纽和金融管理最高当局。对内它代表国家对整个金融体系实行领导和管理，维护金融体系的安全运行，实施宏观金融调控；对外它是一国货币主权的象征。

中央银行是在西方国家银行业发展过程中，为适应统一银行券、给政府提供资金、为普通银行实施信贷支持、统一全国的清算以及管理全国宏观金融业等多种客观需要，中央银行最初一般由商业银行演变而成，如世界上公认的第一家中央银行是1694年成立的英格兰银行，但多数国家的中央银行是由政府直接设立的，如美国的联邦储备体系和二战后许多发展中国家建立的中央银行。现在几乎所有国家和地区都设立了中央银行或类似中央银行的金融机构。有关中央银行的性质职能和业务等内容将在以后的项目中详述。

2.商业银行

商业银行是以获取利润为目标，以经营金融资产和金融负债为主要内容的综合性、多功能的金融企业。商业银行是最早出现的现代金融机构，其主要业务是经营个人储蓄和工商企业存贷款，并为顾客办理汇兑结算和提供多种服务。通过办理转账结算，商业银行实现了国民经济中的绝大部分货币周转，同时起着创造存款货币的作用。

在各国，商业银行以机构数量多、业务渗透面广和资产总额比重大而成为金融机构体系中的骨干和中坚，具有其他金融机构所不能代替的重要地位。有关商业银行的性质职能和业务等内容将在以后的项目中详述。

3.政策性银行

政策性银行是政府创办的以扶持特定的经济部门或促进特定地区经济发展为主要任务，在特定的行业领域从事金融活动的专业银行。政策性银行属于政府金融机构，它贯彻政府意图，取得政府资金，不以营利为目的，具有政府机关的性质；同时，它又经营金融业务，以金融方式融通资金，具有金融企业的性质。

在经济发展过程中，常常存在一些商业银行从盈利角度考虑不愿意融资的领域，或者其资金实力难以达到的领域。这些领域通常包括那些对国民经济发展、社会稳定具有重要意义，投资规模大、周期长、经济效益见效慢、资金回收时间长的项目，如农业开发项目、重要基础设施建设项目、外贸进出口项目等。为了扶持这些项目，政府往往采取各种鼓励措施，各国通常采用的办法是设立政策性银行，专门对这些项目融资，如中国农业发展银行、中国进出口银行。

微课4-2

政策性银行

📌 知识链接4-1

德国复兴信贷银行

德国复兴信贷银行（KFW）是一个与联邦德国一起成长的国家政策性银行。1948年，为二战后联邦德国的紧急重建需求提供资金的德国复兴信贷银行成立了，它坐落于美茵河畔的法兰克福市。KFW成立时的原始股本约为10亿马克，其中联邦政府占80%，各州政府占20%。

在KFW的发展过程中，从最初为二战后联邦德国的重建提供资金，到现在为德国企业提供长期投资贷款。而在投资信贷当中，其首要任务是促进德国中小企业的发展，为中小企业在国内外投资项目提供优惠的长期信贷，因为德国的企业99%是中小企业，这些中小企业解决了德国近三分之二就业人口的就业问题。KFW的信贷业务具体体现在基础设施、环保和住房改造项目的信贷提供上。同时，KFW还为德国企业提供出口信贷和项目融资，主要集中在能源、通信与交通信息等领域。KFW在财政合作上也有很大的发展，受联邦政府委托，其为发展中国家的投资项目提供融资，还提供咨询等相关服务。

资料来源：百度百科. 德国复兴信贷银行［EB/OL］.［2025-06-08］. https://baike.baidu.com/item//德国复兴信贷银行/9123981.

4.投资银行

投资银行为投资性金融中介，是主要从事证券发行、承销、交易、企业重组、兼并与收购、投资分析、风险投资、项目融资等业务的金融机构。投资银行是美国和欧洲大陆的通用名称，在英国称之为商人银行，在法国称之为实业银行，在日本则称之为证券公司。此外，投资银行还有其他的形式和名称，如长期信贷银行、证券银行、承兑银行、金融公司、持股公司、投资公司、财务公司等。

虽然被称为银行，但投资银行并非通常意义上的银行，它不吸收存款，资金来源主要靠发行自己的股票和债券。它的业务范围发展迅速，已经突破了证券发行与承销、证

券交易经纪、证券私募发行等传统业务框架，企业并购、项目融资、风险投资、公司理财、投资咨询、资产及基金管理、资产证券化、金融创新等都已成为投资银行的核心业务组成。投资银行在现代社会经济发展中发挥着沟通资金供求、构造证券市场、推动企业并购、促进产业集中和规模经济形成、优化资源配置等重要作用。

5.储蓄银行

储蓄银行是专门吸收居民储蓄存款，并为居民个人提供金融服务的银行。

这类银行的服务对象主要是居民消费者，资金来源主要是居民储蓄存款。资金运用主要是为居民提供消费信贷和其他贷款等，如对居民发放住房抵押贷款；此外，也在可靠的债券市场或房地产市场投资，如购买国债。

储蓄银行既有公营的，也有私营的。为了保护众多小额储蓄者的利益，许多国家对储蓄银行的业务活动制定出专门的法规加以约束，限定其聚集的大量资金的投向，如不得经营支票存款，不得经营一般工商信贷等。但近些年来这些规定已有所突破，储蓄银行业务正在向商业银行靠近。

储蓄银行的名称在各国有所不同，在美国称之为互助储蓄银行、信贷协会、储蓄贷款协会等，英国称之为信托储蓄银行，日本称之为储蓄银行。由于储蓄银行直接服务于广大居民，因而其数量在各国都比较多。

6.抵押银行

抵押银行是"不动产抵押银行"的简称，是指专门从事以土地、房屋和其他不动产为抵押办理长期贷款业务的银行。不动产银行有不同的名称，如法国的房地产信贷银行、美国的联邦住房放贷银行、德国的私人抵押银行和公营抵押银行。抵押银行有公营、私营和公私合营三种形式。抵押银行的资金来源，主要是发行不动产抵押证券募集。

此外，还有住房贷款银行、信托银行、清算银行、外汇银行等各种类型的银行。

（二）非银行金融机构

1.保险公司

保险公司是以投保人缴纳的保险费建立保险基金，并运用基金进行投资以取得收益，对发生保险事故进行经济补偿的金融机构。在现代经济中，保险业务已经渗透到社会生活的方方面面，保险公司也因所设立的保险种类不同而形式多样，如人寿保险公司、财产保险公司、存款保险公司、灾害和事故保险公司、信贷保险公司、再保险公司等。所以保险业在西方国家开展较早，保险公司也是各国最重要的非银行金融机构。

保险公司的资金来源稳定，且其获得的保费收入经常远远超过其保险金支出，因而能聚集起大量的货币资金，成为西方国家金融体系长期资本的重要来源。保险公司筹集的资金，除保留一部分以应对赔付所需外，保险公司将保险费投资于诸如债券、股票、抵押贷款和其他贷款之类的资产上，并运用从这些资产所获得的收益来支付保单所确定的权益。所以保险公司像银行一样，经营的是金融中介业务。

2.信托投资公司

信托投资公司是一种以受托人的身份，代人理财的金融机构。信托投资公司的职能是财产事务管理，即接受客户委托，代客户管理、经营、处置财产，将收益交给受益人。信托投资公司具有财产管理和运用、融通资金，提供信息与咨询以及社会投资等功能。其在经营中是以受托人身份出现，收益来源为手续费，因此有关法律法规对其进行严格限制，避免信托机构利用信托财产为自己牟利。

3.融资租赁公司

租赁是由财产所有者按契约规定，将财产租让给承租人使用，承租人根据契约按期支付租金给出租人的经济行为。融资租赁公司是专门为承租人提供资金融通的长期租赁公司。它以商品交易为基础将融资与融物相结合，既有别于传统租赁，又不同于银行贷款，其提供的租赁服务是所有权和经营权相分离的一种新的经济活动方式，具有投资、融资、促销和管理的功能。

4.金融资产管理公司

金融资产管理公司是各国主要用于清理银行不良资产的金融机构。金融资产管理公司通常是在银行出现危机或存在大量不良债权时由政府设立的，通过剥离银行不良债权向银行系统注入资金以重建公众对银行的信心，通过有效的资产管理和资产变现尽可能从不良资产中多收回些价值。由金融资产管理公司处理不良债权有利于降低清理成本，盘活资产，稳定金融市场。

5.企业集团财务公司

企业集团财务公司，简称财务公司，是指以加强企业集团资金集中管理和提高企业集团资金使用效率为目的，为企业集团成员单位提供财务管理服务的非银行金融机构。财务公司的资金来源主要是各种形式的负债，其经营环境比较宽松，经营机制比较灵活，业务涉及成员单位的存款、贷款、交易款项收付、转账结算、担保、投资、票据承兑与贴现等。

6.退休养老基金会

退休养老基金会是指以定期收取退休或养老储蓄金的方式，向退休者提供退休收入或年金的金融机构。这类机构与保险公司一样，同属契约性储蓄机构，通常由雇主或雇员按期缴付工资的一定比例，受益人退休后可一次性取得或按月支取退休养老金。这类基金之前大多数是由保险公司管理的，其资金运作也比较简单，主要用于购买国债和存在银行生息。由于近年来西方国家人口老龄化问题严重，养老基金运营开始转向资本市场和海外证券市场，以获得更高的投资回报率。

7.信用合作社

信用合作社是由个人集资联合组建的以互助为主要宗旨的合作金融组织。信用合作社作为群众性互助合作金融组织，可分为农村信用合作社和城市信用合作社。信用合作社一般规模不大，其资金主要来源于合作社成员所缴纳的股金和吸收的存款，其贷款主要以信用合作社的成员为对象。最初信用合作社主要发放短期生产贷款和消费贷款，目前一些较大的信用合作社也为解决生产设备更新、技术改造等提供中长期贷款，并逐步采取以不动产或有价证券为担保的抵押贷款方式。

8.互联网金融机构

随着互联网的发展，互联网金融机构成为新兴金融机构。互联网金融机构通过互联网技术和金融创新，提供融资、支付、投资和信息中介等服务。它们的优势在于便捷、高效和低成本，对传统金融机构产生了一定的冲击。

除此之外，非银行金融机构还有担保公司、贷款公司、基金管理公司等多种类型。

任务二　中国的金融机构体系

我国现行的金融机构体系是以中国人民银行为核心，商业银行为主体，政策性银行、非银行金融机构并存、分工协作的格局，同时还包括港澳地区和在华外资金融机构等。

一、中国金融管理机构

（一）中国人民银行

中国人民银行成立于1948年12月1日，是我国的中央银行，是我国金融机构体系的核心。中国人民银行的职能是制定和执行货币政策、维护金融稳定、提供金融服务，中国人民银行为国务院组成部门，是中华人民共和国的中央银行，是在国务院领导下的宏观调控部门，即中国人民银行在国务院领导下，制定和执行货币政策，防范和化解金融风险，维护金融稳定。中国人民银行主要职责为：

（1）拟定金融业改革、开放和发展规划，承担综合研究并协调解决金融运行中的重大问题、促进金融业协调健康发展的责任。牵头国家金融安全工作协调机制，维护国家金融安全。

（2）牵头建立宏观审慎管理框架，拟订金融业重大法律法规和其他有关法律法规草案，制定审慎监管基本制度，建立健全金融消费者保护基本制度。

（3）制定和执行货币政策、信贷政策，完善货币政策调控体系，负责宏观审慎管理。

（4）牵头负责系统性金融风险防范和应急处置，负责金融控股公司等金融集团和系统重要性金融机构基本规则制定、监测分析和并表监管，视情责成有关监管部门采取相应监管措施，并在必要时经国务院批准对金融机构进行检查监督，牵头组织制订实施系统重要性金融机构恢复和处置计划。

（5）承担最后贷款人责任，负责对因化解金融风险而使用中央银行资金机构的行为进行检查监督。

（6）监督管理银行间债券市场、货币市场、外汇市场、票据市场、黄金市场及上述市场有关场外衍生产品；牵头负责跨市场跨业态跨区域金融风险识别、预警和处置，负责交叉性金融业务的监测评估，会同有关部门制定统一的资产管理产品和公司信用类债券市场及其衍生产品市场基本规则。

（7）负责制定和实施人民币汇率政策，推动人民币跨境使用和国际使用，维护国际收支平衡，实施外汇管理，负责国际国内金融市场跟踪监测和风险预警，监测和管理跨境资本流动，持有、管理和经营国家外汇储备和黄金储备。

（8）牵头负责重要金融基础设施建设规划并统筹实施监管，推进金融基础设施改革与互联互通，统筹互联网金融监管工作。

（9）统筹金融业综合统计，牵头制定统一的金融业综合统计基础标准和工作机制，建设国家金融基础数据库，履行金融统计调查相关工作职责。

（10）组织制定金融业信息化发展规划，负责金融标准化组织管理协调和金融科技相关工作，指导金融业网络安全和信息化工作。

（11）发行人民币，管理人民币流通。

（12）统筹国家支付体系建设并实施监督管理。会同有关部门制定支付结算业务规则，负责全国支付、清算系统的安全、稳定、高效运行。

（13）经理国库。

（14）承担全国反洗钱和反恐怖融资工作的组织协调和监督管理责任，负责涉嫌洗钱及恐怖活动的资金监测。

（15）管理征信业，推动建立社会信用体系。

（16）参与和中国人民银行业务有关的全球经济金融治理，开展国际金融合作。

（17）按照有关规定从事金融业务活动。

（18）管理国家外汇管理局。

（19）完成党中央、国务院交办的其他任务。

（20）职能转变。完善宏观调控体系，创新调控方式，构建发展规划、财政、金融等政策协调和工作协同机制，强化经济监测、预测、预警能力，建立健全重大问题研究和政策储备工作机制，增强宏观调控的前瞻性、针对性、协同性。围绕党和国家金融工作的指导方针和任务，加强和优化金融管理职能，增强货币政策、宏观审慎政策、金融监管政策的协调性，强化宏观审慎管理和系统性金融风险防范职责，守住不发生系统性金融风险的底线。按照简政放权、放管结合、优化服务、职能转变的工作要求，进一步深化行政审批制度改革和金融市场改革，着力规范和改进行政审批行为，提高行政审批效率。加快推进"互联网+政务服务"，加强事中、事后监管，切实提高政府服务质量和效果。继续完善金融法律制度体系，做好"放管服"改革的制度保障，为稳增长、促改革、调结构、惠民生提供有力支撑，促进经济社会持续平稳健康发展。

（二）国家金融监督管理总局

2023年3月，国家金融监督管理总局在中国银行保险监督管理委员会基础上组建，将中国人民银行对金融控股公司等金融集团的日常监管职责、有关金融消费者保护职责，中国证券监督管理委员会的投资者保护职责划入国家金融监督管理总局。2023年5月18日，国家金融监督管理总局在北京揭牌。至此，中国金融监管体系从"一行两会"迈入"一行一总局一会"新格局。

国家金融监督管理总局主要职责是：

（1）依法对除证券业之外的金融业实行统一监督管理，强化机构监管、行为监管、功能监管、穿透式监管、持续监管，维护金融业合法、稳健运行。

（2）对金融业改革开放和监管有效性相关问题开展系统性研究，参与拟订金融业改革发展战略规划。拟订银行业、保险业、金融控股公司等有关法律法规草案，提出制定和修改建议。制定银行业机构、保险业机构、金融控股公司等有关监管制度。

（3）统筹金融消费者权益保护工作。制定金融消费者权益保护发展规划，建立健全金融消费者权益保护制度，研究金融消费者权益保护重大问题，开展金融消费者教育工作，构建金融消费者投诉处理机制和金融消费纠纷多元化解机制。

（4）依法对银行业机构、保险业机构、金融控股公司等实行准入管理，对其公司治理、风险管理、内部控制、资本充足状况、偿付能力、经营行为、信息披露等实施监管。

（5）依法对银行业机构、保险业机构、金融控股公司等实行现场检查与非现场监管，开展风险与合规评估，查处违法违规行为。

（6）统一编制银行业机构、保险业机构、金融控股公司等的监管数据报表，按照国家有关规定予以发布，履行金融业综合统计相关工作职责。

（7）负责银行业机构、保险业机构、金融控股公司等的科技监管，建立科技监管体系，制定科技监管政策，构建监管大数据平台，开展风险监测、分析、评价、预警，充分利用科技手段加强监管、防范风险。

（8）对银行业机构、保险业机构、金融控股公司等实行穿透式监管，制定股权监管制度，依法审查批准股东、实际控制人及股权变更，依法对股东、实际控制人以及一致行动人、最终受益人等开展调查，对违法违规行为采取相关措施或进行处罚。

（9）建立除货币、支付、征信、反洗钱、外汇和证券期货等领域之外的金融稽查体系，建立行政执法与刑事司法衔接机制，依法对违法违规金融活动相关主体进行调查、取证、处理，涉嫌犯罪的，移送司法机关。

（10）建立银行业机构、保险业机构、金融控股公司等的恢复和处置制度，会同相关部门研究提出有关金融机构恢复和处置意见建议并组织实施。

（11）牵头打击非法金融活动，组织建立非法金融活动监测预警体系，组织协调、指导督促有关部门和地方政府依法开展非法金融活动防范和处置工作。对涉及跨部门跨地区和新业态新产品等非法金融活动，研究提出相关工作建议，按要求组织实施。

（12）按照建立以中央金融管理部门地方派出机构为主的地方金融监管体制要求，指导和监督地方金融监管相关业务工作，指导协调地方政府履行相关金融风险处置属地责任。

（13）负责对银行业机构、保险业机构、金融控股公司等与信息技术服务机构等中介机构的信息科技外包等合作行为进行监管，依法对违法违规行为开展调查，并对金融机构采取相关措施。

（14）参加金融业相关国际组织与国际监管规则制定，开展对外交流与国际合作。

（15）完成党中央、国务院交办的其他任务。

（三）中国证券监督管理委员会

中国证券监督管理委员会简称证监会，成立于1992年10月，是国务院直属事业单位，也是全国证券期货市场的主管部门，依照法律、法规和国务院授权，统一监督管理全国证券期货市场，维护证券期货市场秩序，保障其合法运行。中国证券监督管理委员主要职责包括：

（1）依法对证券业实行统一监督管理，强化资本市场监管职责。

（2）研究拟订证券期货基金市场的方针政策、发展规划。起草证券期货基金市场有关法律法规草案，提出制定和修改建议。制定证券期货基金市场有关监管规章、规则。

（3）监管股票、可转换债券、存托凭证和国务院确定由中国证券监督管理委员会负责的其他权益类证券的发行、上市、交易、托管和结算，监管证券、股权、私募及基础设施领域不动产投资信托等投资基金活动。

（4）监管公司（企业）债券、资产支持证券和国务院确定由中国证券监督管理委员会负责的其他固定收益类证券在交易所市场的发行、上市、挂牌、交易、托管和结算等工作，监管政府债券在交易所市场的上市交易活动，负责债券市场统一执法工作。

（5）监管上市公司、非上市公众公司、债券发行人及其按法律法规必须履行有关义务的股东、实际控制人、一致行动人等的证券市场行为。

（6）按分工监管境内期货合约和标准化期权合约的上市、交易、结算和交割，依法对证券期货基金经营机构开展的衍生品业务实施监督管理。

（7）监管证券期货交易所和国务院确定由中国证券监督管理委员会负责的其他全国性证券交易场所，按规定管理证券期货交易所和有关全国性证券交易场所的高级管理人员。

（8）监管证券期货基金经营机构、证券登记结算公司、期货结算机构、证券金融公司、证券期货投资咨询机构、证券资信评级机构、基金托管机构、基金服务机构，制定有关机构董事、监事、高级管理人员及从业人员任职、执业的管理办法并组织实施。

（9）监管境内企业到境外发行股票、存托凭证、可转换债券等证券及上市活动，监管在境外上市的公司到境外发行可转换债券和境内证券期货基金经营机构到境外设立分支机构。监管境外机构到境内设立证券期货基金机构及从事相关业务，境外企业到境内交易所市场发行证券上市，合格境外投资者的境内证券期货投资行为。

（10）监管证券期货基金市场信息传播活动，负责证券期货基金市场的统计与信息资源管理。

（11）与有关部门共同依法对会计师事务所、律师事务所以及从事资产评估、资信评级、财务顾问、信息技术系统服务等机构从事证券服务业务实施备案管理和持续监管。

（12）负责证券期货基金业的科技监管，建立科技监管体系，制定科技监管政策，构建监管大数据平台，开展科技应用和安全等风险监测、分析、评价、预警、检查、处置。

（13）依法对证券期货基金市场违法违规行为进行调查，采取相关措施或进行处罚。依法打击非法证券期货基金金融活动，组织风险监测分析，依法处置或协调推动处置证券期货基金市场风险。组织协调清理整顿各类交易场所，指导开展风险处置相关工作。

（14）按照建立以中央金融管理部门地方派出机构为主的地方金融监管体制要求，

指导和监督与证券期货基金相关的地方金融监管工作，指导协调地方政府履行相关金融风险处置属地责任。

（15）开展证券期货基金业的对外交流和国际合作。

（16）完成党中央、国务院交办的其他任务。

（四）金融机构行业自律组织

金融机构行业自律，是指金融机构设立行业自律组织，通过制定同业公约，提供行业服务、加强相互监督等方式，实现金融行业的自我约束、自我管理，以规范、协调同业经营行为，保护行业的共同利益，促进各家会员企业按照国家金融、经济政策的要求，努力提高管理水平，优化行业品种，完善金融服务。我国的金融机构行业自律组织包括：中国银行业协会、中国证券业协会、中国保险行业协会和中国财务公司协会等。

二、银行业金融机构

（一）商业银行

1.国有商业银行

国有商业银行是指由国家（财政部、中央汇金公司）直接管控的大型商业银行，包括中国工商银行、中国建设银行、中国银行、中国农业银行、交通银行和中国邮政储蓄银行，是我国金融机构体系的主体。目前，国有商业银行均已完成了股份制改革并实现上市。无论在人员总数、机构网点数量，还是在资产规模及市场占有份额上，六家国有商业银行在我国整个金融领域中处于绝对的优势地位。

（1）中国工商银行（Industrial and Commercial Bank of China），简称ICBC或工行，成立于1984年1月1日，2005年10月28日整体改制为股份有限公司，2006年10月27日，在上海证券交易所和香港联合交易所同日挂牌上市。其基本任务是依据国家的法律和法规，通过在国内外开展融资活动筹集社会资金，加强信贷资金管理，支持企业生产和技术改造，为我国经济建设服务。中国工商银行是中国六大国有商业银行之首，世界五百强企业之一，拥有中国最大的客户群，总资产、总资本、核心资本、经营利润等多项指标都居国内业界第一位，是中国最大的商业银行。

（2）中国建设银行（China Construction Bank），简称CCB或建行，最初行名为中国人民建设银行，1996年3月26日更名为中国建设银行。建行成立于1954年10月1日，其H股于2005年10月27日在香港联合交易所上市，A股于2007年9月25日在上海证券交易所上市。中国建设银行主要经营领域包括公司银行业务、个人银行业务和资金业务，拥有基金、租赁、信托、人寿、财险、投行、期货、养老金等多个行业的子公司。

（3）中国农业银行（Agricultural Bank of China），简称ABC或农行，前身为农业合作银行，成立于1951年，1955年3月正式以"中国农业银行"命名。其业务包括公司银行、零售银行、金融市场业务及资产管理业务，业务范围还涵盖投资银行、基金管理、金融租赁、人寿保险等领域。2010年7月15—16日，中国农业银行完成"A+H"两地上市。

（4）中国银行（Bank of China），简称BOC，成立于1912年2月5日，是中国持续经营时间最久的银行。中国银行是香港、澳门地区的发钞行，业务范围涵盖商业银行、投资银行、保险和航空租赁等业务，旗下中银国际、中银投资、中银基金、中银保险、中银航空租赁、中银消费金融、中银金融商务、中银香港等控股金融机构，在全球范围内为个人和公司客户提供金融服务，是中国国际化和多元化程度最高的银行。2006年6月1日和7月5日，中国银行股份有限公司分别在香港联合交易所和上海证券交易所成功上市。

（5）交通银行（Bank of Communications），简称BOCOM或交行，始建于1908年，是中国历史最悠久的银行之一，也是近代中国的发钞行之一。1987年4月1日，重新组建后的交通银行正式对外营业，成为中国第一家全国性国有股份制商业银行，总行设在上海。2005年6月交通银行在香港联合交易所挂牌上市，2007年5月在上海证券交易所挂牌上市。交通银行业务范围涵盖商业银行、证券、信托、金融租赁、基金、保险、离岸金融服务等诸多领域。旗下子公司包括交银租赁、交银保险、交银投资、交银基金、交银国际信托、交银人寿、交银国际。

（6）中国邮政储蓄银行，简称邮储银行，1919年，其前身邮政储金局成立，开办邮政储金业务。1942年，邮政储金汇业局成为当时六大金融支柱"四行两局"的重要组成部分。在中华人民共和国成立初期，1953年邮政储蓄业务停办，继续办理汇兑业务。1986年1月27日，邮电部、中国人民银行联合发出《关于开办邮政储蓄业务联合通知》，在12个城市的邮政网点开始办理个人活期、定期储蓄业务。其后，邮政企业陆续开始办理汇兑、销售国库券、代办保险等业务。2007年3月20日，在改革原邮政储蓄管理体制的基础上，中国邮政储蓄银行正式挂牌成立。2012年1月，其整体改制为股份有限公司。2016年9月28日，其在香港联合交易所挂牌上市，2019年12月在上海证券交易所挂牌上市。中国邮政储蓄银行定位于服务"三农"、城乡居民和中小企业，致力于为中国经济转型中最具活力的客户群体提供服务，并加速向数据驱动、渠道协同、批零联动、运营高效的新零售银行转型。

2.股份制商业银行

股份制商业银行是商业银行的一种类型，分为全国性的股份制商业银行和地方性的股份制商业银行两种。全国性的股份制商业银行在全国设立分支机构并开展经营业务，我国现有12家全国性股份制商业银行，包括招商银行、浦发银行、中信银行、中国光大银行、华夏银行、中国民生银行、广发银行、兴业银行、平安银行、恒丰银行、浙商银行和渤海银行。地方性的股份制商业银行是指在一定区域范围内经营金融业务的商业银行，如以城市命名的商业银行。地方性的股份制商业银行还包括农村商业银行。农村商业银行是由当地农民、农村工商户、企业法人和其他经济组织共同入股组建的股份制地方性金融机构。我国的农村商业银行是在原农村信用社的基础上进行股份制改造，由民营企业、股份公司、有限责任公司、自然人出资组建的地方股份制银行。

股份制商业银行尽管在规模、数量和人员总数上远不能与国有商业银行相比，但其资本、资产及利润的增长速度较快，呈现出较强的经营活力，股份制商业银行已成为我国银行体系中的一股重要力量。

3.城市商业银行

城市商业银行，简称城商行，是指由地方政府或企业出资成立的银行。城市商业银行是中国银行业的重要组成和特殊群体，其前身是20世纪80年代设立的城市信用社，当时的业务定位是：为中小企业提供金融支持，为地方经济搭桥铺路。经过多年发展，城市商业银行已经逐渐发展成熟，尽管其发展程度良莠不齐，但有相当多的城市商业银行已经完成了股份制改革，并通过各种途径逐步消化历史上的不良资产，降低不良贷款率，转变经营模式，在当地占有相当大的市场份额。城市商业银行与当地政府、企业和居民联系紧密，通过提供灵活的贷款政策和优质的金融服务，为地方经济发展提供了重要的资金支持和金融服务。

4.农村商业银行

农村商业银行，简称农商银行，是由辖内农民、农村工商户、企业法人和其他经济组织共同入股组成的股份制的地方性金融机构。农村商业银行是县域地区重要的法人银行机构，是银行业支持"三农"和小微企业的主力军。农村商业银行严格坚守县域、专注主业，不得跨经营区域办理授信、发放贷款、开展票据承兑和贴现。

5.民营银行

民营银行是由民营资本控股，并采用市场化机制来经营的银行。民营银行主要为实体经济特别是中小微企业、"三农"和社区以及创新创业项目提供有针对性、便利的金融服务。与国有银行相比，民营银行具有自主性和私营性两个重要的特征。民营银行因业务特性面临的风险相对较高，且开展金融创新的动力更强烈，所以需要健全的监管机制对其进行有效监管。

6.外资银行

外资银行是指依照中华人民共和国有关法律、法规，经批准在中华人民共和国境内设立的外商独资银行、中外合资银行、外国银行分行或外国银行代表处。

（二）政策性银行

1994年，本着政策性金融和商业性金融相分离的原则，我国设立了三家政策性银行，即国家开发银行、中国进出口银行和中国农业发展银行。2015年3月，国务院明确将国家开发银行定位为开发性金融机构，从政策银行中剥离。

1.中国进出口银行

中国进出口银行（The Export-Import Bank of China），简称进出口银行，是由国家出资设立、直属国务院领导、支持中国对外经济贸易投资发展与国际经济合作、具有独立法人地位的国有政策性银行。其主要职责是贯彻执行国家产业政策、对外经贸政策、金融政策和外交政策，为扩大中国机电产品、成套设备和高新技术产品出口，推动有比较优势的企业开展对外承包工程和境外投资，促进对外关系发展和国际经贸合作提供政策性金融支持。

2.中国农业发展银行

中国农业发展银行（Agricultural Development Bank of China），简称农发行，是由国家出资设立、直属国务院领导、支持农业农村持续健康发展、具有独立法人地位的国有政策性银行。其主要任务是筹集支农资金，支持"三农"事业发展，发挥国家战略支撑作用。

（三）国家开发银行

国家开发银行是由国家出资设立、直属国务院领导、支持中国经济重点领域和薄弱环节发展、具有独立法人地位的国有开发性金融机构，是全球最大的开发性金融机构，中国最大的中长期信贷银行和债券银行。2008年12月，国家开发银行改制为国家开发银行股份有限公司。2015年3月，国务院明确将国家开发银行定位为开发性金融机构。开发银行支持的领域主要包括：（1）基础设施、基础产业、支柱产业、公共服务和管理等经济社会发展的领域；（2）新型城镇化、城乡一体化及区域协调发展的领域；（3）传统产业转型升级和结构调整，以及节能环保、高端装备制造等提升国家竞争力的领域；（4）保障性安居工程、巩固脱贫攻坚成果、乡村振兴、助学贷款、普惠金融等增进人民福祉的领域；（5）科技、人文交流等国家战略需要的领域；（6）"一带一路"建设、国际产能和装备制造合作、基础设施互联互通、能源资源、中资企业"走出去"等国际合作领域；（7）配合国家发展需要和国家经济金融改革的相关领域；（8）符合国家发展战略和政策导向的其他领域。

知识链接4-2

开发性金融

开发性金融是政策性金融的深化和发展，以服务国家发展战略为宗旨，以国家信用为依托，以市场运作为基本模式，以保本微利为经营原则，以中长期投融资为载体，在实现政府发展目标、弥补市场失灵、提供公共产品、提高社会资源配置效率、熨平经济周期性波动等方面具有独特优势和作用，是经济金融体系中不可替代的重要组成部分。

开发性金融的基本内涵包括以下几个方面：

（1）以服务国家战略为宗旨，始终把国家利益放在首位，致力于缓解经济社会发展的瓶颈制约，努力实现服务国家战略与自身发展的有机统一。

（2）以国家信用为依托，通过市场化发债把商业银行储蓄资金和社会零散资金转化为集中长期大额资金，支持国家建设。

（3）以市场运作为基本模式，发挥政府与市场之间的桥梁纽带作用，规划先行，主动建设市场、信用、制度，促进项目的商业可持续运作。

（4）以保本微利为经营原则，不追求机构利益最大化，严格管控风险，兼顾一定的收益目标，实现整体财务平衡。

（5）以中长期投融资为载体，发挥专业优势，支持重大项目建设，避免期限错配风险，同时发挥中长期资金的引领带动作用，引导社会资金共同支持项目发展。

资料来源：根据国家开发银行官网资料整理。

三、保险机构

保险机构是指从事保险业务的金融机构，包括财产保险公司、人身保险公司、再保险公司、保险资产管理公司、保险经纪公司、保险代理公司、保险公估公司等。我国的保险业发展非常迅速，机构数量和保费收入不断增长。

（一）保险公司

按照《中华人民共和国保险法》的规定，保险公司的业务范围有两大项：一是从事财产保险业务，包括财产损失保险、责任保险、信用保险等；二是从事人身保险业务，包括人寿保险、健康保险、意外伤害保险等。同时规定，同一保险公司不得兼营财产保险业务和人身保险业务，但是经营财产保险的保险公司经保险监管机构核定，可以经营短期健康保险业务和意外伤害保险业务。

（二）保险中介机构

保险中介机构是指介于保险经营机构之间或保险经营机构与投保人之间，专门从事保险业务咨询与招揽、风险管理与安排、价值衡量与评估、损失鉴定与理算等中介服务活动，并从中依法获取佣金或手续费的单位。保险中介机构一般包括保险经纪公司、保险代理公司和保险公估公司。

1.保险经纪公司

保险经纪公司是基于投保人的利益，为投保人与保险人订立保险合同提供中介服务，并依法收取佣金的金融机构。保险经纪公司是站在客户的立场上，为客户提供专业化的风险管理服务，设计投保方案、办理投保手续并具有法人资格的中介机构。简单地说，保险经纪公司就是投保人的风险管理顾问。

2.保险代理公司

保险代理公司是根据保险人的委托，在保险人授权的范围内代为办理保险业务的金融机构。保险代理公司具有不同于其他代理人的特点：组织机构健全；专业技术人才集中；经营管理专业化、规范化程度高等。

3.保险公估公司

保险公估公司是接受保险当事人委托，专门从事保险标的的评估、勘验、鉴定、估损、理算等业务的金融机构。

四、证券机构

证券机构是指依法设立的从事证券服务业务的法人机构。证券服务业务包括：证券投资咨询；证券发行及交易的咨询、策划、财务顾问、法律顾问及其他配套服务；证券资信评估服务；证券集中保管；证券清算交割服务；证券登记过户服务；证券融资；经证券管理部门认定的其他业务。在中国，证券机构包括证券公司、证券交易所、基金管理公司、期货公司、投资咨询公司、证券登记结算公司、证券评估公司等。

（一）证券公司

证券公司是指依照《中华人民共和国证券法》的规定，经国家主管机关批准设立的专门从事证券经营业务的机构。证券公司的主要业务包括：证券经纪；证券投资咨询；与证券交易、证券投资活动有关的财务顾问；证券承销与保荐；证券自营；证券资产管理；并购和其他证券业务。

（二）证券交易所

证券交易所是为证券集中交易提供场所和设施，组织和监督证券交易，实行自律管理的金融机构。上海证券交易所成立于1990年11月26日，深圳证券交易所成立于1990

年12月1日，北京证券交易所成立于2021年11月15日，中国香港证券交易所最早可以追溯至1866年，中国台湾证券交易所在1961年10月23日成立。

五、其他金融机构

（一）金融资产管理公司

我国的金融资产管理公司是经国务院决定设立的收购国有独资商业银行不良贷款，管理和处置因收购国有独资商业银行不良贷款形成的资产的国有独资非银行金融机构。我国于1999年成立4家资产管理公司，即中国华融资产管理公司、中国长城资产管理公司、中国东方资产管理公司、中国信达资产管理公司，分别接收从中国工商银行、中国农业银行、中国银行、中国建设银行剥离出来的不良资产。目前我国金融资产管理公司的政策性任务基本完成，已开始逐步向商业性机构转型，形成了以资产管理业务为主、投资银行和其他金融业务并举的业务格局。

（二）财务公司

我国的《企业集团财务公司管理办法》中规定，企业集团财务公司简称财务公司，是指以加强企业集团资金集中管理和提高企业集团资金使用效率为目的，为企业集团成员单位提供财务管理服务的非银行金融机构。财务公司的业务分为两类：一类是基础类业务，涵盖了商业银行可以办理的全部资产、负债、中间业务；另一类是满足一定条件的财务公司可以办理的业务，包括发行财务公司债券、承销成员单位企业债、对金融机构的股权投资、有价证券投资、成员单位产品的消费信贷、买方信贷及融资租赁等业务。

（三）金融租赁公司

金融租赁公司是指经国家金融监督管理总局批准，以经营融资租赁业务为主的非银行金融机构。金融租赁公司经营业务包括：融资租赁业务；转让和受让融资租赁资产；固定收益类证券投资业务；接受承租人的租赁保证金；吸收非银行股东3个月（含）以上定期存款；同业拆借；向金融机构借款；境外借款；租赁物变卖及处理业务；经济咨询。经国家金融监督管理总局批准，经营状况良好、符合条件的金融租赁公司可以开办下列部分或全部本外币业务：发行债券；在境内保税地区设立项目公司，开展融资租赁业务；资产证券化；为控股子公司、项目公司对外融资提供担保等。

（四）汽车金融公司

汽车金融公司，是指经国家金融监督管理总局批准设立，为中国境内的汽车购买者及销售者提供金融服务的非银行金融机构。汽车金融是指消费者在购买汽车需要贷款时，可以直接向汽车金融公司申请优惠的支付方式，可以按照自身的个性化需求，来选择不同的车型和不同的支付方式。与其他金融机构相比，汽车金融公司的优势在于对车辆和品牌经销商足够了解，回收车辆处理更便利。汽车金融公司经营业务包括：接受境外股东及其所在集团在华全资子公司和境内股东3个月（含）以上定期存款；接受汽车经销商采购车辆贷款保证金和承租人汽车租赁保证金；发行金融债券；同业拆借；向金融机构借款；提供购车贷款业务；提供汽车经销商采购车辆贷款和营运设备贷款，包括展示厅建设贷款和零配件贷款以及维修设备贷款等；提供汽车融资租赁业务；向金融机构出售或回购汽车贷款应收款和汽车融资租赁应收款业务；办理租赁汽车残值变卖及处理业务；从事与购车融资活动相关的咨询、代理业务；经批准，从事与汽车金融业务相关的金融机构股权投资业务等。

（五）货币经纪公司

货币经纪公司是指经国家金融监督管理总局批准在中国境内设立的，通过电子技术或其他手段，专门从事促进金融机构间资金融通和外汇交易等经纪服务，并从中收取佣金的非银行金融机构。货币经纪公司从事的业务包括：境内外外汇市场交易；境内外货币市场交易；境内外债券市场交易；境内外衍生产品交易等。

（六）贷款公司

贷款公司是指经国家金融监督管理总局依据有关法律、法规批准，由境内商业银行或农村合作银行在农村地区设立的专门为县域农民、农业和农村经济发展提供贷款服务的银行业非存款类金融机构。贷款公司是由境内商业银行或农村合作银行全额出资的有限责任公司。贷款公司业务包括：办理各项贷款；办理票据贴现；办理资产转让；办理贷款项下的结算等。

（七）信托公司

信托公司是依法设立的、主要经营信托业务的金融机构。信托业务是指信托公司以营业和收取报酬为目的，以受托人身份承诺信托和处理信托事务的经营行为。信托公司业务包括：资金信托；动产信托；不动产信托；有价证券信托；其他财产或财产权信托；作为投资基金或者基金管理公司的发起人从事投资基金业务；经营企业资产的重组、并购及项目融资、公司理财、财务顾问等业务；受托经营国务院有关部门批准的证券承销业务；办理居间、咨询、资信调查等业务；代保管及保管箱业务。

（八）消费金融公司

消费金融公司是指经国家金融监督管理总局批准，在中华人民共和国境内设立的，不吸收公众存款，以小额、分散为原则，为中国境内居民个人提供以消费为目的的贷款的非银行金融机构。消费金融公司可以经营的业务包括：发放个人消费贷款；接受股东境内子公司及境内股东的存款；向境内金融机构借款；经批准发行金融债券；境内同业拆借；与消费金融相关的咨询、代理业务；代理销售与消费贷款相关的保险产品；固定收益类证券投资业务等。

六、外资金融机构

外资金融机构是指外国金融机构在中国境内投资设立的从事金融业务的分支机构和具有中国法人地位的外商独资金融机构、中外合资金融机构。现已在中国设立的外资金融机构有外资银行、外资财务公司和外资保险公司等。中国金融业稳步有序推进对外开放，研究出台更多的政策措施，形成系统性、制度性开放局面，逐渐与国际规则相融合，不断优化营商环境，全面提升对外开放水平，为外资金融机构在华发展创造了重要的战略机遇。截至2023年末，外资银行在华资产总额为3.86万亿元，全年实现净利润212.48亿元。共有来自52个国家和地区的银行在华设立了机构，外资银行营业性机构总数已达888家，其中包括41家外资法人银行、116家外国银行分行和132家代表处，覆盖27个省级行政区。

任务三　国际金融机构

国际金融机构又称国际金融组织，泛指从事国际融资业务，协调国际金融关系，维持国际货币及信用体系正常运作的超国家性质的金融机构。国际金融组织大体分为两种类型：一类是全球性的国际金融组织，如国际货币基金组织、世界银行等；另一类是区域性的国际金融组织，如亚洲开发银行、非洲开发银行等。国际金融组织的主要业务是为其成员国提供用于进行工业、农业等项目建设的优惠性贷款。不同机构的贷款条件是不同的，但都具有援助性质。使用贷款采购物资则多要求采用国际招标方式。

一、国际货币基金组织

（一）国际货币基金组织的成立

国际货币基金组织（IMF）是根据1944年7月44个国家在美国新罕布什尔州布雷顿森林达成的《国际货币基金组织协定》，于1945年12月27日正式成立的。1980年4月17日，IMF正式决定恢复中国的合法席位。截至2024年9月，IMF成员国已达190个。

该组织是通过一个常设机构来促进国际货币合作，为国际货币问题的磋商和协作提供方法，总部设在华盛顿。IMF的最高决策机构是理事会，日常行政工作由执行董事会负责。基金组织的份额由特别提款权（SDR）表示，份额的多少同时决定了在IMF的投票权。

（二）国际货币基金组织的使命

国际货币基金组织的使命为：

（1）促进国际货币合作；

（2）支持贸易发展和经济增长；

（3）阻止有损繁荣的政策。

（三）国际货币基金组织的资金来源

IMF的资金来自三个渠道：成员国的份额、新借款安排以及双边借款安排。

1.成员国的份额

成员国的份额主要来源于各成员国认缴的份额。各成员国的份额由国内生产总值、开放度、经济波动性、国际储备等经济指标确定。一个成员国的份额反映其经济规模和在世界经济中的相对地位。

2.新借款安排

IMF与一组成员国和机构之间的新借款安排（NAB）是份额资金的主要后备支持。2020年1月，IMF执董会同意将新借款安排的规模扩大一倍至3 650亿SDR（合5 260亿美元）。

3.双边借款安排

成员国还通过双边借款安排（BBAs）提供资金。2020年，IMF执董会批准了新一轮双边借款安排。其中，截至 2021 年 2 月 5 日，规模约为 1 280 亿 SDR（合 1 830 亿美元）的协议已经生效。

（四）国际货币基金组织的主要业务

1.监督工作

IMF 的核心职责之一是监督成员国的经济和金融政策并向它们提供政策建议，这项活动被称为监督。IMF 在全球和地区层面开展这一工作，其中一个方面是识别潜在风险，提出适当的政策调整建议，以维持经济增长，促进金融稳定。

2.资金援助

与开发性银行不同，IMF 不为特定项目提供贷款。对于遭受危机的国家，IMF 向其提供资金支持，从而为其赢得喘息空间，使其能够实施调整政策以恢复经济稳定和经济增长。此外，IMF 还提供预防性融资，帮助防范危机。IMF 不断完善其贷款工作，以满足成员国不断变化的需求。

3.能力建设

IMF 提供技术援助和培训，此类活动称为能力建设，是其核心职能之一。IMF 年度支出的约三分之一用于能力建设工作。所有成员国均可请求获得能力建设服务，这种服务是根据一国的具体需求量身定制的。能力建设可以帮助各国改善税收征管并增强公共财政。能力建设可以帮助各国改进货币和汇率政策、完善法律制度或加强治理。能力建设还可以帮助各国采集和发布数据，为决策提供信息。

（五）国际货币基金组织的贷款工具

IMF 有若干贷款工具，以满足其成员国的不同需求，适应其各自的具体情况。

IMF 成员国可以按非优惠条件（市场利率）从普通资金账户获得资金，普通资金账户支持的规划将在规划期内解决成员国的国际收支问题；IMF 通过"减贫与增长信托"，根据各国具体情况不同、面临的挑战不同，以优惠条件（目前为零利率）在更长时间为低收入国家的多样化状况提供资金支持；后设立的"韧性与可持续性信托"以可负担的利率向低收入国家和脆弱的中等收入国家应对长期挑战（如气候变化和大流行病防范）提供长期融资，帮助它们增强抵御外部冲击的能力。

二、世界银行集团

世界银行集团是联合国系统下的多边开发机构，包括国际复兴开发银行、国际开发协会、国际金融公司、多边投资担保机构和国际投资争端解决中心五个机构。世界银行集团在各个主要发展领域开展工作，为各会员国提供广泛的金融产品和技术援助，帮助各国分享和应用创新知识解决其所面临的挑战。

1944 年 7 月，美国布雷顿森林举行的联合国货币金融会议上通过了《国际复兴开发银行协定》，1945 年 12 月 27 日，世界银行正式成立，自 1947 年 11 月 5 日起成为联合国专门机构之一，总部设在美国首都华盛顿。起初，世界银行贷款帮助在二战中遭受严重破坏的国家进行战后重建。之后，世界银行的关注点从战后重建转向发展，重点放在大坝、电网、灌溉体系、道路等基础设施建设上。1956 年，国际金融公司成立，开始向发展中国家的私营企业和金融机构提供贷款。1960 年，国际开发协会成立，加大对最贫困国家的重视，逐渐转向以消除贫困作为世界银行集团的首要目标。随后成立的国际投资争端解决中心和多边投资担保机构，使得世界银行集团集聚全球金融资源、满足发展中国家需求的能力日臻完善。

世界银行的会员必须是IMF的成员国。截至2024年，世界银行集团有189个成员国。

（一）国际复兴开发银行

国际复兴开发银行（International Bank for Reconstruction and Development），简称IBRD，通称世界银行，是世界最大的开发银行，是189个国家共有的全球开发合作机构。

1.国际复兴开发银行的宗旨

IBRD的宗旨是通过向中等收入国家和资信良好的低收入国家提供贷款、担保、风险管理产品和咨询服务，促进公平和可持续的发展，创造就业，减少贫困，协调各国应对地区性和全球性挑战，支持世界银行集团的使命。

2.国际复兴开发银行资金来源

IBRD的资金来源有股东国政府认缴资本、国际资本市场融资、股本收益和少量贷款盈利。

3.国际复兴开发银行的主要业务

IBRD主要为中等收入国家和资信良好的低收入国家提供服务和支持。

（1）向国家和地方政府提供创新型金融解决方案，包括金融产品（贷款、担保和风险管理产品）和知识及咨询服务（包括付费服务）。

（2）为各行业的投资提供资金，并在项目各阶段提供技术支持和专业知识。IBRD的资源不仅给借款国提供了所需资金，也为全球知识转让和技术援助开辟了一个渠道。

（3）在公共债务和资产管理领域的咨询服务，帮助政府、国有机构和开发机构加强保护和扩大财政资源的制度能力。

（4）支持政府为加强公共财政管理、改善投资环境、解决服务提供的瓶颈问题、加强政策和体系所做的努力。

（二）国际开发协会

国际开发协会（International Development Association），简称IDA，是向最贫穷国家提供无息或低息贷款和赠款的最大多边渠道。国际开发协会于1960年9月24日正式成立，同年11月开始营业。截至2025年8月，IDA已发展成员国175个，已向世界115个国家提供优惠贷款，信贷和赠款总额为5 330亿美元。

1.国际开发协会的宗旨

IDA宗旨是对低收入国家提供条件优惠的长期贷款，以促进其经济的发展。贷款对象仅限于成员国政府，主要用于发展农业、交通运输、电子、教育等方面。

2.国际开发协会的资金来源

（1）成员国认缴的股金。成员国认缴的股本数额，根据其在世界银行认购股份比例确定。

（2）成员国和其他资助国的补充资金和特别捐款。

（3）世界银行的赠款。世界银行从其净收益中划出一部分款项作为对协会的赠款。

（4）协会本身业务经营的净收入。这是指协会经营业务所获得的净收益，但这部分款项为数甚少。

3.国际开发协会的主要业务

国际开发协会的主要业务，是向低收入的发展中国家提供无息或低利率贷款及赠款，具有明显的援助性质。因国际开发协会提供的贷款优惠而宽松，故被称为软贷款，又称开发信贷。能否获得IDA支持的资格，首先取决于一个国家的相对贫困程度，即人均GNI低于既定阈值，并每年更新一次，在2025财年，这一数字为1 335美元。其贷款用于农业和农村发展、能源、工业、教育、人口保健、营养、电信、旅游、运输等部门项目，贷款期限为50年，贷款不收利息，只对已支付额每年收取0.75%的手续费。自1982年1月起，对未支付部分每年征收0.5%的承诺费。贷款的最后偿还期为50年，头10年可不还本，第二个10年内每年还本1%，以后每年还本3%，并可用借款国货币偿还。

（三）国际金融公司

国际金融公司（International Finance Corporation），简称IFC，成立于1956年7月24日，是全球最大的专注于新兴市场私营部门的发展机构，在100多个国家（地区）开展业务，利用其资本、专业知识和影响力为发展中国家创造市场和机会。

1.国际金融公司的宗旨

IFC的宗旨是配合世界银行的业务活动，向成员国特别是其中的发展中国家的重点私人企业提供无须政府担保的贷款或投资，鼓励国际私人资本流向发展中国家，以推动这些国家的私人企业的成长，促进其经济发展。

2.国际金融公司的资金来源

国际金融公司的资金来源主要有成员国认缴的股金、从世界银行及其他来源借入的资金和国际金融公司业务经营净收入。

3.国际金融公司的业务

（1）投资服务产品包括贷款、股权投资、贸易和商品融资、衍生品和结构性融资以及混合融资。

（2）为成员国政府、企业提供建议，创造市场吸引最多的私人资本投资。

（3）通过平行贷款、贷款参与、部分信用担保、证券化、贷款销售、风险分担设施和基金投资，在调动额外资金方面发挥催化作用。

（四）多边投资担保机构

多边投资担保机构（Multilateral Investment Guarantee Agency），简称MIGA，成立于1988年，是世界银行集团里成立时间最短的机构，1990年签署第一笔担保合同。MIGA的创建是为了补充公共和私人投资保险来源，以应对发展中国家的非商业风险。

多边投资担保机构的宗旨是向外国私人投资者提供政治风险担保，包括征收风险、货币转移限制、违约、战争和内乱风险担保，并向成员国政府提供投资促进服务，加强成员国吸引外资的能力，从而推动外商直接投资流入发展中国家。作为担保业务的一部分，多边投资担保机构也帮助投资者和政府解决可能对其担保的投资项目造成不利影响的争端，防止潜在索赔要求升级，使项目得以继续。多边投资担保机构还帮助各国制定和实施吸引和保持外国直接投资的战略，并以在线服务的形式免费提供有关投资商机、商业运营环境和政治风险担保的信息。

（五）国际投资争端解决中心

国际投资争端解决中心（International Centre for Settlement of Investment Disputes），简称ICSID，是依据《解决国家与他国国民间投资争端公约》而建立的世界上第一个专门解决国际投资争议的仲裁机构，是一个通过调解和仲裁方式，专为解决政府与外国私人投资者之间争端提供便利而设立的机构。其宗旨是在国家和投资者之间培育一种相互信任的氛围，从而促进国外投资不断增加。提交该中心调解和仲裁完全是出于自愿。该中心设立的目的在于增加发达国家投资者向发展中国家进行投资的信心，并通过仲裁和调解方式来解决投资争议。它要求争议的双方须为公约的成员国，争议主体为国家或国家机构或代理机构。其解决的争议性质必须为直接由投资引起的法律争议。

三、国际清算银行

（一）国际清算银行的建立

国际清算银行于1930年5月由英国、法国、意大利、德国、比利时、日本的中央银行以及美国的三大金融机构（摩根保证信托公司、纽约花旗银行、芝加哥花旗银行）共同组建，行址设在瑞士的巴塞尔，是历史最悠久的国际金融机构之一。

（二）国际清算银行的宗旨

国际清算银行的宗旨是促进中央银行之间的合作，并向它们提供更多的国际金融业务的便利，在国际金融清算业务方面充当受托人或代理人。

（三）国际清算银行的资金来源

国际清算银行的资金来源包括：

（1）成员国认缴的股金。2003年4月1日起，国际清算银行使用国际货币基金组织特别提款权（SDR）计算股本，共有面值相等的60万股（每股面值5 000 SDR），由成员国认缴。

（2）国际清算银行接受各中央银行的存款。

（3）向成员国中央银行的借款。

（四）国际清算银行的业务

（1）为中央银行和金融监管机构提供一个对话与合作的论坛。

（2）为各国中央银行提供创新和知识共享平台。

（3）为各国中央银行提供对核心政策问题的深入分析和洞察研究。

（4）为中央银行、货币当局和国际组织提供稳健且具有竞争力的金融服务。

（五）BIS 委员会

国际清算银行的以下委员会通过提供背景分析和政策建议，为中央银行和其他负责金融稳定的管辖机构提供支持。

（1）巴塞尔银行监管委员会：为银行制定全球监管标准，并寻求加强微观和宏观审慎监管。

（2）全球金融体系委员会：监测和分析与金融市场和系统相关的问题。

（3）支付和市场基础设施委员会：建立和推广支付、清算、结算和其他市场基础设施的全球监管/监督标准，并监测和分析这些领域的发展。

（4）市场委员会：监测金融市场的发展及其对中央银行运作的影响。

（5）中央银行治理论坛：研究与中央银行的设计和运营相关的问题。

（6）中央银行统计 Irving Fisher 委员会：解决与经济、货币和金融稳定相关的统计问题。

四、欧洲投资银行

欧洲投资银行（European lnvestment Bank），简称欧投行或 EIB，是欧洲经济共同体成员国合资经营的非营利性区域多边金融机构。EIB 是根据 1957 年《建立欧洲经济共同体条约》的规定，于 1958 年 1 月 1 日成立，1959 年正式开业，成员为 27 个欧盟成员国，总部设在卢森堡。

（一）欧洲投资银行的宗旨

欧洲投资银行的宗旨是同欧盟其他机构一道共同促进欧盟平衡发展和欧盟内外的可持续和包容性增长，加速绿色转型、促进技术创新、加强安全和国防、支持区域凝聚力和社会基础设施发展，并支持欧盟在全球 160 多个国家的发展援助和合作政策实施，帮助其应对全球挑战，创造增长和机遇。

（二）欧洲投资银行的资金来源

（1）成员国认缴的股本金。

（2）借款，通过发行债券在国际金融市场上筹资，是该行主要的资金来源。

（三）欧洲投资银行的业务

（1）向各种规模的客户提供贷款，以支持可持续增长和创造就业机会。

（2）投资股票和基金。

（3）提供涵盖大型和小型项目风险的担保。

（4）为客户提供技术和财务专业知识的咨询服务。

五、亚洲开发银行

亚洲开发银行（Asian Development Bank），简称亚开行或亚行或 ADB，是致力于促进亚洲及太平洋地区发展中成员经济和社会发展的区域性政府间金融开发机构。

亚洲开发银行是根据联合国亚洲及太平洋经济与社会委员会的决议，并经 1963 年 12 月在马尼拉举行的第一次亚洲经济合作部长级会议决定，在 1966 年 11 月正式建立，并于同年 12 月开始营业。亚行总部设在菲律宾首都马尼拉。亚行的成员国由初建时的 31 个扩展到 69 个，分别来自亚太地区、西欧和北美地区，包括中国、美国、英国、德国、法国、加拿大、意大利等国家。所以，亚开行既是一个区域性的国际金融组织，又带有明显的国际性。

（一）亚洲开发银行的宗旨

亚洲开发银行的宗旨是致力于实现繁荣、包容、有韧性和可持续的亚太地区，同时继续努力消除极端贫困。它通过提供贷款、技术援助、赠款和股权投资来协助其成员和合作伙伴，以促进社会和经济发展。

（二）亚洲开发银行的资金来源

亚洲开发银行的资金来源主要有普通资金、开发基金、技术援助特别基金、日本特别基金、联合融资和日本扶贫基金。

（三）亚洲开发银行的业务

亚洲开发银行的业务有三个方面：贷款、股本投资和技术援助。

（1）贷款。贷款是亚行最主要的业务，按贷款条件可分为硬贷款、软贷款、赠款三种形式。

（2）股本投资。股本投资是指亚行通过购买私人企业股票或私人开发金融机构股票等形式，用于发展中国家私人企业融资。

（3）技术援助。亚行对会员国提供技术援助，主要包括项目准备技术援助、项目执行援助、咨询技术援助和区域活动技术援助。

六、亚洲基础设施投资银行

亚洲基础设施投资银行（Asian Infrastructure Investment Bank），简称亚投行或AIB，是一个政府间性质的亚洲区域多边开发机构，重点支持基础设施建设，总部设在北京，成员总规模达到110个。

（一）亚投行的宗旨

亚投行的宗旨为：通过在基础设施及其他生产性领域的投资，促进亚洲经济可持续发展、创造财富并改善基础设施互联互通；与其他多边和双边开发机构紧密合作，推进区域合作和伙伴关系应对发展挑战。

（二）亚投行的主要职能

（1）推动区域内发展领域的公共和私营资本投资，尤其是基础设施和其他生产性领域的发展。

（2）利用其可支配资金为本区域发展事业提供融资支持，包括能最有效支持本区域整体经济和谐发展的项目和规划，并特别关注本区域欠发达成员的需求。

（3）鼓励私营资本参与投资有利于区域经济发展，尤其是基础设施和其他生产性领域发展的项目、企业和活动，并在无法以合理条件获取私营资本融资时，对私营投资进行补充。

（4）为强化这些职能开展的其他活动和提供的其他服务。

（三）亚投行的业务类型

（1）普通业务，是指由亚投行普通资本（包括法定股本、授权募集的资金、贷款或担保收回的资金等）提供融资的业务。

（2）特别业务，是指为服务于自身宗旨，以亚投行所接受的特别基金开展的业务。

七、非洲开发银行

非洲开发银行（African Development Bank），简称非行或AfDB，是在联合国非洲经济委员会支持下由非洲国家合办的互助性、区域性国际金融机构，于1964年9月正式成立，1966年7月开始营业，总部设在科特迪瓦阿比让。其成员国包括非洲全部54个国家和27个区外国家。

（一）非洲开发银行的宗旨

非洲开发银行的宗旨是向成员国的经济和社会发展提供资金，协助非洲大陆制定发展的总体战略，协调各国的发展计划，以便逐步实现"非洲经济一体化"。

（二）非洲开发银行的资金来源

（1）普通资金，包括成员实缴资本、借入资金、发放贷款或提供担保所获得的收入等。

（2）特别资金，包括捐款、特殊用途借款、特别基金资金和收入等。

（三）非洲开发银行的业务

（1）贷款和援助，为非洲国家的政府和企业提供贷款和援助，以支持基础设施建设、农业发展、能源和矿产资源开发、制造业、环境保护等领域。

（2）投资，为非洲国家的私营部门提供投资支持，促进经济发展和产业升级，该银行还通过多种方式支持企业发展和贸易活动。

（3）技术合作和援助，为非洲国家提供技术合作和援助，提高其经济管理和治理水平，该银行还支持人力资源开发、教育和技能培训等领域。

八、美洲开发银行

美洲开发银行（Inter-American Development Bank），别名泛美开发银行，简称IDB，是由美洲及美洲以外的国家联合建立，向拉丁美洲国家提供贷款的半区域性国际金融机构，其他地区的国家也可加入，但非拉美国家不能利用该行资金，只可参加该行组织的项目投标。美洲开发银行成立于1959年12月30日，1960年10月开始营业，总部设在美国华盛顿，成员有48个，其中美洲28个、欧洲16个、亚洲4个。

（一）美洲开发银行的宗旨

美洲开发银行的宗旨是集中各成员国的力量，对拉美和加勒比成员国的经济、社会发展计划提供资金和技术支持，并协助它们为加速经济发展和社会进步做出贡献。

（二）美洲开发银行的资金来源

（1）成员国分摊。

（2）发达国家成员国提供。

（3）在世界金融市场和有关国家发放债券。

（三）美洲开发银行的业务

（1）提供贷款促进拉美和加勒比地区的经济发展。

（2）帮助拉美和加勒比发展中成员国发展贸易。

（3）为各种开发计划和项目的准备、筹备和执行提供技术合作。

金融视窗

中国同世界银行集团的关系

中国参与国际复兴开发银行情况：中国是创始国之一，于1980年恢复世界银行集团的合法席位。根据2018年世界银行年会通过的增资和股权改革方案，中国在国际复兴开发银行的股权和投票权分别提升至6.01%和5.71%，居第三位。

中国参与国际开发协会情况：1980年，中国恢复了在世界银行集团的合法席位，并同时成为国际开发协会的成员国。截至1999年7月，协会共向中国提供了约102亿美元的软贷款。从1999年7月起，国际开发协会停止对中国提供贷款。截至2022年5月，中国在国际开发协会的投票权为723 535票表决权，占总投票权的2.42%。

中国参与国际金融公司情况：1980年，中国恢复了在世界银行集团的合法席位，并同时成为国际金融公司的成员国。自国际金融公司1985年批准第一个对华项目起，国际金融公司在中国共投资了超400个项目，总额超160亿美元。国际金融公司2018年增资决议于2020年4月通过生效，增资完成后，中国在国际金融公司的股权升至2.95%，投票权升至2.82%。

资料来源：根据中华人民共和国外交部官网资料整理。

启示：党的二十大报告指出，要推进高水平对外开放，积极参与全球经济治理和规则制定。中国与世界银行集团的合作历程，正是拓宽金融视野、参与国际金融合作的生动实践。

从恢复合法席位到股权与投票权提升，中国在世界银行集团中的角色转变，既彰显了自身经济实力的增强，也体现了全球金融治理话语权的扩大，这启示我们需以更广阔的视野关注国际金融格局变化。国际开发协会贷款停止与国际金融公司投资增长，见证中国从受援国向重要参与者的跨越，凸显主动融入国际金融体系的必要性，契合党的二十大报告中参与全球经济治理的精神。

学生在学习金融机构构成知识时，应着眼国际合作，理解国际金融机构在资源配置、经济发展中的作用，增强全球金融视野，把握中国在国际金融舞台的定位与发展机遇，以开放合作姿态推动全球金融协同发展，践行构建人类命运共同体理念。

☑ 项目小结

本项目介绍了金融机构体系的相关知识，阐明了金融机构的分类构成情况，详述了商业银行、政策性银行等典型金融机构的定义、性质与业务范围，阐述了中国现行金融机构体系的架构，同时对国际金融机构情况进行了介绍；通过知识、能力与素养三维度的学习，为进一步理解金融机构在金融市场中的作用及未来发展趋势奠定基础。

项目训练 》》

一、重要概念

金融机构　中央银行　商业银行　投资银行　储蓄银行

二、单项选择题

1.在银行体系中，处于主体地位的是（　　　）。

A.中央银行　　　　B.商业银行　　　　C.专业银行　　　　D.投资银行

2.在银行体系中，处于核心地位的是（　　）。

A.中央银行　　　　B.商业银行　　　　C.专业银行　　　　D.投资银行

3.（　　）是由政府发起、出资成立，为贯彻和配合政府特定经济政策和意图而进行融资和信用活动的机构。

A.投资银行　　　　B.储蓄银行　　　　C.政策性银行　　　　D.抵押银行

4.世界上公认的第一家中央银行是1694年成立的（　　）。

A.德意志银行　　　　B.法兰西银行　　　　C.英格兰银行　　　　D.日本银行

5.（　　）的成立，中国金融监管体系迈入"一行一总局一会"新格局。

A.中国人民银行　　　　　　　　　B.中国银行业协会

C.国家外汇管理局　　　　　　　　D.国家金融监督管理总局

三、多项选择题

1.以下（　　）是存款类金融机构。

A.金融公司　　　　B.商业银行　　　　C.投资银行

D.储蓄银行　　　　E.信用合作社

2.1994年，适应金融机构体系改革的需要，我国相继成立了（　　）三家政策性银行。

A.国家开发银行　　　　　　　　　B.中国进出口银行

C.中国农业银行　　　　　　　　　D.中国农业发展银行

E.中国招商银行

3.我国现行的金融体系是（　　　　）。

A.以中央银行为主体　　　　　　　B.以国有专业银行为主体

C.以商业银行为主体　　　　　　　D.以国有商业银行为核心

E.以中央银行为核心

4.银行类金融机构按其在经济中的功能可分为（　　）。

A.国有银行　　　　B.中央银行　　　　C.商业银行

D.专业银行　　　　E.政策性银行

5.不以营利为目的的银行是（　　　）。

A.商业银行　　　　B.投资银行　　　　C.开发银行

D.抵押银行　　　　E.政策性银行

6.非银行金融机构的构成十分庞杂，其中包括（　　　　　）。

A.保险公司　　　　B.投资公司　　　　C.信用合作组织

D.基金公司　　　　E.财务公司

四、判断题

1.交通银行是中国第一家全国性的股份制商业银行。　　　　　　　　（　　）

2.商业银行与其他专业银行及金融机构的基本区别在于商业银行是唯一能够接受、创造和收缩活期存款的金融中介机构。　　　　　　　　　　　　　　　（　　）

3.投资银行同样可以办理传统的商业银行业务。　　　　　　　　　　（　　）

4.储蓄银行是专业银行的一种，专门办理居民储蓄并以吸收储蓄存款为主要资金来

源的银行。　　　　　　　　　　　　　　　　　　　　　　　　　　（　　）

5.我国的农业发展银行是农业银行的附属业务机构。　　　　　　（　　）

五、思考题

1.一国金融机构体系如何划分？

2.中国现行的金融机构体系包括哪些机构？

3.国际金融机构主要包括哪些金融组织？

六、讨论题

结合当前实际，讨论我国金融机构发展方向。

七、案例分析

国开行发行200亿元"科技创新债券"

2025年5月9日，在中国人民银行的指导下，国家开发银行在银行间债券市场三家金融基础设施机构成功发行首批3只"科技创新债券"，合计200亿元。本次发行按照中国人民银行相关制度要求，严格筛选科技贷款项目，募集资金将用于支持国家技术创新示范企业、制造业单项冠军企业等科技型企业，以及高技术制造业、战略性新兴产业、知识产权（专利）密集型产业等。

推出债券市场"科技板"是强化科技创新金融服务的重大举措。国开行积极贯彻落实党中央决策部署，配合中国人民银行推动债券市场建设，主动丰富科技创新债券产品体系。本次发行，既是国开行参与培育支持科技创新金融市场生态的工作尝试，也是我国债券市场融资工具的重大创新，对于引导资金更加高效、便捷、低成本投向科技创新领域，推动产业转型升级，培育新的增长点具有重大意义。

按照中国人民银行、中国证监会关于支持发行科技创新债券有关事宜的公告精神，国开行第一时间启动发行工作，灵活选择发行方式和融资期限，创新设置债券条款，以同时发行"固息债+浮息债""招标发行+直接发行""中期+短期"的组合债券形式，更好地满足投资人多元化投资需求，更好地匹配资金使用特点和融资需求。其中，在中央国债登记结算有限责任公司招标发行2年期DR浮息债60亿元，在上海清算所招标发行3年期固息债100亿元，在中国外汇交易中心面向投资人创新直接发行182天贴现债40亿元，发行利率分别为1.47%、1.35%、1.17%，认购倍数分别为4.51倍、4倍、5.04倍，获得广大投资人的踊跃认购。

作为国有开发性金融机构，服务科技创新始终是国开行义不容辞的职责和使命。近年来，国开行立足职能定位，聚焦主责主业，强化资源保障，强化攻坚服务，强化创新驱动，大力支持科技创新重点领域重大项目，取得了一定成效。下一步，国开行将在中国人民银行和科技部等部委指导下，不断完善金融支持科技创新的产品体系，持续提升服务能力和水平，以更加优质高效的"开行服务"支持科技创新，助力发展新质生产力，为加快实现高水平科技自立自强做出新的更大贡献。

资料来源：国家开发银行. 国开行发行200亿元"科技创新债券"［EB/OL］.［2025-06-08］.
https://www.cdb.com.cn/.

问题：政策性金融机构在支持科技创新方面具有哪些独特优势？国家开发银行案例对其他金融机构有何借鉴意义？

项目五 商业银行

学习目标

1.知识目标

掌握商业银行的概念、特点及核心业务类型，理解商业银行经营管理的经典理论与实践方法；熟知商业银行贷款的全流程步骤、核心原则，明晰中间业务和表外业务的具体内容；透彻理解商业银行安全性、流动性、盈利性的经营管理原则，熟练掌握负债业务与资产业务的详细构成与运作机制。

2.能力目标

能够运用所学知识系统分析商业银行各类业务在经济活动中的功能与作用，精准解决商业银行实际业务中的操作与决策问题；高效检索并整合商业银行经营管理领域的前沿信息，结合理论与实践形成独立分析与解决方案；能够运用专业术语，清晰、准确地阐述商业银行相关知识，有效开展学术交流与业务沟通。

3.素养目标

强化学生对金融行业诚信与规范经营重要性的认知，树立严谨、负责的职业操守；培养学生从宏观经济视角审视商业银行经营管理问题的能力，提升对金融市场系统性风险的认知与防范意识；激发学生对金融行业的探索热情，塑造持续学习与创新发展的职业素养。

思维导图

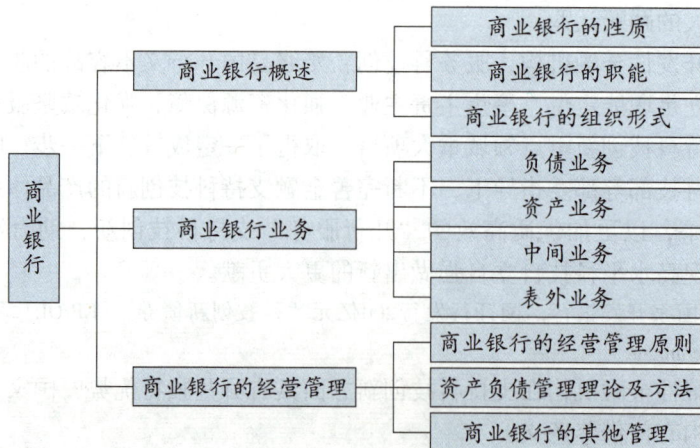

引例

商业银行贷款发放方式发生新的改变

随着国际国内经济金融形势的变化，商业银行的经营信贷环境发生了较大的变化，主要表现为：经济金融全球化，银行业务多样化、综合化、网络化、不断创新化，行为法治化，体制股份化等。我国商业银行在新的经营环境下，贷款发放方式发生了新的改变。传统的贷款方式以信用贷款、银行单独贷款为主，现在逐渐以担保贷款为主且还出现了以下一些新的变化：（1）银团贷款逐渐成为固定资产大数额贷款的发放形式。（2）票据贴现贷款占流动资金贷款的比率逐渐增加。（3）中小企业贷款出现了供应链金融的融资模式。供应链金融是银行围绕某核心企业，利用从原材料采购，到制成中间及最终产品，最后由销售网络把产品送到消费者手中这一供应链条，将供应商、制造商、分销商、零售商直到最终用户连成一个整体，全方位地为链条上的 N 个企业提供融资服务，通过相关企业的职能分工与合作，实现整个供应链的不断增值。

资料来源：作者根据相关资料编写。

思考：商业银行可以为企业和个人提供更多的贷款服务，贷款是商业银行最重要的资产业务。那么商业银行这一同经济社会各个环节都紧密联系的企业，它的资金来源于何处呢？它是怎样运用其资金的呢？此外它都开展哪些业务呢？这就是本项目要学习的商业银行业务及管理问题。

任务一　商业银行概述

一、商业银行的性质

商业银行是以获取利润为目标，以经营金融资产和金融负债为主要内容的综合性、多功能的金融公司。

商业银行是发展历史悠久，服务功能全面，对社会经济生活有着重大影响的金融企业。人们之所以称这一特殊金融机构为商业银行，是由于这一金融机构最初是专门从事短期商业融资的。而现代商业银行的业务已经全能化了，是一种提供综合性服务的"全能"特殊金融企业。

商业银行的性质具体体现在以下两方面：

（一）商业银行是企业

商业银行的本质就是企业，其经营目标和经营原则与一般企业一样。追求利润最大化，获取最大利润既是商业银行经营与发展的基本前提，也是其发展的内在动力。商业银行在经营原则上也与一般企业一样，实行依法设立、依法经营、照章纳税、自担风险、自负盈亏、自求发展的原则。

（二）商业银行是特殊的企业

微课5-1

银行的发展演变过程

拓展阅读5-1

从古代到现代：中国银行的发展历程

商业银行经营的是特殊的商品——货币，是以金融资产和金融负债为经营对象。一般企业的活动范围是商品生产和流通领域，而商业银行的活动范围是在货币信用领域。一般企业创造的是商品的使用价值，而商业银行创造的是能充当一般等价物的存款货币。商业银行的这些特点使其区别于一般的企业成为特殊的企业。

（三）商业银行是一种特殊的金融企业

商业银行与中央银行和其他金融机构也有所不同。中央银行只向政府机构和金融机构提供服务，商业银行则面向工商企业、公众、政府及其他金融机构。其他金融机构的业务都是专业性的，往往只提供某一方面或几方面的金融服务，而商业银行的业务更综合、功能更齐全，而且其业务触角已延伸至社会经济生活的各个角落，因而有人称现代的商业银行是"金融百货公司"。

二、商业银行的职能

商业银行业务的综合性、广泛性和它在金融体系中不可替代的主体地位，使得商业银行既有作为信用机构的共性职能，同时又具备了其他金融机构所不具备的职能。

（一）信用中介职能

信用中介职能是商业银行最基本也是最能反映其经营特征的职能。它的实质是商业银行通过负债业务，将社会上的各种闲散货币资金集中到银行，再通过资产业务将货币资金投向社会经济各部门。商业银行作为货币资金的贷出者和借入者来实现货币资金的融通。商业银行一方面通过支付利息吸收存款，集中货币，另一方面，为获利发放贷款，存贷款的利息差额便是商业银行所获利润。

同其他企业的商品经营不同，商业银行买卖的不是货币资金本身的所有权，而是货币资金的使用权，但正是这种使用权的转变，对经济活动就起到了多层面的调节转化作用。

1.可以将暂时闲置的资本转化为可用资本

商业银行通过各种存款形式，把再生产过程中暂时闲置的资本转化为生产资本、商品资本等职能资本，在社会资本总量不变的情况下，提高资本使用效率，也就提供了扩大生产和就业的机会。

2.可以将消费资金转化为投资资本

在利息的吸引下，居民会将准备在以后消费的收入存入银行，银行通过办理信贷业务将货币投向生产部门，这就实现了货币从消费领域到生产领域的转移，从而扩大了社会资本总量，促进了经济的发展。

3.通过信用中介职能将短期资金转化为长期资金

若干个短期小额存款在期限上相衔接，就形成了数额巨大的长期稳定余额，能满足长期贷款需求。

4.优化产业结构

在利润原则支配下，还可以把货币资本从效益低的部门引向效益高的部门，从而起到优化产业结构的作用。

（二）支付中介职能

在办理存款业务的基础上，商业银行通过代理客户支付货款、费用以及兑付现金等，逐步成为企业、社会团体和个人的货币保管者、出纳者和支付代理人，通过存款在不同账户之间的转移，代理客户支付货款和偿还债务，这使商业银行成为整个社会信用链条的枢纽。由于商业银行广泛使用支票等先进的结算支付工具，因此大大减少了现金的使用，节约了社会流通费用，加速了结算过程和货币资金周转，这就是商业银行的支付中介职能。

（三）信用创造职能

在信用中介和支付中介的基础上，商业银行又产生了信用创造职能。这一职能是商业银行利用其所吸收的存款发放贷款，在支票流通和转账结算的基础上，贷款又转化为存款，在存款不提取现金或不完全提取现金的前提下，存款的反复贷放会在整个银行体系中形成数倍于最初存款（原始存款）的派生存款。商业银行的信用创造职能有助于形成一个全社会信用货币供应的弹性的信用制度，从而有利于对经济的促进和调控（关于派生存款与信用创造问题将在以后的项目中详述）。

知识链接5-1

商业银行信用创造：推动经济繁荣的关键力量

商业银行通过发放贷款、办理结算、从事投资等活动，利用吸收的存款和资金来源，衍生出更多存款，从而增加货币供应量，支撑市场繁荣。

商业银行的信用创造不仅关乎银行自身，更对金融市场乃至宏观经济有着深远的影响。首先，通过信用量的创造，商业银行将全社会的闲散资金汇聚起来，延长了资金的使用周期，将消费转化为积累，从而在资金有限的情况下，为金融市场注入更多可用资金。其次，商业银行通过创新信用工具，简化了货币交易和资金融通的流程，提高了经济活动的效率。最后，中央银行通过运用信用创造的制约机制，如调整法定准备率、再贴现率和基础货币投放量等，能够有效地调控需求的总量与结构，进而引导宏观经济的稳健运行。

资料来源：九月茉莉.商业银行信用创造：推动经济繁荣的关键力量［EB/OL］.［2025-05-20］.https：//baijiahao.baidu.com/s？id=1832603283512361880&wfr=spider&for=pc.

（四）金融服务职能

这一职能是商业银行发展到现代银行阶段的产物。商业银行利用其联系面广、信息灵通快捷的特点，特别是借助于电子银行业务的发展，在传统的资产业务以外，不断开拓业务领域，广泛开办了一系列的服务性业务，从而使商业银行具有了金融服务职能，如代收代付、咨询、资信调查、充当投资顾问等。不仅如此，商业银行还不断深化和拓展对个人的金融服务业务，个人不仅可以得到商业银行的融资服务，还可以得到咨询等中间性服务。可见，金融服务职能在现代经济社会中已越来越成为商业银行的重要职能。

三、商业银行的组织形式

从一般意义上讲，商业银行的组织形式主要有单一银行制、分支行制、控股公司制和跨国银行制等。

(一) 单一银行制

单一银行制又叫单元制，是指银行业务只由各自独立的银行机构经营而不设立分支机构的银行制度。单一银行制的典型代表是美国。美国曾实行完全的单一银行制，不许银行跨州经营和设立分支机构，但随着经济的发展，地区经济联系加强，加上金融业竞争的加剧，对开设分支机构的限制已有所放松，现在美国已不完全实行单一银行制。

(二) 分支行制

分支行制又叫总分行制，是指在总行之下，可在本地或外地设立若干分支机构的银行制度。这种银行的总行一般都设在一国的首都或金融中心城市，在本国或国外的其他城市设立分支机构。由于分支行制更符合经济发展的客观要求，因而成为当代商业银行的主要组织形式。目前，世界各国一般都采用这一银行制度，尤其以英国、德国、日本等为典型。我国的商业银行绝大部分采取分支行制。

(三) 控股公司制

控股公司制是指由某一集团成立股权公司，再由该公司控制或收购若干银行的组织形式，被收购的银行业务和经营决策统属于股权公司控制。正是因为控股公司回避了开设分支机构的限制问题，所以在美国得到了较好的发展。控股公司有两种类型：一是由非银行的大企业通过控制银行的大部分股权而组建起来的；二是由大银行通过控制小银行的大部分股权而组建起来的。

(四) 跨国银行制

跨国银行制又叫国际财团制，是指由不同国家的大型商业银行合资组建银行财团的一种商业银行组织形式。跨国银行制的商业银行经营国际资金存贷业务，开展大规模投资活动。目前，在世界经济一体化和跨国公司发展的背景下，跨国银行制这种组织形式也日渐增加。

任务二　商业银行业务

商业银行是发展历史悠久、服务功能全面、对社会经济生活有着重大影响的金融企业。其业务一般分为负债业务、资产业务、中间业务和表外业务四大类。

一、负债业务

负债业务是商业银行筹集资金、借以形成资金来源的业务。商业银行的资金来源分为自有资本和外来资金两部分，外来资金又包括存款及借入资金等。负债业务是商业银行资产业务、中间业务和表外业务的基础。

（一）自有资本

自有资本是商业银行自身所拥有的资金，是商业银行所有者的权益，包括实收资本、资本公积、盈余公积和未分配利润。

1.实收资本

实收资本是商业银行投资者实际投入到商业银行经营活动中的各种财产物资，即商业银行所有者对商业银行的原始投入。实收资本反映了资金的属性，表明了商业银行所有者对商业银行应负担的义务和享有的权利。实收资本依据所有者主体不同，可以划分为国家投资、单位投资、个人投资和外商投资等。我国目前实行注册资本制度，要求商业银行的实收资本与注册资本相一致。注册资本是商业银行设立时在市场监督管理部门登记的资本。《中华人民共和国商业银行法》规定，设立全国性商业银行的注册资本最低限额为10亿元人民币；设立城市商业银行的注册资本最低限额为1亿元人民币；设立农村商业银行的注册资本最低限额为5 000万元人民币。注册资本应当是实缴资本。

2.资本公积

资本公积是商业银行在非经营业务中发生的资产增值。其包含一些原本具有资本属性，但不列入实收资本的项目，主要有商业银行在筹集资金中的资本溢价、股本溢价、法定资产重估增值，以及接受捐赠的资产价值等。资本溢价是指商业银行设立时实际收到投资者投入的资金总额超过其注册资本的部分。股本溢价是指股票发行价格超过其面值的部分。有些国家法律规定，商业银行在开始营业时，必须拥有至少等于股金总额20%的资本公积。

3.盈余公积

盈余公积是商业银行按照有关规定，从税后利润中提取的公积金，它既可以用于弥补亏损，又可转增银行资本。商业银行应在税后利润中提取10%作为盈余公积，当盈余公积达到注册资本的50%时可不再提取。

4.未分配利润

未分配利润是商业银行在经过各种形式的利润分配后剩余的利润。这部分利润尚存于商业银行中，是银行增加自有资本的重要方法，特别是对那些难以进入股市筹资的银行。在经济发展缓慢、资金紧张，或所得税税率较高时，商业银行也往往选择这种方法增加自有资本。

自有资本是商业银行可独立运用的最可靠、最稳定的资金来源。虽然自有资本一般只占银行资金来源的极小比重，但它却起着极为重要的作用。它不仅是银行存在和发展的先决条件，而且是客户存款免遭偶然损失的保障，同时，它还是银行正常经营的保障及衡量银行实力的重要标准。

（二）存款

存款是商业银行最主要的资金来源，一般占总资金来源的70%以上，因此吸收存款成为商业银行最重要的负债业务。根据不同的标准，可以将存款划分为不同的种类。通常商业银行的存款按其性质和支取方式划分为活期存款、定期存款和储蓄存款三种类型。

1.活期存款

活期存款是指存款客户可以随时提取和支付的存款。存入这种存款账户的资金主要是用于交易和支付用途的款项。这种存款在支用时，一般使用支票，因而有支票存款之称。企业、个人、政府机关、金融机构都能在银行开立活期存款账户。开立这种存款账户的目的是通过银行进行各种支付结算。由于支付频繁，银行提供服务要付出较高费用，所以一般不对存户支付利息。虽然活期存款时存时取，流动性很强，但存取错综交替之中总会在银行形成一笔相当稳定、数量可观的余额，这是银行用于贷款的重要资金来源。

2.定期存款

定期存款是指事先约定存款期限，到期才能提取的存款，如需提前支取，存户将蒙受利息损失。存入这种存款账户的资金是近期暂时不用和作为价值储存的款项。定期存款存入时，银行一般向存户出具存单，也有采用存折形式的。由于定期存款的期限既定且一般较长，所以银行要给予利息，其利率的高低与期限的长短成正比。20世纪60年代以来，银行为了更广泛地吸收存款，推出了"可转让"的定期存单，这种存单在到期日之前可在货币市场上转让买卖。

3.储蓄存款

储蓄存款主要是针对居民个人积蓄货币和取得利息收入之需而开办的一种存款业务。它可以进一步分为活期储蓄和定期储蓄两类。这种存款通常由银行发给存户存折，以作为存款和取款的凭证，一般不能签发支票，支用时只能提取现金或先转入活期存款账户。储蓄存款定期居多，但无论定期、活期，都支付利息，只是利率高低有区别。

(三) 借入资金

借入资金是商业银行一种持久地增加资金来源的手段。商业银行的借入资金主要包括中央银行借款、银行同业借款、国际货币市场借款、发行金融债券等。

1.中央银行借款

商业银行资金不足时，可以向中央银行借款。一般说来，商业银行向中央银行借款主要的、直接的目的在于缓解资金暂时不足，而非用来牟利。向中央银行借款主要有两种形式：一是再贴现，即商业银行把因办理贴现业务所买进的未到期票据再转卖给中央银行；二是再贷款，即商业银行用自己持有的有价证券作为抵押品向中央银行取得抵押贷款。由于一般只是在必要时商业银行才向中央银行借款，因而通常该项目在商业银行负债中的比重和在中央银行资产中的比重都较小。

2.银行同业借款

银行同业借款主要包括：①同业拆借。同业拆借是商业银行之间的短期资金融通活动。商业银行在每天营业终了或在票据交换结算结束时，总会出现有的银行头寸不足、有的银行头寸多余的情况。为了实现资金平衡、保持资金正常周转，头寸不足的银行就需从头寸多余的银行临时拆入资金并支付利息；而头寸多余的银行也愿意将暂时盈余的资金拆出以取得利息。这样就发生了银行同业拆借活动。同业拆借具有期限短、数额大、利率适中等特点。目前，许多大银行都把拆入资金作为一项经常性的资金来源。

②抵押、质押借款。商业银行在资金紧张、周转不畅等情况下，也通过抵押、质押的方式向其他金融机构取得资金。作为抵押、质押的资产大部分是客户的担保资产。③转贴现借款。当银行资金发生周转困难时，将通过办理贴现买进的未到期票据交给其他商业银行或贴现机构，要求予以转贴现以获取资金。

3.国际货币市场借款

第二次世界大战以后，特别是近二三十年来，商业银行尤其是大的商业银行在国际货币市场上广泛地通过办理定期存款，发行大额定期存单，出售商业票据、银行承兑票据及发行债券等筹集资金。

4.发行金融债券

发行金融债券是指商业银行经批准，通过向社会公众推销债务凭证的方式筹集资金的业务。它通常具有可及时、足额筹集资金且资金的稳定程度较高等特点。

知识链接5-2

借款业务

借款业务是商业银行通过向中央银行、同业机构或金融市场借入资金以补充流动性的负债形式，核心类型包括向中央银行借款、同业借款、市场融资及境外借款。该业务通过再贷款、再贴现、同业拆借、金融债券发行等工具实现短期资金调剂或长期资金筹措，并遵循相应监管约束。

同业借款以拆借市场为主，期限灵活且利率介于存款与贷款之间；向中央银行借款通过再贴现和再贷款调节流动性；市场融资以金融债券发行为核心，需满足资本充足率与盈利要求，规避准备金缴纳但受发行条件限制；境外借款涉及国际金融市场工具，如欧洲美元存单，可规避国内监管但风险较高。商业银行通常综合运用多种借款方式平衡资金需求与管理成本。

资料来源：佚名. 借款业务［EB/OL］.［2025-06-15］. https：//baike.baidu.com/item/%E5%80%9F%E6%AC%BE%E4%B8%9A%E5%8A%A1/12754090？fr=aladdin.

二、资产业务

商业银行的资产业务，是指商业银行将通过负债业务所积聚起来的货币资金加以应用的业务。

(一) 商业银行资产的构成

根据国际通行的银行资产负债表，商业银行资产主要划分为现金资产、贷款、证券投资和固定资产四大类。

1.现金资产

商业银行的现金资产由库存现金、存放中央银行款项、存放同业资金和在途资金等项目组成。现金资产是银行全部资产中最富流动性的部分，是银行随时可用来支付客户现金需要的资产。但现金资产又是资产中的非盈利或微利资产，故各国商业银行都尽可能将其占用量降到必需的最低水平。一般情况下，现金资产占全部资产的比率为12%。

2. 贷款

贷款又称放款，是银行将货币资金的使用权以一定条件为前提转让给客户，并约期偿还的资产运用方式。贷款是商业银行的主要盈利资产业务。国际上商业银行贷款资产占总资产的比率为60%左右。我国商业银行由于目前资产结构比较单一，故贷款占资产的比率高于国际商业银行平均水平。

3. 证券投资

证券投资是指银行购买有价证券的经营行为。证券投资在银行资产中占有重要地位。由于各国法律对商业银行证券投资业务的管制程度不同，证券投资资产占总资产的比重也相差悬殊，低的在10%左右，高的达25%～30%。《中华人民共和国商业银行法》规定，商业银行在中华人民共和国境内不得从事信托投资和证券经营业务，只限于买卖政府债券、金融债券，因此我国商业银行证券资产的比重远远低于国际平均水平。

知识链接5-3

商业银行证券投资策略

商业银行证券投资策略是商业银行为实现风险最小、收益最大化投资经营目标而制定的策略方法。由于不同时期的市场供求情况不一，不同券种的利率高低、风险大小也不一样，各个商业银行的规模大小、资金来源与运用的渠道及结构互不相同，证券投资的策略方法也就不应当千篇一律，而应从不同时期、不同券种、不同银行的实际出发，因时制宜、因券种制宜、因行制宜地采用不同的策略方法。

当经济快速发展、贷款需求增大、利率将要上升时，证券价格将会下降，应在利率上升前卖出证券；而当经济增长达到高点、贷款需求收缩、利率将要下跌时，证券价格将会上升，应在利率下跌之前买进证券。国库券、地方政府债券的利率较低，但风险小，流通性较强，且享有免税待遇，故其实际收益稳定、可靠，收益率也很可观；企业债券的利率较高，但风险较大，流通性较差，且其利息收入还需交纳所得税，故其实际收益率有可能会低于名义收益率。对于上述各种不同的券种，大银行的信息灵通、资金雄厚、转让渠道多，其投资渠道和券种可以多种多样；而中小银行的信息来源、资金实力、转让渠道均不如大银行，其投资渠道和券种均应首先投向国库券、地方债券，其他债券则应尽可能少介入。对于风险不变、收益变动的券种，应当卖出收益减少的券种，增持收益增加的券种；对于收益不变、风险变动的券种，应当减少风险加大的投资，增加风险减弱的投资；对于风险和收益同时变动的券种，应当增持收益增长快于风险增长的项目，减持风险减少慢于收益减少的项目。

资料来源：佚名. 商业银行证券投资策略［EB/OL］.［2025-06-15］. https：//baike.baidu.com/item/% E5%95%86%E4%B8%9A% E9%93%B6%E8%A1%8C% E8%AF% 81%E5%88%B8%E6%8A%95%E8%B5%84%E7%AD%96%E7%95%A5/22587462？ fr=aladdin.

4. 固定资产

固定资产是商业银行拥有的房地产和设备。一般来说，各国商业银行的自用固定资产占银行全部资产的比率为0.5%～2%。一些国家的法律允许商业银行从事房地产经营和其他固定资产投资，其固定资产占总资产的比率可达4%～15%。《中华人民共和国商业银行法》明确规定，商业银行不得投资于非自用不动产。因此我国商业银行固定资产占总资产的比率为0.3%~0.8%。

在商业银行资产中，贷款和投资是盈利性资产，并占有绝对比重，构成商业银行的主要资产业务。

（二）贷款业务

贷款是商业银行最重要的资产业务，是商业银行经营利润的主要来源。

1.贷款的种类

贷款业务的种类很多，从不同角度可划分为下列不同类型：

（1）按贷款是否有担保来划分，分为信用贷款、担保贷款和票据贴现。信用贷款是指以借款人的信誉发放的贷款。这种贷款的风险很大，因此，除了对一些资信特别好、资金实力雄厚的客户外，一般不对其他客户发放。担保贷款，包括保证贷款、抵押贷款和质押贷款。保证贷款，是指以第三人身份承诺在借款人不能偿还贷款时，按约定承担一般保证责任或者连带责任而发放的贷款。抵押贷款，是指以借款人或第三人的财产作为抵押物发放的贷款。质押贷款，是指以借款人或第三人的动产或权利作为质押物发放的贷款。作为抵押物和质押物的资产必须是能够在市场上出售的。如果贷款到期借款人不愿偿还，银行可以取消抵押物和质押物的赎回权并将其处理。票据贴现指客户持未到期的商业票据向银行提前融通资金的行为。贴现业务是一种特殊的贷款。它和普通贷款相比，虽都是资金运用并收取利息，但毕竟有许多不同之处。第一，普通贷款是到期以后收取利息，贴现则是在贴现业务发生时从票面额中预扣利息；第二，普通贷款期限较长，且常有转期情况，而贴现的票据期限一般较短，通常都是3个月到期，最长不会超过1年，到期即可收回；第三，普通贷款的申请人即为银行的直接债务人，而贴现的申请人并非银行的直接债务人，票据的出票人、承兑人和背书人均应对票面款项负责；第四，普通贷款利率要略高于贴现率，这是因为贴现业务发生时，银行要按票据面额预扣利息将余额付给客户，银行的实际付款额要低于票面额，所以，贴现利率要低于普通贷款利率。

知识链接5-4

抵押和质押的区别

抵押贷款与质押贷款虽然在本质上都属于物权担保贷款，但毕竟是性质不同的两种担保贷款方式，抵押和质押的主要区别如下：

（1）质权的标的物与抵押权的标的物范围不同。质权的标的物为动产和财产权利，动产质押形成的质权为典型质权。抵押权的标的物可以是动产和不动产，以不动产为常见。

（2）标的物的占有权是否发生转移。抵押权的设立不转移抵押标的物的占有，而质权的设立必须转移质押标的物的占有。这是质押与抵押最重要的区别。

（3）对标的物的保管义务不同。抵押权的设立不交付抵押物的占有，因而抵押权人没有保管标的物的义务，而在质押的场合，质权人对质押物则负有善良保管人的注意义务。

（4）受偿顺序不同。在质权设立的情况下，一物只能设立一个质权，因而没有受偿的顺序问题。而在抵押权设立的情况下，一物可设数个抵押权，当数个抵押权并存时，有受偿的先后顺序之分。

资料来源：刘金波. 银行经营管理［M］. 北京：中国金融出版社，2012.

（2）按贷款期限是否既定划分，分为定期贷款和活期贷款。①定期贷款是指银行与借款人事先约定偿还期，到期须偿还的贷款。定期贷款按期限的长短，又可分为短期贷款、中期贷款和长期贷款。短期贷款，系指贷款期限在1年以内（含1年）的贷款；中期贷款，系指贷款期限在1年以上（不含1年）5年以下（含5年）的贷款；长期贷款，系指贷款期限在5年以上（不含5年）的贷款。②活期贷款又称通知贷款，是指商业银行与借款人事先并不约定偿还期，借款人可以随时偿还，商业银行也可随时通知借款人还款的贷款。

（3）按还款方式划分，分为一次性偿还的贷款和分期偿还的贷款。①一次性偿还的贷款是在贷款到期时一次偿还本金，但利息则根据约定，或在整个贷款期间分期支付，或在贷款到期时一次支付。②分期偿还的贷款是按年、按季、按月以相等或不等的金额还本付息。

（4）按风险程度划分，分为正常贷款、关注贷款、次级贷款、可疑贷款和损失贷款。正常贷款指借款人能够履行合同，没有足够理由怀疑贷款本息不能按时足额偿还的贷款。关注贷款指尽管借款人目前有能力偿还贷款本息，但存在一些可能对偿还产生不利影响因素的贷款。次级贷款指借款人的还款能力出现明显问题，完全依靠其正常营业收入已无法足额偿还贷款本息，即使执行担保，也可能会造成一定损失的贷款。可疑贷款指借款人无法足额偿还贷款本息，即使执行担保，也肯定要造成较大损失的贷款，即贷款肯定要发生一定的损失，只是因为存在借款人重组、兼并、合并、抵押物处理和未决诉讼等待定因素，损失金额还不能确定。损失贷款指在采取所有可能的措施或一切必要的法律程序之后，本息仍然无法收回，或只能收回极少部分的贷款，即贷款大部分或全部发生损失。

正常、关注贷款通称为正常贷款，次级、可疑、损失贷款通称为不良贷款。

2.贷款业务的一般过程

贷款业务的一般过程如图5-1所示。

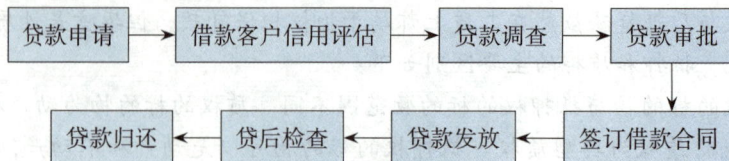

图5-1　贷款业务流程图

第一步，贷款申请。借款客户必须填写包含借款用途、偿还能力、还款方式等主要内容的贷款申请书，并提供有关资料。

第二步，对借款客户的信用等级评估。商业银行应当根据申请借款客户的领导者素质、经济实力、资金结构、经营效益和发展前景等因素，评定借款客户的信用等级。信用等级高的企业，优先取得贷款；信用等级低的企业，应当限制贷款。评级可以由商业银行独立进行，内部掌握，也可由主管部门批准的机构进行。

第三步，贷款调查。商业银行受理借款客户的申请后，应当对借款客户的信用等级以及借款的合法性、安全性、盈利性等情况进行调查，核实抵押物、质押物、保证人情况，测定贷款的风险度。

第四步，贷款审批。商业银行应当按照审贷分离、分级审批的贷款管理制度进行贷款的审批。审查人员应当对调查人员提供的情况资料进行核实、评定，复测贷款风险度，提出贷款意见，按规定权限报有权审批人员批准。

第五步，签订借款合同。商业银行发放的所有贷款，都应当与借款客户签订借款合同。借款合同应当约定贷款种类、贷款用途、金额、利率、还款期限、还款方式、违约责任和双方认为需要约定的其他事项。保证贷款则还应当由保证人与贷款银行签订保证合同或保证人在借款合同上写明并签名盖章。抵押贷款、质押贷款应当由抵押人、出质人与贷款银行签订抵押合同、质押合同，并依法办理登记。

第六步，贷款发放。商业银行要按借款合同规定按期发放贷款，如商业银行没按合同规定按期发放贷款，则要偿付违约金。

第七步，贷后检查。贷款发放后，商业银行应当对借款客户执行借款合同情况及其资信情况进行追踪调查和检查。

第八步，贷款归还。借款客户应当按照借款合同规定按时足额归还贷款本息。借款客户不按合同规定归还贷款的，应当承担违约责任，并加付利息，任何单位和个人不得干涉。如果借款客户提前归还贷款，则应当与贷款银行协商一致确定。

（三）证券投资业务

投资与贷款相比，具有较强的主动性、独立性，而且由于投资证券的流动性较强，即变现能力较强，加上购买证券时，银行不是唯一债权人，所以风险较小。

商业银行投资的目的主要是增加收益和提高资产流动性，因此，证券投资的主要对象是信用可靠、风险较小、流动性较强的政府及所属机构的证券，如公债、国库券等。此外，一些财力雄厚、信誉较高的公司债券，也是商业银行投资的对象。银行投资于债券，一方面，为其暂时多余的资金找到投放途径，从而取得收益；另一方面，需要资金时又可在证券市场上迅速售出变现，其调度资金的灵活性优于贷款。

伴随着20世纪80年代金融自由化趋势和金融业国际国内竞争的加剧，金融混业经营已形成大趋势，相应地，各国对商业银行投资的限制也在开始放松、放开。

三、中间业务

中间业务是指商业银行不需动用自己的资金，代理客户承办支付和其他委托事项而收取手续费的业务。由于办理这些业务既不形成银行的负债，也不形成银行的资产，从债权债务关系的角度讲是中性的，故称中间业务，也称无风险业务。中间业务主要有以下内容：

（一）结算业务

结算业务是指各经济单位之间因商品交易、劳务供应、资金转移等原因所引起的货币收付行为。按结算方式的不同，可以分为同城结算与异地结算两种。

1.同城结算

同城结算是指收款人与付款人在同一城市或地区的结算，主要通过支票进行结算，如收付双方不在同一银行开户，则结算要通过票据交换所进行。票据交换所是银行同业间为提高支票结算效率而设立的机构，而现在一种更先进的系统是票据交换的自动转账系统，结算速度更快。

2.异地结算

异地结算是指收款人与付款人不在同一地区的结算。异地结算有汇兑、托收和信用证结算三种方式。汇兑是指汇款人委托银行将款项汇给外地收款人的一种结算方式，分为电汇和信汇两种。托收是由收款人先行发货或先行提供劳务、供应服务，然后再由收款人提供收款的依据，委托银行向付款人收取各种款项的代收性质的结算业务。信用证结算是银行向卖方做出付款保证的支付方式，可以解决买卖双方互不信任的矛盾。

（二）代理业务

代理业务是指商业银行在客户指定的委托范围内代客户办理某些特定业务的一种中间业务。目前，我国商业银行所开展的代理业务主要有代理收付款、代为清理债权债务、代理保管等。

1.代理收付款业务

代理收付款业务是指银行为客户代为办理指定项目的收付款事宜。其可分为代收业务和代付业务。代收包括代收货款、管理费及水、电、煤气费等；代付包括代付货款、运费、租金、保费等。

2.代为清理债权债务业务

代为清理债权债务可分为代理清理"人欠"货款、代理清理"欠人"货款、代理融资三项业务。前两项比较简单，代理融资是指商业银行或专业的代理融通公司代客户收取应收款项，并向客户提供资金融通的一种业务方式。

3.代理保管业务

代理保管即保管箱业务，是指金融信托机构设置保管库，接受单位或个人的委托，代为保管各种贵重物品或单证的业务。它又可分为露封代保管、密封代保管、保管箱出租三种方式。

（三）信用卡业务

信用卡是银行发放消费信贷的一种工具。发卡银行为消费者提供"先消费、后付款"的便利，并允许一定的善意透支。消费者在商店购买物品或接受服务以后，由计算机系统提供清算，银行汇总向顾客收款。现在特约商号一般都通过销售终端机（POS）与发卡单位联网，持卡人购物或消费后，货款将自动从持卡人的账户中转入特约商号的账户中。这样，大大方便了消费者，也减少了现金在流通中的数量。

除信用卡之外，还有其他银行卡，如方便转账的记账卡、自动办理提款和转账业务的自动出纳机卡等，依据电子资料处理系统，使顾客得到最大限度的方便。

此外，商业银行还开办租赁、信托、咨询等中间业务。

四、表外业务

表外业务有两种定义：广义的表外业务是指商业银行经营的所有不在资产负债表中反映的业务，包括中间业务；狭义的表外业务是指对银行的资产负债表没有直接影响，但却能够为银行带来额外收益，同时也使银行承受额外风险的经营业务。目前商业银行狭义的表外业务有以下几类：

（一）贸易融通类业务

贸易融通类业务主要有银行承兑业务与商业信用证业务。

1.银行承兑业务

银行承兑业务是由银行为客户开出的商业汇票提供承兑服务，即承诺兑付，经银行承兑后的票据，可贴现流通。汇票到期后，承兑银行成为票据的第一支付人，承兑行付款后再向客户收取款项。银行提供承兑业务可获得收入，但其同时也必须承担客户的信用风险，一旦客户支付困难，银行将无法收回已支付的款项。

2.商业信用证业务

商业信用证是在国际贸易中由银行开出的一种支付保证书，是结算业务的一种。银行从事的商业信用证业务是银行担保业务的一种类型，主要发生在国际贸易结算中。商业信用证业务是一种重要的表外业务。在该业务中，银行以自身的信誉为进出口商之间的业务活动做担保。银行在开立信用证时，往往要求开证申请人（进口商）交足一定比例的押金，一般说来不会大量占用银行自有资金，但可以收取手续费，是银行获取收益的一条重要途径；同时，进口商所交纳的押金在降低信用证风险的同时也为银行提供了一定量的流动资金来源。

（二）金融保证类业务

金融保证类业务主要由备用信用证、贷款承诺、票据发行便利、保函以及资产证券化等业务构成。

1.备用信用证业务

备用信用证是银行应客户要求为其开立的信用保证书，属于一种信用担保。客户与其受益人达成某种协议，表明客户对受益人负有偿付义务，客户为确保自己的信誉，可要求银行为其开立备用信用证，保证客户无力支付时，由银行代客户向受益人进行偿付，银行为此支付的款项变成了向客户的贷款。银行开立备用信用证，提高了客户的信誉，银行据此可收取手续费。备用信用证与商业信用证的不同之处在于：商业信用证业务中银行承担的是第一支付人的责任；而在备用信用证业务中，银行只承担支付的连带责任，只有在客户无法履行支付义务时，才由银行代为支付。

2.贷款承诺业务

贷款承诺是指银行与借款客户达成的一种具有法律约束力的正式契约，银行将在正式的有效期内，按照双方约定的金额、利率，随时准备应客户的要求提供贷款。银行提供这种承诺的同时，要按一定比例向客户收取承诺费，即使在规定期限内客户并未申请贷款，也需交纳承诺费。

3.票据发行便利业务

票据发行便利是指银行承诺帮助工商企业或政府发放短期票据融资，售不出去的部分将全部由银行按事先约定的价格买下。银行赚取承诺费，但同时承担流动性风险和信贷风险。

4.保函业务

保函业务是一种较简单的担保业务，银行为客户的融资或其他活动出具保函，提供信用担保，并收取担保费，一旦客户到期不能履约支付，银行负有连带支付责任。

拓展阅读5-2

生活中的
资产证券化

5.资产证券化业务

资产证券化业务又称贷款销售，是指银行可将贷款以证券方式转售给第三方，以提高资产的流动性，银行也可为"售出后贷款"提供收取本息的服务。

此外，金融衍生工具交易业务近年来越来越成为重要的表外业务。

任务三　商业银行的经营管理

微课5-2

银行既是信用
的产物，也是
信心的象征

一、商业银行的经营管理原则

根据《中华人民共和国商业银行法》的要求和商业银行业务经营的特点，商业银行在业务经营活动中必须贯彻盈利性、安全性和流动性原则。

（一）盈利性原则

盈利性原则，是指商业银行要以实现利润最大化为经营目标。获取利润是商业银行经营的最终目标，商业银行的一切经营活动，包括设立分支机构、开发新的金融产品、提供何种金融服务、建立什么样的资产组合等均要服从这一目标，这是由商业银行的企业性质决定的。坚持盈利性原则，对于提高信贷资金运用效率、扩大银行业务范围、加强银行经营管理、改善银行服务质量，具有重要意义。

（二）安全性原则

安全性原则，是指商业银行要避免经营风险，保证资金安全。银行业是一个高风险的行业，如果管理者对此重视不够、处理不善，轻者造成巨大损失，重者会导致银行破产倒闭。因此，安全性原则是商业银行经营必须遵循的重要原则。

（三）流动性原则

流动性原则，是指商业银行要保证能够满足客户随时提取存款的需求。商业银行的流动性包括资产的流动性和负债的流动性两个方面。资产的流动性，是指资产在价值不受损失的条件下具有迅速变现的能力。负债的流动性，是指银行以较低的成本随时获取资金的能力。

商业银行在经营活动中必须遵循这三项基本原则，然而它们之间却又存在一定的矛盾。安全性原则要求商业银行扩大现金资产，减少高风险、高盈利资产；盈利性原则则要求商业银行尽可能减少现金资产，扩大高盈利资产。如何协调这一矛盾呢？大多数银行家认为，正确的做法应当是：在对资金来源和资产规模以及各种资产的风险、收益、流动性进行全面预测和权衡的基础上，首先考虑安全性，在保证安全的前提下，争取最大的利润。解决安全性和盈利性的矛盾，实现安全性和盈利性统一的最好选择就是提高银行经营的流动性。因此，商业银行必须从资产和负债两个方面加强管理。

微课 5-3

信用的丧失使
英国巴林银行
倒闭

二、资产负债管理理论及方法

（一）资产负债管理理论的形成与发展

商业银行自产生以来，其经营管理理论随着经济、金融环境的变化而不断演变，大致经历了资产管理理论、负债管理理论和资产负债综合管理理论三个阶段。

1.资产管理理论

资产管理理论是最早出现的系统指导银行管理的重要理论，在20世纪60年代以前一直盛行。该理论认为商业银行的利润主要来源于资产业务，银行能够主动加以管理的也是资产业务，而负债主要反映客户的意愿，银行处于被动地位。因此，银行经营管理的重点是资产业务，要致力于通过资产结构的合理安排，求得安全性、流动性和盈利性的协调统一。

2.负债管理理论

20世纪60年代，金融市场迅速发展，一种全新的银行经营管理理论开始在银行业逐渐兴起，这就是负债管理理论。该理论认为，银行对于负债并非完全被动、无能为力，而是完全能够也应该采取主动，可以主动到市场争取资金、扩大负债，有了更多的负债，才能有更多的资产获利。

3.资产负债综合管理理论

20世纪70年代中期起，由于市场利率大幅度上升、电脑技术快速发展，更高层次的系统管理——资产负债综合管理理论随之产生，并在今天的银行业中占据了支配地位。资产负债综合管理不像资产管理或负债管理那样，将经营管理的重点放在资产方或负债方。资产负债综合管理所追求的目标是财富极大化，或者说预期净值的极大化。由于银行的净值是其资产与负债的差额，因此资产负债综合管理必须兼顾银行的资产与负债结构，强调资产与负债两者之间的整体规划与搭配协调，通过资产结构与负债结构的共同调整和资产、负债两方面的统一协调管理，保持资金的高度流动性，从而在市场利率波动的情况下，实现利润最大化的经营目标。这就是资产负债综合管理理论的主要思想。

（二）资产负债综合管理理论的要点

资产负债综合管理理论的要点在于资产与负债结构是否合理，这可从以下四个方面反映出来：

1.资产与负债的期限结构状况对银行资金的流动性有直接影响

倘若银行的资金来源是长期的，资金运用是短期的，则银行的资金流动性必然较高，但这会对银行的收益有不利的影响；若银行的资金来源多是短期的，而资金运用多为长期的，则银行的资金流动性必然较差，容易导致流动性风险的发生。

2.资产与负债的总量结构状况对银行的利率管理效果有直接影响

在利率波动频繁的情况下，银行随时要对其资产负债的总量结构进行调整。如果银行的负债总额过大，在市场利率大幅度下降的情况下，就可能会遭受利率风险；如果银行的资产总额过大，则当市场利率大幅度提高时，也会遭受利率风险。

3.资产与负债的内部结构是否合理对银行的资本管理效率有重要影响

根据20世纪70年代中期实行的资本管理模式的要求，资产可按其风险不同分为六类，每类资产都有不同的资本比率要求，资产风险越小，资本比率要求越低；反之，则相反。从负债方面看，长期借入资金可当作银行资本的一部分，而存款则不论其期限多长，都不能当作银行资本。

4.资产收益与负债成本是否协调对银行的利润最大化目标能否实现有直接影响

单位资产收益与单位负债成本的差额是决定银行利润的要素，也是综合反映银行经营管理水平的主要指标。如果银行的综合经营管理水平较高，则单位资产收益会大于单位负债成本；如果银行的综合经营管理水平较低，则可能使单位资产收益小于单位负债成本，使银行亏损。

（三）资产负债综合管理的主要方法

1.缺口管理法

资产负债综合管理强调的是利率风险管理，最终目的是获得稳定的利差收益。利率风险，是指当利率变化时银行收益变化的可能性。缺口指的是一家银行所持有的可变利率资产超过可变利率负债的额度。对缺口的决策有三种模型，如图5-2所示。

A.零缺口

浮动利率资产	浮动利率负债
固定利率资产	固定利率负债

B.正缺口

浮动利率资产	浮动利率负债
固定利率资产	固定利率负债

C.负缺口

浮动利率资产	浮动利率负债
固定利率资产	固定利率负债

图5-2　缺口管理法

从图5-2中我们可以看出，三种经营模式的主要区别在于对各类资产和负债所持有的比例不同，因而带来不同的结果：

第一，零缺口模型意味着账面收支相抵，在计划内收益的变动最小，因为无论利率是升是降，风险将由不同种类的资产和负债分别承担、相互抵消。但零缺口未必可以消除利率风险，因贷款利率可能由于管理上的原因慢于市场利率变动，当市场利率上升时，零缺口模型将阻碍银行的利润增长。

第二，正缺口模型是指浮动利率资产与固定利率负债的比例相对较大，这在利率上升的时候，对银行的好处是显而易见的：资产收益因利率上升而增加较多，而负债成本却增加有限。

第三，负缺口模型与正缺口模型刚好相反，银行持有的浮动利率负债与固定利率资产的比重较大。这种模型适用于预期利率将下降的时候，有助于减轻银行的利息负担。

根据利率的变化调整资产负债结构，这是采用缺口管理的积极方式。缺口的正负、大小与准确的利率预测紧密相关，因此预测利率一定要力求准确。在一个完整的利率周期里，如能准确把握利率的动态过程并不失时机地制定战略，将会使银行的利差收益放大。

2.比例管理法

资产负债比例管理，是指通过一系列指标体系约束银行的资金运用，以确保银行资金的安全性、流动性、盈利性三者均衡与协调，从而使银行能够做到稳健经营的一种管理方法。这种管理方法所定的比例指标体系一般分为四大类：一类是流动性指标，如存贷比例、备付金比例、同业拆借比例、中长期贷款比例等；二类是安全性指标，如抵押、担保贷款比例，资本充足率比例，单项贷款比例等；三类是盈利性指标，如资金利润率、贷款收息率等；四类是业务发展指标，如盈利资产增长率、存款增长率等。

在上述两种资产负债管理方法中，资产负债比例管理方法有鲜明的量的限度和结构规定，因而具有较强的可操作性，受到各国商业银行的广泛欢迎。1994年，中国人民银行下发了《关于对商业银行实行资产负债比例管理的通知》（银发〔1994〕38号），规定了商业银行实行资产负债比例管理的暂行监管指标。从1998年开始，国有商业银行指令性贷款规模取消，我国商业银行开始实行全面的资产负债比例管理。我国商业银行资产负债比例管理主要由以下指标组成：

资产负债管理指标体系是中国人民银行对商业银行的资金使用实行资产负债比例管理制度中规定的指标体系。其主要比例有：①资本充足率指标。资本总额月末平均余额与加权风险资产平均余额的比例不得低于8%。核心资本月末平均余额与加权风险月末平均余额不得低于4%，附属资本不能超过核心资本的100%。②存贷比例指标。对实行余额考核的商业银行，各项贷款旬末平均余额与各项存款旬末平均余额的比例不得超过75%；对实行增量考核的商业银行，各项贷款旬末平均增加额与各项存款旬末平均增加额的比例不得超过75%。③资产流动性比例指标。流动性资产旬末平均余额与流动性负债旬末平均余额的比例不得低于25%。④单一贷款比例指标。对同一借款客户的贷款余额与银行资本余额的比例不得超过10%；对最大十家客户发放的贷款总额与各项资本总额的比例不得超过50%。⑤备付金比例。在人民银行，备付金存款和库存现金与各项存款之比不得低于5%。此外，还规定有拆借资金比例、对股东贷款比例、中长期贷款比例、贷款质量指标，详见表5-1。

货币银行学

表5-1　　　　　　　　　**资产负债比例管理监控指标体系**

指标		《关于对商业银行实行资产负债比例管理的通知》
资本充足性	资本充足率指标	资本充足率≥8% 核心资本充足率≥4%
流动性	存贷款比例指标	存贷款比例≤75%
	中长期贷款比例指标	中长期贷款比例≤120%
	资产流动性比例指标	资产流动性比例≥25%
	备付金比例指标	备付金率≥5%
	拆借资金比例指标	拆入资金比例≤4% 拆出资金比例≤8%
	股东贷款比例指标	对股东贷款比例≤100%
安全性	贷款质量指标	逾期贷款比例≤8% 呆滞贷款比例≤5% 呆账贷款比例≤2%
	单个贷款比例指标	单个贷款比例≤15%

资料来源：根据《关于对商业银行实行资产负债比例管理的通知》（银发〔1994〕38号）整理。

知识链接5-5

我国银行分业经营与混业经营的选择

随着金融业的不断发展，国际上对分业和混业经营模式进行不断修正，现阶段发达市场经济国家多采用混业经营模式。混业经营有两种基本形式：一是在一家银行内同时开展信贷中介、投资、信托、保险等业务；二是以金融控股公司的形式把分别独立经营金融业务的公司连接在一起。

在改革开放之前，我国是分业经营。改革开放之后，四家国有商业银行纷纷成立自己的信托投资公司、证券营业部，开始经营证券、信托等业务。然而我国银行在这期间的"混业经营"与发达市场经济国家中的银行所实施的混业经营也有着重大的原则性区别：典型的混业经营，在一家银行内的不同大类银行业务之间，在人事、资金方面均实行独立的管理，特别是决策各有其严格的程序。而在我国银行里，资金调度和经营决策并不独立。在实践中，这种情况给金融业带来一定程度的混乱。于是，我国于1995年颁布的《中华人民共和国商业银行法》确立了严格的分业经营原则。

我国实行分业经营，是符合我国商业银行业的发展和管理水平的，但弊端也是存在的。分业经营导致资源不能合理优化配置，金融创新受到抑制，在全球经济金融一体化的趋势下竞争压力不断增大。目前，随着经济的发展和金融改革的深化，分业经营与混业经营的界限不断模糊化。现实生活中，在现行政策法令允许的范围内，商业银行正充分利用广泛的机构网点、资金、信息、清算效率和客户基础优势，积极拓展与资本市场有关的中间业务，并不断加强与证券业和保险业的合作，扩大业务范围，从而促进自身进一步发展。

资料来源：多恩布什R，费希尔S，斯塔兹R. 宏观经济学［M］. 范家骧，等译. 北京：中国人民大学出版社，2000.

三、商业银行的其他管理

（一）资本管理

商业银行资本是其股东为赚取利润而投入的资本和保留在银行中的收益。过高或过低的资本量对银行经营管理都不利。资本量太小，首先，会影响银行信誉，稍有不慎即易引发客户的挤兑危机，危及银行生存；其次，银行只能采取保守的经营战略，如必须多保持高流动性、低收益的资产以规避风险，不利于同业竞争和争夺市场份额。资本量太大，由于增加资本的成本高于借入负债，不利于发挥财务杠杆的边际效应；而且对于银行股东来说，资本数额过高，每股税后平均收益必然降低，从而损害股东的利益。

因此，商业银行资本管理的主要任务是确立资本的结构与资本的适度水平。目前，在国际上比较具有权威性的、受到各国认同并共同遵守的标准就是《巴塞尔协议》。

《巴塞尔协议》于1988年7月达成，该协议以资本充足率或资本适宜度来衡量一家银行的资本与资产负债规模是否相适应。具体包括三方面内容：

（1）资本及构成。银行资本划分为两大类：核心资本和附属资本。核心资本是银行资本中最重要的组成部分，由实收资本（包括股本、非累计优先股）和公开储备（如股本溢价、保留利润、普通准备金和法定准备金的增值等）构成。附属资本由未公开储备、资产重估储备、普通准备金或普通贷款损失准备、混合资本工具和次级长期债务资本构成。

（2）风险资产权数的规定。该协议对风险的阐述分三部分：一是资产负债表表内不同种类资产的风险；二是资产负债表表外项目的风险；三是国家风险。资产风险的计算采取加权的方法，并根据各类资产的相对风险进行考虑而计算出的风险加权比率（即风险权数）来衡量各类资产风险度。

拓展阅读5-3

《巴塞尔协议》：银行监管的稳健性原则

（3）标准化比率。该协议要求各国商业银行都应统一标准计算资本与风险资产的比率，全部资本对风险加权资产的比率至少为8%，其中核心资本与风险加权资产的比率至少为4%。

（二）财务管理

财务管理作为现代商业银行经营管理的核心，是对银行资金筹集、运作、分配及与之相关的成本、费用、质量、收益等指标进行计划、组织、调节和控制等工作的总称。商业银行财务管理的目标是在注重稳健经营和提高资产质量基础上实现利润最大化。

商业银行财务管理涉及银行的每一项价值运动，是与商业银行业务管理紧密相关的，因此，认识银行财务管理的内容应该与银行业务管理相结合，具体包括财务预算管理、筹资管理（资本金和负债管理）、资产管理（盈利资产和非盈利资产管理）、成本管理（筹资成本和业务费用的管理）、利润和利润分配管理（股利管理）、财务报告与财务评价等方面的内容。

(三)内部控制

商业银行的内部控制是商业银行在经营过程中,为实现经营目标,防范风险,保证资产安全、会计数据准确真实,而对内部机构、职能部门及工作人员的经营活动和业务行为进行规范、控制、牵制而采取的相应方法、措施和手段。

随着经济的发展,银行间竞争日益加剧,作为经营货币资金这个特殊行业的商业银行更加注重确保资金的安全、金融资产的完整,而金融风险的不断加大且更加复杂化,也促使银行对自身的内部控制日益重视。从商业银行经营管理的实践看,有效的内部控制既能从管理层次上围绕既定目标降低经营风险,又能从操作层次上查错防弊、堵塞漏洞。因此,实施内部控制,使其成为风险防范的第一道屏障已成为商业银行的重要管理内容。

(四)风险管理

商业银行风险是指在商业银行经营过程中由于各种不确定因素的存在,而使银行蒙受经济损失的可能性。银行风险是金融业务中一种客观存在的必然现象,所以,银行业务从头至尾都是一种风险经营和风险管理的过程。风险管理的内容包括资产负债风险管理、信贷风险管理、投资风险管理和外汇交易风险管理。此外,风险管理还包括防范银行欺诈、盗窃、洗黑钱以及各类计算机犯罪等。风险管理是商业银行管理的重要工作。

(五)人力资源管理

商业银行人力资源管理,是对商业银行人力资源的取得、培训、保持和利用等方面所进行的计划、组织、指挥和控制的活动。它是在兼顾银行员工、银行以及社会三方面利益的基础上,为获得必要数量和质量的人才,并充分发挥其潜能而设计的一整套业务。当前,经济的发展速度是突飞猛进的,市场竞争的焦点已经由过去对资源、资金的竞争转为对人才的竞争。因此,银行的人力资源管理是否成功,关系银行经营的成败。对于一家商业银行来说,有一批高素质的人才,是其得以在竞争中立于不败之地的重要保证之一。

现代商业银行业的稳健迅猛发展,迫切需要以下几种类型的人才:现代商业银行的中枢——改革创新的决策型人才;现代商业银行的中坚力量——奋力开拓的经营管理型人才;商业银行发展的开路先锋——面向未来的科技型人才;商业银行的基本力量——熟练精干的实务型人才;适应市场发展的复合型人才。

(六)信息管理

进入信息时代,银行信息在银行的经营决策、管理行为中起着越来越大的作用,对银行信息的管理,也就成为商业银行经营管理的重要内容。银行信息,是指与银行经营活动有关的,反映客观经济事物特征的,经过加工整理的信息、数据、知识的总称。例如,关于金融市场的价格涨跌、供求状况、货币的投放与回笼情况,对外贸易现状,其他银行的业务情报,最新的经济政策及最新经营管理理论等,都在银行信息的范畴之内。

获得信息的途径很多,银行部门可通过其信息网加强系统内外联系。银行信息的传递可以通过各种公文和刊物,或是通过电报、电话与计算机网络系统进行。为了开展各项银行业务，银行也会主动调查搜集相关信息，如召开专题会议、特约调查、抽样调查等。

信息反馈是信息管理的重要环节，各项任务、指令发出后所产生的实际效果应及时返回决策层，以便决策层不断地修订、改善原来的计划和检查任务的完成情况。

银行信息的交流功能、预测功能和咨询功能决定了它在现代银行管理中的重要地位。随着先进的科学技术的使用，各国银行的经济信息网络无不向着更科学、更完善的方向发展。

金融视窗

构建现代化绿色金融体系 赋能高质量发展新征程

2024年是"十四五"规划关键之年，中共中央、国务院相继发布《关于全面推进美丽中国建设的意见》《关于加快经济社会发展全面绿色转型的意见》，将绿色金融纳入生态文明建设布局。央行、国家金融监督管理总局等积极推动绿色金融发展。本文梳理2024年度绿色金融核心政策。

一、顶层设计，搭建绿色金融框架

（一）党中央指引绿色发展

2024年1月，中共中央政治局强调绿色发展是高质量发展底色，新质生产力本质为绿色生产力，要优化绿色经济政策，发挥绿色金融牵引作用。同月，《关于全面推进美丽中国建设的意见》发布，设三阶段目标，部署七项任务，要求大力发展绿色金融，支持企业发债，探索金融支持模式。

（二）深化改革部署金融体制

2024年7月，党的二十届三中全会将绿色金融纳入"五篇大文章"，要求深化金融体制改革，增强服务重大战略能力。8月，《关于加快经济社会发展全面绿色转型的意见》提出丰富绿色转型金融工具，延长碳减排支持工具，研究转型金融标准。

二、行业政策，推进绿色金融实践

（一）金融行业专项指导

国家金融监督管理总局发文，聚焦"双碳"，要求银行保险机构支持节能降碳等领域，创新绿色金融产品，完善风险防控体系。

（二）产业目录更新

国家发展改革委等发布《绿色低碳转型产业指导目录（2024年版）》，优化分类，涵盖多领域，为产业政策与金融资源配置提供指引。

三、协同创新，构建多元政策体系

（一）多部门联合施策

央行等七部门明确2025年发展目标与2035年远景展望，从多维度深化部署，加大重点领域信贷支持，强化资本市场绿色融资。

（二）美丽中国专项行动

央行等四部门提出19项举措，聚焦重点领域支持、产品创新等，构建绿色金融服务网络。

（三）数字金融融合发展

央行等七部门印发方案，明确数字金融发展目标，提出依托数据创新绿色金融产品，推动金融科技与绿色金融融合。

四、专项突破，助力重点行业转型

（一）绿色保险制度建设

国家金融监督管理总局提出 24 条举措，部署绿色保险重点领域保障等工作，助力碳达峰、碳中和。

（二）新型工业化金融支持

国家金融监督管理总局等要求强化对新兴工业领域金融服务，支持工业绿色转型。

（三）乡村振兴专项行动

央行等五部门开展专项行动，支持乡村产业与建设，加大农村生态建设金融支持。

五、监管保障，夯实绿色金融根基

（一）信贷制度优化

国家金融监督管理总局修订信贷制度，拓宽贷款用途，调整支付标准，提升信贷管理能力。

（二）合规管理体系建设

国家金融监督管理总局指导金融机构建立合规管理体系，培育合规文化，保障绿色金融稳健发展。

六、发展成效，绿色金融量质齐升

（一）绿色信贷规模扩大

央行数据显示，2024 年末本外币绿色贷款余额 36.6 万亿元，同比增长 21.7%，新增 6.52 万亿元，碳减排贷款占比 67.5%。

（二）绿色债券市场稳健

中债数据统计，2024 年境内发行绿色债券 477 只、规模 6 814.32 亿元，累计超 4.1 万亿元，品种多样。

（三）金融机构作用凸显

年报显示，工商银行绿色贷款余额超 6 万亿元，多家国有银行绿色信贷余额超 4 万亿元，股份制银行积极布局，形成多元市场格局。

结语

2024 年我国绿色金融政策体系进一步完善，中央部署锚定方向，行业政策激活创新，监管举措强化保障，推动绿色贷款、债券等关键指标显著增长，形成"顶层设计—标准支撑—市场创新—监管保障"的闭环机制。政策实践夯实了制度基础，优化了资源配置，为经济社会绿色转型提供了可持续金融支撑，彰显政策体系的系统性成效。

资料来源：佚名.2024年度国家绿色低碳金融政策汇编［EB/OL］.［2025-04-14］. https://mp. weixin.qq.com/s?__biz=MzIONjQwMDMxMw==&mid=2247527738&idx=1&sn=83c837d2342e379539fefbf32eba2e78&chksm=e89bccb8d90b1bafe7f243541476e9967af0c4993bb49c5254e9ec90aa7cfd15bcfb3a510534&scene=27.

启示：党的二十大报告提出："推动绿色发展，促进人与自然和谐共生。"2024 年绿色金融政策体系构建正是这一精神的生动实践。在诚信与规范经营层面，国家金融监督管理总局推动合规管理体系建设，要求金融机构在绿色信贷、债券发行中严守合规底线，彰显职业操守的重要性；在宏观经济与风险防范层面，绿色金融政策通过多部门协同引导金融资源流向低碳领域，同时强调完善风险防控体系，启示需从全局审视金融支持绿色转型的系统性风险；在持续学习与创新层面，数字金融与绿色金融的融合、转型金融标准的探索，凸显金融从业者需以创新思维适应政策与市场变革，持续提升专业素养。这一实践启示我们：唯有将职业操守、宏观视野与创新能力结合，才能在绿色金融赋能高质量发展中展现专业价值。

☑ 项目小结

本项目首先介绍了商业银行的基础知识及主要业务。商业银行具有信用中介、支付中介、信用创造和金融服务职能。商业银行的组织形式主要有单一制、分支行制、控股公司制和跨国银行制等。商业银行的业务一般分为负债业务、资产业务、中间业务和表外业务四大类。在此基础上，介绍了商业银行的经营管理原则以及基本方法。

项目训练 》

一、重要概念
商业银行　自有资本　活期存款　贷款　抵押贷款　票据贴现　中间业务

二、单项选择题
1.（　　）是商业银行最基本也是最能反映其经营活动特征的职能。
A.信用创造职能　　　　　　　　　　B.支付中介职能
C.金融服务职能　　　　　　　　　　D.信用中介职能
2.为客户提供财务咨询服务属于商业银行的（　　）。
A.信用中介职能　　　　　　　　　　B.支付中介职能
C.信用创造职能　　　　　　　　　　D.金融服务职能
3.为客户提供支票服务属于商业银行的（　　）。
A.信用中介职能　　　　　　　　　　B.支付中介职能
C.信用创造职能　　　　　　　　　　D.金融服务职能
4.（　　）是商业银行筹集资金、借以形成资金来源的业务。
A.负债业务　　　　B.资产业务　　　　C.中间业务　　　　D.表外业务
5.下列贷款中，（　　）不属于担保贷款。
A.保证贷款　　　　B.抵押贷款　　　　C.质押贷款　　　　D.信用贷款
6.下列贷款中，（　　）风险最小。
A.信用贷款　　　　B.保证贷款　　　　C.抵押贷款　　　　D.质押贷款

三、多项选择题
1.（　　）通称为正常贷款，（　　）通称为不良贷款。
A.正常贷款　　　　　　　　B.关注贷款　　　　　　　　C.次级贷款

D.可疑贷款　　　　　　　　E.损失贷款

2.（　　　）属于商业银行的中间业务。

A.承兑业务　　　　　　B.代理业务　　　　　　　C.结算业务

D.贷款业务　　　　　　E.信用卡业务

3.下列各项中属于商业银行资产业务的是（　　　　　）。

A.中间业务　　　　　　B.贴现业务　　　　　　　C.投资业务

D.同业拆借　　　　　　E.贷款业务

4.商业银行经营管理的基本原则，即"铁则三性"是指（　　　　　）。

A.盈利性原则　　　　　B.竞争性原则　　　　　　C.安全性原则

D."6C"原则　　　　　　E.流动性原则

5.商业银行的核心资本由（　　　　　）构成。

A.实收资本　　　　　　B.未公开储备　　　　　　C.公开储备

D.资产重估储备　　　　E.普通准备金

四、判断题

1.商业银行信用创造职能不受任何条件的限制。　　　　　　　　　　（　　）

2.分支行制银行由于能在各分支行之间调动资金，所以能更好支持地方经济。

（　　）

3.商业银行的信用中介职能并不改变货币资金的所有权，而只是把货币资金的使用权在资金盈余单位和资金短缺单位之间融通。　　　　　　　　　　　（　　）

4.商业银行业务经营的三原则既有联系又有矛盾。　　　　　　　　　（　　）

5.商业银行为保证利润最大化，应将吸收的存款全部用于发放贷款。　（　　）

6.商业银行等金融机构在急需资金时，将其因贴现而取得的商业票据提交中央银行，中央银行对该商业票据进行第二次贴现的经济行为称为转贴现。　　（　　）

五、思考题

1.商业银行的业务分为哪几类？各由哪几部分组成？

2.商业银行的经营管理应遵循的基本原则有哪些？

3.商业银行经营管理理论经历了哪几个阶段的演变？

六、讨论题

我国商业银行表外业务和中间业务收入能否成为商业银行主营业务收入？

七、案例分析

美国次级抵押贷款

2000年之前，只有信誉非常好的优质借款人才能申请到住房抵押贷款，这种贷款称为优质抵押贷款（prime mortgages）。然而，计算机技术的进步与新的统计工具出现后，银行可以对风险较大的住房抵押贷款进行较好的定量评估。次级抵押贷款（sub-prime mortgages）指的是向信用记录较差的借款人发放的抵押贷款。可选优质抵押贷款（alta mortgages）的借款人预期违约率高于优质借款人，但信用记录优于次级借款人。

拥有信用记录的居民都可以得到一个数量化的信用分数（credit score），也就是FICO分数，这个分数可以用来预测借款人债务违约的可能性。此外，计算机技术可以通过节约交易成本，将一揽子金额较小的贷款打包成标准化的债务证券，这个过程即为证券化（securitization）。

金融危机爆发之初，信贷增长速度大幅放缓，导致了信贷紧缩的出现，即借款人很难获取贷款。因此，2008年的经济表现十分糟糕。是什么原因导致了信贷紧缩呢？

基于对银行资本管理战略的分析，2008年的信贷紧缩至少可以部分归因于所谓的资本困境，即银行资金短缺导致信贷增长放缓。

由于银行持有次级抵押支持证券，房地产市场的繁荣与泡沫崩溃导致银行出现了严重的损失。此外，银行不得不将它们所发起的一些结构化投资工具（SIVs）收回到资本负债表中。经营损失引起了银行资本萎缩，加之从表外回归表内的一些资产对增加资本提出了需求。由此导致的资本短缺意味着银行必须筹集新的资本或者通过削减贷款来限制资产增长速度。银行虽然筹集到了一些资本，但由于经济持续走弱，进一步增加资本十分困难，因此银行还提高了放贷标准，削减了贷款。这两个方面都成为2008年经济疲软的原因。

资料来源：佚名.2008年的次贷危机究竟是如何引发的，对全球又产生了什么样的影响呢？[EB/OL].[2025-04-22]. https：//zhuanlan.zhihu.com/p/1897306386758612938.

问题：次级抵押贷款与优质抵押贷款的核心差异是什么？为何前者成为2008年危机的导火索？证券化过程如何将银行贷款风险转移给市场？这种风险转移为何反而引发系统性危机？假设你是监管机构决策者，会如何设计政策来防范银行表外业务（如SIVs）的资本风险？

项目六 中央银行

学习目标

1.知识目标

通过本项目的学习，要求学生了解中央银行的性质、货币发行的原则、再贷款业务、国际储备业务、中央银行的资本组成类型，明确准备金存款业务的内容、代理国库业务的内容，熟知货币发行的渠道，掌握中央银行的职能、再贴现业务的内容和中央银行制度的类型。

2.能力目标

通过本项目的学习，使学生熟悉中央银行的货币政策目标及其选择与实现途径，掌握各种货币政策工具的运作原理及技巧，帮助学生理解相关政策的实施背景、政策目标及现实意义，培养学生解决经济问题的能力。

3.素养目标

通过本项目的学习，使学生熟悉金融监管的基本方法并能够在实际中运用，掌握中央银行金融监管国际合作的必要性，提升学生的思想道德素养，在掌握货币基本知识和马克思理论的基础上，拓宽学生视野，树立正确的货币观和价值观。

思维导图

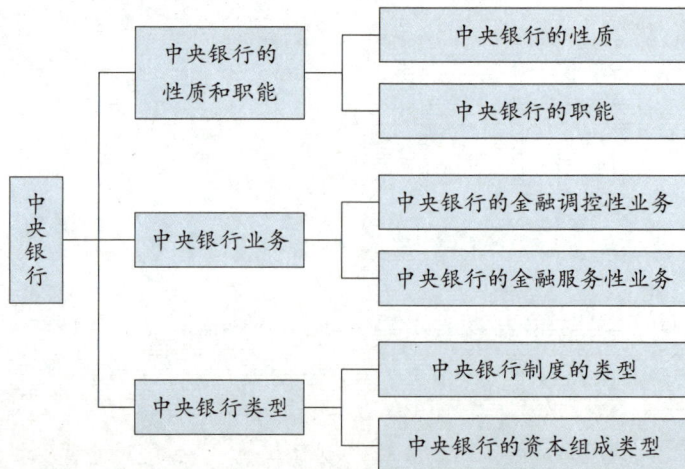

引例

欧债危机中欧洲央行的"最后购买人"使命

2008年金融危机后，欧洲一些国家的主权债务问题逐渐显现。2009年10月20日，希腊政府宣布其2009年财政赤字将达国内生产总值的12.7%，公共债务占比将达113%，远超欧盟规定上限。全球三大评级公司相继下调希腊主权信用评级，欧洲主权债危机率先在希腊爆发，随后蔓延至葡萄牙、意大利、爱尔兰、西班牙等国，整个欧盟都受到困扰。每逢欧债恶化，就会有新的救市政策平稳市场，欧洲央行也采用了相应的应对措施：

第一，证券市场计划（SMP）。2010年5月起，欧洲央行启动SMP，通过二级市场购买危机国家债券，扩大央行资产负债表来为其提供流动性，确保二级市场上危机国家的国债收益率稳定，恢复货币政策传导机制。第二，长期再融资操作（LTRO）。在希腊等国面临违约风险、银行惜贷的情况下，欧洲央行行长德拉吉推出LTRO。第三，直接货币交易（OMT）：2012年9月7日，欧洲央行宣布OMT计划。该计划下，欧洲央行可无限制购买欧元区各国政府债券，操作期限由欧洲央行根据市场情况决定，且放弃优先债权人地位。

资料来源：佚名. 欧债危机中欧洲央行的"最后购买人"使命［EB/OL］.［2025-05-10］. https://m.yicai.com/news/2163674.html.经过整理。

思考：欧债危机是金融危机的一种表现形式，欧洲央行的救市行为表明，在一国或一个地区发生一定程度的金融危机后，必须有一个维护和稳定金融行业的专门的机构，这一机构即中央银行。那么，什么是中央银行？中央银行具有怎样的性质和职能？其从事哪些业务，有哪些分类？本项目将就上述内容做重点介绍。

任务一 中央银行的性质和职能

一、中央银行的性质

回顾中央银行的发展史可以看到，中央银行最初只是一般的商业银行，在银行业大发展带来货币发行失控、货币流通不稳定等问题后，为了克服货币危机和信用危机，那些个别与政府关系密切、资金雄厚、信誉卓著的大银行就从普通的商业银行中分化出来，有幸发展成为中央银行。但自从这些商业银行演变为中央银行后，就不再是普通的银行，其经营业务和经营对象都发生了变化，更重要的是其性质发生了根本性的改变，成为了特殊的金融机构。虽然各国的社会历史状况、经济政治制度、商品经济和货币信用制度、金融环境有很大的差异，但各国中央银行的性质还是有一些共同点的，这些共同点就是：中央银行是国家赋予其制定和执行货币政策，对国民经济进行宏观调控和对金融业进行管理监督的特殊的金融机构。

中央银行的性质可以从以下几个方面体现：

（一）中央银行地位的特殊性

中央银行处于国家金融管理体系的中心环节，是统领全国货币金融的最高权力机构。虽然中央银行作为一个政府的公共机构，与政府有千丝万缕的联系，但中央银行又是一种特殊的货币管理机构，这就要求它在政治、人事、货币政策目标、货币政策手段、政府融资、法律等方面与政府划清界限，保持相对独立性。中央银行独立性的内容包括：

1.建立独立的货币发行制度，以维持货币的稳定

其具体有三层含义：第一，中央银行必须垄断货币发行权，不能搞多头发行；第二，中央银行不应在政府的干预和影响下搞财政发行，也没有向财政长期、无限地提供资金或为财政透支的义务；第三，中央银行发行货币的数量、结构、时间、方式等，都应由其根据货币政策目标和经济金融发展的一般规律自行决定，而不能受政府或其他利益团体的干扰。

拓展阅读6-1

央行的相对独立性

2.独立地制定或执行货币金融政策

中央银行必须掌握货币政策的制定权和操作执行权，政府及政府其他部门都无权干预，并尽可能配合中央银行的政策运作。

3.独立地管理和控制整个金融体系和金融市场

中央银行应在国家法律授权和保障下，独立地行使对金融体系和金融市场的管理权、控制权和制裁权，政府或其他部门不得干扰。

（二）中央银行业务经营的特殊性

中央银行的业务活动虽然也围绕"存款、贷款和汇兑"业务展开，但其业务内容及经营目的与普通金融机构完全不同：

1.业务对象的特殊性

中央银行业务对象不是普通的工商企业和居民个人，而是政府和金融机构。这就决定了中央银行不经营一般的商业银行和其他金融机构的业务，不会成为商业银行和其他金融机构的竞争对象。

2.经营目的的特殊性

虽然中央银行在其业务经营过程中会取得一定的利润，但其经营不以营利为目的。中央银行是国家的政府机关，其所需要的各项经费由国家财政拨付，其开展的各项金融业务活动，都是为了保持货币币值的稳定，为了实现国民经济的良性发展。

3.业务权力的特殊性

中央银行拥有着普通商业银行不具备的一些特殊的业务权力，如发行货币、代理国库、集中保管存款准备金、制定金融政策等。

（三）中央银行管理的特殊性

1.管理手段的特殊性

中央银行虽然是政府的管理机构，但其管理职责的履行主要是通过特定的金融业务进行的，对金融和经济的管理调控基本上采用的是经济手段，这与主要靠行政手段进行管理的国家机关是明显不同的。

2.管理机制的特殊性

微课6-1

中央银行对经济的宏观调控是分层次实现的：中央银行通过货币政策工具操作直接调节金融机构的行为和金融市场的运作，通过金融机构和金融市场间接调节影响各经济部门的行为，从而达到对整个国民经济进行宏观调节和控制的目的。

中央银行：金融体系的"心脏"与"守护者"

二、中央银行的职能

中央银行的职能是由其性质决定的，从不同的角度可以有多种分类。

（一）根据承担的任务划分

根据承担的任务可以将中央银行的职能划分为发行的银行、银行的银行和政府的银行。

1.发行的银行

中央银行作为发行的银行，具有两重含义：一是垄断货币发行权，成为全国唯一的现钞发行机构；二是中央银行因独占货币发行权，从而可以通过掌握货币的发行权，直接影响整个社会的信贷规模和货币供给总量，进而影响经济，实现中央银行对国民经济的控制和调节，在决定一国货币供应量方面具有至关重要的作用。

中央银行发展初期的一百多年历史，就是中央银行垄断货币发行的历史。中央银行发行的货币是中央银行的重要资金来源，为中央银行调节金融活动提供了资金储备，同时，由于货币供应量的变化与一国经济行为的变化密切相关，因此，中央银行统一货币发行有利于保证一国的货币正常有序流通，便于中央银行进行金融调控。

2.银行的银行

中央银行作为银行的银行，不直接与工商企业和个人发生业务往来，只同商业银行及其他金融机构有业务关系。中央银行具体业务包括：

（1）存款业务。中央银行集中保管各商业银行和其他金融机构的存款准备金。一般来说，各国银行法都规定商业银行吸收的存款要按一定的比例作为法定准备金，存放在中央银行的账户上。中央银行集中保管存款准备金最初的目的是保障存款人和金融机构的安全，后来逐渐演变为调控信贷规模和货币供应量的重要手段。一般地，商业银行在中央银行的存款是没有利息收入的，但在我国，中央银行对存款机构的存款支付利息。

（2）贷款业务。中央银行的贷款业务，是指中央银行作为最后贷款人，在金融机构资金周转困难而其他途径都无法筹集资金的时刻，对其提供资金援助。中央银行的贷款作用体现在：一是支持陷入资金困境的金融机构，避免因为个别银行发生挤兑，而导致整个金融系统的危机和崩溃；二是通过调控中央银行向商业银行贷款的规模，调节商业银行对企业的信贷规模，实现调节社会信用规模和货币供给量的目的，传递和实施宏观调控的意图。通常，商业银行从中央银行融进资金的方式有再贴现、再抵押、回购协议、直接贷款等。

拓展阅读6-2

央行是市场的
最后贷款人

（3）清算业务。中央银行利用各金融机构在其开立的准备金存款账户，可根据每一家银行的清算差额，通过其在中央银行账户上的存款资金的划转实现银行间的债权债务的集中清算，成为了全国的清算中心。这一方面可以节约资金的使用，减少清算费用，解决单个银行资金清算所面临的困难；另一方面，也有利于中央银行通过清算系统，对商业银行等机构的经营状况进行监督控制。

3.政府的银行

所谓政府的银行是指中央银行既作为政府管理金融的工具，又为政府提供金融服务，代表国家贯彻执行财政金融政策。其职能有：

（1）代理国库。国家财政收支不另设国库机构，而由中央银行代理，政府的收入与支出均通过财政部在中央银行内开立的各种账户进行。

（2）代理政府金融事务。如代理国债的发行、推销、还本付息事宜；代表政府保管黄金外汇储备或办理黄金外汇的买卖业务；代表政府参加国际金融活动等。

（3）为政府融资。中央银行原则上不向财政垫资，但当财政发生困难时，中央银行有向财政融资的义务，但中央银行只能提供临时性的资金融通，向财政提供短期贷款。中央银行可向财政提供低息或无息的短期贷款或从公开市场上购买政府债券间接向政府放款。

（4）执行国家的金融行政管理。如依法对金融机构的设置、撤并、迁移等进行审批和注册；对金融机构的业务范围、清偿能力、资产负债结构、存款准备金交存等情况进行检查等。

（5）制定和执行货币政策。

（二）根据职能性质划分

根据职能的性质，中央银行的职能可划分为调控职能、服务职能和监管职能。

1.调控职能

中央银行作为国家最高的金融管理机关，其首要的职能就是金融调控职能。这一职能是指中央银行运用特有的金融政策工具，对全社会的货币信用活动进行调节和控制，进而影响国民经济的整体运行，实现既定的国家宏观经济目标。中央银行的调控职能主要表现在以下三方面。

（1）调节货币供应量。中央银行垄断了货币发行权，流通中的货币都来自中央银行。中央银行发行的货币则成为基础货币，经济活动中处于中央银行系统以外的各种货币无不受其影响。中央银行通过改变基础货币的供应量，起到收缩或扩张社会货币供应量的作用，从货币供应方面保障社会总需求与总供给在一定程度上的均衡。可以说，调节控制货币供应量是中央银行实施货币政策的核心。

（2）调整存款准备金率与贴现率。中央银行根据经济与金融情况的变化，调整存款准备金率与再贴现率，是其宏观调控的重要手段，前者在控制信贷规模中具有乘数作用，后者对商业银行的信贷成本有重要影响。中央银行调整存款准备金率与再贴现率，可以迅速起到调整全社会商业银行的信贷规模的功效。

（3）公开市场操作。中央银行根据货币政策的需要，可以通过购进和抛售有价证券的方式，控制金融市场的货币投放量，或防止市场资金过剩，或避免市场资金短缺，以实现国民经济的良性发展，使国家宏观经济政策的预期目标得以实现。

此外，中央银行还可通过金融政策的确定实现调节的目的。

2.服务职能

服务职能是指中央银行以特殊银行的身份向政府、商业银行和非银行金融机构以及社会公众所提供的各种金融服务。

（1）为政府服务。中央银行作为政府的银行，与政府之间有着密切的关系，为政府提供各种金融服务。服务的内容如下：①为政府融通资金。当政府出现临时性财政资金短缺时，中央银行为其提供短期融资。②协助政府债券的发行与流通。中央银行通过公开市场业务买卖政府债券，一方面可以扩大市场的交易行为，增强政府债券的流动性；另一方面通过买入债券，向市场注入资金，以保证政府债券的顺利发行；同时，对到期政府债券，中央银行代理还本付息事宜。③代理国库，充当国家财政预算收支的出纳。④代理国家管理黄金和外汇。为政府在金融市场上买卖黄金、调剂外汇，保持国际收支的平衡与汇率的基本稳定。⑤代表政府参加境外各种国际金融组织和有关金融活动，处理有关的国际金融事务。⑥充当政府制定金融方针政策的顾问和参谋。

（2）为商业银行和非银行金融机构服务。中央银行作为银行的银行，是现代金融体系的核心和资金往来的枢纽，并为商业银行和非银行金融机构提供多种金融服务。具体内容如下：第一，保管存款准备金。一是为了保证商业银行和一些非银行金融机构稳健经营的需要；二是为了保证商业银行和非银行金融机构日常资金清算的需要。第二，为商业银行和非银行金融机构提供票据交换和资金清算服务，及时结清商业银行和非银行金融机构之间的债权债务，保证社会资金的正常运行。第三，为商业银行和非银行金融机构提供短期资金融通服务。当商业银行等金融机构出现临时资金头寸短缺或遭遇流动性困难时，中央银行从维护金融业的稳定以及执行货币政策的需要出发，通过再贴现、再贷款的形式为其提供短期的资金融通。

（3）为社会公众服务。中央银行作为国民经济的综合部门之一，根据自身业务的特点，为社会公众提供相关的金融服务。主要内容如下：①中央银行掌握着货币发行的特权，并根据国民经济发展和商品流通的需要，控制货币发行的数量，以保持货币币值稳定，为提高和稳定人民生活水平服务。②中央银行通过其自身的各项业务活动，能够比较全面地了解和掌握国民经济的发展动态，为社会公众提供经济发展所需要的信息。③中央银行通过制定和执行货币金融政策，引导和调节资金的流向和流量，为国民经济的发展服务。④中央银行通过对商业银行等金融机构的管理，保持金融秩序的正常运行，有利于维护客户存款的安全，保护其合法财产不受损害。

3.监管职能

监管职能是指中央银行作为一国金融管理的最高当局，为维护金融体系的健康与稳定，防止金融紊乱给社会经济发展造成困难，代表国家对商业银行等金融机构的金融活动和金融市场进行监督和管理。具体内容如下：

（1）制定金融政策、法令及规章制度。中央银行是国民经济的重要调节机构之一，为了进行宏观金融调控，除主要采取经济手段以外，还应适当采取法律手段。因此，中央银行必须根据国家宏观经济政策的需要和自身管理的需要制定有关的金融管理法令、政策、基本制度，使金融机构与金融市场的活动有章可循，避免金融动荡。

（2）依法监测金融市场的运行情况。随着金融市场的不断发展，金融市场的风险也在不断地增加，为了保证金融市场安全、稳定、有序、高效地运转，使金融市场能更好地发挥筹集资金和融通资金的功能，中央银行必须加强对金融市场的监测与管理，及时掌握金融市场的发展动态，并根据国民经济发展对金融市场的需求情况，对金融市场实施宏观调控，促进其协调发展。

（3）检查监督金融机构。中央银行应对金融机构的业务活动范围、清偿能力、资产负债结构、存款准备金交存等情况，进行定期或不定期的检查监督。通过各种业务账表、报告的查对、稽核，分析了解情况，发现问题，以督导银行及金融机构的业务经营活动，使其遵守有关金融法令和制度规定。

（4）各职能之间的关系。中央银行的调控职能、服务职能与监管职能是由中央银行的性质决定的。三者之间是相互依存、相互补充、相互统一的关系，其中调控是根本，服务是基础，监管是手段。调控职能是中央银行发挥其在国民经济中作用的重要保证，中央银行通过运用其所掌握的各种货币政策工具调控国民经济，促进了国民经济健康稳定地发展，因此，中央银行的各项工作都必须围绕调控职能来展开。服务职能贯穿于调控职能和监管职能过程的始终，中央银行的服务职能为调控职能和监管职能的发挥打下了坚实的基础，但又必须服从于调控职能和监管职能。监管职能是指中央银行借助于行政手段和法律手段来辅助其各项调控政策措施的顺利执行，对调控职能有积极的促进作用，有效的监管有利于调控职能的顺利实施和调控目标的实现。中央银行在履行好服务职能的同时，必须有监管职能的配合，这样才能创造一个良好的金融环境。因此，中央银行只有正确地处理三项职能之间的关系，才能更好地发挥中央银行的作用。

知识链接6-1

中国人民银行的职能

中国人民银行的主要职责为：

（一）拟定金融业改革和发展战略规划，承担综合研究并协调解决金融运行中的重大问题、促进金融业协调健康发展的责任，参与评估重大金融并购活动对国家金融安全的影响并提出政策建议，促进金融业有序开放。

（二）起草有关法律和行政法规草案，完善有关金融机构运行规则，发布与履行职责有关的命令和规章。

（三）依法制定和执行货币政策；制定和实施宏观信贷指导政策。

（四）完善金融宏观调控体系，负责防范、化解系统性金融风险，维护国家金融稳定与安全。

（五）负责制定和实施人民币汇率政策，不断完善汇率形成机制，维护国际收支平衡，实施外汇管理，负责对国际金融市场的跟踪监测和风险预警，监测和管理跨境资本流动，持有、管理和经营国家外汇储备和黄金储备。

（六）监督管理银行间同业拆借市场、银行间债券市场、银行间票据市场、银行间外汇市场和黄金市场及上述市场的有关衍生产品交易。

（七）负责会同金融监管部门制定金融控股公司的监管规则和交叉性金融业务的标准、规范，负责金融控股公司和交叉性金融工具的监测。

（八）承担最后贷款人的责任，负责对因化解金融风险而使用中央银行资金机构的行为进行检查监督。

（九）制定和组织实施金融业综合统计制度，负责数据汇总和宏观经济分析与预测，统一编制全国金融统计数据、报表，并按国家有关规定予以公布。

（十）组织制定金融业信息化发展规划，负责金融标准化的组织管理协调工作，指导金融业信息安全工作。

（十一）发行人民币，管理人民币流通。

（十二）制定全国支付体系发展规划，统筹协调全国支付体系建设，会同有关部门制定支付结算规则，负责全国支付、清算系统的正常运行。

（十三）经理国库。

（十四）承担全国反洗钱工作的组织协调和监督管理的责任，负责涉嫌洗钱及恐怖活动的资金监测。

（十五）管理征信业，推动建立社会信用体系。

（十六）从事与中国人民银行业务有关的国际金融活动。

（十七）按照有关规定从事金融业务活动。

（十八）承办国务院交办的其他事项。

资料来源：中国人民银行. 中国人民银行职能［EB/OL］.［2025-06-15］. http://www.pbc.gov.cn/rmyh/105226/105436/index.html.

任务二　中央银行业务

中央银行是以国家宏观金融管理机关的身份存在的特殊金融机构，其业务是由其职能决定的，前面已述及中央银行主要具有金融调控职能和金融服务职能，其业务也主要分为两大类：金融调控性业务和金融服务性业务。

一、中央银行的金融调控性业务

为了履行宏观金融调控的经济职能，中央银行主要开展了以下几项业务，即货币发行业务、准备金存款业务、再贷款业务、再贴现业务、证券买卖业务和国际储备业

货币银行学

务等。

（一）货币发行业务

1.货币发行业务的含义

货币发行是中央银行根据国民经济发展的需要，通过信贷形式向流通中注入货币，构成流通领域的现金货币。货币发行有两层含义：一是指货币从中央银行的发行库通过各家商业银行的业务库流到社会；二是指货币从中央银行流出的数量大于从流通中回笼的数量。中央银行资产负债表中的货币发行指的就是后者。

2.货币发行的原则

中央银行发行货币一般坚持以下三条基本原则：

（1）垄断发行原则。这是指货币发行权高度集中于中央银行，由中央银行集中统一发行货币。这样才能统一国内的通货形式，避免多头发行造成的货币流通混乱；而且便于中央银行制定和执行货币政策，灵活有效地调节流通中的货币量，稳定货币流通。

（2）信用保证原则。这是指中央银行发行货币不能光凭国家信用，必须建立相应的发行准备制度，使货币发行与外汇、证券、黄金等资产保持一定的联系。

（3）弹性发行原则。这是指中央银行要根据经济情况，不断向市场投放或回笼货币，使货币发行具有一定的伸缩性和灵活性。既要充分满足经济发展的要求，避免因货币发行不足而导致通货紧缩与经济衰退；也要严格控制货币发行数量，避免因货币过量供应造成通货膨胀与经济混乱。

3.货币发行的渠道

中央银行的货币发行是通过再贴现、再贷款、购买证券、购买金银和外汇等业务活动，将货币注入流通领域的，并通过同样的渠道反向组织货币的回笼，从而满足国民经济发展、商品生产与流通等对流通手段和支付手段的需求。中央银行发行的货币，包括现金货币和存款货币。图6-1以现金货币为例，介绍货币的发行和回笼的渠道。

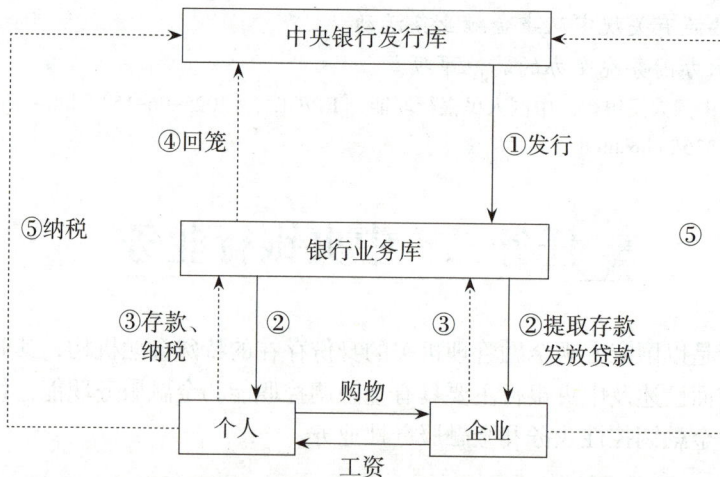

注：现金投放包括：工资、提取存款、发放贷款、采购农产品、企业管理支出等；现金回笼包括：商品销售收入、服务收入、税收、存款等。

图6-1 中央银行货币发行流程

142

（二）准备金存款业务

1.准备金存款业务的含义

准备金存款是指商业银行将吸收的存款按中央银行确定的法定存款准备金率转存于中央银行的存款。货币发行和准备金存款是中央银行货币投放的主要资金来源，因而也被称为基础货币或储备货币。准备金存款不仅可以保障存款人的资金安全以及银行等金融机构的安全，更重要的是，还可以通过调整法定存款准备金率来调控商业银行的信用规模，进而调节社会货币供应量。因此，准备金存款是中央银行一项重要的政策工具。

2.准备金存款业务的内容

准备金存款业务一般包括以下几方面的内容：

（1）规定法定存款准备金率。在准备金存款制度下，商业银行等金融机构吸收的存款必须按照法定比率提取准备金并缴存于中央银行，其余部分才能用于放款或投资。

（2）按存款的类别规定准备金提取比率。对不同类型的存款，多数国家规定了不同的法定存款准备金率，一般顺序为：活期存款准备金率最高，定期存款次之，储蓄存款准备金率最低。但也有只规定一个准备金比率的。

（3）规定法定存款准备金率的调整幅度。由于法定存款准备金率的调整会对商业银行的信用创造能力产生巨大的影响，其调整效果往往过于强烈，因而多数国家中央银行对于法定存款准备金率的调整幅度都有不同程度的规定，有些国家制定了调整的最高与最低界限；少数国家对于存款准备金率的调整幅度不予限制。

（4）规定可充当法定存款准备金的内容。能够充当法定存款准备金的只能是存在中央银行的存款，商业银行持有的其他资产不能充作法定存款准备金。

（5）确定存款准备金计提的基础。主要涉及两个问题：一是如何确定存款余额；二是如何确定缴存存款准备金的基期。

（三）再贷款业务

再贷款业务是指中央银行直接为商业银行提供贷款。再贷款是中央银行向社会提供基础货币的主要渠道。

中央银行通常定期公布再贷款利率，商业银行提出借款申请后，中央银行根据货币政策的需要决定对商业银行贷款的数额、期限、利率和方式。中央银行对商业银行的放款有严格的限制，一般只发放短期贷款，只能用于解决临时性的资金周转困难，绝不能用于证券投资和长期放款。再贷款的方式一般有两种：一是信用放款。即仅凭商业银行的信用而提供的贷款，只有少数信用极佳的商业银行才能得到。二是抵押放款，即再抵押。抵押对象多为政府债券和商业票据。为减少风险，防止失控，中央银行经常以抵押贷款形式向商业银行贷款。

（四）再贴现业务

1.再贴现业务的含义

再贴现是中央银行买进商业银行已贴现的票据，即当商业银行资金周转困难时，把从客户手中贴现来的未到期票据再拿到中央银行办理贴现。再贴现从形式上看是一种票据买卖，实质上是一种特殊的放款。中央银行通过办理再贴现，一方面可以向商业银行提供资金，满足商业银行的资金需要；另一方面还可以根据需要决定是否给予贴现或调整再贴现率，以达到控制、引导资金流向和规模的目的，最终实现对国民经济的宏观调控。

2. 再贴现业务的内容

（1）再贴现业务的对象。只有在中央银行开立了账户的商业银行等金融机构才能够成为再贴现业务的对象。

（2）再贴现业务的申请和审查。商业银行必须以已办理贴现但尚未到期的合法票据申请再贴现。中央银行受理再贴现申请时，应审查票据的合理性和申请人的资金营运状况，确定是否符合再贴现的条件。

（3）贴现金额和贴现利率的确定。再贴现的实付金额是按票据票面金额扣除再贴现利息后的余额。再贴现利率是官定利率，通常采取定期挂牌的方法公布。

（4）再贴现票据的规定。商业银行等存款性金融机构向中央银行申请办理再贴现业务的票据，必须是确有商品交易为基础的真实票据。

（5）再贴现的收回。再贴现的票据到期，中央银行通过票据交换和清算系统向承兑单位或承兑银行收回资金，如承兑单位账户存款不足，由承兑单位开户银行将原票据以背书行名义退给申请再贴现的商业银行，按逾期贷款处理。

（五）证券买卖业务

证券买卖业务，就是中央银行公开市场业务，即在金融市场买卖各种有价证券。一般说来，中央银行应持有优质且流动性较好的证券，因而，中央银行在公开市场上买卖的证券主要是政府公债、国库券以及其他流动性很高的有价证券。

中央银行买卖证券一般有两种形式：

1. 一次性买卖

当中央银行认为需要压缩或增加商业银行的超额准备金时，就会一次性出售或购买证券，直到售足或购足为止。

2. 回购

即在卖出（或买入）证券时，就约定在未来某个时间再买入（或卖出）证券。前者称为正回购，后者称为逆回购。当中央银行欲在一定时间段内减少货币供给时，可实行正回购。当中央银行欲在一定时间段内增加货币供给时，可实行逆回购。

可见，中央银行持有证券和买卖证券的目的并不在于获利，而是为了调节市场银根松紧和控制货币供应量。因此，证券买卖是中央银行一项重要的货币政策工具。

（六）国际储备业务

1. 国际储备业务的含义

国际储备业务是指中央银行为保证国际收支平衡、汇率稳定及本国货币币值的稳定，要统一掌握和负责管理国家的黄金、外汇等国际储备资产。具体指需要黄金、外汇者可向中央银行申请购买，中央银行通过买卖黄金、外汇来集中储备，达到调节货币资金、改善经济和外贸结构、保持币值、稳定金融市场的目的。所以，一国的黄金外汇储备是否雄厚，是该国经济实力强弱的一个重要标志。

2. 国际储备管理的内容

（1）要确定合理的储备数量。国际储备过多是对资源的浪费，过少则有可能丧失国际支付能力。因此，确定合理的持有水平是一个十分重要的问题，一般认为一国外汇储备应相当于3个月的进口额。

（2）要确定合理的储备结构，一般从安全性、流动性和收益性三个方面来考虑。

总之，金融调控性业务都直接与货币资金相关，都将引起货币资金的运动或数量变化。在上述业务中，货币发行、准备金存款业务是形成中央银行资金来源的业务，即负债业务；而再贷款、再贴现、证券买卖及国际储备业务是中央银行的资产业务。

二、中央银行的金融服务性业务

中央银行的服务职能，就是指中央银行为政府、金融机构、企业、个人提供金融服务。为了履行这一职能，中央银行主要开展以下几项业务，即代理国库业务、资金清算业务、信贷征信业务、反洗钱业务、会计业务和统计分析业务等。这类业务主要是一些与货币资金运动相关但不进入中央银行资产负债表的银行性业务和一些管理性业务。

（一）代理国库业务

1.代理国库业务的含义

国库是国家金库的简称，是国家储藏财富的仓库。中央银行代理国库业务是指中央银行接受政府的委托，根据国家的法规条款，负责国库的组织建制、业务操作和管理监督。

中央银行代理国库，一方面可以吸收大量的财政金库存款，形成它的重要资金来源之一；另一方面这种存款通常都是无息的，因而可以降低其总的筹资成本。对于政府而言，由中央银行代理国库，既可减少（甚至完全免去）收付税款的成本，又可安全地保管资金，为其妥善使用提供方便。同时，它可以沟通财政与金融之间的联系，使国家的财源与金融机构的资金来源相连接，充分发挥货币资金的作用，并为政府资金的融通提供一个有力的调剂机制，即当政府资金短缺时，还可借助中央银行融通短期资金。但是，我国从法律上限制了中央银行向政府贷款。《中华人民共和国中国人民银行法》第二十九条规定：中国人民银行不得对政府财政透支，不得直接认购、包销国债和其他政府债券。第三十条规定：中国人民银行不得向地方政府、各级政府部门提供贷款。

2.代理国库业务的内容

（1）为政府保管资金，负责办理国家预算资金的收纳和库款的支拨。国家的全部预算收入须由国库收纳入库，一切预算支出须由国库拨付。

（2）代理政府债券的发行和兑付以及相关工作。在政府债券发售之前，中央银行协助政府确定债券收益率、预测市场需求；在发售时，中央银行负责公布发行条件、接受投标和认购，在报价人之间分配和发送证券，收取款项；到期时，由中央银行负责支付利息和兑付。

（3）代理政府进行黄金和外汇买卖。（具体体现在前文的国际储备业务中）

（二）资金清算业务

1.资金清算业务的含义

中央银行的资金清算业务，是指中央银行作为一国支付清算体系的参与者和管理者，通过一定的方式、途径，使金融机构之间的债权债务清偿及资金转移顺利完成并维护支付系统的平稳运行，从而保证经济活动和社会生活的正常进行。资金清算业务是中央银行的重要职能活动，对一国的金融稳定和经济安全具有重大意义。

2.资金清算业务的主要内容

（1）组织票据交换清算。票据交换是同城银行间进行债权债务和资金清算最基本的手段。具体指各银行收到客户提交的支票、本票和汇票等票据之后，需通过票据交换的方式，将代收的票据交给付款行，并收回其他银行代收的以己方为付款行的票据，彼此间进行债权债务抵消和资金清算。

（2）办理异地跨行清算。各行间的异地债权债务形成了各行间的异地汇兑，会引起资金头寸的跨行、跨地区划转。各国中央银行通过各种方式、途径提供服务，保证异地跨行清算的顺利进行。

（3）提供证券和金融衍生工具交易清算。由于证券交易金额大，不确定因素多，易引发支付系统风险，尤其是政府证券交易直接关系到中央银行公开市场业务的操作效果，所以中央银行对其格外关注，有些国家的中央银行甚至直接参与其支付清算活动。

（4）提供跨国清算。跨国清算就是按照一定的规则、程序并借助结算工具和清算系统，清偿国际债权债务和实现资金跨国转移的行为。中央银行作为一国的货币当局，不仅为国内经济与金融活动提供支付清算服务，而且在国家的对外支付结算和跨国支付系统网络建设中，也发挥着不可或缺的重要作用。

（三）信贷征信业务

1.信贷征信业务的含义

征信是指为信用活动提供的信用信息服务，具体指专业化的机构依法采集、调查、保存、整理、提供企业和个人的信用信息，并对其资信状况进行评价，以此满足从事信用活动的机构在信用交易中对信用信息的需要。中央银行的信贷征信业务是指由中央银行管理信贷征信业务、推动建立社会信用体系。

2.信贷征信业务的内容

按照国务院的授权，根据《企业和个人征信体系建设方案》，我国中央银行信贷征信业务的主要内容如下：

（1）推进征信法律法规建设。推动包括关于征信业管理和关于政务、企业信息披露及个人隐私保护两大方面的征信法律法规建设，以规范征信机构运行和管理，提高政府部门、企业和个人信息透明度，实现信息共享，保护企业商业秘密和个人隐私不受侵害。

（2）推进征信机构体系建设。逐步建立少数采集保存全国信用信息资源的大型征信机构和众多提供信用信息评估等信用增值服务的征信服务公司并存、相互分工、公平竞争、运行高效的社会征信机构体系。

（3）推进信用信息数据库建设。逐步建成覆盖全国的、统一的、以金融机构和金融市场为服务对象的企业和个人信用信息数据库。

（4）推进征信行业标准化建设。完成信息标识、信息分类数据格式编码和安全保密等征信行业标准化工作，为各部门建立的系统实现互联互通、信息共享及信息安全奠定基础。

（5）加强对征信市场的监管。积极发挥对征信市场监管的主导作用，建立必要的监管制度，大力促成《征信管理条例》的尽快正式推出，以便依法规范征信市场运行，维护国家经济信息安全和社会稳定。

（四）反洗钱业务

反洗钱是指政府动用立法、司法力量，调动有关的组织和机构对可能的洗钱者予以识别，对有关款项予以处置，对相关机构和人士予以惩罚，从而达到阻止犯罪活动目的的一种系统行为。

中央银行的反洗钱业务是指为了预防通过各种方式掩饰、隐瞒毒品犯罪、黑社会性质的组织犯罪、恐怖活动犯罪、走私犯罪、贪污贿赂犯罪、破坏金融管理秩序犯罪、金融诈骗犯罪等犯罪所得及其收益的来源和性质的洗钱活动，中央银行依照法律规定采取相关措施的行为。

（五）会计业务

中央银行会计业务是针对中央银行的职能特点及业务范围，按照会计的基本原则制定核算形式和核算方法，体现和反映中央银行履行职能，监督、管理、核算财务的会计业务。中央银行会计是金融系统会计的重要组成部分，是由中央银行的特有地位和职能所决定的一种专业会计。

会计业务的内容包括：正确组织会计核算、加强服务与监督、加强财务管理、加强会计检查与分析和防范会计风险等。

（六）统计分析业务

中央银行的统计分析业务是指按照规定的统计制度，根据统计的一般原理，运用科学的统计方法，对金融活动的数量信息进行收集、整理、分析，从而为经济和金融决策提供依据及政策建议的过程。中央银行统计分析业务是中央银行获取金融信息的基本渠道，也是分析和研究一国经济金融状况的重要途径。统计分析业务包括：货币供应量统计、信贷收支统计、金融市场统计、资金流量统计和对外金融统计等。

总之，对中央银行业务的上述分类，是为了更清楚地了解中央银行的具体业务活动。但是，上述的分类是相对而言的，虽然各类业务各有特点和范围，但它们之间的界限不是那么分明，彼此之间也不能截然分离，各类业务之间存在着有机联系并密切相关。

任务三　中央银行类型

一、中央银行制度的类型

当今世界各国基本上都实行中央银行制度，但并不存在一个统一的模式。由于各国的社会制度、政治制度、经济体制和金融业发展程度等方面都存在着差别，各国的中央银行体制也存在着较大的差异。按其组织形式的不同进行归纳，大致可分为单一式中央银行体制、复合式中央银行体制、跨国式中央银行体制以及准中央银行体制等四种类型。

（一）单一式中央银行体制

单一式的中央银行是指国家单独建立的中央银行机构，全面行使中央银行的职能。单一式中央银行体制又分为两种类型：

1.一元式中央银行体制

这是指全国只设一家统一的中央银行机构，由该机构全面行使中央银行职能并兼有金融监管职能的一种制度。这种制度一般采取总分行制，通常总行设在首都，按照行政或经济区划设立分支机构。这种形式的中央银行的特点是权力集中统一、职能完善，根据需要在全国设立一定数量的分支机构，是中央银行最完整和标准的形式。至于分支机构的多少依据各国中央银行的性质和在本国经济中的地位而定。目前，世界上大多数国家实行这种制度，如英国、法国、日本等，我国也实行这种中央银行制度。

2.二元式中央银行体制

这是指中央银行体系由中央和地方两级相对独立的中央银行共同组成。中央级中央银行和地方级中央银行在货币政策方面是统一的，中央级中央银行是最高权力管理机构和金融决策机构，地方级中央银行虽然也有其独立的权力，但其权力低于中央级中央银行，并接受中央级中央银行的监督和指导。在组织结构上，一般来说，中央级中央银行与地方级中央银行也不是总分行的关系。实行这种二元式中央银行制的主要是一些联邦政治体制的国家，如美国、德国等。

（二）复合式的中央银行制

复合式的中央银行制是指一个国家（或地区）没有专门设立行使中央银行职能的机构，而是由一家大银行既行使中央银行的职能，同时又经营商业银行的业务，这种中央银行制度往往与中央银行初级发展阶段和国家实行计划经济体制相适应，主要存在于苏联和东欧国家以及1984年以前的中国。

（三）跨国式的中央银行制

跨国式的中央银行制是指由参加某一货币联盟的所有成员国联合组成的中央银行机构，在联盟各国内部统一行使中央银行职能的中央银行制度。这种中央银行在货币联盟成员国内发行共同的货币，制定统一的金融政策，以推进联盟内各成员国的经济发展和货币稳定。采用跨国式的中央银行制的宗旨是适应联盟内部经济一体化的进程，主要是一些疆域相邻、文化与民俗相近、国力相当的国家。以往主要有西非货币联盟的西非国家中央银行（1962年设立）、中非货币联盟的中非国家中央银行（1973年设立）、东加勒比货币区的东加勒比中央银行（1983年设立）等，这些跨国中央银行都在欠发达国家和地区。但是欧洲经济货币联盟于1998年设立的欧洲中央银行打破了这一局面，第一次在发达国家之间建立了跨国的中央银行。

（四）准中央银行制

准中央银行制是指有些国家或地区不设中央银行机构，只有政府设置类似中央银行的货币管理机构或授权某个或某几个商业银行来行使部分中央银行职能的制度。采用这种中央银行制度的国家和地区很少，主要是地域较小而同时又有一家或几家银行在本国或本地区处于垄断地位的国家和地区，如新加坡、利比里亚及我国的香港特别行政区等。

二、中央银行的资本组成类型

中央银行的资本组成是指作为中央银行营业基础的资本金是怎样形成的，即中央银行的资本所有制形式。概括起来，世界各国中央银行的资本组成有如下五种形式：

（一）全部资本国家所有

资本全部为国家所有的中央银行即国有化的中央银行，目前世界各国的中央银行大多数属于这种类型。国家拥有中央银行的全部资本，可以使中央银行更加具有独立性和权威性，因而能更好地代表国家调控国民经济。全部资本为国家所有的中央银行有两种情况：一是国家收购私人股份，将私人所有或部分国家所有的中央银行改组成全部资本为国家所有的中央银行；二是由国家直接拨款建立中央银行。在中央银行的长期发展和演变过程中，国家为了加强对经济的干预，认识到排除私人资本更有利于为国家整体经济目标服务，因此开始逐步实行中央银行的国有化，特别是在第二次世界大战结束后，掀起了中央银行国有化的高潮，英国和法国等欧洲国家的历史比较悠久的中央银行就是在这个时期实现国有化的，而在这个时期新成立的中央银行大多是由国家出资建立的。

（二）公私资本混合所有

公私资本混合所有的中央银行即半国有化中央银行，国家持有中央银行的一部分资本金，一般占总资本的50%以上，其余资本为私人所有。在国家不拥有全部资本的中央银行中，法律一般都对非国家股份持有者的权利作了限制性的规定，如只允许有分取红利的权利而无经营决策权，其股份转让也必须经中央银行同意后方可进行等。例如日本的中央银行——日本银行就是公私混合所有的中央银行，银行总资本为1亿日元；国家持有总资本的55%，其余45%由私人持有。日本《银行法》规定，日本银行不成立股东大会，股东不能参加日本银行的经营活动，负责日本银行日常运营的理事就更不是由股东推举产生的。股东的权限仅仅是按照法律规定，每年领取最高不超过5%的红利。日本银行的盈余在扣除红利和公积金以后全部上缴国库，私人持有股份的转让需要获得日本银行的同意。中央银行采取这种所有制形式的还有比利时（国家所有占50%）、墨西哥（国家所有占51%）以及奥地利和土耳其等国。

（三）全部资本私人所有

全部股份私人所有的中央银行实际上是国家不持有股份，资本金全部由私人股东投入，即私人银行经政府授权，执行中央银行职能。由于中央银行的特殊性，私人银行执行中央银行职能是受到一定的限制的。意大利银行和美国12家联邦储备银行是此种中央银行资本组成类型的典型代表。在1936年意大利银行成为全国唯一发行货币的银行，但根据同年发布的《储蓄保护和信用管制法》，意大利银行的股份持有人被限定为储蓄银行、全国性银行、公营信贷机构等金融机构。美国12家联邦储备银行的资本金也都是由联邦储备银行各会员银行出资的，商业银行要成为联邦储备银行的会员银行，必须购买所属联邦区的联邦储备银行的股份，购买的股份既不能多也不能少，而是按照规定相当于该银行资本金和公积金的6%，实际上缴3%，联邦储备银行董事会根据需要可以要求会员银行上缴其余的3%。会员银行不能将所持联邦储备银行的股份转卖和用于

149

抵押，可以依据所持股份，获得最高不超过6%的红利。

（四）无资本金

无资本金的中央银行是指在中央银行建立之初，没有资本金（无创设资本，而不是其资产负债表中没有所有者权益），由国家授权其执行中央银行职能。中央银行运用的资金，主要是各金融机构的存款和流通中的货币，或者是由国家法律规定。由于中央银行获得国家的特别授权执行中央银行职能以后，马上就可以通过发行货币和吸收金融机构的准备金存款获得资金来源，因此，作为中央银行，有无资本金在其实际业务活动中并不重要。例如韩国的中央银行——韩国银行就是无资本金的特殊法人。

（五）资本多国共有

资本多国共有的中央银行是指跨国中央银行制度中，共同组建中央银行的各成员国按照一定比例认缴中央银行资本，各国以认缴比例拥有对中央银行的所有权。如欧洲中央银行的资本是由所有欧元区成员国按其人口数量和国内生产总值（GDP）的大小向欧洲央行认购的。西非货币联盟、中非货币联盟和东加勒比海货币管理局也采用这种制度。

中央银行的资本组成虽然有上述5种类型，但有一点是共同的，即无论是哪种类型的中央银行，都不会对中央银行的性质、职能、地位、作用等发生实质性影响，因为国家对中央银行拥有直接控制和监督的权力，私人持股者既无决策权，也无经营管理权。因此，从这个意义上讲，任何一个国家的中央银行本质上都是政府机构。

金融视窗

数字变革与全球挑战：中央银行的转型与应对

一、数字货币的崛起与中央银行的应对

近年来，数字货币成为全球金融领域的热点话题。以中国数字人民币（e-CNY）为代表的央行数字货币（CBDC）发展迅速，数字人民币已在多个城市开展大规模试点，涵盖零售支付、交通出行、政务服务等场景，截至2023年末，数字人民币累计交易金额已超万亿元。央行数字货币的发行不仅可以提高支付效率、降低传统纸币发行与流通成本，还能增强货币政策传导的精准性。例如，通过智能合约技术，央行可对特定用途的数字货币进行定向投放，直接支持小微企业或特定产业发展。这些实践引发了对货币发行权、金融稳定性以及跨境支付体系变革的深入思考。中央银行需在数字货币发行中，平衡创新与风险，保障货币主权和金融体系安全。

二、金融科技冲击下的央行职能演变

金融科技（FinTech）的蓬勃发展，尤其是区块链、人工智能、大数据技术的广泛应用，正在重塑金融生态。一方面，金融科技公司推出的移动支付、网络借贷等业务，提高了金融服务的可获得性；但另一方面，也对传统金融监管和货币政策传导机制带来挑战。为应对这一趋势，中央银行纷纷加强金融科技应用。例如，欧洲央行研究利用区块链技术构建更高效的跨境支付系统；美联储探索通过大数据分析更精准地监测经济运行状况，提升货币政策制定的科学性。这要求中央银行不断拓展职能边界，从传统的货币发行与政策制定，延伸到金融科技创新监管与技术标准制定，以维护金融稳定和消费者权益。

三、全球央行政策协调与国际货币体系重构

在经济全球化背景下，主要经济体中央银行的政策外溢效应愈发显著。以美联储货币政策调整为例，每次加息或降息都会引发全球资本流动的剧烈波动，影响新兴市场国家的汇率稳定和金融安全。2022年美联储激进加息，导致大量美元回流美国，多国货币大幅贬值，债务危机加剧。为应对全球性金融风险，各国央行加强政策协调。

四、绿色金融与央行政策创新

随着全球气候变化问题日益严峻，绿色金融成为各国央行关注的重点领域。中央银行通过制定绿色货币政策，引导金融资源流向低碳环保产业。例如，欧洲央行将环境、社会和治理（ESG）因素纳入货币政策框架，在资产购买计划中优先考虑绿色债券；中国人民银行推出碳减排支持工具，通过低成本资金激励金融机构加大对碳减排领域的信贷投放。

资料来源：根据中国人民银行官网资料整理。

启示：党的二十大报告强调"深化金融体制改革"，中央银行在数字变革中转型实践与之高度契合。数字货币发展要求学生掌握金融监管方法，如数字人民币试点中"双层运营＋智能合约"模式，需平衡创新与风险，维护货币主权，这是马克思主义货币理论在数字时代的实践，帮助学生树立正确的货币观。金融科技倒逼央行职能延伸至技术标准制定，如欧洲央行利用区块链优化跨境支付，启示学生以技术赋能监管，提升政策精准度与风险防控能力。

全球政策协调凸显央行国际合作的必要性，美联储政策外溢效应警示需统筹国内政策与国际影响，契合党的二十大报告中提出的"推进高水平对外开放"要求，拓宽学生全球金融视野。绿色金融中央行将ESG纳入政策框架，如中国碳减排支持工具，引导学生理解货币政策与可持续发展的协同，强化社会责任感与绿色发展理念。

☑ 项目小结

本项目主要介绍了中央银行的调控职能、服务职能和监管职能。由于业务是由其职能决定的，所以各国中央银行具有调控性业务和服务性业务两大类业务。本项目还阐述了中央银行的资本组成类型以及单一式、复合式、跨国式和准央行式的中央银行体制，为后续学习货币政策与宏观调控奠定基础。

项目训练 》

一、重要概念

货币发行　准备金存款　单一式中央银行体制　准中央银行制

二、单项选择题

1.中央银行负责制定并执行国家的（　　　）。

A.经济政策　　　　　B.财政政策　　　　　C.货币政策　　　　　D.产业政策

2.基础货币是中央银行通过自身的（　　　　）业务供应出来的。

A.资产　　　　　　　B.负债　　　　　　　C.中间　　　　　　D.所有者权益

3.中央银行在公开市场上主要是买卖（　　　　）。

A.政府债券　　　　　B.股票　　　　　　　C.公司债券　　　　D.商业票据

4.中央银行为商业银行提供的贷款多为（　　　　）。

A.信用贷款　　　　　B.抵押贷款　　　　　C.保证贷款　　　　D.质押贷款

5.（　　　　）为金融机构办理转账结算，是全国资金的清算中心。

A.国家金融监管总局B.专业银行　　　　　C.商业银行　　　　D.中央银行

三、多项选择题

1.中央银行的活动特点是（　　　　　　　）。

A.不以营利为目的　　　　　　　　　　　B.不经营普通银行业务

C.制定货币政策　　　　　　　　　　　　D.享有国家赋予的种种特权

2.中央银行是政府的银行表现在（　　　　　　　）。

A.向政府提供信用　　　　　　　　　　　B.调节宏观经济

C.代理政府债券　　　　　　　　　　　　D.为政府管理宏观金融

E.代理国家金库

3.中央银行作为"银行的银行"体现在（　　　　　　　）。

A.集中存款准备　　　　　　　　　　　　B.代理国库

C.最终贷款人　　　　　　　　　　　　　D.组织全国的清算

E.制定和执行货币政策

4.中央银行的职能包括（　　　　　　　）。

A.支付中介职能　　　　　　　　　　　　B.信用创造职能

C.金融调控职能　　　　　　　　　　　　D.金融服务职能

E.金融监管职能

5.中央银行对商业银行的贷款一般采取（　　　　　　　）两种方式。

A.再贷款　　　　　　　B.长期贷款　　　　　　　C.再贴现

D.无息贷款　　　　　　E.活期贷款

四、判断题

1.中央银行作为特殊的金融机构，一般不经营商业银行和其他金融机构的普通金融业务。　　　　　　　　　　　　　　　　　　　　　　　　　　　　（　　　）

2.中央银行多数业务是不以营利为目的，但有些业务是以营利为目的。　（　　　）

3.中国采取的是一元式中央银行体制。　　　　　　　　　　　　　　　（　　　）

4.在纸币本位制下，中央银行不是唯一由国家授权发行货币的银行。　　（　　　）

5.中央银行从事"存、放、汇"银行业务的对象是商业银行和其他商业企业。

（　　　）

五、思考题

1.中央银行的性质是什么？

2.准备金存款业务的内容有哪些？

3.中央银行买卖证券的形式是什么？

4.代理国库业务的内容有哪些？

5.中央银行制度的类型有几种？

6.中央银行资本组成的类型有几种？

六、讨论题

结合我国中央银行——中国人民银行的具体业务，讨论我国中央银行是如何发挥"发行的银行、银行的银行和政府的银行"的职能的。

七、案例分析

中央银行在2007—2008年全球金融危机中职能的发挥

2007年美国爆发次贷危机后，各国中央银行均采取了积极应对危机的措施，充分体现了其性质和职能。在危机过程中，各国中央银行对金融危机的拯救经过以下几个阶段：

初期（2007.2—2007.7），在危机爆发后半年内各国均未采取任何措施，政策上观望。2006年11月，美国房地产价格开始下跌，2007年2月，花旗银行发出风险预警，美国次级抵押贷款风险开始浮出水面。3月13日，美国新世纪金融公司宣布濒临破产，次贷危机开始引爆。但此期间，除了美联储自2006年8月开始停止加息以来，各国政府不仅未启动危机预警机制，也并未出台任何救市措施。

前中期（2007.8—2007.11），流动性开始紧缩，个别国家中央银行以注资、降息等市场手段展开救助。由于危机爆发于美国，此阶段美国的救助行动较为集中。2007年8月9日，美联储向金融系统注入资金240亿美元，11日、15日又分别向银行注资380亿、475亿美元。8月17日美联储将贴现率从6.25%降到5.75%，以帮助恢复金融市场稳定。美联储还分别于9月、10月两次共降息75个基点，这对于提升投资者信心有一定帮助。随着次贷问题浮出水面，全球流动性紧张。2007年8月9日，欧洲央行首次向欧元区银行系统注资948亿欧元。9月18日，英国央行宣布通过两天期回购协议向市场注资44亿英镑以缓解短期流动性。8月21日，日本央行向银行系统注资8 000亿日元。8月21日，澳联储向金融系统注入35.7亿澳元。在此阶段，经过主要发达国家央行注资，市场流动性紧缩有所缓和，市场信心有所恢复。

中期（2007.12—2008.9），银行业大规模资产减计，危机全面爆发，欧美国家政府启动房屋贷款与大规模的银行救助方案。美国于2007年12月6日宣布了一揽子次级房贷解困计划，提供为期五年的抵押利率冻结方案；2008年2月12日，美国政府和六大房贷商提出"救生索计划"，以帮助那些因还不起房贷而即将失去房屋的房主。2007年底开始，欧美银行业也出现金融机构资产减计，部分全球知名银行或爆出巨额季度亏损或陷入流动性危机，贝尔斯登、两房、AIG、RBS以及富通银行等越来越多的机构陷入经营困境，美国、英国、比利时等国政府陆续展开了大规模的机构救助行动。同时中央银行继续向市场投放流动性注资。2008年2月开始，美联储多次通过贷款、拍卖方式为商业银行提供资金，美联储建立了84天期贷款拍卖机制，作为已有28天期贷款拍卖机制的补充，并宣布贷款拍卖活动今后将两周举行一次，两种期限贷款拍卖交替进行，以增加市场流动性。可见，除了采取一些常规性救助措施外，美联储还尝试使用了一些超常规举措。2008年3月18日，英国央行通过20日到期的3天期回购操作，向市场提供了50亿英镑额外准备金。多国央行多次联手采用多种工具向金融体系注入流动性，加拿大央行、英国央行、欧洲央行与瑞士央行宣布了具体的共同行动，包括扩大证券借贷计划并推出TSLF。

后期（2008.10—2008.12），危机向全球蔓延、向实体经济侵蚀，此时各国开始意识到在危机中难以独善其身，开始联合行动，政府救援政策也转向宏观经济刺激。2008年10月以后，欧美日经济体开始陷入衰退，"金砖四国"经济体增速大幅放缓，荷兰、法国、挪威、葡萄牙、奥地利、瑞士、阿拉伯联合酋长国、俄罗斯、智利、墨西哥、韩国、印度等国相继加入到救援行列，一系列的经济刺激方案陆续出台。2008年10月8日，西方6大央行联合宣布降息50个基点，这个具有历史意义的事件标志着全球联手救市的大幕悄然拉开。11月6日，欧洲央行、英国央行、瑞士央行和捷克央行纷纷宣布降息以遏制经济日益恶化的趋势。11月20日，欧洲议会批准将欧盟为非欧元区成员国提供的"危机基金"规模扩大一倍多，以帮助因金融危机而陷入经济困境的中东欧欧盟成员国。在亚洲，韩国央行11月7日进行了一个月来的第三度降息。沙特也表示未来5年将向石油等行业投资4 000亿美元。11月7日，中国宣布了4万亿元人民币的投资计划以拉动内需。中欧陷入困境的部分国家开始陆续接受IMF援助贷款。2008年10月28日，IMF向匈牙利推出了250亿美元一揽子贷款计划。2008年11月5日，IMF批准向乌克兰贷款165亿美元，以恢复市场信心，并巩固受到全球金融危机冲击的乌克兰经济。

欧美继续联手行动提供流动性，10月13日，美联储宣布取消与欧洲央行、英国央行、瑞士央行的美元互换额度上限，同时又联合多家主要央行推出一项史无前例的措施，即无限额向金融体系提供短期融资，金融机构只要提供适当的抵押品就可以无限额从央行得到美元资金。面对危机的严重性，救助措施通过注入资本、缩减或者转换负债、盘活资产等方式使身陷困境的金融机构在一定程度上改善了资产负债表；同时，在实施救助措施国家的范围愈加广泛、救助资金用途逐渐明确的情况下，各国已开始将目光转向实体经济层面。

通过一系列史无前例的政府直接干预手段和市场操作，到2009年上半年金融危机基本上稳定下来。

资料来源：谢平．突围2009：中国金融四十人纵论金融危机［M］．北京：中国经济出版社，2009.

问题：试分析上述案例体现了中央银行的哪些职能？各国的中央银行均采取了哪些调控性措施？

项目七 货币需求

学习目标

1.知识目标

了解货币需求的含义，熟悉传统货币数量论、凯恩斯货币需求理论、现代货币数量论的假定，掌握这三种货币需求理论分析的思路和结论，明确这三种理论之间的不同。

2.能力目标

具备分析货币需求变化的能力，能够通过理论和实际案例，分析不同经济环境下货币需求的变化及其对经济的影响；能够评估货币政策和财政政策对货币需求的影响，并提出相应的政策建议；能够使用经济学中的数学工具，如货币需求函数，来描述和分析货币需求，并解释模型中的变量及其经济意义。

3.素养目标

养成科学严谨的思维方式，能够理性、系统地分析货币需求问题，避免主观和片面的观点；提升对宏观经济变化的敏锐感知能力，能够在日常生活中识别出货币需求变化的迹象，并理解其潜在的经济影响；认识到货币需求研究对社会经济发展的重要性，具备一定的社会责任感，能够从经济稳定与发展的角度出发思考问题。

思维导图

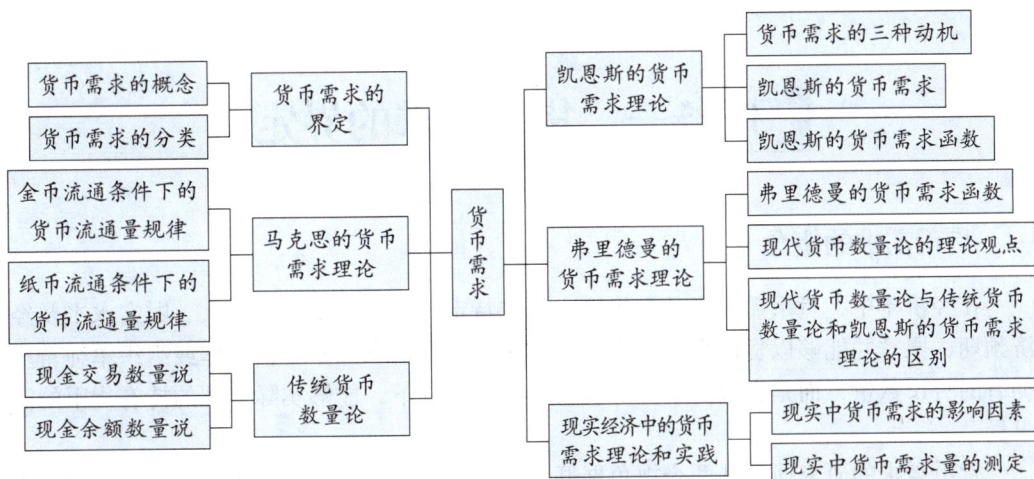

引例

数字人民币试点推动货币需求新增长：以雄安新区为例

自 2020 年起，中国多地启动数字人民币（e-CNY）试点，雄安新区作为首批试点之一，在政府缴税、交通出行、商超消费等多个场景中推广使用。2022 年 5 月，雄安新区发布的数据显示，截至当年 4 月底，已有超 100 家商户接入数字人民币支付系统，数字钱包开立数量同比增长 158%，月均交易笔数超过 6.2 万笔。

在该区域，数字人民币的推广显著提升了交易便捷性与安全性，激发了本地居民和企业的交易性货币需求。同时，由于数字货币具备可编程、可追踪、不可伪造等特征，政府财政补贴和工资发放也逐步转向以 e-CNY 为载体，带动公共领域对货币的支付性需求上升。

此外，在智能零售、绿色出行等新场景下，数字人民币与 AI、物联网系统深度融合，企业在预测销售与现金流管理时更加精准，预防性货币需求趋于合理稳定。整体来看，数字人民币试点的推进不仅是一种支付技术的革新，更是对货币需求结构的积极优化。

资料来源：作者根据相关资料整理。

思考：数字人民币在雄安新区的试点实践，展现了其对货币需求结构的革新作用，推动交易性、支付性与预防性货币需求的优化升级。那么，数字人民币的可编程性和可追溯性如何重塑货币流通逻辑？其与 AI、物联网的融合将为货币需求理论带来哪些新挑战？在更多场景推广数字人民币，又会对传统货币政策工具的有效性产生怎样的影响？这些问题将在本项目的学习中逐步探索解答。

任务一　货币需求的界定

一、货币需求的概念

在经济学中，货币需求指的是经济主体在特定时期内，基于其收入、财富水平及经济预期，愿意并能够以货币形式持有的资产量。货币需求并不是指个体或组织单纯希望拥有的货币数量，而是有效需求，即在既定约束条件下，能够实际实现的持有货币的需求量。

货币需求的研究通常从两个视角展开。宏观视角聚焦于整个经济体，研究货币作为交换媒介在交易过程中的必要性。在这种框架下，货币需求被视为完成一定交易量所需的货币数量。例如，费雪的交易方程式从这一视角出发，揭示了货币流通速度、价格水平和交易量之间的关系。

微观视角将货币视为一种特殊的资产，强调个体或组织在财富配置中的选择。在这个框架中，货币需求不仅体现为交易需求，还包括货币作为价值储存工具的需求。剑桥学派提出的现金余额说则从这一角度分析，认为货币需求反映了人们在管理和分配财富时的选择偏好。

综合这两个视角，货币需求可以理解为经济主体在面对不同投资工具（如股票、债券等）时，基于风险与收益考量，选择持有货币的那部分资产。这种选择受多重因素的影响，如利率水平、经济环境的稳定性、未来预期以及其他资产的相对收益率。

在现代金融体系中，货币需求不仅限于现金，还包括存款等其他形式的货币，这些形式的货币同样在支付、交易、储值和投机活动中发挥重要作用。货币需求因此不仅仅是一个存量概念，虽然它描述的是在某一时点上主体愿意持有的货币数量，但它也与货币流通速度、经济活动水平密切相关。

理解货币需求概念，要掌握下述关键要点：

1.货币需求是一个存量概念

货币需求考察的是在某个时点上，社会各部门愿意持有的货币数量。这意味着货币需求描述的是持有的货币总量，而不是在一段时间内货币数量的变动。因此，虽然货币需求本质上是存量概念，但其规模和变化与经济活动中的货币流动有密切关系。

2.货币需求是一种有支付能力的需求

与一般经济学中的需求概念一致，货币需求也必须是有效需求，即具备支付能力的需求。这意味着货币需求不仅是人们想要持有的货币数量，还必须是他们有能力持有的货币数量。

3.货币需求包括对现金和存款的需求

货币需求不仅限于对现金的需求，还包括对存款等形式的货币需求。在现代经济中，存款货币在交易和支付中同样重要，因此将其包含在货币需求中是必要的。

4.货币需求包括执行多种职能的需求

货币需求涵盖了货币作为流通手段、支付手段以及贮藏手段的多种职能。无论是用于日常交易还是用于储存价值，都是货币需求的重要组成部分，虽然动机不同，但它们都属于货币需求的范畴。

二、货币需求的分类

（一）微观货币需求和宏观货币需求

微观货币需求是指从个体经济主体的角度出发，研究个人、家庭或企业在一定的社会经济条件下所希望持有的货币量。该需求主要关注如何在持有货币与其他资产之间进行权衡，以实现效用最大化或机会成本最低。微观货币需求涵盖了货币在执行流通和支付职能时的需求量，以及作为财富储存手段的需求量。例如，个人可能出于日常消费（流通手段）和应对未来不确定性（贮藏手段）的需要而持有一定数量的货币。

宏观货币需求则是从整个经济体的视角进行考察。它研究一个国家在特定时期内，为保证经济的正常运行和稳定发展所需的货币总量。宏观货币需求主要关注货币作为交易媒介的作用，即在维持经济中的所有交易活动顺利进行时，所需的货币数量。这种需求通常包括执行流通和支付职能的货币量，但不涉及货币的储存职能。

微观货币需求和宏观货币需求是同一问题的两个方面，彼此之间既有区别又有联系。理论上，所有微观主体的货币需求总和构成了整个经济体的宏观货币需求。因此，在研究货币需求时，必须将微观和宏观层面结合起来，进行综合分析。这种联系表明，宏观经济政策的制定不仅需要考虑整体的货币供需平衡，还需要理解微观主体的行为和需求变化。

（二）名义货币需求和实际货币需求

所谓名义货币需求是指一个社会或一个经济部门在不考虑价格变动的情况下的货币需求。在经济运行过程中，名义货币需求在很大程度上受物价因素的影响。例如：在一定时间内生产、流通规模和实际产出水平并没有变化，而物价涨了1倍，进而使全社会的商品和劳务的名义价值增加了1倍，如果假定货币流通速度等其他影响货币需求的因素不变，人们即使是完成不变产量下的商品和劳务的购买和支付，也需要比过去多1倍的货币，即货币需要量因物价的上升而增加1倍。

微课7-1

疫情之下投资者
如何看待现金？

而实际货币需求则是经济主体的名义货币需求在扣除价格变动因素以后的货币需求，也就是以某一不变价格为基础计算的商品和劳务量对货币的需求，它等于名义货币需求（M_d）除以物价水平（P），即 $\frac{M_d}{P}$。名义货币需求与实际货币需求的根本区别，在于是否剔除了通货膨胀或通货紧缩所引起的物价变动的影响。

任务二　马克思的货币需求理论

马克思的货币需求理论主要体现在他的两本重要著作《资本论》和《政治经济学批判》中。马克思认为货币是"一切商品的一般等价物"，即在商品交换过程中，货币不仅仅是一种商品，还具有独特的货币属性。作为商品流通的媒介，货币在执行流通手段和支付手段职能时，体现出其需求特性。马克思的货币需求理论主要研究货币流通的规律，通过这些规律来分析经济中的货币需求量。

一、金币流通条件下的货币流通量规律

马克思的货币需求理论，是以劳动价值论为基础建立起来的，研究人们对货币的交易需求，即执行流通手段和支付手段职能的货币需求。它不但研究了流通中对金属货币的需求量，也研究了纸币流通条件下对纸币的需求量。

（一）执行流通手段职能的货币需求量

马克思指出，在商品流通中，货币的需求量与商品的价格总额有密切关系。这一需

求量是通过以下方式来决定的：

（1）商品进入流通前的价格形成：商品在进入流通之前已经有了价格，这些价格是通过货币的价值尺度职能确定的，并以价格形式表现出来。

（2）货币实现商品流通：在商品进入流通后，根据其价格高低，商品以一定量的货币进行交换。商品与货币互换后，商品退出流通，而货币继续在流通中发挥作用。

由此可以得出，流通中所需的货币量是为了实现待销售商品价格总额所需的货币量。虽然单位货币可以多次用于商品交易，但总的来说，货币需求量仍然由商品的价格总额决定，并且这应当是货币的流量而非存量。

马克思揭示了这一规律，并指出在金属货币流通背景下，这一规律具有普遍适用性。具体而言，作为流通手段的货币需求量（M）与待销售商品的价格总额（PQ）成正比，而与单位货币的流通速度（V）成反比。公式可以表示为：

$$\text{执行流通手段职能的货币需求量} = \frac{\text{商品价格总额}}{\text{单位货币的流通速度}}$$

即：

$$M = \frac{PQ}{V}$$

其中：M——一定时期内流通中的货币需求量；P——商品的价格水平；Q——待出售商品的数量；V——单位货币的流通速度。

知识链接7-1

货币流通速度

货币流通速度是经济总收入（通常为国内生产总值）与货币供给量的比率。衡量单位货币承担的平均交易量，如果经济中货币流通速度是稳定的，那么通过简单设定总量的目标，货币政策可以获得任何理想的收入水平。现实中，货币流通速度是不稳定的，经济总收入和各种货币总量之间的关系是随着时间的变化而变化的。

资料来源：陆雄文. 管理学大辞典［M］. 上海：上海辞书出版社，2013.

根据这一公式，在单位货币流通速度不变的情况下，货币需求量与待销售商品数量和商品价值成正比，与货币价值成反比。

马克思进一步指出，货币需求量不仅取决于其作为交易媒介的功能，还与货币的贮藏功能密切相关。货币作为贮藏手段时，其流通速度会减慢，从而导致货币需求量的增加。尽管马克思的这一分析是基于金属货币流通的背景，但其揭示的基本原理适用于所有存在货币流通的社会。

这一基本原理可以概括为：作为流通手段的货币需求量（M），与待销售商品的价格总额（$P×Q$）成正比，与单位货币的流通速度（V）成反比。具体来说，待销售商品的价格总额（$P×Q$）由商品数量（Q）和商品价格（P）决定，而商品价格又受商品本身的价值和货币价值的影响。因此，货币需求量受以下几个因素的影响：

商品数量和价值：当单位货币的流通速度保持不变时，货币需求量与待销售商品的数量（Q）和商品的价值成正比。商品数量越多、价值越高，所需的货币量就越大。

货币价值：货币需求量与币值成反比。币值越高（即货币的购买力越强），所需的货币量就越少。

此外，马克思的货币需求量公式主要探讨货币的交易媒介功能，而货币的贮藏功能则通过货币流通速度的减缓来体现：在一定时期内，货币用于贮藏的规模越大、时间越长，货币流通速度就会越慢，导致货币需求量的相应增加。

（二）流通中货币的总需求量

由于货币的流通是为了服务于商品的流通，随着商品生产和交换的发展，货币的职能也在不断演变。当货币开始承担支付手段的职能时，商品流通中就引入了新的复杂因素，导致货币需求量的计算也变得更加复杂。马克思进一步完善了对货币流通规律的揭示，指出货币在商品流通中不仅仅作为流通手段（如现金交易）存在，还发挥支付手段的作用（如赊账交易）。

在实际经济活动中，商品流通可以通过现金交易完成，也可以通过赊账交易完成。货币作为流通手段用于现金交易，而作为支付手段则用于赊账交易的结算。因此，流通中的货币需求量取决于这两种职能相互作用的结果。在一定时期内，如果现金交易的比例较高，赊账交易较少，且到期支付的债务较少，或到期支付时的相互抵消额较少，则流通中所需的货币量就会较大；反之，所需的货币量则较小。

马克思在分析这一现象时指出："我们现在来考察一定时期内流通中的货币总量。假定流通手段和支付手段的流通速度已知，这个总额等于待实现的商品价格总额加上到期支付的总额，减去彼此抵消的支付，最后再除以同一货币交替用于流通手段和支付手段的次数。"这意味着，流通中所需的货币量不仅取决于货币执行流通手段职能的需求，还包括货币执行支付手段职能所引起的需求。

具体来说，货币作为支付手段的需求主要体现在以下几个方面：

赊销的商品：在赊账交易中，货币在交易当时并不需要支付。

到期应支付的债务：到期时，必须支付货币来履行债务。

债务和债权的相互抵消：在商品交易过程中形成的债务和债权之间可以通过相互抵消减少实际货币的需求量。

因此，流通中的货币总需求量是由执行流通手段和支付手段职能的货币需求量共同构成的。

需要特别指出的是，马克思所提出的货币流通规律不仅仅是一个静态的数学公式，更重要的是，它旨在揭示决定流通中必要货币量的根本因素及其内在关系。该规律的核心在于阐明货币需求量如何由商品价格总额、价格变动趋势、货币支付方式、支付周期等宏观经济变量共同决定，进而揭示这些变量如何在资本主义经济体系中动态互动、此消彼长。因此，马克思关注的并非偶发性或局部性的现象，而是那些对货币流通总量产生长期、结构性影响的深层机制。

$$\frac{\text{流通中的货币}}{\text{总需求量}} = \frac{\text{待售商品价格总额} - \text{赊销商品} + \text{到期应付总额} - \text{相互抵消的总额}}{\text{单位货币作为流通手段和支付手段的平均流通速度}}$$

二、纸币流通条件下的货币流通量规律

在金币本位制下，黄金储备自发地调节流通中的货币数量，确保其与商品总量的对应关系。然而，在金块和金汇兑本位制下，实际流通的是纸币而非金币，马克思对此条

件下的货币需求量进行了进一步的分析。

马克思认为，纸币作为金币的代表，虽然本身没有内在价值，但由于国家的强制性规定，纸币在流通中代表了一定数量的货币金属价值。然而，纸币一旦进入流通，就无法像金币那样自动退出流通。这意味着在纸币流通条件下，货币供给不再能够自发适应货币需求的变化，从而导致流通中的货币数量与需求量之间经常存在差异，这种差异会通过商品价格的波动来调整。马克思进一步分析了银行券的流通规律。在金块与金汇兑本位制下，银行券的发行量应该严格控制在足值金属货币的需求量范围内。若发行量超过这一范围，银行券会贬值，导致物价上涨。总体而言，马克思的货币需求理论不仅在理论上具有重要意义，还对理解现代货币流通和需求量的关系提供了深刻的洞见。

任务三　传统货币数量论

货币数量论历史悠久，早期的货币数量论并未直接将货币需求作为研究对象，而是侧重于研究名义国民收入和物价的决定因素。然而，通过研究名义国民收入与货币供应量之间的关系，货币数量论从侧面揭示了货币需求的概念，因此也被视为一种货币需求理论。

西方经济学中，凯恩斯之前的经济学家通常被称为"古典学派"，而传统的货币数量论就是古典学派的货币需求理论。传统货币数量论主要有两种不同的版本：费雪的现金交易数量说和剑桥学派的现金余额数量说。

一、现金交易数量说

美国经济学家欧文·费雪（Irving Fisher）在1911年出版的《货币的购买力》一书中，对古典的货币数量论进行了最好的概括和总结。他认为，货币的唯一功能是充当交易媒介，货币并不能直接满足人们的欲望，人们需要货币仅仅是因为货币具有购买力，可以用来交换商品和劳务。因此，他并提出了著名的"交易方程式"，即：

$$MV_T = PT \tag{7.1}$$

式中，M代表在一定时期内流通中货币的平均量；V_T代表货币的平均流通速度，也就是货币在一定时期内从交易的一方被支付给另一方的次数；P是适当选定的一个价格平均数，代表所有交易商品或劳务的平均价格，T则是一个适当选定的数量指标，代表该时期内商品或劳务的总交易量，因此，PT代表的是该时期内商品或劳务交易的总价值。

上述恒等式描述了这样一个简单的事实：在交易中发生的货币支付总额（等于货币存量乘以货币的流通速度，即MV）等于被交易商品或劳务的总价值（即PT）。

由于所有商品或劳务的总交易量资料不容易获得，而且人们关注的重点往往也在于国民收入，而不在于总交易量，所以交易方程式通常被写成下面的形式（数量方程的国民收入形式）：

$$MV = PY \tag{7.2}$$

式中，Y代表以不变价格表示的一年中生产的最终产品和劳务的总价值，也就是实际国民收入；P代表一般物价水平（用价格指数表示），因此PY即为名义国民收入；V则代表一年每单位货币用来购买最终产品或劳务的平均次数，它被称为货币的收入流通速度，相应地，式（7.1）中的V_T被称为货币的交易速度。

虽然式（7.1）和式（7.2）表达的内容相同，但费雪等货币数量论者对其中的变量做出了特定假设，从而得出货币数量论的观点。

货币流通速度的假设：费雪认为，货币流通速度（V_T或V）由制度因素决定，如支付习惯、信用发达程度等。这些因素随时间缓慢变化，因此短期内货币流通速度可以视为常数。将货币流通速度视为常数意味着名义国民收入完全取决于货币供应量，这是货币数量论的核心观点之一。

实际国民收入的假设：费雪认为，经济会通过工资和物价的灵活变动保持在充分就业水平上，因此实际国民收入Y在短期内保持不变。由于V和Y都不变，货币供应量M的变化将完全反映在价格P的变化上。例如，M增加1倍，P也将上涨1倍，这说明货币供应量的变化将引起物价水平的同比例变化。

从交易方程式中不难得出货币需求的表达式。以式（7.2）为例，只要等式的两边同除以V，就可得：

$$M = \frac{1}{V}PY$$

在货币市场均衡的情况下[①]，货币存量（M）就等于人们所愿意持有的货币量，即货币需求（M^d）。因此，我们有：

$$M^d = \frac{1}{V}PY \tag{7.3}$$

式（7.3）就是由传统货币数量论导出的货币需求函数。从中可以看出，货币需求取决于货币流通速度和名义国民收入[②]。而根据货币数量论的观点，货币流通速度是一个相对固定的量，所以货币需求就取决于名义国民收入。

从式（7.3）可以看出，为了使货币流通速度（V）保持为常数，要求V与名义国民收入（PY）之间保持固定比例。如果货币仅仅作为交易媒介，人们持有货币的目的是进行交易，这一假设可能成立。随着个人名义收入的增加，持有的货币余额也可能相应增加。然而，货币不仅是交易工具，还是一种财富的持有形式。这意味着人们可能出于多种原因选择持有货币，这种需求受多种因素影响，其中利率是一个非常重要的因素。

因此，即使在名义收入不变的情况下，某些因素的变化仍可能导致人们在货币和其他财富形式之间进行调整。这样一来，货币需求不再是名义收入的固定比例，从而使货币流通速度（V）也不再是常数。凯恩斯正是基于这一点，对传统货币数量论提出了强烈批评。将货币流通速度视为常数，并据此预测货币需求是不科学的。

尽管如此，式（7.3）在某些情况下仍具有理论和实践意义。在货币流通速度相对平稳的时期，中央银行可能会利用该公式来预测货币需求。然而，这种方法风险很大，

---

① 一般认为，金融资产的调整是较为迅速的，因此货币市场上的失衡会很快地消失。

② 从式（7.3）还可得 $\frac{M^d}{P} = \frac{1}{V}Y$，即实际货币需求取决于货币流通速度和实际国民收入。

因为即便货币流通速度的预测误差仅为1%，其对名义国民收入的影响可能会导致货币需求预测值出现相当大的误差。

二、现金余额数量说

剑桥学派的"现金余额数量说"是传统货币数量论的另一个重要分支，由阿尔弗雷德·马歇尔（Alfred Marshall）和阿瑟·庇古（Arthur Pigou）等剑桥经济学家提出。与"现金交易数量说"不同，现金余额数量说将货币视为一种资产，着重分析决定人们对这种资产需求的因素。这一理论为货币需求研究提供了新的视角，尽管其结论存在局限性。

（一）货币作为资产的需求

剑桥学派认为，货币不仅是交换的媒介，还是一种资产形式。因此，货币需求不仅取决于交易需求，还与人们持有资产的选择有关。这一观点与传统的现金交易数量说形成对比，后者将货币需求仅视为交易需求。

（二）影响货币需求的因素

剑桥学派指出，决定货币需求的主要因素包括：

（1）个人财富总额：货币需求反映了人们愿意以货币形式持有其财富的比例。个人财富越多，货币需求越大。

（2）机会成本：持有货币的机会成本，即持有其他资产的收益（如利息），对货币需求有直接影响。持有货币虽能提供流动性，但不能产生收益，因此人们需要在货币与其他资产之间做出权衡。

（3）预期因素：人们对未来经济状况（如物价、收入）的预期也影响货币需求。例如，若预期物价上升，人们可能会减少货币持有量，以避免因货币贬值带来的损失。

上述分析表明，剑桥学派的经济学家已经考虑到了影响货币需求的多种因素。但遗憾的是，他们在得出结论的时候，把其他因素都忽略了，而只是简单地断定人们的货币需求同财富的名义值成比例，财富又同国民收入成比例，所以货币需求就同名义国民收入成比例。即：

$$M^d = k \cdot PY \tag{7.4}$$

式中的 k 即为比例系数[①]，P 为一般价格水平，Y 为实际国民收入，故 PY 为名义国民收入。因此，k 代表了人们愿意以货币这种形式持有的名义国民收入的比例。

剑桥学派还假定，货币供给 M 和货币需求 M^d 会自动趋于均衡，即 $M=M^d$，于是便有：

$$M = k \cdot PY$$

这便是著名的"剑桥方程式"。如果把 k 看成一个常数，该方程式和费雪的交易方程式就只有符号的不同，只需令 $k=1/V$，它们便完全一样了。从中也可以得出名义国民收入决定于货币供应量，乃至物价水平与货币供应量成比例的货币数量论观点（后一个观点只需进一步假定实际国民收入固定在充分就业水平上即可得出，而这一假定在古典

---

① 相应地，我们也可以根据式（7.4）得 $\frac{M^d}{P} = kY$。

经济学家看来，是不言自明的）。事实上，剑桥学派的经济学家正是这样推导出了传统货币数量论的另一个版本的。

从上述分析可以看出，剑桥学派是从货币需求函数出发推导出货币数量论，而不是像现金交易说那样从货币数量论推导出货币需求函数。尽管剑桥学派简单地将比例系数 k 视为常数，但这一分析角度为后来的经济学家研究货币需求及其与国民收入的关系奠定了基础。凯恩斯的流动性偏好理论正是在现金余额说的基础上发展起来的。

任务四　凯恩斯的货币需求理论

凯恩斯继承了剑桥学派的分析方法，从资产选择的角度来考察货币需求。所不同的是，凯恩斯没有像他的前辈那样，在概括地陈述了影响货币需求的各种因素之后，又草率地断定只有国民收入才是影响货币需求的主要因素，而是对人们持有货币的各种动机进行了详尽的分析，并进而得出了实际货币需求不仅受实际收入的影响，而且也受利率影响的结论。这一结论隐含着另一个重要的含义，那就是，货币流通速度也是受利率影响的，因而是多变的。

凯恩斯对货币理论的基本贡献是从货币需求的动机入手，把人们对货币的需求动机分为三种，同样也相应地把货币需求分为三种，并将货币需求看作是一种函数关系。

凯恩斯认为货币需求是指特定时期公众能够而且愿意持有的货币量。人们之所以需要持有货币，是因为存在流动性偏好这种普遍的心理倾向，这一流动性偏好就构成了对货币的需求。因此，凯恩斯将人们持有货币的动机，称为流动性偏好，所以凯恩斯的货币需求理论也被称为流动性偏好理论。

一、货币需求的三种动机

（一）交易动机

交易动机指人们为了进行日常交易而持有货币。这种需求来源于个人或企业在支出和收入之间的时间差。例如，个人在从发薪日到消费日之间需要持有现金，而企业则在支付员工工资和收到销售收入之间需要流动资金。交易动机的需求直接与收入的多少和交易的频繁程度相关。

（二）预防动机

预防动机也称为谨慎动机，是指为了应对未来可能的突发情况而持有的货币。个人和企业会为可能出现的意外事件（如失业、疾病或突发的支出）预留一定的现金。这种需求的大小通常与收入水平相关，因为收入越高，人们通常会预留更多的资金以备不时之需。

（三）投机动机

投机动机是指人们为了利用未来的市场变化而持有货币。投机者预测利率或资产价格的变化，可能会选择持有货币而非投资债券或其他资产。在实际生活中，债券价格与利率水平成反比例。投机动机是三大动机中最重要、最复杂的一个，这类货币需求称为货币的投机需求。

凯恩斯将这三种动机合称为货币需求的两个方面，凯恩斯把交易动机和预防动机产生的货币需求统称为交易性货币需求；把投机动机产生的货币需求称为投机性货币需求。这些动机共同决定了人们愿意持有的货币量，形成了货币需求的整体观念。

二、凯恩斯的货币需求

（一）交易性货币需求

凯恩斯以 M_1 代表为满足交易性需求所持有的现金额，Y 代表收入，以 L_1 代表和部分现金相应的流动性偏好函数。L_1 主要决定于收入水平，也就是说，如果收入中公众为满足交易性需求作为闲置货币余额持有的部分，占了收入中的一个正常比率，那么为满足这种需求所持有的实际货币数量将随着收入水平的升降而增减，即在其他条件不变的情况下，L_1 是 M_1 与收入的函数关系，用公式表示为：$M_1 = L_1(Y)$。

按照凯恩斯的观点，对于货币的交易性需求来说，主要是受经济发展状况和收入水平两个客观因素现实变化的影响，而受心理预期因素的影响很小。

交易性货币需求主要有以下几个特征：

（1）相对稳定：交易性货币需求可以预测。由于人们对某一时期内的交易需要有相对明确的预算，因此这类需求相对稳定。

（2）主要用于交易：交易性货币需求主要用于满足商品和服务的交易需求。

（3）对利率不敏感：由于交易性货币用于日常必需的交易，无论利率如何，人们都需要保持一定额度的现金以确保交易的顺利进行，因此这部分货币需求对利率变化的敏感度较低。

（4）收入的递增函数：交易性货币需求随着收入的增加而增加。这是因为收入增加通常会导致交易量增加，从而需要更多的货币用于交易。

（二）投机性货币需求

凯恩斯在货币需求理论中的主要创新在于他引入了投机性货币需求的概念，这一概念强调了利率在货币需求中的重要作用。投机性货币需求是指人们为了未来可能的投机机会而愿意持有的一部分货币。凯恩斯假设，人们的财富可以以货币或生息资产（如长期政府债券）的形式持有，选择取决于这两种资产的相对回报。

债券价格与利率的关系是关键因素。具体来说，债券价格与利率呈反向变化。当市场利率上升时，债券的价格下跌；当市场利率下降时，债券的价格上涨。举例而言，如果一张年利息为10美元的债券在10%的市场利率下价格为100美元，而在5%的市场利率下，其价格则升至200美元。这是因为，市场利率的变动直接影响债券的利息收益率和资本利得。

凯恩斯指出，投机动机驱使人们根据对未来利率变化的预期来调整货币和债券的持有比例。具体来说，当市场利率较高时，持有生息资产（如债券）的利息收入较高，并且未来利率可能下降，债券价格上涨的预期会增加，因此人们会倾向于减少货币持有，增加债券投资。相反，当市场利率较低时，债券的利息收入不足以弥补潜在的资本损失，人们预期利率会上升，债券价格会下跌，因而更愿意持有货币。

凯恩斯还提出，每个人都有一个"安全利率"。当实际利率低于这个安全利率时，人们预期利率将会上升，因此增加货币持有；当实际利率高于安全利率时，人们预期利率将会下降，因此减少货币持有，增加债券投资。这个安全利率的变化会导致货币需求曲线的位移。

投机性货币需求的特征包括：

（1）对利率非常敏感：由于债券价格和利率呈反向关系，利率的微小变化都会影响人们对债券的预期，从而显著影响货币的投机性需求。

（2）难以预测：由于人们的预期和市场条件不确定，投机性货币需求难以准确预测。

（3）储藏财富的功能：货币不仅是交易媒介，还具有储藏财富的功能，尤其在经济不确定时，人们可能更倾向于持有货币以避险。

拓展阅读7-1

投机动机的表现

（4）与利率呈反向关系：利率越高，债券的吸引力增加，货币的投机性需求减少；利率越低，货币需求增加。

总的来说，凯恩斯的理论强调了货币需求不仅受到收入水平的影响，还受到利率变化的显著影响，丰富了对货币需求的理解，并为宏观经济理论提供了重要的视角。

知识链接7-2

流动性陷阱和流动性偏好

凯恩斯的货币需求理论表明，利率预期对人们持有货币和债券的决策至关重要。例如：

高利率情况下：假设利率非常高，如10%。在这种情况下，债券的收益率也很高，债券价格会很低，因此人们倾向于将所有货币换成债券。此时，货币需求几乎为零，因为持有货币的机会成本很高。假设利率极低，如2%。此时，债券的收益率很低，债券价格会很高。人们预测利率不会再下降，认为未来债券价格可能会下跌，因此将所有债券换成货币。即使有大量现金，人们也不愿购买债券，因为担心未来会贬值。这种情况称为"流动性陷阱"或"凯恩斯陷阱"。在流动性陷阱中，无论市场上有多少货币，人们都宁愿持有现金，因为他们预计债券会贬值。这使得货币的需求趋于无限大，而即使中央银行增加货币供给，也无法进一步降低利率。

流动偏好是凯恩斯提出的概念，是指人们持有货币的偏好。人们之所以产生对货币的偏好，是由于货币是流动性或者说灵活性最大的资产，货币随时可作交易之用，随时可应付不时之需，随时可作投机之用，因而人们对货币的偏好就称作流动性偏好。流动性偏好对货币需求的影响在三方面产生了较为明显的发展趋势：第一是物价水平对货币需求量的影响程度在加深，物价水平抬升的频次推动了居民对货币需求量的增长要求；第二是利率对货币需求量变动的敏感性和周期性在增强，货币需求量变动的幅度和频次对利率的反应能力提出了更高的要求；第三是物价水平及产品需求量对货币需求变化造成了冲击，由于相反的迂回参与效应，物价水平和产品需求量的相关水平在反向衰减。

拓展阅读7-2

货币需求

资料来源：高丁丁，陈卫红. 流动性偏好对我国货币需求的影响研究［J］. 经济问题，2018（4）：44-49.

三、凯恩斯的货币需求函数

将上面的讨论归纳起来，就可以得到凯恩斯的货币需求函数。应该注意的是，凯恩斯讨论的货币需求是实际的货币需求，而不是名义的货币需求。他认为，人们在决定持有多少货币时，是根据这些货币能够购买到多少商品来决定的，而不是仅仅看货币的面值是多少。实际货币需求可由名义货币需求除以价格水平，也就是 M^d/P 来表示。

凯恩斯以 M_1 代表为满足交易动机和预防动机而持有的现金额；M_2 代表为满足投机动机而持有的现金额。与这两部分现金额相对应的，是两个流动性偏好函数 L_1 和 L_2。L_1 主要取决于实际收入水平，有：$M_1 = L_1(Y)$，$\dfrac{dL_1}{dY} > 0$；L_2 主要取决于当前利率水平与当前预期状况的关系，有：$M_2 = L_2(i)$，$\dfrac{dL_2}{di} < 0$。把这两项合起来，就得到以下的货币需求函数：$\dfrac{M^d}{P} = M_1 + M_2$。

即 $\dfrac{M^d}{P} = L_1(Y) + L_2(i)$ (7.5)

显然，由式（7.5）描述的货币需求同实际收入呈正向关系，与利率呈反向关系[①]。

把利率作为影响货币需求的重要因素考虑进来是凯恩斯的一大创举。在此之前的货币需求理论，要么根本否认利率对货币需求的影响（如现金交易说），要么也只是隐约地提到利率发生作用的可能（如现金余额说）。凯恩斯则将货币需求对利率的敏感性作为其宏观经济理论的重要支点，并以此来攻击传统的货币数量论。

凯恩斯理论和货币数量论在货币需求理论上存在明显的分歧，主要体现在以下几个方面：

1.货币需求的稳定性

凯恩斯理论认为货币需求受利率影响显著，且对利率非常敏感。凯恩斯提出的流动性偏好理论指出，货币需求不仅受到收入水平的影响，还受到利率的影响。特别是在利率极低时，人们可能陷入"流动性陷阱"，此时货币需求对利率变化表现出非线性和不稳定性。

货币数量论坚持货币需求的稳定性。他们认为货币需求主要取决于收入和价格水平，且对利率的敏感性较低。货币数量论坚持主张货币供应量的变化直接影响价格水平，从而影响名义收入，强调长期内货币需求的稳定性。

2.货币流通速度

凯恩斯理论指出货币流通速度会随着货币需求的波动而变化，批评传统货币数量论将流通速度视为常数的做法。他们认为货币流通速度受到投机性需求的影响，在经济波动中，流通速度可能会显著变化。

货币数量论认为货币流通速度在短期内相对稳定，因此可以作为一个常数来处

---

① 由于持有货币的机会成本，即利息收入和资本利得，都是和名义利率相关的，所以这里的利率是指名义利率（本书中，除非特别说明，利率一般指的是名义利率，当然，在不考虑价格水平变化的情况下，名义利率也就等于实际利率）。但是，这并不意味着预期通货膨胀率（它影响实际利率）对货币需求是没有影响的，实际上，预期通货膨胀率可能会影响到人们对"安全利率"的判断，从而引起货币需求曲线的位移。

理。他们强调货币供应量对经济的直接影响，认为变化主要通过流通速度影响名义收入。

3.政策建议

凯恩斯理论建议通过财政政策和货币政策来平抑经济周期，认为货币政策在短期内受限于流动性陷阱和货币需求的不稳定性，因此需结合财政政策。

货币数量论主张货币政策的主要作用，强调控制货币供应量以稳定价格水平。他们认为政策应主要集中在管理货币供应，以维持经济稳定，避免过度干预。

任务五　弗里德曼的货币需求理论

在20世纪30年代之前，费雪交易方程式和剑桥方程式在西方资本主义国家中广泛使用。然而，在20世纪30年代大萧条期间，货币数量论被严重质疑，因为货币政策未能有效遏制经济危机，导致人们普遍认为货币因素并不重要。凯恩斯的《就业、利息和货币通论》于1936年出版后，标志着货币数量论的衰退。凯恩斯主义提出了新的货币理论，强调了利率、投资和总需求的作用，取代了货币数量论的主导地位。然而，在美国芝加哥大学，货币数量论仍有人继续研究和信奉。1956年，米尔顿·弗里德曼（Milton Friedman）在《货币数量论——重新表述》中重新阐述了货币数量论，标志着现代货币数量论的兴起。弗里德曼的著作推动了"货币学派"或"货币主义"的形成，这一学派对凯恩斯主义宏观经济学提出了有力的挑战。弗里德曼认为，货币数量论应从货币需求的角度理解，而不是仅仅将其视为物价水平或产出量的理论。他强调，要将货币数量论与货币供应条件及其他相关变量结合起来，以全面理解货币需求的变化对经济的影响。

一、弗里德曼的货币需求函数

弗里德曼继承了凯恩斯等人把货币视为一种资产的观点，从而把货币需求当作财富所有者的资产选择行为来加以考察。所不同的是，他不像凯恩斯那样，用债券代表货币之外的金融资产，从而把资产选择的范围限定在货币和债券之间，而是把债券、股票，以及各种实物资产都列为可替代货币的资产，从而将资产选择的范围显著扩大，并从中得出了与凯恩斯理论截然不同的结论。

货币既然是一种资产，那么最终财富所有者对它的需求，也就是以货币这种资产持有财富的愿望就受以下因素的影响：

1.财富总量

它相当于消费者理论中的预算约束。由于在实际生活中，财富很难加以估计，所以必须用收入来代表。但是弗里德曼认为，利用一般的现期收入指标来作为衡量财富的指标是有缺陷的，因为它会受到经济波动的影响，必须用持久性收入来作为财富的代表。所谓持久性收入（permanent income）（也译为恒久性收入或永久性收入），是弗里德曼在他的消费理论中提出的一个概念。它是指消费者在较长一段时期内所能获得的平均收入。在实际计算中，可以用现在及过去年份实际收入的加权平均数来加以估算。利用这一变量可以排除一些暂时性的扰动因素。

2.财富在人力与非人力形式上的划分

所谓人力财富主要是指个人的谋生能力。由于人力财富向非人力财富的转化往往因社会制度的转化而局限在很小的范围内，所以人力财富的流动性较低，而不像债券、股票那样随时可以出售。因此，人力财富在财富总额中占较大比例的所有者将试图通过持有较多的货币来增加其资产的流动性，因为货币是一种流动性最高的资产。弗里德曼据此认为，人力财富对非人力财富的比率（或者非人力财富占总财富的比率）是影响货币需求的重要因素。

3.持有货币的预期报酬率

持有货币的预期收益包括两个部分：首先是银行为支票存款支付的少量利息（弗里德曼通常将货币定义为 M_2，这样储蓄存款和定期存款的利息也属于货币的预期收益）；其次是银行为支票存款提供的各种服务，例如自动为存款人支付水、电费等。

4.其他资产的预期报酬率

其他资产的预期报酬率即持有货币的机会成本，其包括两部分：一是任何当期支付的所得或所支，例如债券的利息，股票的股息，以及实物资产的保管费用；二是这些资产项目价格的变动，例如债券和股票的资本利得，实物资产在通货膨胀时期的价格上涨。

5.其他因素

其他因素如财富所有者的特殊偏好等，它们在短期内可以被视为是不变的。

弗里德曼是沿着"剑桥方程式"来重新表述他对"货币数量论"的见解的。他认为，可以把剑桥方程式 $M = kPY$ 看作是货币需求函数：P、Y 是货币需求所依存的许多变量中的两个；k 是代表所有其他变量，因此 k 不应被当作数值上的常量，而其本身应被当作还存在的其他变量的函数。他认为："为求完善，这种分析需要另一方程以表明作为其他变量的货币供应。于是，物价水平或名义收入水平就是货币需求函数和货币供应函数相互作用的结果。"在弗里德曼看来，决定货币供应量（从人们对货币的需求的角度来看，也是人们所保有的名义货币数量）的因素基本上取决于货币制度，即由法律和货币当局决定货币量。至于决定货币需求（社会需要保有的实际货币数量）的因素，则包含在弗里德曼得出的个人财富持有者的货币需求函数中：

$$\frac{M^d}{P} = f(Y_P,\ \omega,\ r_m,\ r_b,\ r_e,\ \frac{1}{P}\cdot\frac{dP}{dt},\ \mu) \tag{7.6}$$

式中：$\frac{M^d}{P}$——实际货币需求；Y_P——实际持久性收入，用来代表财富；ω——非人力财富占总财富的比率；r_m——货币的预期名义报酬率；r_b——债券的预期名义报酬率，包括债券的资本利得；r_e——股票的预期名义报酬率，包括股票的资本利得；$\frac{1}{P}\cdot\frac{dP}{dt}$——商品价格的预期变化率，也就是实物资产的预期名义报酬率；μ——其他影响货币需求的因素。

在上述影响货币需求的因素中，Y_P，r_m 与货币需求呈正向关系，ω，r_b，r_e，$\frac{1}{P} \cdot \frac{dP}{dt}$ 与货币需求呈反向关系。

在这里，弗里德曼的研究方法是把货币看作一种资产（如同债券、股票、耐用消费品、房屋这些资产一样），并把这种资产当作只是持有财富的一种形式。他假定货币与商品之间存在着递减的边际替代率，因此，一个人持有的货币越多（与固定的一堆物品相联系来说），他就越有可能把货币花费在更多的物品上，以便使得所提供的各种边际效用相等。这个假设暗示货币与物品之间有替代关系，因而货币余额的过度增长（或下降）就对总需求有着很大的直接影响，这与凯恩斯关于闲置货币余额将只花费在金融资产上（不花费在商品上）的看法完全不同。因此，他认为，对货币的需求基本上决定于：①总财富；②各种形式的财富的报酬。由于弗里德曼的总财富不仅包括物质财富，还包括所谓的"人力财富"，所以总财富的量值无法从统计资料中得到。于是，弗里德曼便用收入充当财富的代表，因为，按照西方经济理论，财富只不过是收入的资本化价值。但弗里德曼拒绝用现期收入作为财富的代表，因为现期收入在短期内易受无规律的波动的支配。他是用长期的收入概念，即用他在《消费函数理论》这本著作中所发展出来的"持久性收入"这一概念来作为财富的代表。因此，上面的货币需求函数中，y 实际上是用不变价格计算的"持久性收入"。

二、现代货币数量论的理论观点

弗里德曼的现代货币数量论在重新阐述货币数量论时，提出了新的理论视角，这些视角在一定程度上与传统的凯恩斯主义观点相对立。以下是现代货币数量论的核心理论观点：

（一）货币需求对利率的非敏感性

弗里德曼认为货币需求对利率的变化并不敏感。这一观点基于以下理由：

货币和其他资产的预期报酬率的同向变化：当利率上升时，通常银行会提高存款利率或提供更多金融服务以吸引存款，从而提高货币的预期报酬率。因为货币的预期报酬率和其他资产（如债券、股票）的预期报酬率通常会同步变化，所以货币需求在利率变动时保持相对稳定。利率变动带来的货币预期报酬率的变化不会导致货币需求的大幅度波动。

弗里德曼在其货币需求理论中强调，货币需求的主要决定因素是持久性收入，而非当前的名义收入。持久性收入指的是个体或家庭在长期中可持续获得的平均收入水平，排除了短期内由偶发性因素引起的收入波动。由于持久性收入变动相对平稳，因此货币需求也表现出较强的稳定性。这一点有别于凯恩斯学派强调利率对货币需求的短期影响，弗里德曼由此突出了收入因素，尤其是长期预期收入在货币需求行为中的主导地位。

（二）货币需求函数的稳定性

弗里德曼认为，货币需求函数是稳定的，不容易发生大幅度的位移。这一点与凯恩斯的观点不同。凯恩斯认为，货币需求函数会因人们对利率的安全看法的变化而发生位移，从而使货币需求的关系变得不稳定。

货币需求函数的稳定性：货币需求函数不会因为短期的经济波动或心理预期的变化而发生显著的位移。即使存在影响货币需求的各种因素，这些因素也不会使货币需求函数大幅波动。这种稳定性使得当前货币需求可以被用来预测未来的货币需求。

(三) 货币流通速度的稳定性

由于货币需求函数的稳定性，弗里德曼得出以下结论：

根据交易方程式：

$$V = \frac{Y}{M^d / P} = \frac{Y}{f(Y_P)} \tag{7.7}$$

因为货币需求是稳定的，货币流通速度也应当是稳定的。

名义收入的决定因素：在货币市场均衡的条件下，货币供应量的变化直接影响名义收入。通过预测稳定的货币流通速度，弗里德曼认为可以有效地估计名义收入的变动。因此，货币供给仍然是决定名义收入的主要因素。

综上，弗里德曼的现代货币数量论，即"名义收入货币理论"，认为货币供应量是决定名义收入的主要因素。通过强调货币需求对利率的非敏感性和货币需求函数的稳定性，弗里德曼将传统的货币数量论重新表述为现代经济学的核心理论之一。这一理论为货币政策的制定提供了新的视角，并挑战了凯恩斯主义的货币需求观念。

三、现代货币数量论与传统货币数量论和凯恩斯的货币需求理论的区别

(一) 现代货币数量论与传统货币数量论的不同

货币流通速度不再被假定为一个固定的常数，而被认为是一个稳定的、可以预测的变量。它放弃了传统货币数量论所认为的经济持续处于充分就业水平，从而当货币供给变化时，实际国民收入保持不变，价格与货币供给同比例变化的观点，而认为在短期内实际国民收入也将随货币数量的变化而有所变化，因而货币供给的变动究竟在多大程度上引起实际国民收入的变动，以及在多大程度上引起价格水平的波动，要视其他条件而定。

显然，从以上不同可以看出，现代货币数量论在传统货币数量论的某些观点上有所退却。但是，它们在一些基本的立场上却是一致的，那就是它们都强调货币存量对名义国民收入的重要影响。更重要的是，它们都认为，经济自身存在着向充分就业水平收敛的内在趋势。

(二) 现代货币数量论与凯恩斯货币需求理论的不同

虽然都是从资产选择的角度来讨论货币需求，但是弗里德曼的货币需求理论和凯恩斯的理论却有着明显的不同。

凯恩斯考虑的仅仅是货币和生息资产之间的选择，而弗里德曼所考虑的资产选择范围则要广泛得多，它不仅包括货币、债券，还包括公平和实物资产。

弗里德曼没有像凯恩斯那样把货币的预期报酬率视为零，而是把它当作一个会随着其他资产预期报酬率的变化而变化的量。

这两点不同不仅使他们对货币需求函数的看法截然不同，而且还使他们对其他经济变量的影响过程有着不同的见解。

任务六　现实经济中的货币需求理论和实践

一、现实中货币需求的影响因素

根据前面所提到的货币需求理论，联系现实情况，从宏观和微观的角度，我们可以总结出影响货币需求的主要因素。

（一）收入水平

收入水平对货币需求的影响主要体现在交易需求和预防性需求两个方面。随着个人和企业收入的增加，他们的交易活动也随之增加，因此对货币的需求也会提高。这是因为更高的收入意味着更多的支出和更频繁的交易，个人和企业需要更多的货币来完成这些交易。此外，更高的收入也意味着更高的财务安全性和更多的财务规划需求，因此对货币作为储备的需求也会增加。这种需求主要是为了应对未来的不确定性和突发事件。经济繁荣时期，收入增加通常导致货币需求上升；相反，当收入减少（例如在经济衰退时），货币需求也会减少。

（二）利率水平

利率水平对货币需求的影响主要体现在机会成本上。当利率上升时，持有货币的机会成本增加，因为持有现金意味着无法获得更高的利息收益。因此，个人和企业可能会减少对货币的需求，将资金转移到利息更高的资产上，例如存款或投资产品。当利率下降时，持有货币的机会成本减少，个人和企业可能会增加对货币的需求。利率的变动通常会影响货币的预期报酬率，包括银行提供的利息和服务，因此利率的变化也会影响货币需求。

（三）价格水平（通货膨胀）

价格水平对货币需求的影响主要体现在实际购买力的变化上。当价格水平上升，即发生通货膨胀时，为了维持相同的购买力，个人和企业需要持有更多的货币。因此，高通胀时期，实际货币需求通常会上升，以便应对价格上涨带来的购买力下降。然而，高通胀也可能导致人们更快地花掉货币，以避免未来的贬值损失。因此，尽管通货膨胀可能导致货币需求增加，但也可能因为贬值预期而使货币持有时间缩短。相反，在低通胀或通货紧缩时期，实际购买力提高，货币需求可能会减少。

（四）货币流通速度

货币流通速度是衡量货币在经济中使用频率的指标，对货币需求有重要影响。货币流通速度快，意味着每单位货币能支持更多的交易，通常会导致货币需求相对减少。经济活动的增加，通常会提高货币的使用频率，从而使货币流通速度加快。反之，经济活动减少时，货币流通速度减慢，货币需求可能增加。货币流通速度的变化直接影响到货币的实际需求量，因此，稳定的货币流通速度有助于预测货币需求的变化。

（五）金融创新和支付方式的变化

金融创新和支付方式的变化对货币需求产生了深远的影响。新兴的支付方式，如电子支付、移动支付和数字货币，使得货币的实际使用方式发生了变化。这些新技术提高了交易的效率，减少了对传统现金的需求。例如，使用电子支付和移动支付可以减少对纸币和硬币的需求，从而改变货币需求的结构。金融产品和服务的创新，如电子钱包和自动支付系统，也减少了对现金的依赖，改变了货币的持有方式和需求模式。

（六）政府政策和货币政策

政府政策和货币政策直接影响货币需求。中央银行的货币政策（如调整利率、进行公开市场操作）通过改变货币供应量，影响货币需求。例如，扩张性货币政策（降低利率或增加货币供应）通常会增加货币需求，因为更低的利率降低了持有货币的机会成本。相反，紧缩性货币政策（提高利率或减少货币供应）则可能减少货币需求。政府的财政政策，如增加支出或减税，也会影响经济活动和收入水平，从而间接影响货币需求。政策的变化通过影响经济环境和市场预期，进而影响货币需求的水平和波动。

（七）经济预期和不确定性

经济预期和不确定性在影响货币需求中扮演了重要角色。人们对未来经济状况的预期（如收入变化、经济增长或衰退）会影响他们的货币需求。例如，预期经济衰退可能促使人们增加货币储备，以应对未来的经济不确定性和潜在风险。经济不确定性（如政治不稳定、市场波动）也可能增加对货币的需求，因为货币被视为一种安全资产。在不确定时期，人们更倾向于持有货币以减少风险，而不是投资于可能波动的资产。这种行为在短期内可能导致货币需求的显著增加。

二、现实中货币需求量的测定

经济学界有多种货币需求学说，它们各自从不同的角度研究了货币需求量同其影响因素之间的数量关系，形成了许多不同的货币需求理论，如马克思的货币需求理论、凯恩斯的货币需求理论、弗里德曼的货币需求函数等。对货币需求的理论探讨固然重要，但对货币需求富有实际意义的还是量的分析和测定。

现实中，我国对人民币需求量的测算是依据马克思的货币需求原理进行的。实际测算方法较多，如经验数据法、基本公式法、回归分析法、微分法、优选计算法等。下面主要介绍基本公式法和微分法。

（一）基本公式法

基本公式法从马克思揭示的货币流通规律出发，考虑到经济活动中货币流通的连续性和继承性，根据经济增长率、物价变动率和货币流通速度变化率三个因素，计算计划期的货币需求量增长率。其公式如下：

$$M'_d = \frac{(1+n')(1+p')}{1+V'} - 1$$

当货币流通速度延缓时，取$-V'$，加快时取$+V'$。

式中：M_d'——货币需求量增长率；n'——经济增长率；p'——物价上涨率；V'——货币流通速度变化率。

（二）微分法

根据前面所讲，马克思的货币流通规律可表示为：$M=\dfrac{PQ}{V}$，把马克思的货币流通规律变形为：

$$MV=PQ$$

然后微分得：

$$\frac{dM}{M}=\frac{dP}{P}+\frac{dQ}{Q}-\frac{dV}{V}$$

其经济含义是，货币需求量变动率（$\dfrac{dM}{M}$）等于商品价格变动率（$\dfrac{dP}{P}$）加上商品数量变动率（$\dfrac{dQ}{Q}$），减去货币流通速度变动率（$\dfrac{dV}{V}$）。其中，商品数量变动率可用社会总产值变动率代替，商品价格变动率可用物价指数变动率代替。如果我们用M_d'表示$\dfrac{dM}{M}$，用n'代替$\dfrac{dQ}{Q}$，用p'代替$\dfrac{dP}{P}$，用V'代替$\dfrac{dV}{V}$，则上面微分公式可表示为：

$$M_d'=n'+p'-V'$$

以上两种计算模型有两点需要注意：一是两种模式计量的都是计划期货币需求增长率，是一个计划相对数，因而，必然要求基期货币流通状况基本正常。否则，要相应加以调整。二是两种模式计量的都是狭义的货币需求量。以上两公式计算结果不太一致，具体应用时可互相印证或根据经验数据调整。

金融视窗

数字人民币试点推动货币交易需求结构升级

近年来，随着数字技术的发展，中国人民银行在全国多个城市陆续开展了数字人民币（e-CNY）试点。作为央行发行的法定数字货币，数字人民币具有不依赖银行账户、交易成本低、支付效率高等特征，这些优势有效激发了居民和企业的货币使用意愿，推动了货币交易需求的结构性上升。

来自中国财政科学研究院的研究表明，在数字人民币试点城市中，普惠金融发展水平明显高于非试点城市，其中"支付使用"这一分项指数增长最为显著。这说明，数字人民币通过广泛的支付场景嵌入，如水电缴费、交通出行、工资发放、消费购物等，促使居民与企业日常交易频率上升，从而带动交易性货币需求显著增长。同时，由于数字人民币可实现"支付即结算"，因此流通效率提升，也进一步增强了市场主体对货币的持有偏好。

更重要的是，数字人民币的普及对传统支付方式形成了竞争压力，倒逼支付平台降低门槛、优化服务，从而实现货币需求的更大范围覆盖和更高效率配置。这不仅丰富了货币需求的技术载体，也优化了货币在经济体系中的流动机制。

资料来源：[1] 曹惠芳，赵全厚，杨刚强．数字人民币对普惠金融的促进作用——来自数字人民币试点的准自然实验证据 [J]．金融论坛，2023（12）．43-53.

[2] 中国人民银行．中国数字人民币的研发进展白皮书 [R]．北京：中国人民银行，2021.

启示：党的二十大报告提出要"加快建设现代化经济体系""促进数字经济和实体经济深度融合"。数字人民币试点作为金融领域的创新实践，是落实这一精神的重要体现。

数字人民币作为中央银行发行的法定数字货币，凭借其独特的技术优势，正在推动货币交易需求结构的优化升级。从"支付即结算"、不依赖银行账户，到更高频率、更低成本的交易效率，其运行机制显著提升了货币流通的速度与覆盖广度。这一变革性进展要求我们以理性、系统的分析框架理解其背后的经济逻辑，避免陷入经验性判断或主观推测。唯有建立在科学思维基础之上的观察与判断，才能准确把握其对货币需求行为的深远影响。

在实践层面，随着数字人民币的广泛应用，居民与企业的支付频率显著提升，交易行为呈现更加便捷与高效的特征，普惠金融水平亦随之改善。这一系列变化反映出货币需求呈现出更高的响应性与功能性，提示我们应善于从支付工具演化中识别宏观经济运行的微观信号，进而更精准地判断货币需求的阶段性变化。

此外，数字人民币的发展还倒逼传统支付平台提升服务质量与技术能力，优化资源配置效率，从而推动整个金融体系对货币需求的响应更加迅捷有序。这一过程凸显了货币需求研究在社会经济发展中的现实价值。在数字经济背景下，货币金融理论不仅要关注变量关系的稳定性，更需关注其制度演化与政策适应性。因此，研究者应立足于经济高质量发展的宏观目标，增强金融创新的使命感与责任意识，推动构建更加包容、灵活与具备韧性的现代货币体系。

☑ 项目小结

本项目按西方货币需求理论的影响程度和先后顺序分别介绍了马克思的货币需求理论、传统货币数量论、凯恩斯货币需求理论以及现代货币数量论，并分析了现实中影响货币需求的因素及货币需求量的测定问题。本项目的内容是后续学习通货膨胀与通货紧缩、货币政策与宏观调控的基础。

项目训练 》

一、重要概念

货币需求　交易动机　货币流通速度　流动性陷阱

二、单项选择题

1.人们根据对市场利率变动的预测，需要持有一定数量货币，伺机进行投资并从中获利的动机是（　　）。

A.交易性动机　　　　　　　　　　　　B.预防性动机

C.投机性动机   D.预测性动机

2.在正常情况下，市场利率与货币需求呈（   ）。

A.正相关   B.负相关

C.正负相关都可能   D.不相关

3.下列关于货币需求动机的表述中，错误的是（   ）。

A.交易动机的货币需求主要来源于日常商品和服务交易

B.预防动机的货币需求是为应对未来的不确定性和临时支出

C.投机动机的货币需求在利率较高时更强烈

D.投机动机的货币需求与利率变化密切相关，通常在利率下降时上升

三、多项选择题

1.凯恩斯认为，人们持有货币的动机有（   ）。

A.投资动机   B.消费动机   C.交易动机

D.预防动机   E.投机动机

2.下列影响因素中，（   ）与货币需求同方向变动。

A.收入   B.价格   C.利率

D.货币流通速度   E.金融资产收益率

3.（   ）是影响货币需求的主要经济指标。

A.收入   B.价格   C.利率

D.货币流通速度   E.金融资产收益率

四、判断题

1.在经济衰退时期，为刺激总需求，中央银行往往提高利率以增加交易性货币需求。   （   ）

2.货币需求就是人们持有货币的愿望，不考虑人们是否有足够的能力来持有货币。   （   ）

3.在经济衰退时期，为刺激总需求，中央银行往往提高利率，以增加交易性货币需求。   （   ）

4.当居民消费意愿增强、电子支付普及且商品交易频繁时，该地区的货币需求将趋于减少。   （   ）

五、思考题

1.纸币流通条件下货币流通量的规律是什么？

2.剑桥学派认为影响人们货币需求的因素有哪些？

3.交易性货币需求的主要特征有哪些？

4.现代货币数量论与凯恩斯货币需求理论有哪些不同？

六、讨论题

现实中影响我国货币需求的因素有哪些？

七、案例分析

近年来，中国经济经历了诸多变化，包括货币政策的调整和经济环境的波动。在2020年至2021年期间，中国货币流通速度（V2）出现了显著下降。2020年的V2为

0.45，而到2021年下降至0.42。这一趋势可能与货币供应量（M2）的变化有关。货币供应量在这段时间内有所增加，例如，2020年M2年增长率为10.1%，2021年略微下降至9.4%。尽管M2继续增长，但货币流通速度的下降表明货币的使用效率降低，可能反映出经济活动放缓或货币需求的变化。这种现象可能是由于经济不确定性增加导致货币持有者更加谨慎，减少了货币的流通。消费者物价指数（CPI）的变化进一步提供了有关货币需求的线索。从2019年至2021年，CPI年增长率从2.9%下降至0.9%。这一显著下降可能与货币供应量的增加以及其他宏观经济因素有关。尽管M2的增长支持了货币供应的增加，但CPI的降低表明货币的实际购买力可能并未提升，反映了需求不足或者经济中存在其他抑制物价上涨的因素。经济环境的变化，如新冠疫情带来的冲击和随后的经济复苏政策，也对货币需求产生了重要影响。疫情期间，经济活动受限，消费者和企业的支出减少，导致货币流通速度下降。同时，政府和中央银行采取了一系列宽松的货币政策来支持经济复苏，包括降息和增加货币供应。这些政策虽然增加了市场上的货币量，但经济复苏的进程和货币需求的恢复不一定同步，导致货币流通速度减缓。

资料来源：根据国家统计局、中国人民银行官网资料整理。

问题：货币流通速度在近年来呈现出什么样的变化趋势？货币供应量（M2）的变化对货币需求有何影响？经济环境的重大变化如何影响货币需求？货币需求的变化对中央银行货币政策有何意义？

项目八　货币供给

学习目标

1.知识目标

通过本项目的学习，学生将掌握货币供给的基本概念和构成，理解货币创造的过程。掌握基础货币的含义及乔顿货币乘数的推导及计算，熟悉主要的货币供给模型。

2.能力目标

培养学生分析和解决货币供给问题的能力，能够运用货币供给理论对实际经济问题进行定性和定量分析。通过对货币供给模型的学习，学生将具备构建和解读货币供给框架的技能，并能够评估中央银行政策对货币供给的实际效果。这些能力将有助于学生在金融分析、经济政策研究等领域的进一步发展。

3.素养目标

本项目旨在培养学生对货币供给及其在经济运行中的重要性的全面认识，增强对金融系统稳定性和宏观经济调控的责任感。学生将树立科学的经济思维方式，理解货币供给与社会经济发展的关系，增强对中央银行政策操作的理解和认同，从而为成为有社会责任感的金融从业者和政策制定者打下良好基础。

思维导图

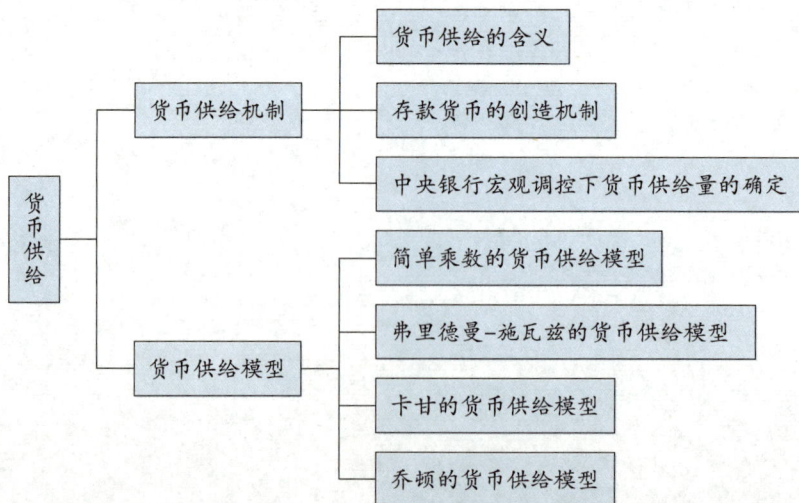

引例

M2大扩张：从哪里来？

截至2024年初，中国的广义货币（M2）存量已突破290万亿元人民币。这一数字远超世界其他主要经济体，例如美国的M2存量在同一时期约为28万亿美元，折合人民币约为200万亿元。尽管中国的GDP约占美国的70%，但M2与GDP的比值却显著高于国际通行的标准。许多经济学家认为，M2与GDP的适当比例对于经济的稳定至关重要，过高的比例可能预示着货币严重超发的风险。

中国M2的大幅扩张可以归因于多个关键因素。首先，中国金融体系依然是以银行为主导，银行信贷扩张直接推动了M2的增长。近年来，为了应对经济下行压力，中国政府通过扩大银行信贷规模和实施积极的财政政策来刺激经济。尤其是在疫情冲击下的2020年至2021年，中国采取了包括降准、降息以及大规模的再贷款支持，进一步推高了M2的增速。

其次，中国的外汇占款仍然是基础货币供给的重要渠道。尽管近年来中国的贸易顺差有所收窄，但外汇流入仍然对基础货币的被动投放产生了重要影响。为了维持人民币汇率的稳定，中国人民银行大幅扩张了资产负债表。到2023年底，中国人民银行的资产规模已经接近40万亿元人民币，这也使得基础货币的供给持续增加，进而通过银行存款派生扩大了M2的规模。

资料来源：刘宏振. 2024年金融运行分析［J］. 中国金融，2025（3）：72-73.

思考：为什么中国的货币存量如此之高？这一现象背后反映了中国经济结构、融资结构和金融体系的特征。中国的经济仍然依赖于高投资驱动，高投入行业对货币的需求量较大；与此同时，中国的企业融资仍然主要依赖于银行信贷，这种间接融资方式导致货币供给派生速度加快，M2增速居高不下。随着金融市场的发展，尽管中国金融创新能力逐步增强，但相较于西方发达经济体，仍有较大差距。因此，将通过本项目的学习，对基础货币、派生存款以及货币供给等问题进行深入探讨。

任务一　货币供给机制

微课8-1

一、货币供给的含义

货币供给是与货币需求相对的一个概念。货币供给可以从静态和动态两个角度来考察和理解。静态的货币供给是一个存量的概念，人们往往称

投机需求

货币银行学

之为货币供给量，它是一个国家在一定时点上流通的货币总量。动态的货币供给则是指货币供给主体，即现代经济中的银行向货币需求的主体提供货币的整个过程。

知识链接8-1

存量和流量

存量是指在某一特定时点上所测量的经济量，通常用于反映一个经济单位在该时点所拥有或承担的资产、负债状况。例如，某年末居民部门的金融资产余额或中央银行的基础货币发行量，均属于存量变量。存量的基本特征是"时点性"，其数值只在特定时间节点上成立。流量则是指在一定时期内（如一个季度、一年）所累积发生的经济活动量，用以衡量经济价值在这一时期内的形成、转化、交易、转移或消失过程。典型的流量变量包括国内生产总值（GDP）、货币供应量的新增部分、财政赤字或企业利润等。流量具有明显的"时期性"特征，反映的是某一时段内经济行为所引致的量变。

资料来源：李伟民. 金融大辞典［M］. 哈尔滨：黑龙江人民出版社，2002.

理解货币供给的含义应从以下几个方面入手：

（一）货币供给的主体

不同的货币体制，货币供给的主体是不同的。在国家垄断货币发行权之前，货币供给主体是分散的，尤其是在金铸币本位制下，几乎所有拥有货币金属的主体都可以成为货币供给者；但在国家垄断货币发行权以后，特别是中央银行的出现，货币发行即由国家授权给中央银行统一组织发行。

（二）货币供给的客体

货币供给的客体是指发行者或者货币供给者向流通中供应什么样的货币。不同的货币制度下也存在不同的差别。在信用货币制度下，发行者供给的货币是多层次的，既有现金，也有存款，还有其他形式的货币。

（三）货币的供给过程

货币的供给过程是与具体的货币制度相联系的。在现代不兑现的信用货币制度下，流通中的货币不论是现金，还是存款，都是通过银行的信用活动形成的。因此，银行是货币供给的主体。在货币供给过程中，商业银行和中央银行分别发挥不同的作用。整个货币的供给首先是由中央银行提供基础货币，在货币乘数的作用下，通过商业银行的信用创造，然后向社会经济提供包括现金、存款等各种不同层次的货币。

二、存款货币的创造机制

（一）原始存款与派生存款

原始存款是银行吸收的客户以现金形式存入商业银行的直接存款以及商业银行对中央银行的负债余额。派生存款是指由银行贷款通过转账创造出来的存款。原始存款是创造派生存款的基础。

（二）创造派生存款的前提条件

商业银行创造派生存款需要具备两个前提条件：

1.部分准备金制度

部分准备金制度是银行将所吸收存款按一定比例作为准备金的制度。在部分准备金制度下，银行可以在保留部分准备金的条件下，将客户存款的其余部分用于发放贷款。

2.非现金结算

非现金结算是以非现金流通方式进行的结算，即在银行存款的基础上，通过存款货币的转移完成债权债务的清偿，存款被社会当作货币来使用。在这种结算方式下，货币运动只是存款货币从一个账户转移到另一个账户，是银行的债权人和债务人的相对变化，而用于支付的货币仍然停留在银行的账户上。

（三）存款货币的创造过程

为了简化分析，我们还要做以下几个假定：①整个银行体系由中央银行和至少两家商业银行所构成；②商业银行只持有法定存款准备金，其余部分全部贷出，超额准备金为零，法定存款准备金率为10%；③客户不持有现金，其收入的一切款项均存入银行，形成活期存款，不增加其定期存款和储蓄存款。

假设第一家银行接受了其客户存入的10 000元现金（原始存款）。在第一家银行原来持有的准备金正好满足中央银行规定的法定存款准备金比率的条件下，根据以上假设，该银行应再提取准备金1 000元，并将剩余准备金9 000元全部用于发放贷款。而取得贷款的客户又将款项用于支付，而收款人又将把这笔款项全部存入其开户的另一家银行——第二家银行。第二家银行存款增加了9 000元，并且在不留超额准备金的假设下，它也必将根据中央银行规定的法定存款准备金比率，提取准备金900元，然后，将剩余的8 100元用于贷放。以此类推，随着商业银行存贷机制的不断展开，存款货币派生出来，其派生过程见表8-1。

表8-1 　　　　　　　　　 商业银行体系存款货币的派生过程 　　　　　　　　　单位：元

银行名称	存款额	法定准备金	贷款额
第一家银行	10 000	1 000	9 000
第二家银行	9 000	900	8 100
第三家银行	8 100	810	7 290
第四家银行	7 290	729	6 561
……	……	……	……
合计	100 000	10 000	90 000

由此可见，在部分准备金制度下，第一家银行最初的10 000元原始存款，通过商业银行贷款业务，使银行系统的存款总额增至100 000元，其中有90 000元是由贷款转化的派生存款。

具体来看，各指标之间的数量关系如下：

$$银行体系存款扩张的倍数 = \frac{1}{法定存款准备金比率}$$

$$银行体系的存款总额 = \frac{原始存款}{法定存款准备金比率}$$

派生存款 = 银行体系的存款总额 − 原始存款

上述的公式是在前述假定的基础上得出的，而现实的经济生活中，由于存在许多客观制约因素，所以银行的存款扩张能力要小得多。

三、中央银行宏观调控下货币供给量的确定

上面我们分析了存款货币的创造，理解存款货币的创造是理解货币供给过程的基础。如前所述，在货币供给过程中，商业银行和中央银行分别发挥不同的作用。整个货币的供给是由中央银行提供基础货币，在货币乘数的作用下，通过商业银行的信用创造，然后向社会经济提供包括现金、存款等各种不同层次的货币。

假设货币供给量为 M，基础货币为 B，货币乘数为 m，则用公式表示三者的关系为：

$$M = m \times B \tag{8.1}$$

由此，我们可以看出货币供给量主要决定于基础货币和货币乘数这两个因素，而这两个因素又受多重复杂因素的影响。

（一）基础货币

1.基础货币的含义

基础货币（也称为高能货币、货币基础或原始货币）是指由中央银行发行的货币总量，包括流通中的现金（即公众持有的纸币和硬币）以及商业银行在中央银行的存款准备金。基础货币是整个金融系统的根本货币，构成了银行信用创造的基础。具体来说，基础货币由以下两部分组成：

流通中的现金：由公众和企业持有的纸币和硬币，这部分货币直接参与日常交易，是最基础的支付工具。

银行的准备金：商业银行在中央银行的存款，这部分资金主要用于满足法定存款准备金要求，以及应对银行间支付结算的需要。

基础货币的重要性在于，它是银行体系扩展信贷的基础，通过货币乘数效应，基础货币可以通过银行的贷款和存款创造过程，派生出更大规模的广义货币（如 M1、M2）。因此，中央银行对基础货币的控制和管理，是其实施货币政策、调控货币供应量和维持金融稳定的关键手段。

基础货币通常用公式表示为：

$$B = R + C \tag{8.2}$$

式中：B 为基础货币；R 为商业银行的准备金；C 为流通于银行体系外而被社会公众持有的现金。

2.影响基础货币的因素

（1）中央银行的货币政策操作

公开市场操作：中央银行通过在公开市场上买卖政府债券等金融资产，直接影响基础货币的供给量。例如，当中央银行购买政府债券时，它会向市场注入基础货币，增加流通中的基础货币量；反之，出售政府债券则会减少基础货币量。

再贴现政策：中央银行通过调整贴现率和再贴现窗口的操作，影响商业银行的准备金水平，从而影响基础货币的供给。当贴现率降低，商业银行借款意愿增加，基础货币供给上升；反之，当贴现率提高，借款减少，基础货币供给下降。

存款准备金率：调整法定存款准备金率是中央银行影响基础货币的另一重要手段。降低存款准备金率释放商业银行的准备金，增加基础货币供给；提高存款准备金率则减少商业银行可用资金，基础货币供给减少。

（2）外汇占款

外汇占款是指本国中央银行收购外汇资产而相应投放的本国货币。由于人民币是非自由兑换货币，外资引入后需兑换成人民币才能进入流通使用，国家为了外资换汇要投入大量的资金，需要国家用本国货币购买外汇，因此增加了"货币供给"，从而形成了外汇占款。

知识链接8-2

汇市干预

汇市干预即一国货币当局基于本国宏观经济政策和外汇政策的要求，为控制本币与外币的汇率变动，而对外汇市场实施的直接或间接的干预活动，以使汇率的变动符合本国的汇率变动政策的目标。

资料来源：佚名．汇市干预［EB/OL］．［2025-06-15］．https：//baike.baidu.com/item/%E6%B1%87%E5%B8%82%E5%B9%B2%E9%A2%84/15963398? fromModule=search-result_lemma.

（3）现金漏损

公众现金需求：当公众对现金的需求增加，更多资金从银行系统中取出，进入流通，这部分基础货币不再用于银行间的结算和贷款，从而影响基础货币的流通结构。这种"现金漏损"现象减少了银行系统中的准备金，对货币供给产生间接影响。

（4）银行体系的自发性调整

银行体系的流动性需求：商业银行为了应对自身流动性需求，可能会调整在中央银行的准备金，这种调整可能会引发基础货币的短期波动。银行对流动性管理的需求也会影响基础货币的供给动态。

拓展阅读8-1

货币供给的计算方法

（二）货币乘数

1.货币乘数的含义

货币乘数（Money Multiplier）是衡量银行系统在一定的基础货币（如中央银行发行的货币）基础上，通过信贷扩张创造出更大货币供应量的能力。它表示的是广义货币（如M2）与基础货币（如M0）的比率，即货币供应量与基础货币之间的倍数关系。货币乘数反映了银行体系通过存款派生和信贷创造过程对货币供应量的放大作用。在基础货币一定的条件下，货币乘数决定了货币供给的总量。货币乘数越大，则货币供给量越多；货币乘数越小，则货币供给量就越少。所以，货币乘数是决定货币供给量的又一个重要的甚至是关键的因素。货币乘数是以商业银行创造货币的扩张倍数（或收缩比例）为基础的。

知识链接8-3

数字货币时代的货币乘数

在经济金融发展过程中，随着经济总量和金融总量的扩展，信用货币总量的扩张是一个客观趋势，与此对应，货币结构中履行支付功能的电子货币占比上升也是必然的。在数字经济发展中，如果数字货币在一定程度上取代了纸币，则货币乘数还将进一步提高。

资料来源：王国刚，罗煜，潘登. 双层存款乘数框架下的货币乘数［J］. 经济理论与经济管理，2024（3）：33-48.

2.影响货币乘数的因素

微课8-2

调整法定存款
准备金率

影响货币乘数的因素具体包括：

（1）存款准备金率。存款准备金率（Required Reserve Ratio）是指银行根据法律规定，必须保留的存款总额中不用于放贷部分的比例。这是对银行存款派生能力的直接约束。较高的存款准备金率会减少银行可用于放贷的资金，从而降低货币乘数；反之，较低的准备金率会提高货币乘数。

（2）现金漏损率。现金漏损率（Currency Drain Ratio）指的是经济主体在交易中倾向于持有现金而非存款的比例。高现金漏损率意味着更多的基础货币以现金形式存在，减少了能够通过银行系统进行多次存款派生的资金量，从而降低了货币乘数。

（3）银行信贷意愿。银行的信贷意愿（Bank's Willingness to Lend）也是决定货币乘数的重要因素。信贷意愿受经济环境、信贷风险、监管政策等因素影响。当银行愿意扩大信贷时，货币乘数会增加，反之则会减少。

微课8-3

印度废钞令为
何引发混乱

（4）公众存款偏好。公众对存款产品的偏好（Public's Preference for Deposits），即他们愿意将多少货币以存款形式留在银行，也会影响货币乘数。较高的存款偏好增加了银行系统中的可贷资金，从而提高了货币乘数。

（5）中央银行的货币政策。中央银行通过调控公开市场操作、调整基准利率、实施量化宽松等政策工具，间接影响货币乘数。例如，央行的公开市场购买操作可以增加基础货币供应，进而影响银行的放贷能力，改变货币乘数。

3.货币乘数的计算

考虑到影响货币乘数的因素，货币乘数的计算公式如下：

$$m = \frac{1+c}{r_d + r_t \cdot t + e + c} \tag{8.3}$$

其中m为货币乘数，r_d为活期存款的法定准备金比率，r_t为定期存款的法定准备金比率，t为定期存款比率，e为超额准备金率，c为提现率。关于该公式的推导将在下节中详细介绍。

例题：某国2023年9月份活期存款的法定准备金率为8%，定期存款的法定准备金率为3%，定期存款比率为30%，超额准备金率为2%，提现率为6%。该国2008年的基础货币为 9 000 亿元。试计算：（1）该国 2023 年 9 月份货币乘数的值；（2）该国 2023 年的狭义货币供给量。

解：（1）$r_d = 8\%$，$r_t = 3\%$，$t = 30\%$，$e - 2\%$，$c = 6\%$

$$m = \frac{1 + 6\%}{8\% + 3\% \times 30\% + 2\% + 6\%} = 6.272$$

该国 2023 年 9 月的货币乘数为 6.272。

（2）
$$
\begin{aligned}
M &= m \times B \\
&= 6.272 \times 9\,000 \\
&= 56\,448（亿元）
\end{aligned}
$$

拓展阅读 8-2

货币的流通速度

按 9 月份的货币乘数，该国 2023 年的狭义货币供给量为 56 448 亿元。

任务二　货币供给模型

为了准确形象地阐明货币供给量的决定因素和决定过程，各国学者一般以货币供给方程作为理论模式，进而运用数理方法来演绎和验证货币供给模型，并对各变量进行系统的分析。在众多的货币供给模型里面，具有代表性的货币供给模型有简单乘数模型、弗里德曼–施瓦兹模型、卡甘模型和乔顿模型，其中以乔顿模型最为流行。

一、简单乘数的货币供给模型

这是一般的货币经济学中经常提到的模型。该模型以商业银行创造存款货币的过程为范例，以活期存款准备金率（r_d）、基础货币（B）为限制因素，导出如下的模型：

$$M = \frac{1}{r_d} \times B = mB \tag{8.4}$$

式中，$m = \dfrac{1}{r_d}$ 仅是由活期存款准备金率单个因素所决定的数值，故称为简单乘数。

该模型表明，货币供给量与 r_d 成反比，与基础货币量 B 成正比。由于 r_d 和 B 均由中央银行所控制，因此该模型的结论是：货币是一个可以完全由中央银行所控制的外生变量。

该模型的价值在于抓住了现代货币供给机制的关键，为进一步研究货币供给开辟了道路。但该理论的缺陷也是显而易见的。正如我们前面所提到的，它基于两个假设前提，即部分准备金制度和非现金结算。显然，商业银行和公众的行为被过分简单化了，它们对 M 的作用也因其过于简单化的行为而被抹杀了，于是复杂的 M 的决定过程与"理想"的派生存款的创造过程被混为一谈。

二、弗里德曼–施瓦兹的货币供给模型

弗里德曼（M.Friedman）和施瓦兹（A.J.Schwartz）关于货币供给量的决定因素的分

析见于二人合作完成的经典巨著《1867—1960年的美国货币史》。他们将现代社会的货币划分为两种类型：一是货币当局的负债，即通货；二是商业银行的负债，即银行存款。若用 M、C 和 D 分别代表货币存量、非银行公众所持有的通货和商业银行存款，则有：

$$M = C + D \qquad (8.5)$$

然而，根据基础货币的定义，又有：

$$B = R + C$$

式中，B 和 R 分别代表基础货币和商业银行的存款准备金，由此可得：

$$\frac{M}{B} = \frac{C+D}{C+R} = \frac{\dfrac{D}{R}(1+\dfrac{D}{C})}{\dfrac{D}{R}+\dfrac{D}{C}} \qquad (8.6)$$

即

$$M = \frac{\dfrac{D}{R}(1+\dfrac{D}{C})}{\dfrac{D}{R}+\dfrac{D}{C}} \times B \qquad (8.7)$$

在式（8.7）中，货币乘数 $m = \dfrac{M}{B} = \dfrac{\dfrac{D}{R}(1+\dfrac{D}{C})}{\dfrac{D}{R}+\dfrac{D}{C}}$。式（8.7）说明货币供给存量的大小主要取决于三个因素：（1）中央银行所决定的基础货币（B）的规模；（2）中央银行和商业银行所共同决定的存款与准备金之比（$\dfrac{D}{R}$）；（3）非银行公众所决定的存款与通货之比（$\dfrac{D}{C}$）。

弗里德曼和施瓦兹利用上述分析框架，检验了美国1867—1960年的货币史，得出的结论是：基础货币是广义货币量长期性变化和主要周期性变化的主要原因；$\dfrac{D}{R}$ 和 $\dfrac{D}{C}$ 的变化对金融危机条件下的货币运动有着决定性的影响，而 $\dfrac{D}{C}$ 的变化则对货币的温和的周期性变化起了重要的作用。他们认为，基础货币的规模、存款与准备金之比和存款与通货之比这三个决定货币存量的因素既分别取决于中央银行、商业银行和非银行公众的行为，又同时受其他因素的影响。他们认为，在信用货币制度下，基础货币量取决于政府的行为，即取决于政府（在美国就是财政部及联邦储备体系）关于发行多少信用货币作为公众的手持通货和银行的准备金的决策。银行存款与其准备金之比首先取决于商业银行，商业银行虽然不能决定其存款与准备金的绝对量，但它却能通过改变其超额准备金来决定这两者之比。当然，这一比率还受制于政府对商业银行存款准备金率的规定，并且同经济形势有关。同样，公众也只能决定其存款与通货之比，而无法决定各自的绝对量，而且这一比率还受到商业银行所提供的与存款有关的服务及所支付的利息的影响。这类服务越多，利率越高，在公众持有的货币中银行存款所占的比重就越大。

弗里德曼和施瓦兹通过实证研究得出，在决定货币供给存量的三个因素中起决定作用的是基础货币（B）。他们认为，中央银行能绝对地控制基础货币的数量。商业银行和公众分别为满足对存款准备金或超额准备金及通货的需要，必须竞取有限的基础货币。因此，一旦基础货币的供给规模改变，商业银行所希望的超额准备金与实际的超额准备金就会发生差异，从而引起 M 的增减。至于商业银行调整超额准备金的行为所引起的 M 的变动，以及存款与通货的比率的变化所引起的 M 的变动，则是次要的。

同时，他们还认为，虽然 B、$\dfrac{D}{R}$ 和 $\dfrac{D}{C}$ 取决于若干经济主体并受其他因素的影响，但是中央银行可以预测并可以通过采取相应的措施来抵消这些因素对 M 的影响。所以货币供给函数是稳定可测的，从而基础货币的变动对 M 的整个作用过程也有稳定的规则可以遵循。

三、卡甘的货币供给模型

几乎就在弗里德曼和施瓦兹写作《1867—1960年的美国货币史》一书的同时，美国著名经济学家卡甘（P.Cagan）也系统而又深入地研究了美国1885年货币量变化的主要决定因素，研究结果体现在他的专著《1875—1960年美国货币存量变化的决定及其影响》中。虽然这两本著作都试图阐明货币在经济活动中的作用，但卡甘的著作是专门分析货币存量的决定及其影响的，而弗里德曼和施瓦兹的著作只是涉及这一问题而已。就分析货币量的决定而言，这两部著作所使用的方法很相似，而且这三位经济学家在写作过程中经常交流研究成果，所以有人将他们的分析称为"弗里德曼–施瓦兹–卡甘"分析。

与弗里德曼和施瓦兹一样，卡甘也将货币定义为公众手持通货及商业银行的活期存款和定期存款。因此有：

$$M = C + D$$

$$\frac{D}{M} = 1 - \frac{C}{M} \tag{8.8}$$

$$\frac{R}{M} = \frac{R}{D} \cdot \frac{D}{M} = \frac{R}{D}\left(1 - \frac{C}{M}\right) \tag{8.9}$$

又因为基础货币由公众手持通货（C）和商业银行准备金（R）组成，所以有：

$$B = R + C$$

$$
\begin{aligned}
\frac{B}{M} &= \frac{C + R}{M} = \frac{C}{M} + \frac{R}{M} \\
&= \frac{C}{M} + \frac{R}{D}\left(1 - \frac{C}{M}\right) \\
&= \frac{C}{M} + \frac{R}{D} - \frac{R}{D} \cdot \frac{C}{M}
\end{aligned} \tag{8.10}
$$

$$M = \frac{1}{\dfrac{C}{M} + \dfrac{R}{D} - \dfrac{R}{D} \cdot \dfrac{C}{M}} \times B \tag{8.11}$$

式（8.11）就是卡甘的货币供给模型。显然，这与弗里德曼–施瓦兹的货币供给模型基本相似。两者主要的不同在于，式（8.11）以通货比率（$\dfrac{C}{M}$）、准备金和存款之比（$\dfrac{R}{D}$）分别取代了式（8.7）中存款与通货之比（$\dfrac{D}{C}$）和存款与准备金之比（$\dfrac{D}{R}$）。

卡甘认为，中央银行控制基础货币，而公众和商业银行则共同决定基础货币为公众持有和为银行所持有的比例。公众通过变手持通货为银行存款或变银行存款为手持通货来改变其基础货币的持有额，而商业银行体系则可通过贷款及投资或收回贷款和投资来改变它所持有的基础货币额。公众的上述行为会改变通货比率，而商业银行体系的行为则改变准备金比率。很明显，当公众减少通货持有额而相对增加银行存款时，银行准备金就增加了。如果此时准备金比率保持不变，则货币存量会增加。同样，当银行贷款增加时，如果存款不变，准备金就减少了，货币存量则增加了。从式（8.11）可以看出，通货比率和准备金比率都总是小于1。所以，等式右边分母中的第三项小于前两项中的任何一项。因而，若基础货币以及通货比率和准备金比率中的任一比率保持不变，另一比率的上升将使货币存量减少，反之则相反。可见，货币存量同通货比率和准备金比率呈负相关，同基础货币量呈正相关。就这一点而言，卡甘的货币供给模型比弗里德曼-施瓦兹的货币供给模型更能说明 M 的决定因素。在式（8.7）中，货币乘数取决于 $\dfrac{D}{R}$ 和 $\dfrac{D}{C}$ 两项因素，但忽略了这两项因素对乘数值的影响，使人无法直接判断 $\dfrac{D}{R}$ 和 $\dfrac{D}{C}$ 的变动对乘数产生什么影响，也就更无从确切知道 M 究竟是如何变动的。

卡甘运用其货币供给模型深入研究了美国1875—1960年货币存量变动的主要决定因素后，得出结论：长期和周期性的货币存量的变动取决于基础货币、通货比率和准备金比率这三个因素，基础货币的增长是货币存量在长期增长的主要原因。

至此，我们会发现，弗里德曼、施瓦兹和卡甘关于货币存量的决定因素的分析具有以下三个特征：第一，他们都采用了广义的货币定义，即货币不仅包括公众持有的通货和活期存款，还包括定期存款和储蓄存款。第二，他们都把 M 当作一个完全由中央银行所决定的外生变量，都未区分不同类型的银行和金融当局对不同类型存款实行的不同的准备金要求。这也是他们在分析时的共同缺陷。第三，他们都注重实证研究。

四、乔顿的货币供给模型

20世纪60年代末，美国经济学家乔顿（J.L.Jordan）进一步研究了弗里德曼、施瓦兹和卡甘的模型与分析，推导出了较为复杂的货币乘数模型。在模型中，乔顿采用了狭义的货币定义 M1，即货币只包括公众手持通货和活期存款，并同时对不同类型的银行及受制于不同法定存款准备金比率的不同类型存款进行了区分，使其更接近于现实。

乔顿认为，基础货币为公众（包括商业银行）所持有的中央银行的净货币负债，它由公众所持有的通货（C）和商业银行的存款准备金（R）组成。中央银行对商业银行的活期存款（D）、定期存款（T）分别规定了不同的法定存款准备金率 r_d 和 r_t，设超额准备金（E）与活期存款（D）的比率为 e，定期存款（T）与活期存款（D）的比率为 t，通货（C）与活期存款（D）的比率为 c，即：

$$e = \frac{E}{D}, \quad t = \frac{T}{D}, \quad c = \frac{C}{D}$$

则有：$E = e \cdot D$，$T = t \cdot D$，$C = c \cdot D$ （8.12）

所以有：$R = r_d \cdot D + r_t \cdot T + E$

$B = R + C$

$\quad = r_d \cdot D + r_t \cdot T + E + C$

$\quad = r_d \cdot D + r_t \cdot t \cdot D + e \cdot D + c \cdot D$ （8.13）

因为　$M = B \cdot m$ （8.14）

所以　$m = \dfrac{M}{B} = \dfrac{C + D}{B}$ （8.15）

将式（8.12）、（8.13）代入式（8.15）得：

$$m = \frac{C + D}{B}$$

$$\quad = \frac{(c \cdot D + D)}{r_d \cdot D + r_t \cdot t \cdot D + e \cdot D + c \cdot D}$$

$$\quad = \frac{1 + c}{r_d + r_t \cdot t + e + c}$$ （8.16）

将式（8.16）代入式（8.14）得：

$$M = \frac{1 + c}{r_d + r_t \cdot t + e + c} \times B$$ （8.17）

这就是著名的乔顿货币供给模型。可知，我们经常使用的乔顿货币乘数 $m = \dfrac{M}{B} = \dfrac{1 + c}{r_d + r_t \cdot t + e + c}$，需要强调的是，此处 M 指的是狭义的货币 M1。模型中，基础货币（B）、活期存款的法定存款准备金率 r_d、定期存款的法定存款准备金率 r_t 可以由中央银行直接控制，超额准备金比率（e）由商业银行决定，定期存款（T）与活期存款（D）的比率 t 及通货（C）与活期存款（D）的比率 c（即通货比率）由社会公众的资产选择行为决定。由该模型可知，影响货币供给量的经济主体有三大类：

（1）中央银行。它负责货币的发行、制定和执行国家的货币信用政策，实行金融管理和监督，因而对 M 的变动发挥着巨大的作用。

（2）商业银行。作为存款货币的创造者，它既是中央银行通货负债的接受者，又是存款负债的发行者。商业银行通过运用吸收到的资金进行贷款或投资活动，对一国货币供给规模的增减有着决定性的影响。

（3）非银行公众。他们对货币和其他资产的需求和选择也会对货币乘数（m）产生影响，并进而对 M 产生重要影响。

在此需要说明的是，在乔顿货币供给模型中，各行为参数对货币乘数 m 的影响并不是完全独立的，而是相互影响的。例如：①法定存款准备金率（r_d 和 r_t）是中央银行用法律规定的，一旦 r_d 和 r_t 发生变动，就会引起货币乘数与之反方向变化，最终导致 M 的增减。但是，由于商业银行会根据 r_d 和 r_t 的变动来进行资产负债的重新安排，使得各类存款此消彼长，引起平均法定存款准备金率（r）①的变动，从而强化或削弱

---

① $r = (r_d \cdot D + r_t \cdot T) \big/ (D + T) = (r_d + r_t \cdot t) \big/ (1 + t)$

法定存款准备金率政策对 m 的影响。②超额准备金率 (e) 的上升或下降将使 m 发生与之相反方向的变化。但是，e 的大小又要受市场利率水平的高低、贷款和投资机会的多少、借入资金的难易程度及资金成本的大小等因素的影响，由此可知，商业银行并不能独立地决定 e，它要受多种因素的影响。③通货比率 (c) 和定期存款比率 (t) 也要受公众流动性偏好程度、其他金融资产报酬率的变化及收入或财富变动的影响。

◤ 金融视窗

以人民为中心：中国货币供给调控的实践、担当与制度优势

在实际操作中，货币供给量的变化直接影响到货币政策的效果，进而对经济产生广泛的影响。以近年来中国的货币政策为例，央行通过调整存款准备金率、开展公开市场操作等措施，灵活调控基础货币与货币乘数，以实现对货币供给量的有效控制。特别是在应对经济波动时，货币供给的调控成为维持经济稳定和促进增长的重要手段。在中国特色社会主义制度框架下，我国始终坚持把服务实体经济、保障人民福祉作为金融政策的根本出发点。货币供给作为货币政策的核心工具之一，其调控不仅具有经济意义，更体现了党和政府在宏观调控中的制度优势和治理能力。

近年来，为应对复杂多变的国际国内经济形势，中国人民银行通过灵活运用调整存款准备金率、利率引导、开展逆回购等公开市场操作，精准调控基础货币和货币乘数，从而实现对广义货币供给量的有效控制。在新冠疫情防控和稳经济大盘的关键时期，央行坚持稳健货币政策，加大货币供给保障力度，有效缓解了企业融资难、融资贵问题，展现出金融服务国家战略和保障民生的责任担当。这一实践充分体现了金融要"以人民为中心"的发展理念，是国家治理体系和治理能力现代化在金融领域的重要体现。

资料来源：作者根据相关资料编写。

启示：党的二十大报告强调"坚持以人民为中心的发展思想""健全宏观经济治理体系"，中国货币供给调控实践正是这一精神的生动诠释。央行通过调整存款准备金率、开展公开市场操作等手段精准调控货币供给，展现出科学的经济思维与宏观调控智慧。在疫情冲击下，央行下调准备金率释放流动性、缓解企业融资压力，既维护了金融系统稳定性，又保障了民生就业，深刻体现"金融为民"理念，强化了货币供给对经济运行的重要性认知。

在现代金融治理体系中，货币供给的调控不仅体现中央银行的政策独立性与专业性，更彰显国家宏观调控体系的协同性与高效性。当前，我国央行通过与财政政策、产业政策的有机协同，构建支持实体经济发展的政策合力，形成了系统性、组合式的政策工具体系。例如，中央银行运用结构性货币政策工具，精准引导信贷资源流向科技创新、绿色发展等重点领域，不仅提升了货币政策的传导效率，也反映出国家治理能力在金融领域的制度优势与执行效能。

这一制度安排要求学生在学习过程中提升宏观经济视角，全面理解货币供给调控与经济发展之间的内在联系。同时，也应增强对中央银行政策意图与政策逻辑的认知，树立金融服务国家战略、服务实体经济的价值取向。在此基础上，培养金融专业素养与家国责任意识，为成长为既懂专业又有担当的高素质金融人才奠定坚实基础。

☑ 项目小结

本项目首先详细介绍了货币供给的基本含义，阐述了存款货币创造的机制，深入探讨了在中央银行宏观调控下，货币供给量的形成与调节。通过对各种货币供给模型的分析，包括简单乘数模型、弗里德曼-施瓦兹模型、卡甘模型和乔顿模型，尤其是乔顿模型，更为系统地揭示了货币供给量的决定因素及其决定过程。本项目的内容为理解央行如何通过货币政策操作控制货币供给量提供了坚实的理论基础，有助于掌握货币政策在宏观经济调控中的关键作用。

项目训练 》》

一、重要概念

货币供给　派生存款　部分准备金制度　基础货币

二、单项选择题

1.货币供给的主体是（　　　）。

A.中央银行　　　　　　　　　　　B.商业银行

C.政策性银行　　　　　　　　　　D.金融机构

2.若国际收支逆差，中央银行减少金银、外汇储备，则基础货币（　　　）。

A.投放　　　　　B.回笼　　　　　C.不变　　　　　D.不确定

3.存款准备金率越高，则货币乘数（　　　）。

A.越大　　　　　B.越小　　　　　C.不变　　　　　D.不确定

4.商业银行的超额准备金率越高，则货币乘数（　　　）。

A.越大　　　　　B.越小　　　　　C.不变　　　　　D.不确定

5.商业银行派生存款的能力（　　　）。

A.与原始存款成正比，与法定存款准备金率成正比

B.与原始存款成正比，与法定存款准备金率成反比

C.与原始存款成反比，与法定存款准备金率成正比

D.与原始存款成反比，与法定存款准备金率成反比

6.在基础货币一定的条件下，货币乘数越大，则货币供应量（　　　）。

A.越多　　　　　B.越少　　　　　C.不变　　　　　D.不确定

三、多项选择题

1.货币供给由（　　　）决定。

A.待实现商品总量　　　　　　　　B.货币流通速度

C.商品价格水平　　　　　　　　　D.基础货币

E.货币乘数

2.基础货币由（　　　）构成。

A.银行活期存款　　　　　　　　　B.法定存款准备金

C.超额存款准备金   D.银行定期存款

E.流通中的现金

3.影响货币乘数的因素有（   ）。

A.法定存款准备金率   B.超额准备金率

C.现金漏损率   D.定期存款比率

E.活期存款比率

四、判断题

1.在现代货币供给理论中，货币供给总量通常是一个流量的概念。 （ ）

2.货币供给由中央银行和商业银行的行为所决定。   （ ）

3.原始存款就是商业银行的库存现金和商业银行在中央银行的准备金存款之和。

（ ）

4.在现代信用货币制度下，通货和存款货币是同一个概念的两种不同的表述。

（ ）

5.一般来说，基础货币是中央银行能够加以直接控制的，而货币乘数则是中央银行不能完全控制的。 （ ）

6.在货币乘数不变的条件下，货币当局可以通过控制基础货币来控制整个货币供给量。 （ ）

五、思考题

1.简述创造派生存款的前提条件。

2.简析影响基础货币的主要因素。

六、讨论题

试论述现实中影响货币乘数的因素及影响机制。

七、案例分析

中国货币供应量十年扩大450%

截至2023年9月，中国的广义货币供应量（M2）余额已达到285万亿元，相比2013年约107.9万亿元的水平，十年间增长了超过164%。这一巨大的扩张引发了广泛的讨论和担忧，特别是在通货膨胀、人民币汇率波动、资产泡沫风险等方面。

近年来，中国的M2与GDP的比例始终保持在较高水平。2022年的数据显示，中国的M2是GDP的2.2倍左右，而同期美国的M2/GDP约为0.9，日本和韩国的这一比率分别为1.3和1.4。M2/GDP的持续上升反映了中国货币供应量的快速扩张，也引发了对通胀压力、人民币贬值以及潜在金融风险的担忧。

货币供应量扩张的阶段性分析：

1.2013—2015年：宽松政策应对经济放缓

2013—2015年期间，中国经济增速逐渐放缓。为应对经济下行压力，央行实施了多次降息和降准操作，以增加市场流动性，支持经济增长。这一时期，M2增速较快，但通胀压力尚未显著上升。然而，宽松的货币政策导致了房地产市场的活跃，并推高了资产价格。

2.2016—2018年：防范金融风险与供给侧结构性改革

从2016年开始，随着金融去杠杆和供给侧结构性改革的推进，央行的货币政策逐步转向稳健中性。M2增速逐渐放缓，但仍维持在较高水平。此时，政策的重心逐渐从单纯的经济刺激转向防范系统性金融风险，控制金融杠杆，抑制资产泡沫。

3.2019—2021年：疫情冲击与政策宽松

新冠疫情暴发后，为应对经济的突然停摆和巨大的下行压力，央行再次实施宽松政策，大幅度降低存款准备金率并多次降息。此举导致M2增速在2020年显著加快，M2余额在2020年底突破218万亿元。尽管如此，随着全球供应链的中断和国内需求的不均衡恢复，通胀压力上升，但总体可控。

4.2022—2023年：逐步回归稳健

2022年起，随着疫情影响逐渐消退，央行政策开始回归稳健基调，注重精准调控。M2增速放缓至较低水平，同时关注中长期金融稳定与经济可持续发展。然而，高企的M2水平仍然存在潜在风险，尤其是对房地产市场和地方政府债务的隐性担忧。

过去十年的货币供应量扩张，虽然在一定程度上支持了经济增长和应对突发性经济冲击，但也带来了结构性问题，如房地产价格上涨、地方债务累积和潜在的通胀压力。未来的货币政策需要在支持经济增长与防范金融风险之间寻求平衡，避免M2过快增长引发系统性金融风险。

资料来源：作者根据相关资料编写。

问题：结合本案例以及相关资料，试分阶段分析近些年我国广义货币M2供给增速波动的原因及影响？

项目九　货币均衡

学习目标

1.知识目标

通过本项目的学习，要求学生了解货币均衡与货币失衡的含义，掌握货币均衡的标志、影响因素和实现机制，理解货币均衡与经济均衡之间的关系，熟悉货币供求失衡的表现及调节机理。

2.能力目标

学生应具备将货币均衡理论应用于实际经济问题的能力，能够使用经济数据进行货币供求分析并通过图表清晰展示货币均衡的变化过程，培养批判性思维与问题解决能力，并能够综合运用跨学科知识进行深入分析，提出有效的政策建议。

3.素养目标

引导学生树立科学严谨的经济分析思维，提升他们对金融市场动态的敏感性，增强对货币市场不均衡现象的洞察力，同时培养他们的社会责任感，使其理解宏观经济政策对社会的广泛影响。

思维导图

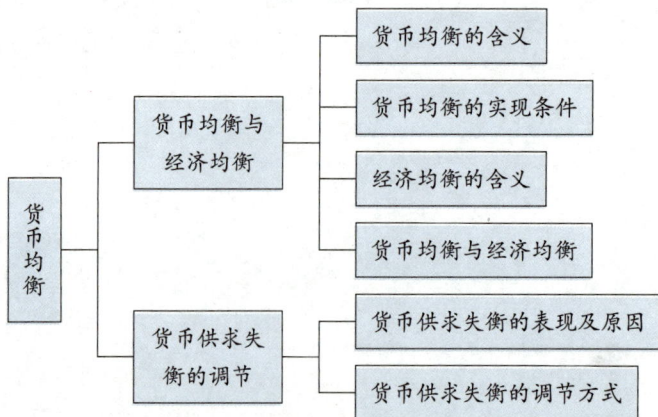

引例

货币危机与经济大危机

1929年美国的经济大萧条，成为全球历史上最严重的经济危机之一。这场危机不仅在经济数据上留下了深刻的印记，还揭示了货币政策失误如何加剧经济困境。

在大萧条初期，美国经济面临的挑战是显而易见的。1933年，经济衰退达到了谷底，国民收入以美元计算减少了一半，总产量下降了1/3，失业率飙升至25%。然而，这场灾难不仅仅是市场自发调整的结果，更深层次的原因在于当时的货币政策失误。

美国联邦储备系统在应对经济萧条时，本应采取扩张性的货币政策来增加货币供应量，以对抗经济收缩的压力。然而，美联储选择了相反的做法，在整个20世纪30年代，货币供应量逐步减少，尤其是在1930年年底到1933年年初，这一时期的货币供应量减少了1/3。这种紧缩的货币政策进一步加剧了经济危机，使得原本严重的经济衰退演变为一场深刻的经济崩溃。

证券市场的崩溃和随后货币供应的减少，不仅导致了经济的收缩，更引发了银行业的危机。在1930年秋天之前，尽管经济严重萎缩，但银行体系尚未出现大规模的挤兑。然而，当中西部和南部地区的银行接连倒闭时，公众对银行体系的信心崩溃，存款人纷纷将存款转化为现金，引发了银行挤兑潮。到1933年，美国的商业银行数量从1929年的近2.5万家减少到1.8万家，银行倒闭、合并和清算导致了银行体系的萎缩和货币供应量的急剧减少。

货币供应体系的崩溃不仅是经济危机的结果，也是其重要诱因。经济学家弗里德曼认为，货币供应的收缩加剧了经济衰退的深度，并导致了大萧条的长时间持续和广泛影响。由此可见，货币均衡在维持经济稳定中具有关键作用。

资料来源：李世安. 大萧条时期的美国金融改革及其影响［J］. 世界历史，2016（3）：99-112；159.

思考：这场经济大萧条的教训让我们认识到，货币供求的均衡不仅影响着经济的运行，更与整个国家的经济命运息息相关。当货币供求失衡时，如何调节、恢复均衡成为决定经济健康发展的关键。这也是我们在探讨货币均衡时必须深入思考的问题。

任务一　货币均衡与经济均衡

一、货币均衡的含义

(一) 货币均衡的定义

货币均衡是指在一个经济周期内，货币的供给量与经济主体的货币需求量在动态变化中保持大体一致，并维持相对稳定的状态。这种均衡状态通常表现为市场的繁荣、物价的相对稳定以及社会再生产过程中物质交换和价值补偿的顺利进行。

(二) 理解货币均衡需要把握的几个要点

1.总量与结构的平衡

货币均衡不仅体现在货币总量的供求平衡上，还包括货币在各个经济领域和不同用途之间的合理配置与结构上的协调。

2.动态平衡状态

货币均衡是一种供求关系的动态平衡状态，即货币供给与需求大致相符，但不要求供给与需求在数量上完全一致。

3.持续的调整过程

货币均衡是一个动态过程，表现为均衡与失衡的交替发生，经济系统通过自我调整逐步从失衡回归均衡。

4.国民经济的反映

货币均衡程度在一定程度上反映了整体经济的运行状况，货币的供求关系与国民经济的动态平衡密切相关，并通过相互作用影响着经济的各个方面。

(三) 货币均衡的标志

在市场经济条件下，货币均衡的标志主要体现在物价水平和利率水平上。

1.物价水平

市场经济条件下，物价水平是衡量货币是否均衡的主要标志。当流通中的货币量超过了货币的需求量时，单位货币代表的价值量下降，纸币贬值，物价就上涨；反之，物价就下跌。只有当货币供应量与商品价值总额基本平衡时，市场物价才会基本平衡。

2.利率水平

货币均衡在金融市场上表现为利率稳定，资金供求平衡。因此利率水平也是判断货币均衡的重要标志。在金融市场上，货币是特殊的商品，利率是货币资金的"价格"。当货币供不应求时，利率上升；反之则下降。只有在货币供求基本一致时，利率才会处于一个基本平衡的状态，此时货币供求也基本均衡。

知识链接9-1

均衡利率

均衡利率是指保持货币流通中货币供给与货币需求一致时的利率，与各个银行的针对不同情况的具体利率相对应。

影响利率变动的因素，主要通过均衡利率体现。例如：对未来利率的预期对利率的影响。如果人们预期下一年利率将要上升，资金的供给者就不会购买长期债券，而是选择短期投资，以便在利率升高时及时收回资金作更有利的投资。这样长期债券的资金供给曲线就会左移，均衡利率升高。反之，预期未来利率下降，意味着长期债券成为更有利的投资，从而增加对长期债券的需求，提高各个利率水平的资金供给量。这会使长期债券的资金供给曲线右移，均衡利率降低。

资料来源：百度百科．均衡利率［EB/OL］．［2025-06-15］．https：//baike.baidu.com/item/%E5%9D%87%E8%A1%A1%E5%88%A9%E7%8E%87/8226234？fromModule=lemma_inlink.

二、货币均衡的实现条件

在市场经济条件下，货币均衡的实现需要具备以下三个条件：

（一）健全的市场机制

市场机制的有效运作是货币均衡的基础。在商品市场中，价格机制要能够灵活地反映和调节商品和劳务的供需关系；在金融市场中，利率作为资金的"价格"，必须能够迅速调整以反映货币的供求情况。为此，市场需要具备多样化的市场主体，这些主体需要拥有明确的责任、权利和利益。与此同时，完善的法律框架也至关重要，它确保了市场资源配置的公正性和效率，从而促进货币供求的均衡。

知识链接9-2

市场机制

市场机制（market mechanism）是通过市场竞争配置资源的方式，即资源在市场上通过自由竞争与自由交换来实现配置的机制，也是价值规律的实现形式。具体来说，它是指市场内供求、价格、竞争、风险等要素之间互相联系及作用的机理。市场机制有一般和特殊之分。一般市场机制是指在任何市场都存在并发生作用的市场机制，主要包括供求机制、价格机制、竞争机制和风险机制。特殊市场机制是指各类市场上特定的并起独特作用的市场机制，主要包括金融市场上的利率机制、外汇市场上的汇率机制、劳动力市场上的工资机制等。

资料来源：百度百科．市场机制［EB/OL］．［2025-06-15］．https：//baike.baidu.com/item/%E5%B8%82%E5%9C%BA%E6%9C%BA%E5%88%B6？fromModule=lemma_search-box.

（二）发达、活跃的金融市场

一个健全的金融市场能够提供丰富的金融工具，并且允许这些工具和货币在不同的形式之间有效转换。这种市场结构的存在使得货币供求能够自动调整至均衡状态。例如，发达的金融市场可以提供多种融资渠道和投资选择，使得资金能够在各类资产和投资项目之间自由流动，从而平衡货币需求和供给。

（三）中央银行健全的调控机制

尽管市场机制在多数情况下可以有效调节货币均衡，但市场失灵的现象仍然时有发生。在这种情况下，中央银行必须发挥宏观调控作用，以确

微课9-1

货币均衡

保货币供求的均衡。中央银行通过运用各种货币政策工具，如调整利率、进行公开市场操作、改变准备金率等，来应对经济中的通货膨胀或通货紧缩压力，调节货币供应，确保货币市场的稳定和均衡。

三、经济均衡的含义

经济均衡指的是国民经济中社会总供给与社会总需求的平衡状态。在现代经济体系中，社会总供给是指在一定时期内，一个国家的生产部门在市场上提供的所有商品和服务的总价值。这相当于社会在该时期内的总收入。社会总需求则是指同一时期内，所有经济主体（包括家庭、企业、政府及外国经济体）在市场上对商品和服务的总需求，涵盖了消费需求、投资需求以及净出口需求。社会总供给与社会总需求的平衡，意味着在特定的时间段内，生产的商品和服务能够满足各方的需求。这个平衡是一个动态过程，通常会因为经济环境的变化而发生波动。因此，社会总供求平衡不仅是短期的现象，也反映了经济在长期中的稳定性。在经济均衡的状态下，市场价格稳定，商品供应充足，库存水平合理，宏观经济在总体和结构上都能保持一种平衡。这种均衡状态确保了资源的有效配置，经济增长可持续，市场不会出现严重的过剩或短缺。

四、货币均衡与经济均衡

货币均衡和经济均衡在宏观经济分析中是紧密相关的。货币均衡涉及货币供给和货币需求的平衡，反映了货币市场的稳定状态。在一个有效的货币市场中，货币供给量与货币需求量相匹配，表现为物价稳定和利率平衡。经济均衡涵盖了社会总供给与总需求的平衡，而货币均衡则是这一过程中的关键因素之一。

社会总供求与货币供求之间的关系如图9-1所示。

图9-1　社会总供求与货币供求关系图

从图9-1中可以看出：

(一) 社会总供给决定货币需求

社会总供给指的是在一定时期内，经济体生产出的所有商品和劳务的总量。货币的基本功能是作为交易媒介，支持商品和劳务的交换。因而，社会总供给的规模直接影响货币的需求量。货币需求的多少取决于经济活动中商品和劳务的流通量。如果社会总供给增加，意味着需要更多的货币来完成这些交易，反之亦然。因此，社会总供给是决定货币需求的基础因素，但这种需求并非固定不变，会受到经济活动规模及其结构的变化影响。

(二) 货币总需求决定货币总供给

中央银行调控货币供给的主要目标是确保货币供给与货币需求相匹配，从而实现货币市场的均衡。因此，货币总需求直接决定了货币总供给的规模。中央银行通过调整货币供给量来响应经济中的货币需求变化，以确保货币市场的稳定。如果货币需求增加，中央银行需要增加货币供给以维持均衡；反之，则需要减少货币供给。总之，货币供给的调整以货币需求为基础，确保经济中的货币流动性保持在适当水平。

(三) 货币供给是社会总需求的载体

社会总需求包括所有经济主体对商品和劳务的购买需求，这些需求必须通过货币来实现。货币供给量决定了经济中可用于消费和投资的资金总量，从而影响社会总需求的实现。如果货币供给增加，消费者和投资者能够支出更多，从而推动总需求上升；反之，社会总需求则会减少。因此，货币供给不仅是经济活动的基础，也构成了社会总需求的核心部分。

(四) 社会总需求刺激社会总供给

社会总需求对社会总供给具有重要的影响。总需求的增加可以刺激生产者增加供给，以满足市场需求。然而，如果总需求增长过快，可能会超过生产能力，导致供给不足和经济不稳定。而总需求不足则可能导致供给过剩和经济低迷。因此，社会总需求的变化对社会总供给有直接的推动作用，同时也影响经济的整体平衡。

货币均衡和社会总供求平衡是经济运行的两个关键方面，它们之间具有内在的统一性和一致性。货币均衡是实现经济均衡的前提条件，因为货币市场的稳定性直接影响到商品和劳务市场的平衡。如果货币供需失衡，将引发经济中的总供给与总需求不匹配，导致物价波动和经济波动。因此，通过有效的货币政策调控货币供给，确保其与社会总需求的匹配，是实现经济总体均衡的核心任务。维持社会总供给与总需求的平衡，是宏观经济管理的最终目标，而货币均衡是实现这一目标的重要基础。

拓展阅读9-1

经济中的平衡

任务二　货币供求失衡的调节

一、货币供求失衡的表现及原因

(一) 货币供求失衡的含义及表现形式

微课9-2

货币供求失衡又称货币供求的非均衡，是指在货币流通过程中，货币供给偏离了货币需求，从而导致两者之间不相适应的货币流通状态。货币失衡是一种常见现象，主要表现为两种情况：一是货币供给量小于货币需求量；二是货币供给量大于货币需求量。

货币均衡的
失控

（二）货币供求失衡的原因

货币供求失衡主要表现为货币供给量与货币需求量的不匹配，这种失衡可以表现为货币供给量小于或大于货币需求量。以下分别分析导致这两种货币供求失衡情况的主要原因。

1.货币供给量小于货币需求量的原因

（1）经济扩张与货币供给滞后

随着经济的发展和商品生产、交换规模的扩大，对货币的需求也会增加。然而，如果货币供给量未能同步增加，就会出现货币短缺。在金属货币体系下，由于货币供应受限，这种情况更为显著。然而，在现代纸币体系下，中央银行通常能够通过货币政策调整供给，避免出现严重的货币短缺。

（2）紧缩性货币政策的实施

当中央银行采取紧缩性货币政策以抑制通货膨胀或过度信贷时，货币供给量减少。如果这种紧缩政策实施过度，可能导致货币供应不足，从而抑制经济活动和经济增长。此时，虽然理论上货币供求关系保持平衡，但实际经济运行中可能会出现货币供给不足的问题。

（3）经济危机中的货币需求激增

在经济危机阶段，经济活动出现萎缩，信用市场受阻，导致社会对货币的需求急剧增加。此时，货币供给量的调整可能滞后于货币需求的急剧增加，导致货币短缺。如果这种情况持续存在，可能引发通货紧缩，进一步压制经济增长。

2.货币供给量大于货币需求量的原因

（1）过度的经济刺激政策

在经济发展中，如果政府实施高速经济增长政策，急需大量货币资本来支持。如果中央银行未能提供足够的货币资本，银行信贷的扩张会超过实际需求，导致货币供给量大于货币需求量。这种情况通常会导致信贷过剩和货币供给过多，从而造成货币失衡。

（2）财政赤字与货币增发

当政府财政出现赤字，且在中央银行未能采取有效措施的情况下，政府可能会向中央银行透支。这迫使中央银行增发货币，以填补财政缺口，导致货币供给量超过需求。这种过量货币供应可能引发通货膨胀。

（3）货币政策过度宽松

如果经济在前期经历了货币供给不足，中央银行可能会采取扩张性的货币政策来促进经济复苏。如果货币政策放松的力度过大，可能导致货币供给的增长速度过快，从而超出了经济的实际需求，形成货币过剩，最终导致通货膨胀。

（4）国际收支失衡与货币贬值

在开放经济体中，特别是在发展中国家，若经济基础薄弱、国际收支失衡，可能导致本国货币贬值。汇率的高估或低估，以及国际收支的不平衡，会使货币供给量剧增，形成货币供给超过货币需求的局面。这种情况可能会引发通货膨胀。

3.结构性货币失衡

在某些经济体中，除上述两种失衡外，还可能出现结构性货币失衡。这种失衡指的是货币的总供给与总需求在量上均衡，但供给结构与需求结构不匹配。这种失衡表现为部分市场或经济部门货币短缺，而其他部分则货币过剩。结构性货币失衡通常是经济结构不合理、产业结构不匹配或市场机制缺陷所导致的。此类失衡需要通过调整经济结构和改进市场机制来解决。

二、货币供求失衡的调节方式

货币均衡是确保经济稳定增长和协调发展的核心。货币供求失衡可以导致两种主要经济问题：经济萧条和通货紧缩，或长期的剧烈通货膨胀。为了解决这些问题，需要采取有效的调节措施。货币供求失衡的调节主要有两种途径：自动调整和政策干预。以下是这两种途径的详细分析及其主要调节方式。

（一）自动调整

自动调整是指在没有政府干预的情况下，市场机制自发调节货币供求失衡。市场中的价格机制和利率变动能自我调整货币供需关系：

货币供给不足的调节：当市场中的货币供给不足时，经济活动将导致商品库存增加和资源闲置。价格水平因需求不足而下降，从而减少货币的交易需求。货币需求下降可以促使货币供需趋于平衡。

货币供给过剩的调节：当货币供给过剩时，商品供应量未变，价格水平会因货币过多而上升。价格上涨会促使货币需求增加，从而消化多余的货币，使货币供需逐步平衡。

（二）政策干预

当市场机制不能有效地调节货币供求失衡时，政府和中央银行通常采取政策干预措施，以实现货币供求的均衡。主要的政策调节方式包括：

1.供给型调整

供给型调整的目标是通过调整货币供给量来适应货币需求量，以实现供求平衡。具体措施包括：

（1）中央银行的紧缩性货币政策。

公开市场操作：中央银行通过出售有价证券来回笼市场上的货币。

提高法定存款准备金率和再贴现率：通过提高这些利率，减少商业银行的信贷扩张能力。

减少基础货币投放：减少基础货币的投放量，以降低市场中的货币总量。

（2）财政政策。

减少政府支出：减少政府部门的财政拨款，以降低社会中的货币需求。

增发政府债券：通过增发债券将社会闲置资金转移到政府手中，减少市场上的货币量。

提高税率：通过提高税率或增设新税种，减少社会中的货币持有量。

当货币供给量不足时，采取相反措施，即扩张货币供给量，以满足货币需求。

2.需求型调整

需求型调整关注通过改变货币需求量来适应货币供给量，以实现均衡。具体措施包括：

（1）增加市场商品供给：通过扩大商品供应量，刺激货币需求增加，以使货币需求与货币供给量相适应。

（2）促进出口：利用外汇储备扩大出口，增加国内商品供应，从而提高货币需求。

当货币供给量过多时，采取措施减少货币需求量，例如通过减少政府支出或提高税率来降低市场对货币的需求。

3.混合型调整

混合型调整将供给型和需求型调整措施结合起来，从货币供给量和需求量两方面着手进行调节。这样可以在应对货币供求失衡时，灵活调整货币供给和需求，以更快地实现均衡。例如，中央银行可能同时采取紧缩货币政策和促进商品供应的措施，以达到双重目标。

4.逆向型调整

拓展阅读9-2

GDP：国内生产总值

逆向型调整是一种特殊的调节方式，当货币供给量过多时，中央银行不采取传统的紧缩货币供给措施，而是通过增加对特定领域的投资和贷款来消化多余的货币。该方法旨在利用未充分利用的生产要素（如闲置劳动力或企业产能）和市场短缺产品的需求，以减少过剩货币的负面影响。

金融视窗

货币均衡：稳定金融市场的"看不见的手"

在市场经济体系中，货币均衡不仅体现货币供求的基本匹配，更是维护国家金融安全和服务高质量发展的核心机制。货币作为资本的主要表现形式，其均衡状态通过利率、汇率、信贷等金融变量反映出来，并深刻影响社会资源配置的效率与公平。当货币供求处于均衡状态时，利率和物价水平保持相对稳定，金融市场运行有序，宏观经济也具备较强的可预测性。反之，若货币供求严重失衡，则可能引发通货膨胀、资产价格剧烈波动、资本流动失序等一系列金融风险。因此，中央银行通常通过再贴现、公开市场操作、存款准备金率调整等政策工具，动态调控货币总量，促进货币均衡，实现宏观经济目标。掌握货币均衡的理论逻辑和实践路径，不仅有助于理解利率变化背后的机制，也为金融投资、风险管理与政策制定提供了分析依据和决策支持。

在中国特色社会主义制度下，我国中央银行坚持稳中求进的总基调，灵活运用公开市场操作、再贴现、存款准备金率调整等货币政策工具，动态调控货币总量，有效维系货币供求的动态均衡。例如，在复杂多变的国际经济形势下，央行及时出台结构性货币政策工具，引导资金流向重点领域和薄弱环节，精准支持实体经济，促进共同富裕目标的实现。

货币均衡的实现不仅是经济运行稳定的重要保障，更是党和国家强化宏观调控、守住系统性金融风险底线的重要体现。这也要求青年学生树立"金融服务国家、服务人民"的价值导向，增强国家战略认同与金融责任意识，培养金融视野下的家国情怀。

资料来源：[1] 中国人民银行货币政策司. 2023年中国货币政策执行报告 [R]. 北京：中国人民银行，2023.

[2] 李洁，覃毅. 实体部门预期与宏观紧缩效应防范 [J]. 经济研究，2020（8）：41-56.

启示：党的二十大报告提出"健全宏观经济治理体系""坚持以人民为中心的发展思想"，货币均衡调控正是这一精神的生动实践。中央银行通过再贴现、公开市场操作等政策工具动态调控货币总量，展现出科学严谨的经济分析思维。这种精准调控不仅能敏锐捕捉金融市场动态，有效化解货币供求失衡引发的通胀、资产价格波动等风险，更彰显了我国宏观经济治理的制度优势。

在复杂经济形势下，央行运用结构性货币政策工具，引导资金投向"三农"、小微企业等薄弱环节，既维护了货币均衡，又服务于共同富裕目标，深刻诠释了"金融为民"的理念。这启示青年学生应增强对货币市场不均衡现象的洞察力，理解宏观政策对社会发展的深远影响。新时代金融从业者应自觉将个人发展融入国家战略，以高度的责任感，助力金融更好服务实体经济、保障民生，为金融强国建设贡献力量。

☑ 项目小结

本项目介绍了货币均衡的含义，阐述了在市场经济条件下货币均衡的标志以及实现货币均衡需要具备的三个条件，分析了货币均衡同经济均衡的关系，特别介绍了当货币供求出现失衡时，政府一般采用的四种调节方式。通过本项目内容的学习，可为后续学习货币供求失衡的两种表现形式奠定基础。

项目训练》

一、重要概念

货币均衡　货币供求失衡

二、单项选择题

1.在货币市场中实现货币均衡的条件是（　　　）。

A.实际GDP增长率等于通货膨胀率

B.市场利率等于中央银行的基准利率

C.货币需求量与货币供给量基本相适应

D.投资总额等于储蓄总额

2.在经典的货币市场模型中，当中央银行扩张基础货币供应量时，若其他条件不变，货币均衡将发生的变化是（　　　）。

A.货币需求曲线向右移动，利率上升

B.货币供给曲线向右移动，利率下降

C.货币需求曲线向左移动，利率下降

D.货币供给曲线不变，利率上升

3.货币均衡的本质特征是（　　　）。

A.货币供给量与需求量在某一时点绝对相等

B.货币供给结构与需求结构完全一致

C.货币供求在动态过程中保持基本适应

D.货币流通速度固定不变

4.若央行提高法定存款准备金率，会直接导致（　　）。

A.市场货币供给量增加

B.商业银行可贷资金减少

C.基础货币总量上升

D.货币乘数扩大

5.以下哪种情况最可能打破货币均衡状态（　　）。

A.居民消费习惯长期稳定

B.企业生产技术渐进式革新

C.中央银行突然调整基准利率

D.政府部门正常换届交接

6.当市场出现货币供给大于货币需求时，通常会伴随（　　）。

A.物价水平持续下跌

B.市场利率水平上升

C.企业融资成本增加

D.金融资产价格普遍上涨

7.为应对经济过热时期的货币失衡，中央银行最可能采取的货币政策是（　　）。

A.降低再贴现率

B.公开市场买入有价证券

C.下调法定存款准备金率

D.提高存贷款基准利率

三、多项选择题

1.以下可能导致货币失衡的因素有（　　）。

A.央行实施扩张性货币政策，货币供给大幅增加

B.经济衰退导致社会总需求下降，货币需求减少

C.国际收支顺差，外汇大量流入引发货币供给被动增加

D.技术进步使商品流通速度加快，货币需求上升

2.关于货币均衡与经济增长的关系，表述正确的有（　　）。

A.适度的货币供给增长能为经济增长提供必要资金支持

B.货币供给长期超过实际需求会引发通货膨胀，阻碍经济健康发展

C.货币均衡状态下经济必然实现高速增长

D.经济增长必然要求货币供给同比例增长

3.当出现货币供给大于货币需求的失衡状况时，央行可以采取的调节措施包括（　　）。

A.提高法定存款准备金率，减少商业银行可贷资金

B.在公开市场上卖出国债，回笼货币资金

C.降低再贴现率，鼓励商业银行申请再贴现

D.增加对商业银行的再贷款额度

4.货币均衡的实现条件包括（　　　）。

A.合理的利率水平，能有效调节货币供求

B.稳定的物价水平，避免大幅波动

C.健全的金融市场，保障货币自由流动

D.固定的汇率制度，维持国际收支平衡

5.下列对货币需求与货币供给关系的描述，正确的有（　　　）。

A.货币需求是货币供给的依据，供给应适应需求

B.货币供给可能主动创造需求，影响经济运行

C.货币供求长期失衡会破坏经济秩序和金融稳定

D.货币需求和供给始终保持自动均衡状态

四、判断题

1.货币均衡是货币需求量与货币供给量绝对相等的状态。　　　　　　（　　）

2.当市场利率高于均衡利率时，货币需求将大于货币供给，从而导致货币短缺。

（　　）

3.中国 M2 十年间大幅扩张，说明在此期间货币始终处于失衡状态。（　　）

4.只要实施稳健中性的货币政策，就一定能实现货币均衡。（　　）

5.货币供给超过实际需求必然导致通货膨胀，因此必须严格限制货币供给增长。

（　　）

五、思考题

1.如何理解货币均衡？

2.如何认识货币均衡同社会总供求均衡之间的关系？

3.在市场经济条件下，如何调节货币供求失衡？

六、讨论题

讨论我国当前的货币供给与货币需求是否达到均衡，其主要依据是什么。

七、案例分析

土耳其里拉危机

2018 年，土耳其经济陷入了严重的货币危机。里拉对美元的汇率在短时间内大幅下跌，全年里拉对美元汇率下跌了近 30%。这一危机的主要原因包括：土耳其高额的外债，通货膨胀率的快速上升，以及市场对土耳其政府干预中央银行政策独立性的担忧。此外，美国对土耳其实施的经济制裁和加征关税，也加剧了这一货币危机。

随着里拉危机的加剧，投资者纷纷抛售里拉资产，转向更为安全的货币，尤其是美元。这种避险行为导致了美元需求的迅速增加，同时也增加了里拉的供给，加剧了里拉的贬值压力。在这样的背景下，土耳其央行和其他主要经济体的央行不得不采取一系列应对措施，以稳定市场情绪和恢复货币供求的平衡。

为应对这一危机，土耳其央行采取了包括大幅提高基准利率在内的紧缩性货币政策，以遏制通货膨胀并稳定里拉汇率。2018 年 9 月，土耳其央行将基准利率上调至24%，以抑制货币贬值和控制资本外流。这一举措旨在减少里拉的供给，增加对里拉的需求，进而缓解汇率的急剧波动。

与此同时，国际货币市场上对美元的需求持续高涨，导致了其他新兴市场国家货币的压力增大。为应对这一全球性货币供求失衡，美联储继续推进其货币政策正常化进程，包括逐步提高利率和缩减资产负债表。这一政策不仅加强了美元的吸引力，还在一定程度上稳定了全球美元流动性。

此外，一些新兴市场国家的央行也采取了防御性措施，以应对本国货币的贬值压力。比如，阿根廷央行在同一时期采取了提高利率和寻求国际货币基金组织（IMF）援助等措施，以稳定本国货币和金融市场。

通过这些举措，全球主要经济体和新兴市场国家试图在里拉危机背景下，平衡各自的货币供求，避免危机的蔓延。然而，这一系列的货币政策调整也显示出，全球金融市场中的货币供求失衡，特别是在一国货币出现大幅贬值时，不仅会对该国经济造成冲击，还可能通过金融市场的联动效应，影响到其他国家的货币和经济稳定。

资料来源：中华人民共和国商务部. 2018年土耳其经济形势报告［R］. 北京：中华人民共和国商务部，2019.

问题：新兴经济体应如何构建外债风险预警体系，避免债务危机引发货币崩溃？当面临外部制裁与货币贬值双重压力时，如何制定多维度的政策应对组合？在全球货币政策联动背景下，如何加强国际合作以防范货币危机的跨境传导？

项目十　通货膨胀与通货紧缩

学习目标

1.知识目标

通过本项目的学习，要求学生了解通货膨胀和通货紧缩的含义，掌握通货膨胀与通货紧缩的治理措施，理解通货膨胀与通货紧缩的成因及效应，熟悉通货膨胀与通货紧缩的度量及类型。

2.能力目标

通过本项目的学习，能够运用货币职能的基本知识认识现实生活中与货币有关的事实。能够运用货币流通规律，通货膨胀、通货紧缩的基本理论对国家为抑制通货膨胀、通货紧缩而采取的货币政策进行分析。

3.素养目标

通过本项目的学习，能熟悉和领会通货膨胀、通货紧缩等重大经济现象的表现、实质、危害以及国家采取的相应对策。掌握辩证看问题的分析方法，帮助学生树立正确的金钱观，正确理解国家的宏观调控政策。

思维导图

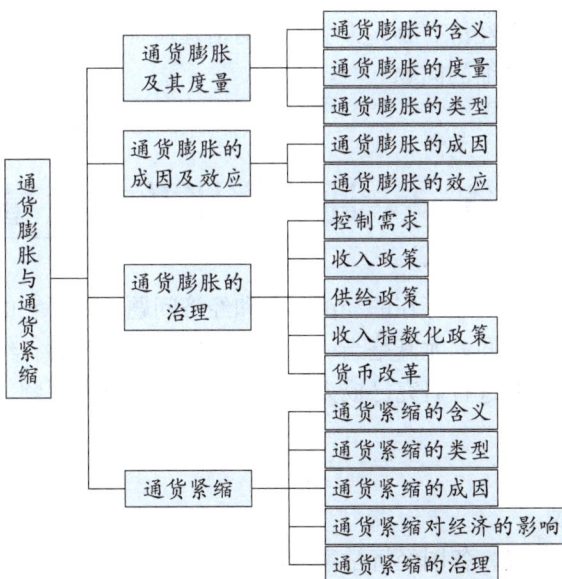

引例

德国：经典的通货膨胀

1923年德国出现了恶性通货膨胀，迄今为止只有1946年的匈牙利和1949年的中国出现的通货膨胀可与其相比。如果1922年1月的物价指数为1，那么1923年11月的物价指数则为100亿。如果一个人在1922年年初持有3亿马克债券，2年后，这些债券的票面价值将买不到一片口香糖。沃伦教授和皮尔逊教授曾将德国的通货膨胀数字绘成书本大小的直观柱状图，可是限于纸张大小，未能给出1923年的数据柱，结果不得不在脚注中加以说明：如果将该年度的数据画出，其长度将达到200万英里。

德国在第一次世界大战战败后，丧失了1/7的领土和1/10的人口，各种商行及工业产品均减少，同时还要按1921年金马克赔偿1 320亿赔款。在操作中，德国不得不靠发行纸币来渡过难关，结果却跌入了灾难的深渊。当时政府以极低的利率向工商业贷款，同时投放巨额纸币，纸币又很快贬值，如此债务人得以用廉价的马克偿还贷款。"新富"们在通货膨胀中发了大财，"旧富"们面临崩溃。各个经济部门和各个家庭在此不公平中受到致命打击。

资料来源：作者根据相关资料整理。

思考：上述引例说明大量滥发纸币会导致物价暴涨，出现恶性通货膨胀。而恶性通货膨胀不但对人们的生活造成极大的影响，还将对一个国家的经济秩序造成严重的破坏。世界各国经济发展的实践证明，通货膨胀对一国社会经济的发展会带来明显的破坏性。那么究竟什么是通货膨胀，通货膨胀是如何产生的？通货膨胀对社会经济有哪些影响？如何治理通货膨胀？我们将在本项目介绍通货膨胀与通货紧缩的问题。

任务一　通货膨胀及其度量

通货膨胀是世界各国普遍存在的经济现象和经济问题。由于它的程度不同，因而对各国经济发展的影响也不同。尤其是当一国发生恶性通货膨胀时，经济将受到摧毁性的破坏。所以，对通货膨胀进行研究已成为众多经济学家的重大课题。

一、通货膨胀的含义

(一) 通货膨胀的定义

对于通货膨胀的解释，各国经济学家众说纷纭，存在一定差异。综合中西方经济学界的不同观点，我们可以为通货膨胀下这样一个定义：通货膨胀是指在纸币流通的条件下，由于国内货币供应量超过商品流通的客观需要量，从而引起纸币不断贬值和一般物价水平持续上涨的经济现象。

（二）理解通货膨胀需要把握的几个要点

1.通货膨胀不仅是货币现象，也是一种经济现象

通货膨胀是因为货币供应量超过了经济生活中的客观需要，导致货币贬值、物价上涨。显然通货膨胀直接与货币供应量有关，因此通货膨胀是一种货币现象。同时，通货膨胀又是一种经济现象。货币作为商品经济的价值载体，其供应量的多少是相对市场商品供给而言的。货币供应数量变化直接作用于经济体系的商品物价，因此它又是一种经济现象。

2.通货膨胀与物价上涨既紧密相关又有区别

物价上涨是通货膨胀的必然结果，但是物价上涨并不一定就会出现通货膨胀。引起物价上涨的因素有很多，如商品本身价值的增加、供求关系的变化、劳务质量的提高等。这些物价上涨现象并不是由纸币发行量过多引起的，不属于通货膨胀的范畴。所以，通货膨胀必然引起物价上涨，但物价上涨不一定就是通货膨胀。

3.通货膨胀中的物价上涨存在公开的通货膨胀和隐蔽的通货膨胀两种形式

在公开的形式下，政府不采取物价管制和物价津贴等措施，因此，物价上涨很明显，无从隐蔽。但在某些非市场经济或由于种种原因采取物价管制政策的国家，过多的货币供应并非都通过物价上涨表现出来，有时通货膨胀也会表现为商品短缺、凭票供应、持币待购以及强制储蓄等形式，即物价水平隐蔽地上升。

4.通货膨胀是指一般物价水平普遍、持续地上涨

一般物价总水平的上涨，指的是全部商品及劳务的加权平均价格的上涨，而不是个别商品或劳务价格的上涨。如果某一商品价格上涨被其他商品的价格下跌所抵消，而使得一般物价总水平没有改变，这时只能称个别商品价格上涨，而非通货膨胀。另外，经济生活中季节性、暂时性或偶然性的价格上涨也不能视为通货膨胀。

二、通货膨胀的度量

一般情况下，采用物价指数来衡量通货膨胀。常用的物价指数有三种类型，即消费物价指数、生产物价指数及国民生产总值平减指数。

（一）消费物价指数（CPI）

消费物价指数是根据一系列的商品及服务价格所编制的指数，用于衡量消费物价的变动情况，属于市场衡量通货膨胀表现的重要数据。如果经济增长快，消费市场需求上升，消费物价便会大幅攀升，造成通货膨胀压力，因此政府可能会加息控制通胀，冷却经济，所以消费物价指数是衡量经济是否过热的指标。目前中国和许多国家用此项指标度量通货膨胀。

（二）生产物价指数（PPI）

生产物价指数用于度量制造业、采矿业、农业、渔业、林业等行业中间产品价格的变化情况。当将从制造商到批发商再到零售商这些中间环节中商品的流动也看作中

间产品的流动时，也可以称为批发物价指数。这一指数反映了企业生产成本的变化状况。

（三）国民生产总值平减指数（GNP deflator）

国民生产总值平减指数指按当年价格计算的国民生产总值对按固定价格计算的国民生产总值的比率。它反映全部生产资料、消费品和劳务费用的价格变动程度。目前世界银行的年度报告以这一指标的增长率测定通货膨胀。

以上三种指标各有利弊，大多数国家或地区在测量通货膨胀的程度时，往往同时采用多种指标综合分析。随着金融的不断发展，金融资产在各类资产中所占的比重越来越大，应该将金融资产价格的变动反映在通货膨胀的变化情况之中。因此，适时地调整衡量通货膨胀的尺度是非常必要的。

三、通货膨胀的类型

根据不同的分类标准，可以将通货膨胀分为不同的类型。

（一）按通货膨胀的程度划分

按通货膨胀的程度划分，通货膨胀可分为爬行式通货膨胀、温和式通货膨胀和恶性通货膨胀。

爬行式通货膨胀是指物价的幅度在2%~3%，同时不存在通货膨胀预期的状态，但持续时间很长的通货膨胀。

温和式通货膨胀一般是指在没有通货膨胀预期的前提下，年通货膨胀率在10%以下，且低于经济增长率的通货膨胀。

拓展阅读10-1

恶性通货膨胀是指物价水平以相当大的幅度持续上涨，一般年通货膨胀率超过10%，达到两位数的水平，且高于经济增长率的通货膨胀。当发生恶性通货膨胀时，由于物价上涨较快，人们对通货膨胀感觉明显，对物价水平的持续上涨预期增加，因而开始抢购商品以求保值。同时，货币流通速度加快，货币购买力下降，这会使得通货膨胀更为加剧。

史上最严重的恶性通货膨胀及原因

（二）按市场机制的作用划分

按市场机制的作用划分，通货膨胀可分为公开型通货膨胀和隐蔽型通货膨胀。

公开型通货膨胀又称开放型通货膨胀，是指在市场机制充分运行和政府对物价水平不加管制的情况下，价格随市场供求变化而自由涨落，只要出现通货膨胀，就表现为价格水平的明显上涨。

隐蔽型通货膨胀又称抑制型通货膨胀，是指政府通过价格控制、定量配给以及一些其他措施来抑制物价的上涨。表面上物价总水平没有上升，但居民实际消费水平却在下降。我国的计划经济时期，就存在这种隐蔽型的通货膨胀。

（三）按通货膨胀能否预期划分

按通货膨胀能否预期划分，通货膨胀可分为预期型通货膨胀和非预期型通货膨胀。

预期型通货膨胀是指通货膨胀过程被经济主体预期到了，以及由于这种预期所采取的各种补偿性行动而引发的物价上升运动。一般认为预期性通货膨胀对经济没有实质性的影响，因为经济主体已采取相应对策抵消其影响。

非预期型通货膨胀是指未被经济主体预见的、不知不觉中出现的物价上升。一般认为非预期型通货膨胀对经济具有真实的负效应。

（四）按通货膨胀产生的原因划分

按通货膨胀产生的原因划分，通货膨胀可分为需求拉动型通货膨胀、成本推进型通货膨胀、结构型通货膨胀和混合型通货膨胀。

这部分内容将在本项目任务二中详细阐述，此处不再赘述。

任务二　通货膨胀的成因及效应

一、通货膨胀的成因

通货膨胀的直接原因是货币供应量超过了客观的需要量。然而，由于通货膨胀是一种非常复杂的现象，经济学很多流派都研究其成因，但主要是从需求和供给两个方面来进行分析的，由此形成不同的关于通货膨胀的理论。在西方经济学家对通货膨胀成因的分析理论中，较为流行的主要有四种，即需求拉动说、成本推进说、结构型通货膨胀说、混合型通货膨胀说。

（一）需求拉动说

该理论是从需求的角度来解释通货膨胀的成因。根据这种理论，需求拉动型通货膨胀是指社会总需求大于总供给，从而引起一般物价水平持续上升，即物价上涨是由于需求过多拉起来的。由于流通中的货币都是有支付能力的有效需求，社会总需求大于总供给，意味着较多的货币追逐相对较少的商品，从而引起物价上涨，诱发通货膨胀。而社会总需求之所以会大于总供给，根源在于国民收入的超额分配，即国民收入的分配额超过国民收入的生产额。因此，在尚未达到充分就业和生产能力尚未被充分利用时，由货币数量增加而导致的总需求增加，能够促使就业和产量的增加，并不会导致通货膨胀，只有当社会处于充分就业和生产能力已被充分利用时，货币数量的增加才会诱发通货膨胀。

（二）成本推进说

成本推进说主要从总供给或成本方面分析通货膨胀的生成机理。该理论认为，通货膨胀的根源并非总需求过度，而是总供给方面的生产成本上升，即成本推进型通货膨胀是由于产品成本（如材料、能源、工资等）上升，为保持一定利润水平而使物价水平普遍上涨的一种经济现象。而成本的上升，可能是由工资的增长超过了劳动生产率的增长造成的，也可能是原材料价格上涨导致的。另外，在企业垄断市场的情况下，垄断企业为获取更多利润而提高产品售价，也会造成通货膨胀。

拓展阅读10-2

成本推进型
通货膨胀

(三)结构型通货膨胀说

由于需求拉动或成本推进的通货膨胀理论都不足以充分说明一些国家的长期通货膨胀问题，于是，一些经济学家转而从经济结构及其变化方面求解通货膨胀的成因。所谓结构型通货膨胀，是指当社会总需求与总供给处于平衡状态时，由于经济结构、部门结构等的变化所引起的物价上涨。例如，总需求结构的变动会导致某些部门处于扩张状态，而另一些部门处于收缩状态，由于原有经济结构刚性的存在，因此资源不能迅速适应这种变化而在各部门间重新配置。资源缺乏的扩张部门不得不提高工资和原料价格以吸引资源流入，而资源剩余的收缩部门却由于工资和物价的刚性，没有调低价格，甚至还与扩张部门保持同比例上升，最终造成物价总水平的上涨。

(四)混合型通货膨胀说

该理论认为造成一国通货膨胀的原因并不是单一的，而是多种因素综合在一起共同作用的结果，即混合型通货膨胀，是由于需求拉动、成本推进和社会经济结构共同作用形成的一种一般物价水平持续上涨的货币经济现象。

微课 10-1

通货膨胀的影响一定是负面的吗?

二、通货膨胀的效应

通货膨胀的社会经济效应，在理论界存在着不同的观点，大体可分为三类，即促进论、促退论和中性论。促进论认为通货膨胀具有正的产出效应，有利于促进经济增长。促退论则认为通货膨胀不仅不会促进经济增长还会损害经济增长。所谓中性论，是一种认为通货膨胀对产出、经济增长既无正效应也无负效应的理论。

知识链接 10-1

通货膨胀对经济增长影响的三个观点

一、促进论的观点

资本主义经济长期处于有效需求不足、实际经济增长率低于潜在经济增长率的状态。因此，政府可通过实施通货膨胀政策、增加赤字预算、扩大投资支出来刺激有效需求，推动经济增长。

通货膨胀有利于社会收入再分配向富裕阶层倾斜，而富裕阶层的边际储蓄倾向比较高，因此会提高储蓄率，从而促进经济增长。通货膨胀出现后，公众预期的调整有一个时滞过程，在此期间，物价水平上涨而名义工资未发生变化，企业的利润率会相应提高，从而刺激私人投资的积极性，增加总供给，推动经济的增长。

二、促退论的观点

长期通货膨胀会给经济带来严重的消极影响，降低经济体系的运行效率，阻碍经济的正常发展。主要表现为：

(1)纸币贬值，妨碍货币职能的正常发挥；降低借款成本，诱发过度的资金需求；企业的生产成本上升，预期利润率降低，不利于调动生产者和投资者的积极性；企业先期积累的各种折旧准备金和公积金贬值，从而使企业设备更新和技术改造能力下降，影响生产发展。

（2）破坏正常的信用关系，增加生产性投资风险和经营成本，从而缩减银行信贷业务，使流向生产性部门的资金比重下降，流向非生产性部门的资金比重提高，导致产业结构和资源配置不合理，国民经济畸形发展。

（3）阻碍本国商品的出口，导致国民收入减少；同时还会鼓励外国商品进口，加剧国内市场竞争压力，影响国内进口替代品生产企业的发展，并导致贸易收支逆差。

（4）打乱正常的商品流通渠道，加深供需矛盾，助长投机活动，引起资本大量外流和国际收支的恶化。

三、中性论的观点

通货膨胀对实际产出和经济增长既无正效应又无负效应。其理由是公众会根据通货膨胀发展的预期，按照物价上涨水平做出合理的行为调整，因此，通货膨胀的各种影响作用会相互抵消。

资料来源：作者根据相关资料编写。

尽管理论界对通货膨胀的经济效应有不同的看法，但总体上来讲，通货膨胀对经济会产生严重的破坏作用。

（一）通货膨胀对生产的效应

1.通货膨胀影响企业的技术进步

一方面，通货膨胀使企业的技术改造成本增加；另一方面，企业由于产品热销而不重视技术改造，结果使技术进步缓慢，降低了劳动生产率和产品的升级换代能力。

2.通货膨胀导致生产衰退

在通货膨胀期间，由于原材料等初级产品的价格上涨往往快于产成品，从而会增加生产性投资的风险和经营成本，使投资不如投机、生产不如囤积的现象普遍出现。其结果，一方面使生产领域的资金大量流向流通领域，导致生产萎缩；另一方面造成原材料越短缺越囤积，产生短缺和积压并存的恶果。

3.通货膨胀加大了经济核算的困难

通货膨胀期间币值不稳定，企业的经济核算缺乏稳定的价值尺度和核算工具。

4.通货膨胀导致不合理的产业结构，使国民经济畸形发展

在通货膨胀期间，生产要素倾向于从价格涨幅小的部门向价格涨幅大的部门转移。由此会引发流向生产性部门的资金比重下降，流向非生产性部门的资金比重增加，导致产业结构和资源配置的不合理，国民经济畸形发展。

（二）通货膨胀对流通的效应

1.通货膨胀使市场价格信号失真

通货膨胀导致的商品价格升降并不能真正反映商品供求关系的变化，失真的价格导向会使社会资源盲目流动和组合，从而引起社会资源的巨大浪费。

2.通货膨胀使人们对商品产生过度需求

在通货膨胀时期，为了保值和防止物价进一步上升，人们都要尽快把手中的货币换成商品，而较少考虑这种商品是不是自己所必需的。这种需求变态和抢购行为使货币流通加快，商品供应更加短缺，进而又会进一步加剧通货膨胀。

（三）通货膨胀对分配的效应

1.收入分配效应

收入分配效应是指由于通货膨胀形成的物价上涨而造成的收入再分配。在通货膨胀时期，由于物价的变动，人们的名义货币收入与实际货币收入间会产生差距。判断通货膨胀对收入分配的影响程度，则主要是以实际收入变动为标准的。在物价变动作用下，虽然名义收入变动不大，甚至无变化，但实际的收入变化会千差万别。对不同收入种类的人，在通货膨胀中，各自的利益所受影响不同。通货膨胀的收入分配效应具体表现为：以工资、租金和利息为收入者，在通货膨胀中会遭受损害；而以利润为主要收入者，却可能获利。

2.财富分配效应

通货膨胀不仅能引起收入的再分配，也会引起人们所持有财富的再分配。整个社会，每个人或阶层总会或多或少积累一定的财富，但人们持有财富的形式极不相同。面值和收益稳定的金融资产，在通货膨胀期间其价值会降低，因此持有这些资产的个人和阶层会受到损失，其债务人则会因通货膨胀而受益。各种实物资产在通货膨胀期间会因价格上涨而使其持有者受益，不过各种不同实物资产价格上涨程度有所不同，因此其持有者所持有的实际价值会发生改变。至于收益和价值不定的金融资产，在通货膨胀期间收益增长与其价格上涨并非一致，因此其持有者是否获益取决于二者的相对变化。

（四）通货膨胀对金融的效应

1.通货膨胀会降低借款成本

这会诱发过度的资金需求，迫使金融机构不得不加强信贷配额管理，进而会削弱金融机构的运营效率。

2.通货膨胀破坏正常的信用活动

通货膨胀有利于债务人，而使债权人产生损失，从而使商品交易中的现金交易增加，商业信用萎缩，各种债券发行受阻，影响集资活动。

3.通货膨胀影响了货币职能作用的正常发挥

通货膨胀使货币符号的价值贮藏职能丧失，价值尺度和价格标准混乱，一旦人们的货币幻觉消亡，必将使挤兑风盛行，有可能引起银行的破产和倒闭，甚至引发更大的政治经济危机等。

任务三　通货膨胀的治理

通货膨胀对国民经济的发展总的来说是不利的，对经济社会具有巨大的破坏作用。因此，各国政府为减轻或消除通货膨胀的压力做出了不懈的努力。由于通货膨胀的形成原因、性质及表现形态不一致，因此治理通货膨胀的措施千差万别。以下介绍几种较为常见的治理通货膨胀的对策。

一、控制需求

针对需求拉动型通货膨胀，政府往往采取紧缩性的货币政策和财政政策来抑制过旺的总需求。

(一) 紧缩性货币政策

中央银行通过采取一定的政策措施压缩商业银行信贷规模，减少货币供给量，来实现宏观紧缩。其主要是通过中央银行的四大政策工具来实现：一是通过公开市场业务的操作，出售有价证券，回笼货币资金，以相应减少流通中的货币量；二是提高法定存款准备金率，减少银行的超额准备金，抑制其信贷扩张能力，从而减少投资和货币供应量；三是提高再贴现率，以影响商业银行的借款成本和市场利率，控制商业银行的信贷规模，减少对信贷的需求，缩小货币流通量；四是直接提高利率，增加使用信贷资金的成本，可以减少借贷规模，同时提高利率，还可以吸收储蓄存款，减轻通货膨胀压力。

(二) 紧缩性财政政策

政府通过增收减支的办法来抑制总需求的增长，从而实现宏观紧缩。紧缩性财政政策主要通过三种措施来实现：一是削减政府支出，包括减少军费开支和政府在市场上的采购；二是限制公共事业投资和公共福利支出；三是增加税收，以抑制私人企业投资和个人消费支出。

二、收入政策

紧缩性收入政策是治理成本推进型通货膨胀的有效方法。所谓紧缩性收入政策是指为了降低一般物价水平的上涨幅度而采取的强制性或非强制性的限制货币工资与价格的政策，其目的在于在抑制通货膨胀的同时，不造成大规模的失业。紧缩性收入政策的主要手段有：工资管制、确定工资-物价指导线、运用税收手段。

(一) 工资管制

工资管制或称冻结工资，即强制推行的控制全社会货币工资总额或增长幅度的措施。这是在通货膨胀相当严重时所采取的非常措施，但由于严重的通货膨胀会使人们的实际生活水平持续下降，所以冻结工资的措施实施起来难度会更大。

(二) 确定工资-物价指导线

所谓"指导线"就是政府在一定年份内允许总货币收入增长的目标数值线，并据此相应地采取控制每个部门工资增长率的措施。

(三) 运用税收手段

这是指政府以税收作为奖励和惩罚的手段来限制工资-物价的增长。如果增长率在政府规定的幅度之内，政府就以减少个人所得税和企业所得税作为奖励；否则，就以增加税收作为惩罚。

三、供给政策

以上几种政策都是从控制总需求的角度来治理通货膨胀的。供给政策是从扩大总供给的角度着手的。通货膨胀的最基本原因是总需求大于总供给，所以有些经济学家指

出，扩大总供给也能有效地解决通货膨胀问题。比较而言，这种政策比紧缩政策更具有

拓展阅读10-3

我国2008年反通货膨胀的宏观调控对策

积极意义。所谓供给政策，是指以积极刺激生产的办法增加供给，同时压缩总需求来抑制通货膨胀的政策。改善供给的主要措施有：降低所得税税率，提高机器设备的折旧率，促进投资，增加供应，实行有松有紧、区别对待的融资政策，以优化产业结构和产品结构，通过社会资源的合理配置，从根本上改善货币流通状况；减少政府对企业活动的限制，让企业更好地扩大商品的供给。

四、收入指数化政策

所谓收入指数化，是指工资、利息、各种证券收益以及其他收入一律实行指数化，同物价变动联系起来，使各种收入按物价指数滑动或随物价指数的变动而进行调整。收入指数化既能剥夺政府从通货膨胀中获得的收益，杜绝制造通货膨胀的动机，又可抵消或缓解物价波动对个人收入水平的影响，克服因通货膨胀而造成的分配不公，并可避免抢购商品、贮物保值等加剧通货膨胀的行为。指数化政策对于面临世界性通货膨胀的开放经济小国来说尤其具有积极意义，是这类国家对付输入型通货膨胀的有效手段。

五、货币改革

在通货膨胀已经达到恶性程度，整个货币制度处于或接近崩溃的边缘，上述的治理措施已无济于事时，政府就要进行货币改革。一般做法是，废除旧币发行新币，并制定一些保证新币币值稳定的措施，以消除旧币流通的混乱局面，重振经济。

总之，通货膨胀是一个十分复杂的经济现象和经济问题，其产生的原因是多方面的。因此，治理通货膨胀也是一项系统工程，治理措施需要相互配合才能收到理想的效果。

任务四　通货紧缩

一、通货紧缩的含义

微课10-2

通货紧缩

（一）通货紧缩的含义

与通货膨胀相对应，通货紧缩是货币非均衡的另一种表现形式。所谓通货紧缩，指的是社会价格总水平即商品和劳务价格持续下降，货币不断升值的过程。

（二）通货紧缩的特征

1.通货紧缩本质上是一种货币现象

通货紧缩本质上是货币供应量的增长幅度落后于经济的增长幅度，其在实体经济中的根源是总需求对总供给的偏离，或现实经济增长率对潜在经济增长率的偏离。

2.通货紧缩的基本特征是商品和劳务价格普遍地、持续地下跌

通货紧缩时期物价持续下跌不是由于技术的进步和劳动生产率的提高而引起的，这种下跌不是局部的、结构性的，也不是存在于相对较短的时间内的，而是在较长时间内，商品与劳务价格普遍地、不断地下降。

3.通货紧缩的同时经常伴随着生产下降，经济衰退

在通货紧缩时期，消费需求疲软、投资意愿低迷、企业开工不足。随着市场的萎缩，产品价格下降，企业订单减少，利润降低甚至发生亏损，企业不愿扩大再生产，不愿再追加投资，失业人数增加，工资收入下降，进一步制约了对商品的有效需求，使总需求更加小于总供给。

4.通货紧缩使货币流通速度趋缓

当经济中出现通货紧缩时，货币流通速度就会趋缓，导致货币供应量的增加部分被一定程度地抵消，从而加剧通货紧缩。

知识链接10-2

通货紧缩的理论

进入20世纪90年代以来，世界各国通货膨胀的发展出现了新的变化，即主要工业化国家大多保持了较低的通货膨胀率，美国甚至出现了较高的持续经济增长与持续走低的通货膨胀率并存的态势。尤其是在亚洲金融危机爆发的1997年，美国的经济增长率创下了历史最高纪录，通货膨胀率竟然也出现最低水平。欧盟国家的通货膨胀率近些年来一直保持在5%的低水平，亚洲和拉丁美洲国家也因金融危机而发生了物价水平较大幅度的持续下跌。一时间，是否会发生世界性通货紧缩变成了经济理论界的热门话题和争论焦点，关于通货紧缩的理论文章也大量出现在各种刊物上。其中，美国著名经济学家保罗·克鲁格曼在1998—2000年短短3年时间里就发表了20余篇研究通货紧缩的论文，形成了一套"新凯恩斯主义"的反通货紧缩理论。

与国际上流行的观点不同，克鲁格曼将近年来世界性通货紧缩的原因归结为社会总需求不足，而不是供给过剩，并特别强调，需求不足在不同的国家或在同一国家的不同时期有着不同的社会制度根源。他证明了在"流动性陷阱"的条件下保持零通货膨胀的货币政策不再是中性的，因而主张用"有管理的通货膨胀"政策来治理通货紧缩。这一观点构成了对以物价稳定为目标的传统货币金融理论的挑战。克鲁格曼还认为，实行联系或固定汇率制的国家在货币汇率发生高估时，易受到其他出口国家货币突然贬值的冲击而导致国内价格突然下降。他指出，当一个国家"希望"货币贬值，但又由于联系汇率制的约束而不能贬值的时候，通货紧缩就发生了。

原美联储主席格林斯潘对通货紧缩的解释是："正如通货膨胀是由一种货币状况的变化——人们不愿持有货币，而宁愿持有实物——而产生的，通货紧缩的发生则是由于人们更愿意把持有的实物换成货币。"他指出，导致通货紧缩的另一个可能的原因是资产泡沫的破裂对经济产生的致命的消极影响。20世纪30年代持续的物价下跌和经济萧条与1929年开始的股市崩溃和资产价格快速下降紧密相关，正是资产泡沫的破灭摧毁了本已问题重重的金融中介，导致了长期性的通货紧缩。格林斯潘还指出，由技术革命

推动导致的劳动生产率的不断提高，尤其是信息技术的发展所反映的世界经济中的一些深层次的结构性变化，再加上其他一些结构性因素（例如国际贸易壁垒的不断破除），使价格的抑制过程在一定程度上得到了自我加强，这也是促使通货紧缩发生的重要因素。

资料来源：曹龙骐. 金融学［M］. 北京：高等教育出版社，2010。

二、通货紧缩的类型

按照不同的标准，通货紧缩可划分为不同的类型。

（一）按通货紧缩持续的时间长短划分

按通货紧缩持续的时间长短划分，通货紧缩可分为短期通货紧缩、中期通货紧缩和长期通货紧缩。通常将5年以下的通货紧缩称为短期通货紧缩，5～10年的通货紧缩称为中期通货紧缩，10年以上的通货紧缩称为长期通货紧缩。

（二）按通货紧缩的程度不同划分

按通货紧缩的程度不同划分，通货紧缩可分为相对通货紧缩和绝对通货紧缩。

相对通货紧缩是指物价上涨率在零以上，同时处于适合一国经济发展和充分就业的物价区间内。

绝对通货紧缩是指物价上涨率在零以下，即物价负增长。这种状态说明一国通货处于绝对不足的状态，极易造成一国经济的萧条甚至是衰退。

（三）按通货紧缩的生成机理划分

按通货紧缩的生成机理划分，通货紧缩可分为需求不足型通货紧缩和供给过剩型通货紧缩。

1.需求不足型通货紧缩

需求不足型通货紧缩是由于总需求不足，使得正常的供给显得相对过剩，由此而引发的通货紧缩。需求不足可由多种原因引起，如消费抑制、投资抑制、国外需求抑制等。

（1）消费抑制型通货紧缩。消费抑制是指由于即期收入的减少或预期未来支出增加，以及针对未来诸多不确定性而采取的减少即期消费的一种预防性行为。这种对即期消费的抑制，将使供给相对过剩，从而造成产品积压、生产能力闲置、企业开工不足、收入减少、物价下跌，通货紧缩由此引发。

（2）投资抑制型通货紧缩。投资是总需求的一个重要方面，如果因为种种原因，投资被抑制，新建项目减少，生产资料和生活资料的需求都将减少，新增劳动力无从就业，同样会造成供给相对于需求的过剩，导致通货紧缩。

（3）国外需求抑制型通货紧缩。国外需求减少、出口不畅，也会减少国内的需求总量，造成出口企业开工不足、产品积压，从而引起通货紧缩的产生。

2.供给过剩型通货紧缩

供给过剩型通货紧缩是指由于技术创新和生产效率的提高所造成的产品绝对数量的过剩，这是物质产品极其丰富的情况下可能出现的情况。

（四）按通货紧缩的成因划分

按通货紧缩的成因划分，可分为政策紧缩型、经济周期型、成本压低型、需求拉动型、外部冲击型和结构型的通货紧缩。此部分内容将在下文中详细阐述。

三、通货紧缩的成因

不同国家、不同时期所产生的通货紧缩的原因是多种多样的，但从国内外经济学家关于通货紧缩的理论分析中，可以将通货紧缩的成因概括为以下几个方面：

（一）紧缩性货币政策或财政政策的影响

一国政府采取紧缩性货币政策或财政政策，大量减少货币发行或削减政府开支以减少赤字，会直接导致货币供应不足，或加剧该国商品和劳务市场的供求失衡，使"太多的商品追逐较少的货币"，引起物价下跌，从而出现政策紧缩型通货紧缩。

（二）经济周期的变化

当经济周期处于繁荣的阶段时，生产力大量过剩，无论是绝对过剩还是相对过剩，其结果都是产品面临市场需求不足，引起物价下跌，从而出现经济周期型通货紧缩。

（三）生产力水平的提高和生产成本的降低

技术进步提高了生产力水平，改进管理降低了生产成本，因而会导致产品价格下降，出现成本压低型通货紧缩。

（四）投资和消费的有效需求不足

当公众预期实际利率进一步降低和经济走势不佳时，国内投资和消费需求就会出现严重下滑，导致物价下跌，进而形成需求拉动型通货紧缩。

（五）本币汇率高估和其他外部因素的冲击

当一国实行盯住硬货币的汇率制度时，本币汇率高估，从而会减少出口，扩大进口，加剧国内企业经营困难，促使消费需求趋减，导致物价持续下跌，出现外部冲击型通货紧缩。国际市场的动荡也会引起国际收支逆差或资本外流，形成外部冲击型的通货紧缩压力。

拓展阅读10-4

20世纪90年代的日本通货紧缩

（六）结构性因素

由于产业结构不合理或投资、消费需求结构的变化，出现结构性的生产过剩，从而造成了过多的无效供给，当积累到一定程度时必然会加剧供求之间的矛盾，导致许多商品价格下跌，出现结构型通货紧缩。

四、通货紧缩对经济的影响

通货紧缩会严重危害经济发展和社会稳定。严重的通货紧缩会使可利用资源闲置浪费，经济萎缩，失业增加，人民生活水平下降，引发一系列社会问题。我们可以从以下几方面分析通货紧缩的影响。

（一）通货紧缩抑制消费需求

对于消费者来说，通货紧缩意味着以同样数量的货币可以购买到更多数量的商品，即货币的购买力增强，这将促使人们更多地增加储蓄、削减开支。同时，消费者常常"买涨不买跌"，在预期价格水平会进一步下跌、失业率可能上升、收入水平可能下降的情况下，消费者会因此缩减支出，增加储蓄。这样，通货紧缩就会抑制个人消费支出，使消费总量趋于下降。

（二）通货紧缩抑制投资需求

在通货紧缩时期，物价的下跌会提高实际利率水平，使企业投资成本增加，使投资项目变得越来越没有吸引力。同时，社会消费总量下降，会使企业出现利润下降甚至亏损的情况，因此企业不愿意扩大再生产，投资意愿下降。

（三）通货紧缩会使银行不良资产比率上升

通货紧缩会使实际利率上升，从而增加债务人的负担，债务人因经营困难不能按时还贷，致使银行不良资产比率上升。

（四）通货紧缩会造成经济衰退、失业增加

持续、普遍的物价下跌，会使生产者的利润减少甚至出现亏损，这会严重挫伤生产者的积极性，使它们缩减产量或不愿生产，从而使经济增长的速度变慢。另外，为了降低成本，它们会大量裁员从而使失业率增加，而失业率的上升又会使消费需求进一步萎缩，物价继续下跌，企业破产率上升，失业率上升，会形成恶性循环，同时商家会降低在职员工的工资水平，使其收入下降，而这又进一步加重了社会总需求不足的状况，使整个宏观经济陷入衰退之中。

五、通货紧缩的治理

（一）扩张的货币政策

扩张的货币政策通过增加货币供应量、降低利率水平等来刺激有效需求的增加。扩张的货币政策应采取降低金融机构法定存款准备金率、降低贴现率和再贴现率、在公开市场买进政府债券等措施，这些措施也是货币政策工具的主要内容，我们将在项目十一中详述。

（二）积极的财政政策

1.政府增加公共投资

主要用于基础设施建设，以拉动投资品市场的需求，带动居民支出，激活经济。

2.削减税收

如果政府在增加财政支出的同时，相应地增加税收，那么增加公共支出的政策效应便很可能被抵消。因此，在扩张财政支出的同时，应考虑减少税收，以减少财政政策的"挤出效应"。

（三）扩大有效需求

有效需求不足是通货紧缩的主要原因，因此，扩大有效需求是治理通货紧缩的有效措施。总需求包括投资需求、消费需求和出口需求，但影响一国需求的主要因素是投资需求和消费需求，因此，必须采取措施，努力扩大投资需求和消费需求。

（四）结构性调整

对由于某些行业的产品或某个层次的商品生产绝对过剩引发的通货紧缩，一般采用结构性调整的手段，即减少过剩部门或行业的产量，鼓励新兴部门或行业发展，调整产业结构。

知识链接10-3

凯恩斯主义和货币主义关于治理通货紧缩的政策主张

20世纪30年代经济大危机后，针对西方世界通货紧缩、经济萧条的状况，凯恩斯提出了一套有效需求不足理论和相应的扩张性财政金融政策，并力求通过国家干预来解决问题。这些政策主要有：（1）膨胀性的货币政策，即增加货币供应量，压低利率，以刺激投资和消费；（2）赤字财政政策，即政府要用举债的办法发展经济，扩大有效需求。但是，凯恩斯认为应以财政政策为主，以货币政策为辅。其理由是货币政策有局限性，存在流动性陷阱。

货币主义的政策主张是以稳定通货、反对通货膨胀为前提条件的。货币主义的政策处方是：为了既避免大规模的通货膨胀，又避免大规模的通货紧缩，必须使货币供应量的增长率保持在适当水平上。针对当时美国的情况，弗里德曼认为：为了保持价格水平的长期稳定，每年3%~5%的货币存量增长率是必要的，并认为扩张性的财政政策与其他政策（收入政策、外贸政策、就业政策等）应与货币政策相配合，方能生效。

资料来源：张红伟. 货币金融学［M］. 北京：科学出版社，2010.

金融视窗

通货膨胀与通货紧缩

通货膨胀与通货紧缩都是不正常的经济现象，它们产生最大危害的时候还不是在价格持续上涨的时候，而是价格持续下跌的时候。尽管价格上涨会对生产与消费构成越来越大的压力，但是一旦价格下跌，就会使配置在投机上面的大量资金面临亏损风险，从而导致社会，甚至全球资金链与债权债务链条的断裂，直接反作用于社会再生产，使其减弱与停滞。

第一次世界大战后德国的通货膨胀

第一次世界大战后，德国经历了一次历史上最引人注目的超速通货膨胀。在战争结束时，同盟国要求德国支付巨额赔款。这种支付引起德国财政赤字，德国最终通过大量发行货币来为赔款筹资。从1922年1月到1924年12月，德国的货币和物价都以惊人的比率增加和上升。正如财政引起德国的超速通货膨胀一样，财政改革也结束了超速通货膨胀。在1923年年底，政府雇员的人数裁减了1/3，而且，赔款支付暂时中止并最终减少了。同时，新的中央银行德意志银行取代了旧的中央银行德国国家银行。政府要求德意志银行不要通过发行货币为其筹资。

根据我们对货币需求的理论分析，随着持有货币成本的下降，超速通货膨胀的结束会引起实际货币余额的增加。随着通货膨胀加剧，德国的实际货币余额减少，然后，随着通货膨胀减轻，实际货币余额又增加。但实际货币余额的增加并不是即刻的，也许实际货币余额对持有货币成本的调整是一个渐进的过程，也许使德国人民相信通货膨胀已真正结束还需要一段时间，从而预期的通货膨胀比实际通货膨胀下降得要慢一点。由于物价疯狂上涨，货币实值持续下跌，受预期心理和恐慌心理驱使，为了保值、增值，除了物资，人们还竞相追逐黄金、外汇，引致对黄金、外汇的超额需求，价格遂盘旋而上、节节攀高。

日本的通货紧缩

早在20世纪90年代初经济泡沫破灭后不久，日本经济运行与发展中就开始出现一系列通货紧缩性征象。对此，日本政府虽也一再告诫"日本经济正面临着陷入通货紧缩恶性循环的危险"，但始终都未承认日本经济已经处于通货紧缩状态。直到2001年3月16日，在讨论《月例经济报告》的阁僚会议上，森喜朗政府才公开认定"现在的日本经济正处在缓慢的通货紧缩之中"。

日本通货紧缩的一个突出特点：它是在日本政府长期推行扩张性财政金等正常情况下不应同时出现的现象，坡时却纠缠在一起。20世纪90年代初，日本政府为刺激经济回升，连续推出了力度强大、规模空前的扩张性财政货币政策。

资料来源：作者根据相关资料编写。

启示：党的二十大报告强调"健全宏观经济治理体系""增进民生福祉"，通货膨胀与通货紧缩的治理正是这一精神的重要实践场域。德国超速通货膨胀引发资金链断裂、日本长期通货紧缩拖累经济复苏的案例警示我们，物价剧烈波动会严重冲击社会再生产与民生稳定，凸显国家宏观调控的必要性与紧迫性。面对复杂经济现象，需以辩证思维剖析本质。德国通过削减财政赤字、重建央行体系终结通胀，日本扩张性政策与通缩并存的矛盾，均印证了单一政策难以应对系统性经济问题，必须统筹货币政策与财政政策、短期调控与长期规划。这要求我们树立正确的金钱观，理解国家"稳物价、保民生"政策逻辑——物价稳定不仅是经济健康运行的标志，更是维护社会公平、保障群众生活的关键。新时代青年应主动关注宏观经济政策，深刻认识到科学调控对防范金融风险、推动高质量发展的战略意义，以理性视角把握经济规律，增强服务国家经济建设的责任感与使命感。

☑ 项目小结

本项目首先介绍了通货膨胀的含义及主要的度量指标，阐述了通货膨胀的几种分类以及关于通货膨胀成因的几种流派，分析了通货膨胀对生产、流通、分配以及金融等方面的影响以及治理通货膨胀的主要措施；其次，阐述了通货紧缩的含义及分类，分析了通货紧缩对经济影响的主要表现，阐明了治理通货紧缩的宏观经济政策。

项目训练 》

一、重要概念

通货膨胀　通货紧缩　消费物价指数　需求拉动说　成本推进说　混合型通货膨胀　结构型通货膨胀

二、单项选择题

1.通货膨胀与物价水平相联，这里的物价水平是指（　　　）。

A.批发物价水平　　　　　　　　　B.生产资料价格水平

C.消费资料价格水平　　　　　　　　D.物价总水平

2.（　　）反映全部生产资料、消费品和劳务费用的价格变动程度。目前世界银行的年度报告以这一指标的增长率测定通货膨胀。

A.国民生产总值　　　　　　　　　　B.国民生产总值平减指数

C.CPI　　　　　　　　　　　　　　D.PPI

3.认为通货膨胀的原因在于经济发展过程中社会总需求大于总供给，从而引起一般物价水平持续上涨的是（　　）。

A.需求拉动论　　　　　　　　　　　B.成本推进论

C.开放型通货膨胀　　　　　　　　　D.隐蔽型通货膨胀

4.以存在强大的工会力量、从而存在不完全竞争的劳动力市场为假设前提的通货膨胀理论是（　　）型通货膨胀。

A.需求拉动　　　　B.工资推动　　　　C.利益推动　　　　D.混合推动

5.治理通货膨胀对策中，压缩财政支出属于（　　）。

A.改善供给　　　　　　　　　　　　B.紧缩性收入政策

C.收入指数化政策　　　　　　　　　D.紧缩性财政政策

6.通货膨胀对策中，冻结工资和物价属于（　　）。

A.控制需求　　　　　　　　　　　　B.改善供给

C.收入指数化政策　　　　　　　　　D.紧缩性财政政策

三、多项选择题

1.紧缩的货币政策实施手段主要包括（　　）。

A.提高法定存款准备金率　　　　　　B.提高存贷款利率

C.提高再贴现率　　　　　　　　　　D.央行出售政府债券

E.增加公开市场的货币投放

2.通货膨胀对经济的影响具体表现在（　　）。

A.社会成员的财富占有比例　　　　　B.生产

C.流通　　　　　　　　　　　　　　D.消费

E.财政金融

3.有关通货膨胀描述正确的是（　　）。

A.在纸币流通条件下的经济现象　　　B.货币流通量超过货币需求量

C.物价普遍上涨　　　　　　　　　　D.货币贬值

E.生产过剩

四、判断题

1.通货紧缩时物价下降使货币购买力增强，使居民生活水平提高，对经济有利。
（　　）

2.通货紧缩有利于债务人却对债权人不利。（　　）

3.通货紧缩的考察对象为商品价格，既包括商品劳务价格，也包括金融商品的价格。（　　）

4.通货膨胀对生产和就业的刺激是暂时的、有条件的，可能维持长久形成健康的经

济运行机制。 ( )

5.一般来说，治理通货膨胀主要包括控制需求和改善供给两个基本方面。 ( )

五、思考题

1.如何理解通货膨胀的含义？

2.通货膨胀的成因有哪些？

3.通货膨胀对经济运行有哪些影响？

4.治理通货膨胀的措施有哪些？

5.通货紧缩的成因有哪些？

6.治理通货紧缩的措施有哪些？

六、讨论题

根据我国当前的物价指数，讨论我国目前的通货膨胀程度及成因。

七、案例分析

日本走出通货紧缩了吗？

从经济学经典理论来看，通货紧缩（以下简称"通缩"）即一般物价水平的下行，其本质在于宏观层面的总供给总需求存在失衡。日本央行原行长白川方明就曾指出，日本通缩源自需求不足。事实上，日本通缩与经济低迷相互作用、互为表里。一方面，经济低迷、需求不足导致物价缺乏推升力量；另一方面，通缩抑制了企业投资和工资增长，进一步减弱居民消费和企业投资意愿，拖累经济增长。探索日本长期陷入通缩的根源，实质上也就是要研究为何日本长期需求不足。

第一，私人部门出现"资产负债表衰退"问题，私人投资需求严重不足，拖累社会总需求，同时产业结构升级迟缓、僵尸企业盘踞、年功序列制等机制性问题制约日本私人部门的企业活力。

除整体需求不足外，私人部门还面临体制性、机制性问题。一是产业结构问题。"日本制造"未能紧跟时代发展，叠加中国、韩国等同行业激烈竞争，导致其支柱产业发展放缓。企业为去产能而减少雇员和薪金支出，加剧了通缩。二是僵尸企业问题。日本政府推出企业融资支持政策，使得日本企业破产数量减少，失业率长期维持低位。这实则使僵尸企业"僵而不死"，一方面自身效率低下拖累社会整体效率，另一方面挤占社会资源，削弱优秀企业竞争能力。三是日本企业机制和文化问题。日本企业实行终身雇佣制和年功序列制，导致员工竞争、新老迭代受阻，人力资本创新能力下降。

第二，日本政府债务率居高不下，导致财政政策发力空间有限，公共部门难以在私人部门需求疲软时提振总需求，无法有效抬升物价。

日本已成为世界主要经济体中政府债务率最高的国家，导致财政发力空间日益缩小。日本政府债务是中央政府预算税收收入的19倍，自1998年以来，日本国债发行提供的财政收入比重就持续高于30%。政府以税收为支撑来偿还债务已经不再可能，以"借新还旧"维持债务稳定和经济社会平稳成为更加现实的选择。政府债务率过高，导致大量新债并未用于扩大公共投资，而是用于偿还债务，如2022年国家债务清偿占一般会计支出的比重达22.6%，是第二大财政支出项。因此，在民间部门需求下滑的"失去的20年"期间，公共部门需求未能及时"补位"。此外，尽管日本实施了"赤字财政"，但随着经济发展步入成熟阶段，以及日本进入低欲望社会而消费倾向降低，"赤字财政"的经济价值和社会乘数效应已边际递减，对推动经济回升、走出通缩困境收效甚微。

第三，日本老龄化严重，对私人部门需求和公共部门需求均形成制约，并导致资本相对人口过剩，出现资本品价格更快下跌和负向财富效应。

日本的老龄化始于20世纪70年代，到2020年日本65岁及以上老年人口占比高达29%，已进入超高龄社会。一方面，老龄化导致社会消费欲望降低，储蓄养老倾向较高，消费更加谨慎，私人部门需求不足。另一方面，超高龄社会导致社会福利支出占据了日本大量的财政资源，制约了公共部门在公共投资方面的发力空间。为应对老龄化社会，日本推行了高福利养老保险制度、高龄者医疗制度、护理保险制度等。日本社保支出占财政支出的比重在1965年为14.7%；在1975—2000年比重年均值接近20%；2001年后比重突破20%；2012年后更是突破30%；到2022年，社保支出规模约为1990年的3.2倍。与社会福利支出相比，日本公共工程支出在财政支出中的比重逐步下滑，从1972年的22%下降至2022年的5.6%。

第四，日本陷入流动性陷阱，尽管日本央行推出多种超宽松货币政策，但依然无法有效推升社会总需求，导致货币超发与物价走低并存。

尽管诺贝尔经济学奖得主弗里德曼曾指出，通货膨胀是一种货币现象，但日本央行维持近30年的宽松货币政策却未能推动日本走出通货紧缩。1999年，日本央行为应对通缩和经济下行压力，采取了史无前例的零利率政策，但依旧未能推升通胀。2001年，日本央行引入量化宽松政策（QE），将货币政策操作目标从隔夜拆借利率调整为央行活期存款账户余额，采取多种方式进一步对货币市场释放流动性，并决定继续执行零利率政策。为克服名义利率降至零的下限后，日本央行仍能进一步调降实际利率并刺激经济，日本央行于2013年推出"量化+质化"的货币宽松政策（QQE），大举买入多类资产，购买国债、公司债券、交易所交易基金（ETF）等以推动长期利率下降并压低风险资产溢价。但QQE政策推升通胀的政策效果有限，内需依旧疲软。2016年，日本央行推出收益率曲线控制（YCC）政策，即日本央行将10年期国债利率目标定为零，并设置波动上下限，一旦10年期国债利率触发上限，日本央行将无限量购买国债以压低利率至上限之下。

资料来源：闫坤，张晓珉. 日本走出通缩了吗？［EB/OL］.［2024-03-05］. http://ijs.cssn.cn/xsyj/bkwz/202403/t20240305_5736916.shtml? webview_progress_bar=1&show_loading=0&push_animated=1.

问题：日本在通货紧缩期间，央行实施了零利率和量化宽松政策，但效果有限，请结合通货紧缩对经济的影响，分析日本央行政策失效的原因，并探讨如果是你作为政策制定者，还可以采取哪些措施来应对通货紧缩？

项目十一 货币政策与金融宏观调控

学习目标

1. 知识目标

通过本项目的学习，使学生了解货币政策目标、货币政策中介目标及货币政策工具所包含的内容，理解一个国家货币政策的制定和实施过程，掌握国家运用货币政策进行宏观调控的基本原理及方法。

2. 能力目标

能够透过现实经济中中央银行货币政策工具的变化和调整，洞察分析国家的宏观调控政策取向并据此预测经济发展趋势。

3. 素养目标

培养学生的批判性思维、跨学科视野、创新能力、协作精神和道德意识。

思维导图

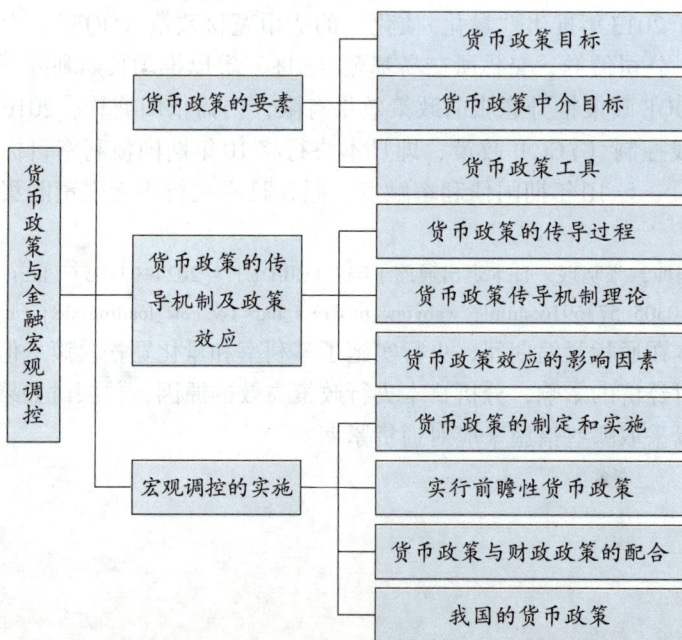

引例

货币政策与宏观调控

中国人民银行《2024 年第四季度中国货币政策执行报告》中指出，2024 年是实现"十四五"规划目标任务的关键一年，面对外部压力加大、内部困难增多的复杂严峻形势，在以习近平同志为核心的党中央坚强领导下，我国加大宏观调控力度，出台了一系列"组合拳"政策，扎实推动高质量发展，顺利完成了全年经济社会发展主要目标。全年国内生产总值（GDP）同比增长 5%，就业物价总体稳定，社会预期有效提振，新动能新优势稳步发展。中国人民银行坚持以习近平新时代中国特色社会主义思想为指导，认真落实党中央、国务院决策部署，稳健的货币政策灵活适度、精准有效，加大逆周期调节力度，支持实体经济回升向好和金融市场稳定运行。

资料来源：中国人民银行货币政策司. 2024 年第四季度中国货币政策执行报告〔R〕. 北京：中国人民银行，2025.

思考：面对全球性的金融危机，我国所实行的货币政策与宏观调控对促进经济回暖以及后危机时代本国和世界经济的发展都起到了关键性的作用，可见货币政策与宏观调控在经济发展中的重要性。那么，什么是货币政策？货币政策又是如何应用于经济调控的呢？本项目系统介绍货币政策的调控原理和调控机制，以及通过货币政策实现宏观调控的过程、方法和作用效果。

任务一　货币政策的要素

货币政策是中央银行作为一国货币当局为实现其特定的经济目标而采取的用于控制和调节货币供应量及利率的各种方针和措施的总和。

货币政策有三个构成要素，即货币政策目标、货币政策中介目标及货币政策工具。

一、货币政策目标

所谓货币政策目标是指中央银行制定和实施某项货币政策所要达到的特定的经济目标，这种目标就是货币政策所要达到的最终目标。货币政策是国家控制、调节和稳定货币的一项经济政策，其实质是反映货币与经济发展之间的关系。从这个意义上来说，货币政策目标就是国家宏观经济目标。

(一) 货币政策的基本目标

尽管中央银行的货币政策目标在不同国家、不同时期在表述上有所差异，但基本内容是一致的。一般来说，货币政策目标包括稳定物价、充分就业、经济增长和国际收支平衡。

1.稳定物价

稳定物价又称稳定币值，这一目标的含义是社会一般物价水平在一定时期内大体保持稳定，不发生明显的波动。一般物价水平以物价指数来表示，物价的变动以物价涨跌来表示。在正常的经济发展中，物价受各种因素（如工资、税收、利润、原材料价格等）的影响，总体水平可能呈上升趋势，所以稳定物价并不要求物价一成不变，物价上涨率不可能为零，但物价上涨率过高，则意味着通货膨胀，因此要确定一个适当的物价上涨率，作为稳定物价这项货币政策目标的定位。一般来说，一些国家的经验数据表明，物价上涨率应控制在5%以下，以2%~3%为宜。

2.充分就业

充分就业反映了劳动力的就业程度，是通过失业率高低来体现的，即全社会的失业人数与自愿就业的劳动力人数之比。按传统的西方经济理论，一般情况下社会上存在着三种失业：一是"摩擦性失业"，这种失业是由于生产过程中生产季节性变化、原材料短缺、机器故障等引起的局部的、暂时的劳动力供求失调；二是"自愿失业"，这种失业是劳动者自身不愿意接受现有的工作而拒绝参加工作；三是"非自愿失业"，这种失业是劳动力愿意接受现有的工资、工作条件而仍找不到工作。传统的西方经济理论通常把前两种失业排除在外，即它们的存在与充分就业本身是不矛盾的，只有减少第三种失业，即"非自愿失业"，社会才能实现充分就业。因此，通常失业率中所指的失业人数是指"非自愿失业"人数而言的。

充分就业所涉及的具体问题比较复杂，如在统计失业人数或分辨失业原因等方面，都难以做到准确无误，因而各国对失业率的计算和评价也各有不同。一般来说，中央银行把充分就业目标确定为失业率以不超过4%为宜。

3.经济增长

经济增长一般以剔除价格变动因素以后的实际国内生产总值的增长率作为衡量指标。在一个国家的经济发展过程中，影响经济增长的因素很多，其中有促进经济增长的因素，如科技进步、劳动生产率提高、投资增加等，还有若干阻碍经济增长的因素，如资源浪费、环境污染等。因此，经济增长是社会经济的一项综合发展目标，要求全社会共同努力去实现。中央银行将其纳入货币政策目标之一，是因为可以通过中央银行对货币供应所形成的投资规模的调控而对经济增长产生重要的影响，各国中央银行都会通过调控货币政策的松紧去影响经济、调节经济。但是，对这一目标不能用量化的统一标准去衡量，只能以本国的经济实际与本国以往某一时期经济增长的经验数据为依据，合理确定本国的经济增长幅度。就目前来看，世界上大多数国家和地区都以人均实际国内生产总值或人均实际国民收入的增长率作为衡量经济增长幅度（速度）的指标。

4.国际收支平衡

国际收支平衡的含义是指一国在一定时期内对其他国家的全部货币收入和全部货币支出基本持平。其中的"基本持平"说明略有顺差或略有逆差，也可以看作实现了国际收支的平衡。另外，"一定时期"一般指1年，这种以1年为期的国际收支平衡叫作静态的国际收支平衡。这种平衡容易判别，目标明确，较符合习惯做法，所以在货币政策的实践中，大多数国家都以静态平衡作为货币政策的最终目标之一。但是，由于国际收支包括经常项目和资本项目，国际收支变动是众多项目总和变动的结果，从世界范围来看，一国国际收支的顺差，必然有其他国家的国际收支逆差，所以应允许一个国家在短期内略有顺差和逆差，然后在较长时期内用某一年的顺差去弥补其他年份的逆差，这就是说，定义中的"一定时期"还可以理解为2~3年甚至3~5年，我们把这种国际收支平衡叫作动态平衡。如何选择确定国际收支平衡的标准呢？因为各国的国际收支状况区别较大，处于经济起飞阶段的国家和处于经济调整阶段的国家，其国际收支状况各不相同，所以应根据国家所处的发展阶段来确定并选择国际收支平衡的标准。

(二) 货币政策各项目标之间的关系

货币政策目标不是单一的，而是多重的、并存的，所以各项目标之间存在着复杂的关系，有些目标之间还具有矛盾性和对立性。各目标之间的关系具体表现在以下几方面：

1.稳定物价与充分就业的矛盾

稳定物价与充分就业之间的矛盾体现为：通货膨胀与失业率之间存在着此消彼长的替换关系，即可能是失业率较高的物价稳定或通货膨胀率较高的充分就业。具体来说，当失业率较高时，需要采用扩大信用规模的方法刺激经济增长，增加就业；但同时信用规模扩大又会引起货币供给增加，进而社会总需求增加，导致物价上涨，会出现较高的通货膨胀率，这就是西方经济学中著名的"菲利普斯曲线"。

知识链接 11-1

菲利普斯曲线

20世纪60年代，经济学家发现在失业和通货膨胀之间存在着数据的交替，即菲利普斯曲线，这是以第一个发现这种关系的英国经济学家A.W.菲利普斯命名的。

1958年，菲利普斯根据英国1861—1957年间失业率和货币工资变动率的经验统计资料，提出了一条用以表示失业率和货币工资变动率之间交替关系的曲线。这条曲线表明：当失业率较低时，货币工资增长率较高；反之，当失业率较高时，货币工资增长率较低，甚至是负数。根据成本推进的通货膨胀理论，货币工资可以表示通货膨胀率，因此，这条曲线就可以表示失业率与通货膨胀率之间的交替关系。也就是说，失业率高表明经济处于萧条阶段，这时工资与物价水平都较低，从而通货膨胀率也低；反之失业率低，表明经济处于繁荣阶段，这时工资与物价水平都较高，从而通货膨胀率也就高。失业率和通货膨胀率之间存在着反方向变动的关系，如图11-1所示。

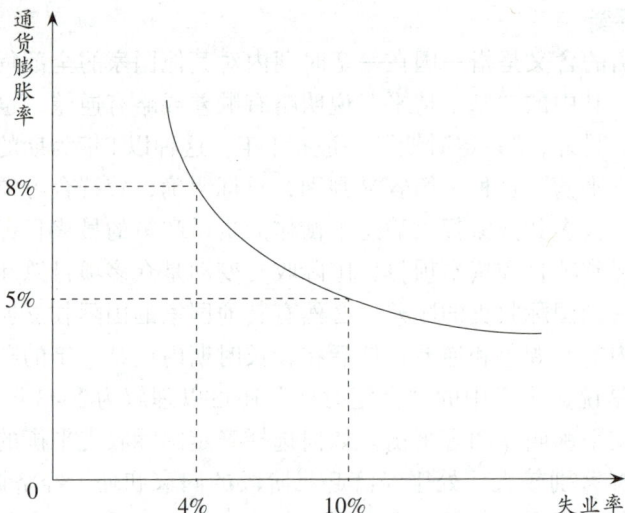

图11-1 菲利普斯曲线

资料来源：高鸿业. 西方经济学 [M]. 8版. 北京：中国人民大学出版社，2021.

2.稳定物价与经济增长的矛盾

一般来讲，当经济中投资需求比较旺盛，经济增长率较高时，往往伴随着一般物价水平的上涨，从而出现较高的通货膨胀率，但如果为了稳定物价而实行了紧缩的货币政策，结果，在通货膨胀率下降的同时，因投资缩减而经济增长率也会随之下降，即可能会出现经济增长缓慢的物价稳定或通货膨胀率较高的经济繁荣。

3.稳定物价与国际收支平衡的矛盾

受国际上其他国家物价变化情况的影响，可能会出现本国通货膨胀（别国相对物价稳定）下的国际收支逆差或本国物价稳定（别国相对通货膨胀）下的国际收支顺差。在任何一个开放型经济的国家中，其经济状况都带有国际化特征，与其他国家的经济状况有着密切的联系，并在一定程度上受其他国家经济状况的影响，尤其在当前世界经济逐步走向全球化的过程中，这种影响更加显著，稳定物价与国际收支平衡这两项货币政策目标之间的矛盾也就体现得更为充分。

4.经济增长与国际收支平衡的矛盾

在正常情况下，随着国内经济的增长、国民收入的增加以及支付能力的增强，通常会增加对进口商品的需求，此时，如果出口贸易不能与进口贸易同步增加，则会使贸易收支发生大量的逆差。尽管有时由于经济繁荣而吸引了若干外国资本，这种外资的注入可以在一定程度上弥补贸易逆差造成的国际收支失衡，但并不一定就能确保经济增长与国际收支平衡两项目标的同时实现。尤其是在国际收支出现失衡、国民经济出现衰退时，货币政策很难在两者之间进行合理的选择，因为在国际收支逆差的情况下，通常必须压抑国内有效需求，其结果可能会消除逆差，但同时也必然带来国内经济的衰退；面对经济衰退，通常要采取扩张性的货币政策，其结果可能会刺激经济增长，但又有可能因输入增加导致国际收支的逆差。

由于货币政策目标之间存在着上述复杂的矛盾冲突，因此就要求中央银行在货币政策目标的制定及执行过程中结合实际进行科学分析，从中选择最为优化的目标组合，从而最大限度地实现货币政策的各项最终目标。

二、货币政策中介目标

货币政策中介目标是中央银行为实现货币政策目标而设立的可供观测和调整的中间性操作指标。作为中介目标要同时符合以下三个条件：一是与货币政策目标具有相关性；二是有被中央银行控制和调节的可控性；三是易为中央银行取得数据进行分析的可测性。

中介目标在不同国家因选择标准不同内容也有所不同，一般来讲，货币政策的中介目标通常包括四项指标：基础货币、货币供应量、利率和超额准备金。

(一) 基础货币

前已述及，基础货币包括流通中的现金和商业银行等金融机构在中央银行的准备金，它们是货币供应量数倍伸缩与扩张的基础，是市场货币量形成的源头。中央银行提供的基础货币通过货币乘数的作用形成数倍于基础货币量的市场货币供给总量，所以调控基础货币就可以直接实现对货币总供求的调节。

以基础货币作为中介目标的特点是：这项指标对于中央银行来说极易监测、控制和操作，即可控性和可测性极强，但它是通过作用于货币供给总量再作用于货币政策的最终目标的，因此其相关性较弱。

(二) 货币供应量

在经济发展过程中，要使包括各层次货币在内的货币供应量的增长与经济增长相适应，就要求中央银行通过各种货币政策工具来调节、控制市场货币供应量。如果市场货币供应量过多，就可能会出现社会总需求大于社会总供给，商品价格上涨、通货膨胀；反之，则会出现需求不足、通货紧缩。如果出现第一种情况，中央银行就要采取缩减货币供应量的做法，以使货币供应量与市场需求相适应，实现商品市场均衡，平抑物价；如果出现第二种情况，中央银行就要采取增加货币供应量的做法，以达到货币供求平衡的目的。

以货币供应量作为中介目标是各国最为普遍的一种选择，因为它是较为理想的中间性目标。其特点是：社会总供给与总需求不管因何而引起失衡，都会通过货币供应量的过多或过少体现出来，所以这一中介目标与货币政策的最终目标最为接近，两者之间高度相关。另外，货币供应量的可测性和可控性也较强，中央银行比较容易判断其政策效果。但是，因货币供应量本身包含的范围或统计口径比较复杂，加上当代金融创新使货币供应量的层次内容不断变化，因此在计算货币供应量时界定较难，计量难度较大。

(三) 利率

1.短期利率

短期利率是银行同业拆放利率。中央银行随时可在货币市场上观察到短期利率水平，然后通过公开市场操作和再贴现率等政策工具来影响短期利率水平和结构，出于资金成本的考虑，银行和金融机构一般会对再贴现率与同业拆借利率之间的差额做出反应。另外，中央银行在公开市场上出售证券，必然会减少银行准备金，从而导致同业拆借利率提高，迫使银行利用再贴现借入中央银行资金或降低其借款的意愿。这必然会对银行的信用扩张产生影响，相应的引起长期利率的追随性变动。

2.长期利率

长期利率一般指资本市场上的利率水平和结构。中央银行在任何时候都可以观察到资本市场的长期利率水平，及时进行分析，并可借助对短期利率的调控来相应影响长期利率产生追随性变化，从而达到对长期利率的控制。利率的变化与经济周期变化有密切关系：当经济处于繁荣阶段时，利率呈下降趋势；当经济转向复苏以至繁荣时，利率则趋于上升。因此，利率作为经济的一个内在因素，总是随着社会经济的发展状况而变动的，可作为观测经济波动状况的一个尺度。

以利率作为中介目标的特点是：长期利率对于货币政策的最终目标来说具有较强的相关性和可测性，短期利率对于中央银行来说具有较强的可控性，但无论是长期利率还是短期利率，其升降往往易受一些非政策性因素的影响，使其政策性效果和非政策性效果搅在一起，无法真实反映中央银行货币政策是否奏效，因此，要注意与其他中介目标结合观测。

(四) 超额准备金

前已述及，商业银行等金融机构的准备金分为两个部分：一部分是按照法定准备金率持有的准备金，一般都交存在中央银行的账户上，属基础货币，其数量金融机构无权自行变动；另一部分是超过法定准备金数额的准备金，这部分准备金称为超额准备金，金融机构可以自主决定与使用。超额准备金一般也存在中央银行账户上，还有一部分金融机构自己持有或存入同业。超额准备金的高低，反映了商业银行等金融机构的资金宽松程度，如果此项指标过高，说明金融机构资金宽松，从而证明货币供应量偏多，中央银行应采取紧缩措施；反之，此项指标过低，则证明金融机构资金偏紧，市场货币供应量偏少，中央银行便可采取扩张措施。中央银行通过调节，使金融机构的超额准备金保持在适当的水平上，就可保证货币供应量的适度。

以超额准备金作为中介目标，其特点是：该指标对商业银行等金融机构的资产业务规模有直接作用，与货币政策的最终目标关系密切，同时对中央银行来说也极易观测和判断，但是该项指标不易由中央银行直接控制，其可控性稍弱。

微课 11-1

货币政策的三大工具

三、货币政策工具

货币政策工具是中央银行为实现货币政策目标而采取的调节、控制中介目标的具体手段和措施。一般来说，货币政策工具有一般性政策工具和选择性政策工具两大类。

(一) 一般性政策工具

一般性政策工具是中央银行较为常用的传统工具，具体是指再贴现率、法定存款准备金率和公开市场操作三大工具。

1.再贴现率

再贴现率作为一种政策工具，是指中央银行通过调高或降低对商业银行以再贴现形式发放贷款的利率来影响银行系统的存款准备金和利率，从而控制和决定市场货币供应量和整体利率水平的做法。当中央银行调高再贴现率时，商业银行的准备金就会相应缩减，使其收缩对客户的贷款和投资，并提高贷款利率，从而使整个市场的货币供应量缩减，银根收紧，利率上升，社会对货币的需求也会相应减少。反之，当中央银行降低再贴现率时，正好会出现与上述过程相反的结果。可见，如果中央银行观测到的中介目标情况是利率水平偏高，货币供应量偏少，不能满足最终目标实现的要求，则可使用调低再贴现率的做法。反之，则可调高再贴现率。

拓展阅读11-1

货币政策的
第一个工具：
再贴现率

2.法定存款准备金率

法定存款准备金率作为一种政策工具，是指中央银行通过调整法定存款准备金率以改变货币乘数来控制商业银行的信用创造能力，从而间接调节利率和货币供应量的做法。当中央银行提高法定存款准备金率时，商业银行交存中央银行的法定存款准备金增加，从而使其存款创造的规模缩小，派生存款数量减少，放款及信用创造能力下降，结果必然是银根偏紧，货币供应量减少，利率上升。反之，当中央银行降低法定存款准备金率时，则会出现与上述过程相反的结果。但是，法定存款准备金率的升降会使准备金直接减少或增加，从而通过乘数作用多倍地收缩或扩张货币供应量，导致市场货币供应量发生强烈的变化，震荡较大，缺乏调节弹性，所以中央银行一般不经常使用这项货币政策工具。

拓展阅读11-2

货币政策的第
二个工具：法定
存款准备金率

3.公开市场操作

公开市场操作作为政策工具，是指中央银行在证券市场买进或卖出有价证券，从而使基础货币发生增减变化，进而调节货币供应量的做法。金融市场资金数量偏多时，为了紧缩银根，中央银行就可以大量卖出有价证券，这种证券无论是被商业银行购买，还是被社会公众购买，都意味着有相应数量的基础货币流回中央银行，从而引起信用规模的收缩和货币供应量的减少。反之，当金融市场资金数量偏少时，为了放松银根，中央银行则可买进有价证券，等于向社会注入了基础货币。如果这些证券的出售者是商业银行，则会引起信用扩张、货币供应量的多倍增加；如果出售者是社会公众，则意味着流通中的货币量直接增加。这两种情况的结果都会导致基础货币增加、信用扩张、货币供应量增加。

公开市场操作这项政策工具，可以使中央银行根据货币政策的需要，积极、主动地调节货币供应量，并且还可通过买卖证券的数量、种类实现结构性调控。另外，公开市场操作业务可以经常、连续地进行，操纵灵活，不会使整个市场产生特别强烈的震荡，因此，该项政策工具是许多国家中央银行积极推崇和经常使用的一项重要的政策工具。

拓展阅读11-3

货币政策的第
三个工具：公
开市场操作

（二）选择性政策工具

随着中央银行宏观调控作用重要性的增强，货币政策工具也趋向多样化。除上述调节货币总量的三大工具在操作内容和技术上更加完备之外，还增加了对某些特殊领域的信用活动加以调节和影响的一系列措施。这些措施一般都是有选择地使用，所以称之为选择性政策工具。这类工具主要有间接信用控制工具和直接信用控制工具两种。

1.间接信用控制工具

这类工具的特点是作用过程是间接的，要通过市场供求关系或资产组合的调整才能实现，具体有以下几种：

（1）消费者信用控制。它是指中央银行对不动产以外的各种耐用消费品的销售融资予以控制。在消费信用膨胀和通货膨胀时，中央银行使用该项工具可起到抑制消费需求和物价上涨的作用。

（2）证券市场信用控制。它是指中央银行通过对使用贷款购买股票的定金或保证金的规定，制约、控制证券市场的放款规模，抑制过度投机。该项工具可保证中央银行在不紧缩其他经济部门的资金需求的情况下，限制对证券市场的放款规模。

（3）不动产信用控制。它是指中央银行通过对商业银行等金融机构的房地产放款中贷款最高限额、最长期限、首次付款金额或还款条件等的规定来限制房地产放款规模的一种政策调节工具。

（4）优惠利率。它是中央银行对国家重点发展的经济部门或产业，如农业、出口工业等所采取的鼓励性措施。

（5）预缴进口保证金。它是指中央银行要求进口商预缴相当于进口商品总值一定比例的存款，以抑制进口过快增长。它多为国际收支经常出现赤字的国家所采用。

2.直接信用控制工具

直接信用控制工具又称行政性控制工具，是中央银行以行政手段直接干预商业银行等金融机构信用业务的一种做法，具体有以下几种：

（1）利率限额。它是通过规定贷款利率的下限和存款利率的上限，防止金融机构为谋求高利而进行风险存贷或过度竞争，是最常见的直接信用控制工具。

（2）信用配额。它是中央银行根据市场资金供求及客观经济需要，分别对各个商业银行的信用规模或贷款规模加以分配，限制其最高数量（贷款最高限额）。一般发展中国家经常使用该项政策工具。

（3）道义劝告。它是指中央银行利用自己的地位和声望，对商业银行等金融机构经常以发出书面通告或口头通知，甚至与金融机构负责人面谈等形式向商业银行等金融机构通报行情，婉转劝其遵守金融法规，自动采取相应措施，自觉配合中央银行货币政策的实施。

此外，直接信用控制工具还有规定金融机构流动性比率、直接干预等。

任务二　货币政策的传导机制及政策效应

一、货币政策的传导过程

货币政策的三项要素之间存在着相互依存的密切关系。当中央银行确定了货币政策目标之后，它必须根据最终目标的要求，在最终目标实现的过程中，制定出一些短期内可实现调控又能影响货币政策目标实现的经济指标，即中介目标，并运用相应的货币政策工具来实现对这些中介目标的调节，从而最终实现货币政策的目标。可以说，中央银行运用各种货币政策工具影响中介目标，进而实现最终目标的过程和途径就是货币政策自身的传导过程。这种传导过程的原理如图11-2所示。

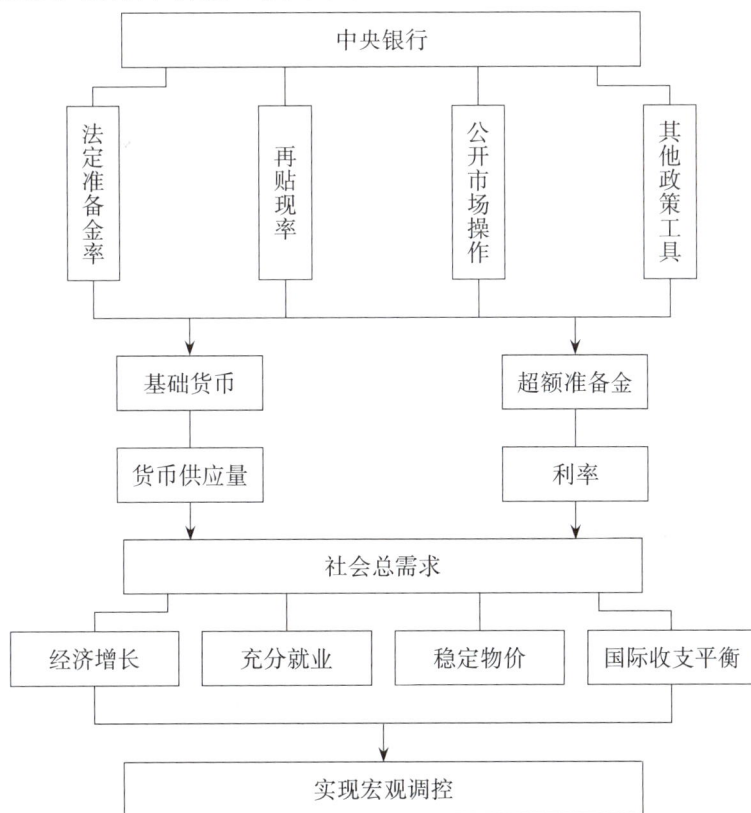

```
                        ┌─────────────────┐
                        │    中央银行      │
                        └─────────────────┘
    ┌──────────┐  ┌──────────┐  ┌──────────┐  ┌──────────┐
    │法定准备金率│  │  再贴现率  │  │公开市场操作│  │其他政策工具│
    └──────────┘  └──────────┘  └──────────┘  └──────────┘

         ┌──────────┐                    ┌──────────┐
         │  基础货币  │                    │ 超额准备金 │
         └──────────┘                    └──────────┘

         ┌──────────┐                    ┌──────────┐
         │ 货币供应量 │                    │   利率    │
         └──────────┘                    └──────────┘

              ┌─────────────────────────────┐
              │          社会总需求          │
              └─────────────────────────────┘

    ┌──────────┐  ┌──────────┐  ┌──────────┐  ┌──────────┐
    │  经济增长  │  │  充分就业  │  │  稳定物价  │  │国际收支平衡│
    └──────────┘  └──────────┘  └──────────┘  └──────────┘

              ┌─────────────────────────────┐
              │         实现宏观调控         │
              └─────────────────────────────┘
```

图11-2　货币政策传导过程图

从货币政策的传导过程来看，通常是由中央银行的货币政策开始，作用于商业银行及其他金融机构，再由商业银行和其他金融机构作用于企业、个人，企业和个人的行为再影响到市场，即产出、就业和物价水平等。以中央银行一项政策工具的使用为例，假如降低法定存款准备金率，商业银行和其他金融机构的储备就会增加，它们对企业或个人的贷款规模就会扩大，利率相对会下降，而结果是企业产出增加、就业增加，物价水平也随之发生变化。可见，货币政策的运用及产生政策效果，需要经过几个环节的传导过程，才能最终达到其宏观调控的目标。所以，从实质上说货币政策的传导过程是央行根据货币政策目标的要求，运用货币政策工具，通过金融机构的经营活动和金融市场传导到企业和个人，对其投资和消费产生影响的过程。

二、货币政策传导机制理论

货币政策传导机制理论是分析和说明实施相应的货币政策措施以后，导致了货币供应量的变化，而货币供应量的变化又是如何进一步影响企业、个人等微观经济主体的消费和投资行为，进而导致宏观经济总量发生相应变化的传导机制的理论。从不同角度分析货币政策的传导机制，产生了不同的理论学派。

（一）凯恩斯学派理论

凯恩斯的货币传导机制理论以货币政策工具的实施对货币供应量、利率以及投资的影响为主线，具体来说，凯恩斯的货币传导机制理论认为，货币供应量（M）直接影响利率（i），利率（i）直接影响投资支出（I），投资支出（I）又直接影响社会总支出（E），进而影响总产出（Y）。这一传导机制可以简单表示为：M→i→I→E→Y。

例如，实施扩张的货币政策，结果使货币供应量增加，利率就会相应地下降，这将会影响投资的增长，而投资的增长又会通过货币乘数的作用影响社会总支出和社会总产出的数量。

（二）货币学派理论

货币学派理论与凯恩斯学派理论有着不同的分析和观点，货币学派的货币政策传导机制理论认为，货币供应量直接影响社会总支出和总产出，而不强调利率的作用。他们认为，货币供应量变动影响社会总支出和总产出的具体途径是多种多样和不断变化的，所以货币学派理论把货币政策的传导机制表述为货币供应量的增加或减少，无论通过什么中间途径，都会影响社会的总支出与总产出，即：M→E→Y。

三、货币政策效应的影响因素

（一）时滞

因为货币政策的紧缩或放松对经济的影响不是即时产生的，而是要经过一系列的传导环节和传导过程才能产生现实的效力，所以货币政策的制定、执行到奏效，要经过一段时间，这就是货币政策的时滞。货币政策的时滞，会对货币政策发挥调节作用产生重要影响，分为内部时滞和外部时滞。

1.内部时滞

内部时滞是指中央银行从对经济形势变化的认识到需要采取行动再到实际采取行动所花费的和经过的时间过程。内部时滞又分为两个阶段：一是从经济形势变化需要中央银行采取行动到中央银行在主观上认识到这种变化并意识到需要采取行动的时间间隔，这段时滞称为认识时滞；二是从中央银行认识到需要采取行动到实际采取行动的时间间隔，这段时滞称为行动时滞。

内部时滞的长短，取决于中央银行对经济形势发展变化的敏感程度、预测能力以及中央银行制定政策的效率和行动的决心等因素。

2.外部时滞

外部时滞又称影响时滞，是指从中央银行采取行动开始直到对货币政策目标产生影响为止的时间间隔。与内部时滞相比，外部时滞比较客观。一般情况下，外部时滞由社会的经济、金融条件决定，中央银行不能直接控制，不论是货币供应量还是利率，它们的变动都不会立即影响到政策目标。例如，由于客观经济条件的限制，货币供应量的增加与利率下降不会立刻引起总支出与总收入的增加。就投资而言，企业必须对外部经济信息有较强的敏感性，要先做出投资决策，从意向产生到调查再到计划的形成，然后开始订购、运输，再投入生产等，每一步都需要时间。可见，因受客观因素影响，外部时滞是货币政策时滞中的主要时滞效应部分。

时滞是影响货币政策效应的重要因素。如果货币政策产生的影响可以很快表现出来，则中央银行可根据起初的预测值，考察货币政策的奏效情况，并对货币政策的调控幅度作适当的调整，从而更好地实现预期目标。若货币政策的大部分效应要在较长时间后才能产生，即时滞不定且无法预测，则货币政策实施过程中经济形势可能会发生较大变化，货币政策效果可能违背了中央银行的初衷，甚至可能出现相反的调节结果，使经济、金融形势进一步恶化。因此，应重视货币政策的时滞，把时滞的影响降到最低程度，才能更好地完成货币政策的预期目标。

（二）影响货币政策效应的其他因素

除了时滞以外，影响货币政策效应的因素还有货币流通速度和微观主体预期等。就前者而言，如果在政策制定后货币流通速度发生改变，而政策制定者在制定政策时并未意识到，也未预料到，货币政策的效果就可能会受到严重影响，甚至有可能使本来正确的政策走向反面。但恰恰在经济实际当中，对货币流通速度的估计很难不发生误差，这就在一定程度上限制了货币政策的有效性。另外，就后者即微观主体的预期而言，当一项货币政策提出时，各种微观主体会立即根据可能获得的各种信息预测政策的后果，从而很快地制定对策，而且时滞较短。但是微观主体广泛采取的对策，对中央银行制定的政策所产生的效果可能会在一定程度上起破坏作用。例如，政府拟采取长期的扩张政策，人们通过各种信息预期社会总需求会增加，物价会上涨，所以此时工人会要求提高工资，企业对此会预期工资成本增大而不愿扩大经营，最后的结果是扩张政策使物价上涨了，但却没有使经济产出同步增长。

任务三　宏观调控的实施

对经济和金融实施宏观调控，是中央银行的核心任务，是通过货币政策的制定和执行来实现的。在中央银行实施宏观调控的过程中，首先，要根据经济发展的实际，制定和实施符合经济客观实际的最优货币政策；其次，要充分考虑货币政策本身的时滞效应及各种影响因素，实施前瞻性货币政策，以便取得更好的调控效果。另外，还要注意货币政策与国民经济中其他经济政策的协调配合。只有做到这些，才能真正实现中央银行货币政策的宏观调控的目的。

一、货币政策的制定和实施

（一）制定货币政策的依据

货币政策的一个最显著的特征就是，它是一种调节社会总需求的政策。因为社会总需求体现为货币支付能力的需求，社会货币支付能力是由货币供给形成的，因此，制定货币政策的依据就是社会总供求状况，即货币政策就是要通过对总需求的调节去适应总供给的要求，从而实现社会总供求的平衡，也就实现了物价稳定与经济增长的货币政策基本目标。因此，中央银行应根据经济发展对货币供应即社会总需求的要求，制定"松"的（扩张性的）或"紧"的（紧缩性的）货币政策。具体来说有以下几种情况：

一是社会总需求不足，由此引起整个社会经济的萎缩或萧条，资源闲置，经济发展受阻。依据这种情况，中央银行在制定货币政策时应采用扩张性的，即"松"的货币政策，要增加货币供给量，使利率下降，刺激社会总需求，从而使生产恢复并得到充分发展，使社会总需求与总供给趋于平衡。

二是社会总需求过热，由此引起整个社会经济的过度膨胀，生产发展过快，投资急剧增加，市场供给不足，物价上涨。依据这种情况，中央银行在制定货币政策时应采用紧缩性的，即"紧"的货币政策，要缩减货币供给量，使利率回升，抑制社会总需求，从而使物价平稳、经济适度增长，使社会总需求与总供给趋于平衡。

微课11-2

货币政策

三是社会总需求与总供给在构成上不相适应，从而使社会经济中部门发展不均衡，一些部门需求不足，商品相对过剩；另一些部门则需求过旺，商品供不应求，经济比例失调。依据这种情况，中央银行的货币政策应有松有紧，着重于调整货币供给的构成和流向，从而改变部门经济结构和调节经济发展的比例，使社会经济协调发展。

（二）货币政策的实施

1.紧缩性货币政策

实施紧缩性货币政策的主要目的是抑制通胀，保持经济稳定发展，因而所要采用的货币政策工具除了部分选择性控制工具以外，一般应采用提高再贴现率、提高法定存款准备金率以及公开市场操作（大量出售持有的有价证券）等措施。

2.扩张性货币政策

实施扩张性货币政策的主要目的是刺激经济增长，提高经济增长速度，因而在货币政策工具的使用上，同样在配合相应的选择性控制工具外，一般应采用降低再贴现率、降低法定存款准备金率以及公开市场操作（大量买进有价证券）等措施。

二、实行前瞻性货币政策

前瞻性货币政策是指货币政策的即期使用要与控制物价或经济增长等中长期目标相结合，它包含一个动态过程，即中央银行要根据货币政策的远期（最终）目标，在不同的时点及时采取政策行动，以实现预定的货币政策目标。也就是说，实施传统的货币政策是由中央银行通过一定的政策手段将稳定物价或经济增长等控制在一定范围内，而前瞻性货币政策是通过现时的货币政策操作来影响未来的经济发展形势。前瞻性货币政策对于中央银行提高货币政策操作的准确性，确保实现宏观调控的目标具有重要意义。

实行前瞻性货币政策的原因是货币政策本身的时滞效应和其他影响货币政策效应的因素的存在。前面讲过，因为经济运行过程中某一特定的经济变量及作用发生变化，会导致原来的经济运行轨迹发生变化，从而使货币政策操作效应发生相应变化，货币政策操作目标与最终目标之间产生偏差，有时偏差过大，还会引起相反的政策效应。所以要缩小这一偏差，减少时滞等因素对货币政策预期效果的不利影响，中央银行必须实行前瞻性货币政策，绝不能"走走停停"、"相机而行"或"头痛医头，脚痛医脚"。

为了实施前瞻性货币政策，更好地实现货币政策的最终目标，中央银行要高度重视和做好对经济和金融的预测，要在科学预测的基础上采取超前预防性策略，对于货币政策面临的主要问题，有针对性地制定有效的前瞻性货币政策，从而提高金融宏观调控的质量。

三、货币政策与财政政策的配合

货币政策与财政政策是国家宏观经济政策中的两大政策，货币政策的主要调控机制是货币供应的收缩与扩张，而财政政策的主要调控机制是财政的收入和支出。两大政策都对社会总供求起重要的、决定性的调节作用，但两大政策调节的侧重点和调节的手段各有不同，因此单一使用其中的一项达不到最佳的调控效果，所以，把货币政策和财政政策组合使用，是当今世界各国实现政策目标的最佳选择。

货币政策和财政政策的组合搭配通常有两种模式，即双松双紧或松紧搭配。双松双紧都是指货币政策和财政政策沿同一方向组合运动。双松即松的财政政策和松的货币政策并行。松的财政政策要使用减税、扩大支出、增加投资、增加补贴等财政政策工具；松的货币政策要使用降低准备率、降低再贴现率、中央银行大量买进有价证券等货币政策工具以放松银根、增加货币供应量。双松政策可能出现一方面刺激投资、促使经济增长，另一方面出现财政赤字、信用膨胀的结果。双紧即紧的财政政策和紧的货币政策并行。紧的财政政策要使用增税、削减开支、发行政府债券、减少补贴等财政政策工具；紧的货币政策要使用提高准备率和再贴现率，以及大量卖出有价证券等货币政策工具以抽紧银根、减少货币供应量。双紧政策可能出现一方面有力地控制总需求，使通货稳定，另一方面降低经济的增长速度的结果。政策工具组合的第二种模式是松紧搭配，即或实行松的财政政策、紧的货币政策，或实行松的货币政策、紧的财政政策。如果财政政策松，实行减收增支出现赤字，则银行抽紧银根，实行紧缩的货币政策；如果财政政策紧，实行增收节支有了节余，则银行可放松银根，实行扩张的货币政策。反过来，如果货币政策松，出现贷大于存、货币发行过多，则财政应实行紧缩政策，增收减支；如果货币政策紧，出现存大于贷，货币供应量少，则财政可实行放松政策，适当扩大支出、刺激需求。

除与财政政策配合以外，货币政策还应注意与产业政策、收入分配政策的配合。

四、我国的货币政策

(一) 我国货币政策的目标

根据2003年12月27日全国人大十届六次会议修订的《中华人民共和国中国人民银行法》的规定，我国货币政策的目标是"保持币值的稳定，并以此促进经济增长"，这说明我国货币政策具有"稳定币值（物价）、经济增长"的双重目标。

(二) 我国货币政策的中介目标

中国人民银行在其前十几年的货币政策中虽然没有正式提出调控中介目标的问题，但在实际运用中，银行的信贷规模和现金供应量一直起着中介目标的作用。在1994年深化金融体制改革中，我国明确提出了货币政策的中介目标为货币供应量、信用总量、同业拆借利率和银行备付金率。至1996年，货币供应量（M1、M2）正式成为我国货币政策的主要中介目标，这标志着我国对货币政策的中介目标的使用向国际通用做法靠拢。同业拆借利率是我国利率从管理型向市场化转化的过程中唯一的一种由供求决定的市场利率，所以该利率能比较灵敏地反映我国货币市场的资金供求状况，同时也能反映出公众的预期通货膨胀率，因此该利率成为我国货币政策的中介目标之一。

（三）我国的货币政策工具

中央银行实施怎样的货币政策工具，取决于该国的经济发展和中央银行的自身发展情况。我国中央银行在计划经济时期，适应经济体制，曾以直接的计划控制工具为主。随着经济体制和金融体制的深化改革，货币政策工具也逐步转为以间接控制为主的规范做法。首先是1994年发布的《国务院关于金融体制改革的决定》中明确指出，中国人民银行将实行法定存款准备金率、再贴现率、公开市场操作、中央银行贷款、中央银行外汇操作、贷款限额等政策工具。其中，公开市场操作及外汇操作等工具在我国属首次使用的政策工具。后来，随着经济发展客观实际的变化，再贴现率、法定存款准备金率、公开市场操作等间接工具运用得越来越多，直至1998年我国取消了贷款限额等直接控制工具的广泛使用，改革了法定存款准备金制度，从而使我国的货币政策工具进一步向规范的国际通用做法靠拢。按照2003年修订的《中华人民共和国中国人民银行法》的规定，我国目前使用的货币政策工具主要有：法定存款准备金、再贴现、央行基准利率、对金融机构贷款、公开市场操作以及一些指导性、选择性的政策工具。目前，中国人民银行综合运用降准、公开市场操作、中期借贷便利（MLF）和再贷款再贴现等多种方式投放流动性。

2024年以来，我国稳健的货币政策灵活适度、精准有效，强化逆周期调节，货币信贷和社会融资规模合理增长，综合融资成本稳中有降，信贷结构不断优化，人民币汇率在合理均衡水平上保持基本稳定。充实货币政策工具箱，丰富和完善基础货币投放方式，在央行公开市场操作中逐步增加国债买卖。密切关注海外主要央行货币政策变化，持续加强对银行体系流动性供求和金融市场变化的分析监测，灵活有效开展公开市场操作，必要时开展临时正、逆回购操作，搭配运用多种货币政策工具，保持银行体系流动性合理充裕和货币市场利率平稳运行。在防范资金沉淀空转的同时，支持金融机构按照市场化法治化原则，深入挖掘有效信贷需求，加快推动储备项目转化，引导信贷合理增长、均衡投放，增强贷款增长的稳定性和可持续性，保持社会融资规模、货币供应量同经济增长和价格水平预期目标相匹配。

金融视窗

货币政策支持经济发展

实施好适度宽松的货币政策。综合运用多种货币政策工具，根据国内外经济金融形势和金融市场运行情况，择机调整优化政策力度和节奏，保持流动性充裕，使社会融资规模、货币供应量增长同经济增长、价格总水平预期目标相匹配。把促进物价合理回升作为把握货币政策的重要考量，推动物价保持在合理水平。畅通货币政策传导机制，更好把握存量与增量的关系，注重盘活存量金融资源，提高资金使用效率。强化央行政策利率引导，完善市场化利率形成传导机制，发挥市场利率定价自律机制作用，加强利率政策执行，提升银行自主理性定价能力，推动企业融资和居民信贷成本下降。发挥好货币政策工具总量和结构双重功能，坚持聚焦重点、合理适度、有进有退，优化工具体系，持续做好金融"五篇大文章"，进一步加大对科技创新、促进消费的金融支持力度。坚持以市场供求为基础、参考一篮子货币进行调节、有管理的浮动汇率制度，发挥市场在汇率形成中的决定性作用，增强外汇市场韧性，稳定市场预期，加强市场管理，坚决对市场顺周期行为进行纠偏，坚决对扰乱市场秩序行为进行处置，坚决防范汇率超调风险，保持人民币汇率在合理均衡水平上基本稳定。探索拓展中央银行宏观审慎与金融稳定功能，守住不发生系统性金融风险的底线。

资料来源：中国人民银行货币政策司. 2024年第四季度中国货币政策执行报告〔R〕. 北京：中国人民银行，2025.

启示：党的二十大报告提出"构建高水平社会主义市场经济体制""以经济安全为基础"，我国货币政策实践深刻践行这一要求，为培育多元素养提供生动教材。货币政策综合运用利率调控、汇率管理、工具创新等手段，需要以批判性思维剖析政策组合的利弊，以跨学科视野融合经济学、金融学与社会学视角，理解其对科技创新、消费促进等领域的结构性支持。例如，通过利率市场化改革降低融资成本，既体现金融创新驱动，也彰显政策对实体经济的精准滴灌。

政策执行中强化宏观审慎与风险防范，要求青年学生树立底线思维与协作精神。货币政策传导机制涉及多部门协同，要打破学科与行业壁垒，形成风险防控合力。同时，政策工具聚焦民生福祉与国家战略，深刻诠释道德意识内涵——金融从业者应坚守服务实体经济的初心，避免投机套利。新时代青年要以创新思维探索政策优化路径，将个人职业理想融入国家金融强国建设，以严谨态度、理性思维参与经济治理，践行"金融报国"的时代使命。

☑ 项目小结

本项目介绍了货币政策的内容以及货币政策在调控经济中的传导机制及其作用；结合经济实际介绍了宏观调控的实施，阐明了货币政策本身以及货币政策与财政政策的配合对于一国经济宏观调控的作用，有助于了解和分析国家现实宏观经济政策的实施及对经济的预期。

项目训练 》

一、重要概念

货币政策　货币政策目标　货币政策中介目标　货币政策工具

二、单项选择题

1.在下列货币政策操作中，引起货币供应量增加的是（　　　）。

A.提高法定存款准备金率　　　　　　　　B.提高再贴现率

C.降低再贴现率   D.中央银行卖出有价证券

2.中央银行降低法定存款准备金率时，商业银行的（　　）。

A.可贷资金量减少   B.可贷资金量不变

C.可贷资金量增加   D.可贷资金量不确定

3.中央银行提高再贴现率时，会使商业银行（　　）。

A.提高贷款利率   B.降低贷款利率

C.贷款利率不变   D.贷款利率不确定

4.中央银行在公开市场中大量抛售有价证券，意味着货币政策（　　）。

A.放松   B.收紧   C.不变   D.不一定

5.（　　）是指中央银行为实现货币政策目标而采用的措施和手段。

A.货币政策   B.货币政策目标   C.货币政策工具   D.货币政策的依据

三、多项选择题

1.当代各国中央银行货币政策目标一般包括（　　）。

A.稳定物价   B.充分就业

C.保持币值稳定   D.经济增长

E.国际收支平衡

2.在货币政策诸目标之间，更多表现为矛盾与冲突的有（　．　）。

A.充分就业与经济增长   B.充分就业与物价稳定

C.稳定物价与经济增长   D.经济增长与国际收支平衡

E.物价稳定与国际收支平衡

3.货币政策中介目标的选择应满足的条件是（　　）。

A.可测性   B.相关性   C.安全性

D.可控性   E.统一性

4.货币政策的中介目标通常包括（　　）。

A.基础货币   B.利率

C.货币供应量   D.法定存款准备金

E.超额准备金

5.一般来说，中央银行的货币政策工具主要有（　　）。

A.一般性政策工具   B.综合性政策工具

C.直接信用控制工具   D.间接信用控制工具

E.自动稳定器

四、判断题

1.稳定物价就是固定物价。   （　　）

2.充分就业意味着所有的劳动力都得到满意的固定工作。   （　　）

3.任何一个国家要想同时实现货币政策的所有目标是很困难的，因此，各国一般都选择一到两个目标作为货币政策的主要目标。   （　　）

4.中央银行在执行紧缩性货币政策时，降低再贴现率。   （　　）

5.再贴现政策是通过增减商业银行资本金来调控货币供应量的。   （　　）

五、思考题

1.货币政策目标包括哪些内容？它们之间的关系如何？

2.货币政策的传导机制理论包括哪些内容？

3.制定货币政策的依据是什么？

4.货币政策与财政政策是如何配合使用的？

六、讨论题

结合当前国内外的实际情况，讨论我国正在实施的货币政策的效果及走势。

七、案例分析

我国法定存款准备金率的变化

2018年以来，我国法定存款准备金率的变化如图11-3所示。

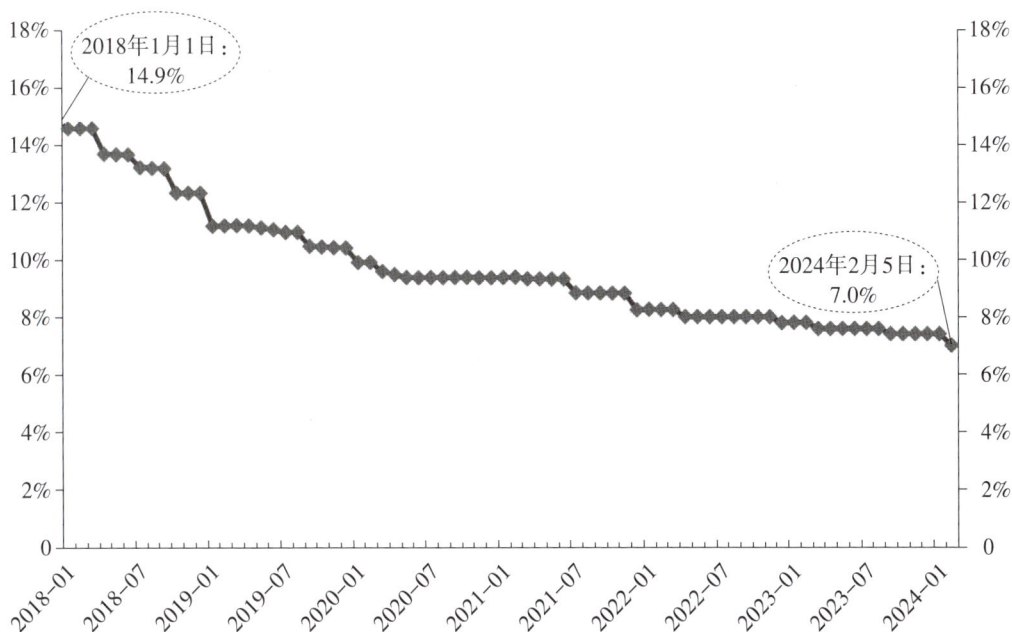

图11-3　2018年以来我国法定存款准备金率变动情况

2018年以来，中国人民银行17次下调存款准备金率，共释放长期资金约13.4万亿元。其中，2018年4次降准释放资金约3.7万亿元，2019年3次降准释放资金约2.7万亿元，2020年3次降准释放资金约1.8万亿元，2021年2次降准释放资金约2.2万亿元，2022年2次降准释放资金约1.0万亿元，2023年2次降准释放资金约1.0万亿元，2024年1次降准释放资金约1.0万亿元。截至2024年2月5日，金融机构平均法定存款准备金率约为7.0%，较2018年年初降低7.9个百分点。其中大型银行存款准备金率8.5%；中型银行存款准备金率6.5%；小型银行存款准备金率5.0%。

降准政策的实施，有利于优化金融机构的资金结构，满足银行体系的流动性需求，促进社会融资规模、货币供应量同经济增长和价格水平预期目标相匹配，保持人民币汇率在合理均衡水平上基本稳定，持续推动经济实现质的有效提升和量的合理增长。降准操作并不改变央行资产负债表规模，只影响负债方的结构，短期内商业银行可能根据经营需要减少对中央银行的负债，因此基础货币可能有所下降。但从长期来看，降准不但不会使货币供应量收紧，反而具有很强的扩张效应。

资料来源：根据东方财富网数据中心相关资料整理。

问题：根据上述案例资料，分析 2018 年以来中国人民银行使用法定存款准备金率这项货币政策工具的情况及其宏观调控效果。

项目十二　金融风险与金融危机

学习目标

1.知识目标

通过本项目的学习，使学生了解金融风险和金融危机的概念、特征等基本问题，理解认识金融风险和金融危机的危害性，增强风险、危机防范意识，掌握危机的传导机制和相关理论。

2.能力目标

把握风险管理技术发展的逻辑，提高应对新型金融风险的思辨能力和创新能力；形成对金融风险管理全面而深刻的认识，提高对实际金融风险的辨析能力和管理能力。

3.素养目标

引导学生树立正确的世界观、人生观和价值观，培养学生的国家观念、法律意识、社会责任感和公民意识，以及创新精神和道德素质。

思维导图

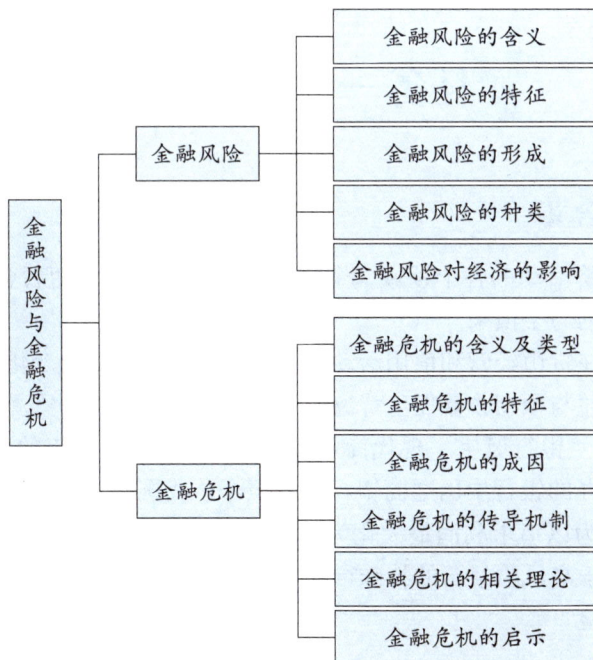

引例

欧美银行业风险

2023年3月，欧美发生了自2008年国际金融危机爆发以来规模最大、范围最广的银行业风险事件，严重影响了市场信心，部分银行股价急跌，金融体系发生剧烈动荡。相关经济体采取了提供央行流动性支持和政府担保、提高外汇互换操作频率、扩大存款保险覆盖范围等措施应对危机。此次风险事件反映了商业银行资产负债结构不合理、业务模式风险高、未受保存款金额大、存款流失速度快等潜在风险因素，给银行业风险防控带来全新挑战。

资料来源：中国金融稳定领导小组. 中国金融稳定报告（2023）[R]. 北京：中国人民银行，2023.

思考：银行业是整个经济的核心体系，银行危机具有传染性强、破坏性大等特点。一旦发生银行倒闭事件，如处理不好，就会引起连锁反应，甚至引发整个银行业的危机，而银行业的崩溃又好像多米诺骨牌一样，引发一系列社会经济危机。正是由于银行业的特殊地位，各国中央银行和金融监管当局都非常重视金融风险的控制和银行危机的防范。本项目所要讲述的就是关于金融风险和金融危机的相关知识。

任务一　金融风险

一、金融风险的含义

风险存在于经济活动的各个领域，金融领域的风险更是伴随着金融活动的全过程，金融风险与金融活动与生俱来。

金融风险是指在货币经营和信用活动中，由于各种因素随机变化的影响，金融机构或投资者的实际收益与预期收益发生背离的不确定性，以及资产蒙受损失的可能性。自1694年英国的英格兰银行诞生，现代商业银行已经历了300多年的发展。从1897年我国第一家由国人创办的银行中国通商银行建立至今，我国银行业也已经走过了100多年的历程。金融业作为以追求利润最大化为目标，经营货币资金，以信用为生命的行业，与其他行业相比属于高风险经营的特殊行业。金融业的每一项经营活动和营运过程的每个环节都充满着风险。

二、金融风险的特征

(一) 扩散性

金融风险的扩散性是指个别金融活动的某个环节出现经营危机,会迅速扩张到其他金融机构甚至引起整个社会的动荡。因为金融体系的发展进步和业务交叉,使金融领域内各行业之间的联动和交互影响日益增强,许多金融工具必须在广泛的金融网络中才能运行,银行与银行之间每时每刻都在发生复杂的债权债务关系。一家银行倒闭,会造成社会公众对所有银行的信任危机,诱发挤提的金融风潮,引起一系列债权债务关系的破坏,产生银行相继倒闭的"多米诺骨牌效应",殃及整个银行业。同时,金融机构作为信用中介组织,一方面是贷者的集中,另一方面是借者的聚集,金融经营管理的失败,必然连带引发众多借者、贷者的损失和失败。

(二) 偶发性

金融风险的偶发性是指金融风潮大都由偶然事件触发,是众多不确定因素随机组合的结果。人们无法确切地知道金融风险在何时、何地以何种形式出现,也无法预测其危害程度、范围如何,一旦出现即猝不及防。

(三) 破坏性

金融风险的破坏性是指金融风险一旦发生,不仅会使客户和股东蒙受很大的经济损失,而且往往波及社会再生产的所有环节,影响社会再生产的顺利进行和经济的持续增长,造成社会巨额的经济损失,甚至危及社会稳定,引发政治危机。

(四) 社会性

金融风险的社会性是指金融风险的爆发有其深刻的社会经济根源,是社会经济危机积累到临界状态的集中反映,其防范与化解往往需要整个社会机制的作用。

(五) 周期性

金融风险的周期性是指金融风险受国民经济循环周期和货币政策变化的影响,呈现出周期性、规律性的变化。货币政策在周期规律的作用下,有宽松期和紧缩期之分。一般而言,在货币政策宽松期,社会资金流动量大,货币供需矛盾缓和,影响金融机构安全的因素减弱,金融风险就小,但这时金融风险又往往被忽视、被掩盖,因此又是金融风险逐步进行量的积累的时期,其显现与爆发往往有个滞后期。反之,在货币政策紧缩期,货币供需出现较大缺口,影响金融机构安全性的因素逐渐增强,社会经济运行的链条常常发生断裂,金融风险增加。同时,由于金融风险的显现引起政府和金融机构本身的警觉,强化控制措施,又使金融风险逐步缓解,为下一个宽松期创造条件。因此,货币政策宽松期,一般也是金融风险低发期;而货币政策紧缩期,往往也是金融风险高发期,特别是在两种货币政策交替期间尤其明显。

(六) 可控制性

所谓金融风险可控制性,是指市场金融主体在一定条件下,依一定的制度、措施可以对风险进行事前识别、预测,事中防范、转嫁和事后化解,控制风险的发生和尽量减少资产、收入的损失。金融风险是可以识别、分析和预测的,人们可以通过分析预测到产生风险的因素,并加以改善。加之现代科学技术和管理手段的发展,为控制金融风险提供了技术手段，现代金融制度（如金融法规、条例、监管办法等）为控制金融风险提供了制度保证。

（七）隐蔽性和叠加性

由于金融机构具有一定的信用创造能力，因而可以在较长时间里通过不断创造新的信用来掩盖已经出现的风险和问题，而这些风险因素不断地被隐蔽和叠加起来。

知识链接12-1

早期纠正机制

早期纠正机制（Prompt Corrective Action，PCA）起源于美国，强调要尽早识别风险机构及其风险隐患，并根据风险的差异化程度，采取相应的干预措施，降低银行经营失败以及风险外溢的可能性，使风险处置的成本最小化。欧美处置金融风险的经验表明，对问题金融机构延迟介入或关闭，不仅会导致其损失扩大，还可能外溢至交易对手，增加最终处置成本。在延迟关闭过程中，那些资本缺口越大的机构风险越高，越容易出现通过高收益率吸收外部资金掩盖真实风险的情况。因此，主要经济体在风险处置立法中，均对问题机构的早期纠正、接管和关键处置环节设置时限要求，在机构不同资本充足率下采取不同措施，并规定其强制进入处置程序的标准，以避免问题机构延迟关闭或处置，引发更多风险。例如，美国要求商业银行资本充足率低于8%时，在45日内提交资本补充计划，要求监管部门在商业银行一级资本/总资产低于2%时，在90日内决定是直接由联邦存款保险公司（FDIC）接管还是采取其他措施。欧盟要求欧盟单一处置委员会（SRB）在判定信贷机构存在倒闭风险后，应立即启动处置程序。欧盟委员会需在收到SRB处置方案24小时内，决定是否同意实施。

早期纠正工作机制在化解风险方面的作用较为显著。一是降低风险处置成本。根据国际经验，从可量化情况看，被采取早期纠正措施后仍然关闭的银行给存款保险基金造成的损失，明显小于未被采取早期纠正措施直接被关闭的银行。二是提升监管有效性。早期纠正机制为监管部门在给定条件下强制而非选择性延迟关闭银行提供直接的法律支撑，杜绝监管宽容和外部压力，与后期风险处置有序衔接，确保处置前有关部门已深度介入问题银行监管，激励商业银行长期保持充足的资本水平，提高金融体系真实的损失吸收能力。三是有力维护市场秩序。早期纠正机制对问题机构市场退出制定了明确标准，避免已实际破产的问题机构与正常机构相互竞争，引发市场秩序的混乱。

资料来源：中国金融稳定领导小组. 中国金融稳定报告（2023）[R]. 北京：中国人民银行，2023.

三、金融风险的形成

金融风险是由各种金融风险因素的产生或相互作用而形成的。影响金融风险形成的主要因素有以下几个方面：

（一）宏观经济政策

货币政策对经济的干预，必然会引起经济活动中投资总量、投资结构的变化以及货币供应量的变化，进而影响实际物价水平和人们对通货膨胀的心理预期，这些变化都会通过金融机构的客户影响金融机构的盈利和资产的安全性。

（二）金融资产价格的波动

在市场经济条件下，通货膨胀率、利率、汇率和证券价格处于不断的波动过程中，且相互影响、相互作用。在一般情况下，通货膨胀率的上升，会造成利率上升，企业成本增加，同时也会影响证券投资者的成本，降低证券市场需求，引起股票价格下跌；汇率的变动可能会引起输入型的通货膨胀；股票价格的大幅波动则可能会引起政府当局的干预行为，引起利率的变化。因此，金融资产价格的波动过程，也是金融风险积累的过程。

（三）经济周期的波动

经济危机出现时证券市场价格下降，企业出现大量不良债务，导致金融机构出现大量不良资产，金融危机爆发。在经济高涨时期，市场投机活动逐步加剧和贷款需求增加，会促使利率的上升，并使证券价格出现下降趋势，企业利润率下降，从而损害企业的支付能力。

（四）金融机构的微观决策和管理失误

利润最大化是企业经营的基本原则，因此在一定条件下，金融机构都存在着利益扩张动机。但是，由于信息不对称的影响，金融机构的决策不可能非常完美，必然存在失误，从而影响金融机构的安全稳健运行。金融机构能否安全稳健运行还取决于内部的管理水平，管理水平低下会导致坏账增加、利润下降等。

（五）市场竞争的加剧

为了在竞争中生存，金融机构可能会不顾成本，大量吸收存款、发放贷款、扩大投资和加大交易数量。与此同时，金融机构也积聚了大量风险，当市场竞争加剧时，行业退出则可能是被迫的而非自愿的，大量金融机构会倒闭。

（六）经济全球化和金融国际化

从世界经济的发展过程来看，经济全球化和金融国际化的发展，促使国际资本的流动速度加快，金融机构的业务范围和金融工具日益扩大和增加，这就增加了经济和金融体系的不稳定性，使产生金融风险的原因更为复杂，金融风险的表现形式更为多样，在国际上的传播速度加快，传播范围扩大，损害增加。

微课12-1

金融风险的成因

四、金融风险的种类

金融风险多种多样，从不同角度可以划分为不同种类。常见的影响较大的金融风险种类主要有以下几种：

（一）信用风险

信用风险又称违约风险，是指由于信用活动中存在不确定性而使信用活动主体遭受损失的可能性。它是金融机构面临的主要风险，也是金融机构实施风险管理的重点。信用风险主要有两种情况：一是存款人挤提存款而金融机构没有足够的现金可以应付，造成金融机构信誉扫地，乃至不得不宣告破产；二是债务人违约不还债，造成金融机构信贷资产损失，乃至严重亏损。

(二) 利率风险

利率风险是指由于利率水平的不确定变动，金融机构的资产项目和负债项目利率没有随市场利率变化而调整或调整不当，造成其净利息收入减少或利息支出增加，从而形成损失的可能性。具体来说，比如由于利率变动，一些存款人往往将存款转入支付利率最高的机构，而一些贷款人则尽量寻求贷款利率最低的机构，从而造成金融机构资金来源与运用，即利率敏感性资产和利率敏感性负债的结构的不确定性。

(三) 购买力风险

所谓购买力风险，又称通货膨胀风险，是指因一般物价水平的不确定变动而使人们遭受损失的可能性。首先，通货膨胀造成单位货币购买力下降，将使债权人面临本金和利息损失的可能性。通货膨胀率越高，债权人受到的损失也就越大。其次，通货膨胀会导致实际收益的潜在变动。因为实际利率等于名义利率与通货膨胀率之差，当名义利率一定时，通货膨胀率越高，实际利率就越低；当通货膨胀率高于名义利率时，实际利率将变为负值。因此，投资者通常要求税后收益率高于预期的通货膨胀率，但是，由于人们难以准确预测将来实际发生的通货膨胀率水平，所以投资者仍将面临遭受损失的可能性。另外，从社会整体经济环境看，通货膨胀还会影响企业的经营行为，它不仅导致消费者行为、商品流通、生产经营环境等发生改变，而且也会导致企业经营成本的上升。

(四) 外汇风险

外汇风险又称汇率风险，是指因汇率的波动使行为人遭受损失的可能性。外汇风险主要分为四种：一是买卖风险，即买卖外汇后所持头寸在汇率升降时发生损失的可能性；二是交易结算风险，即从外汇约定交易到外汇实际交割时因汇率变动发生损失的可能性；三是评价风险，即会计处理中某些项目需要在本币和外币之间换算时所使用的汇率不同而承受的风险；四是存货风险，即以外币计价的库存资产因汇率变化而升值或贬值。

(五) 证券价格风险

证券价格风险，是指证券价格的不确定变化导致行为人遭受损失的可能性。证券价格风险是金融风险中较为明显、突出的风险。在市场经济中，证券市场是整个市场体系的一个重要组成部分。在世界各国的证券市场上，每天都有大量的股票、债券交易发生。产生证券价格风险的因素有政治、经济、社会心理等多种因素，不确定性很大，导致行市波动频繁而又复杂，尤其是股票价格更是时起时伏、变幻莫测。所以，投资者既可能获得意外的收益，也可能遭受惨痛的损失。

(六) 流动性风险

流动性风险，是指一个人或一个机构的金融产品运转流畅、衔接完善的程度，体现了持有的资产能随时得以偿付，能以合理的价格在市场上出售，或者能比较方便地以合理的利率借入资金的能力。

除上述主要金融风险以外，还存在着金融衍生产品价格风险、经营风险、国家风险、政策性风险以及关联风险等各种金融风险。

五、金融风险对经济的影响

金融风险是金融市场的一种内在属性，对金融活动起着一定的调节作用。尽管一些市场参与者在金融风险中也有可能获取一些收益，但金融风险的发展、风险因素的不断积聚，却会对经济及社会发展带来严重影响。它不仅影响经济主体的经营和收益，对市场参与者造成重大损失，而且影响国家宏观经济的稳健发展，以致造成社会动荡。

(一) 金融风险对微观经济的影响

金融风险对微观经济的影响表现在以下几个方面：

(1) 金融风险的直接后果是可能给经济主体带来直接的经济损失。在我们的现实生活中这样的例子不胜枚举。例如，投资者在认购股票后股价大跌；买进外汇进行套汇或套利时，汇率下滑；进行股价指数期货的炒作，指数与预期相反。这些情况都无疑会给行为人造成重大损失甚至会导致金融企业的破产。

(2) 金融风险会给经济主体带来潜在的损失。例如，一家银行存在严重的信用风险，会使消费者对存款安全产生担忧，从而导致银行资金不断减少，业务萎缩；一个企业可能因贸易对象不能及时支付债务而影响生产的正常进行；购买力风险不仅会导致实际收益率下降，而且会影响经济主体持有的货币余额的实际购买力等。

(3) 金融风险影响着投资者的预期收益。金融风险与预期收益呈正相关，金融风险越大，则预示着未来收益越高；反之，金融风险越小，则预示着未来收益越少。

(4) 金融风险增大了经营管理的成本。由于预期收益的不确定性的存在，经济主体为了规避风险，使风险降到最低，加大了收集信息、整理信息的工作量，也增大了收集信息、整理信息的难度，这就增大了管理成本，甚至对金融风险的估计不足还将导致一些不应有的损失。

(5) 应对风险的各种准备金的设立，降低了资金利用率。由于金融风险的广泛性及其后果的严重性，金融机构不得不持有一定的风险准备金来应付金融风险。对于银行等金融机构而言，流动性变化的不确定性，使其难以准确安排备付金的数额，往往造成大量资金闲置。此外，由于对金融风险的担忧，一些消费者和投资者往往持币观望，从而也造成社会上大量资金闲置，增大了机会成本，而降低了资金的利用率。

(二) 金融风险对宏观经济的影响

金融风险对宏观经济的影响表现在以下几个方面：

(1) 金融风险将引起实际收益率、产出率、消费和投资的下降，下降的幅度与风险大小成正比。例如，企业为降低投资风险，不得不选择风险较低的技术组合，导致产出率和实际收益率下降。同样，由于未来的不确定性，个人未来财富可能会出现较大波动，境况会相对变坏，而不得不改变其消费和投资决策。也就是说，消费者为了保证在未来能获得正常消费，总是保持较谨慎的消费行为；投资者会因为实际收益率下降和对资本安全的忧虑，而减少投资，导致整个社会的投资水平下降。

(2) 金融风险会造成产业结构畸形发展，使整个社会生产力水平下降。金融风险的存在，使大量资源流向安全性较高的部门，既导致边际生产力的下降，又导致资源配置不当，一些经济中的关键部门因此发展较慢，形成经济结构中的"瓶颈"。

（3）严重的金融风险还会引起金融市场秩序混乱，破坏社会正常的生产和生活秩序，甚至使社会陷入恐慌，极大地破坏了生产力。例如，一家银行因经营不善而倒闭会增大存款人对信用风险的警戒，可能触发银行信任危机，引起存款人大规模挤提，严重者甚至会导致金融制度的崩溃。

（4）金融风险影响着宏观经济政策的制定和实施，它既增加了宏观政策制定的难度，又削减了宏观政策的效果。从宏观政策的制定来看，金融风险会导致市场供求的经常性变动，政府难以及时、准确地掌握社会总供给和总需求状况，以做出决策，而且金融风险常导致决策滞后；在政策的传导过程中，金融风险将使传导机制中某些重要环节（如利率、信用或流动性等）出现障碍，从而导致政策效果出现偏差；从宏观经济的作用和效果来看，各经济主体为了规避风险，总是尽可能充分地利用有用的信息，并以此为依据，对未来的政策及其可能产生的效果做出判断，采取相应的措施来加以应对，这就使政府的政策难以达到预期效果。

（5）金融风险影响一个国家的国际收支状况。金融风险直接影响着国际经贸活动和金融活动的进行和发展。首先，汇率的上升或下降影响着商品的进出口总额，关系着一个国家的贸易收支。其次，利率风险大、通货膨胀严重、国家风险大等因素造成投资环境差，会使外国人减少对本国的投资和其他交往，导致各种劳务收入的减少。另外，金融风险也影响着资本的流入和流出。

任务二 金融危机

一、金融危机的含义及类型

（一）金融危机的含义

金融危机是指社会金融系统中爆发的危机，集中表现为全部或者大部分金融指标（如短期利率、证券、货币资产、房地产和土地价格、企业偿债能力与破产数及金融机构流动性与倒闭数等）的急剧、短暂和超周期的恶化。

拓展阅读12-1

金融危机的实质：信用崩溃

金融危机使金融系统陷入混乱，丧失分配资产的功能，从而导致经济震动或经济危机。出现金融危机时，人们对未来经济预期悲观，货币币值出现较大幅度的贬值，经济总量与经济规模出现急剧性紧缩，经济增长停滞甚至倒退。金融危机期间往往伴随着企业的大量倒闭，失业率提高，社会经济的普遍萧条，甚至伴随着社会动荡或国家政治层面的动荡。

（二）金融危机的类型

1.货币危机

货币危机是指当某种货币由于受到投机性袭击等，出现非意愿性的持续性贬值，或迫使一国（地区）货币当局动用大量外汇储备或大幅度提高利率以保证币值稳定的情形。

2.银行业危机

银行业危机是指真实的或潜在的银行破产导致银行不能如期偿付债务，或迫使政府出面，提供大规模援助，以避免违约现象的发生。一家银行的危机发展到一定程度，可能波及其他银行，从而引起整个银行业的危机。

3.债务危机

债务危机是指某些原因导致一国（地区）不能按照事先约定偿还债务（包括主权债和私人债）的情形，债务危机有可能会引起国家破产。

4.系统性危机

系统性危机是指主要的金融领域都出现严重混乱，如货币危机、银行业危机、股市崩盘以及外债危机的同时或相继发生。

拓展阅读12-2

金融危机和经济危机、社会危机的关系

二、金融危机的特征

金融危机的爆发，不仅会给危机发生的国家的经济带来严重损害，而且会对世界经济带来一定程度的冲击。金融危机的特征主要包括：

（一）马太性

金融危机一旦爆发，就不同于经济活动中的其他风险，只是在一定的范围内、在较小的领域产生影响，而是随着失去信用基础加速扩散。主要是因为一旦某种情况下出现某几笔存款不能兑付，客户的信心就会动摇，越是没有客户去存款，客户越是挤兑，越是挤兑和存款减少，兑付越是困难，从而形成马太效应。

（二）连锁性

随着计算机网络技术的高速发展，全球经济贸易关系日益紧密。资本在各国的自由流动有利于资本在全球范围的配置，从而促进各国经济的发展；但同时也使得各国经济更易于受到国际经济环境变化的冲击，从而使金融危机表现出连锁性的特点。

（三）破坏性

金融部门是资源配置机制运转的核心。金融体系一旦出现动荡，不仅使金融部门陷入瘫痪，还会冲击整个经济体系的正常运转，甚至引发社会动荡和政治危机，因此保持金融稳定的意义远远超出了金融部门本身。

三、金融危机的成因

（一）资产价格泡沫破灭

1.资产价格泡沫破灭导致银行业危机

泡沫破灭导致银行资产负债状况恶化。泡沫破灭，银行不良贷款会不断增加，这是因为在金融自由化程度较高的国家，银行可以进入证券市场参与投资。泡沫破灭时，银行资产势必缩水，并且极有可能转化为不良资产，从而影响银行的支付能力，使银行面临支付危机。同时，泡沫破灭会使一些投机性项目贷款极有可能转为不良贷款。从负债方面来说，由于企业居民迫于流动性需要而提款，因此将造成银行存款的进一步减少，使银行资产负债表进一步恶化。

2.资产价格泡沫破灭导致外汇市场危机

泡沫破灭影响国际资本流动，引起汇率波动，从而导致货币危机。股市与汇市之间是相互影响的，股市的波动必然会引起汇市的波动，反过来，汇市的波动又将加剧股市的波动，尤其在金融自由化程度高的国家更是如此。泡沫破灭导致一些进入证券市场的外商投资者利益大大受损。而外商投资者利益的受损，将会使大量外资撤离该国证券市场，这会导致股票价格继续下跌的同时引起汇市危机，从而引发货币危机。

3.资产价格泡沫破灭导致信心危机

金融危机或银行危机从某种角度上讲都是信心危机。信心既是整个金融体系存在的基础，又是导致金融体系在特定时间和条件下失败的直接原因。信心具有很强的传递性，一部分人的信心通过示范作用和周边个体的从众心理向外蔓延，形成公众信心。反之，一部分人信心的丧失，也会通过同样机制形成公众信心危机。但不管公众对某一家金融机构信心丧失还是对整个金融体系信心丧失，都必须有一个外来因素。这个外来因素包括很多方面，如战争、经济崩溃等，泡沫破灭也是对公众信心的一个重要影响因素。

（二）社会化风险恶化

金融系统中存在着明显的信息不对称即逆向选择和道德风险。在促使金融危机发生的因素中，有四类因素可以加剧信息不对称问题，引起金融危机：金融部门资产负债表的恶化；利率的增长；不确定因素的增加；资产价格的变化使得非金融部门的资产负债表恶化。

一方面，现实中的经济虚拟化在内在动力上使社会化风险增大，因为企业、金融机构更愿意维持一个较高的稳定的利润流以保持虚拟资产的增值；另一方面经济虚拟化所带来的竞争压力又改变了整个金融系统的宏观环境。泛证券化、垃圾债券市场、直接融资的扩展、政府监管的弱化等，在给广大投资者带来较高收益和灵活便利的同时，也给投资者带来更大的风险。

（三）投机过度

经济虚拟化的发展，客观上要求劳动分工国际化；市场成为世界性的市场，客观上要求虚拟资产的价值不仅要在全社会实现，而且要在全世界范围内实现。由此，金融一体化就成为经济虚拟化的必然发展。反过来，金融一体化又成为推动经济虚拟化进一步发展的重要动力。布雷顿森林体系崩溃、各国放松管制和金融自由化政策为金融一体化的发展提供了制度上的保证和条件。而金融一体化在带给世界各国共享资金、共享收益、自由竞争利益的同时，也带来了投机的国际化。可以说国际化投机已经成为当今国际经济不稳定的重要因素。这种投机对金融危机起着一种催化剂的作用，导致产生价格泡沫、增加金融风险和造成国际资本的无序流动。

四、金融危机的传导机制

从金融系统出现紊乱到经济全面衰退存在一系列的过程与环节，所有这些过程和环节的集合即为金融危机的传导机制。因此在理论上准确把握危机的传导机制，在实践中就可以从危机传导的渠道入手，对影响危机传导的各种因素进行综合分析，控制金融危机的传递，从而尽可能使危机损失最小化。

（一）国内传导机制

金融危机的国内传导主要表现为由货币危机向资本市场危机和银行业危机，进而向全面的金融危机演变的过程。更准确地讲，就是一国货币的大幅度贬值会引起银行系统收支状况的恶化，同时影响企业的生产和经营，企业的亏损将直接导致股市的崩溃。简单而言，我们可以将这一传导过程表示为：货币危机→银行危机→资本市场危机→全面金融危机。

（二）国际传导机制

金融危机的国际传导机制可分为以下三类：

1.危机传导的季风效应

以发达国家为主导的全球经济环境的变动必然会对许多发展中国家产生不同程度的影响。在经济全球化的今天，无论在政治、经济方面，还是在文化方面，发达国家依然处于主导地位。2007年始于美国的次贷危机就使全球大多数国家受到了不同程度的影响。

2.危机传导的波及效应

当一个国家发生危机时，同时也恶化了另一个国家的宏观经济基础，从而导致另一个国家也发生危机。1997年东南亚金融危机就是波及效应的体现，在泰国金融系统发生混乱不久，新加坡、韩国、马来西亚等国家也相继发生了危机。

3.危机传导的贸易效应

当一国发生危机时通常会导致本国货币贬值，必然使该国出口竞争力增强，对其贸易伙伴国的出口增加而进口减少，导致贸易伙伴国的贸易赤字增加，经济状况恶化，这种被称为"贸易伙伴型传导"。另外一种是"竞争型传导"，即竞争中的两国的出口产品竞争于同一个市场，其中一国所遭受的货币危机使该国货币大幅贬值，从而降低了对方的出口竞争力，并导致其宏观经济恶化，从而引发投机者对另一国货币发起攻击。

拓展阅读12-3

危机链逻辑：社会结构的脆弱性

知识链接12-2

在不确定性中增强韧性

在全球金融环境收紧和经济贸易政策的巨大不确定下，全球金融稳定风险已经显著增加。这一评估结果也得到了三个关键的前瞻脆弱性问题的支撑。第一，尽管近期市场出现动荡，但一些关键板块的估值仍然很高，这意味着如果前景恶化，估值可能会进一步调整。由此造成的全球金融环境的进一步收紧，可能会对新兴市场的货币、资产价格和资本流动产生重大影响。第二，一些金融机构，尤其是高杠杆机构，可能会在市场动荡下承压。随着对冲基金和资产管理行业的增长，它们的总体杠杆水平以及与银行部门的联系也在增加，这引发了人们对管理不善的非银行金融机构的担忧，认为它们在面临追加保证金通知和赎回时，会被迫去杠杆。第三，主权债券市场可能面临进一步的动荡，这在政府债务水平很高的辖区尤其如此。市场运行面临更多挑战，加之核心主权债券市场的热门杠杆化交易的平仓，可能会导致进一步的波动。新兴市场经济体的实际融资成本已达到10年来的最高水平，现在它们可能需要以更高的成本为其债务再融资并为财政支出提供资金。总体而言，投资者对公共债务的可持续性和金融部门的其他脆弱性的担忧可能会加强，使投资环境进一步恶化。

资料来源：IMF. Global Financial Stability Report［R］. Washington D. C.：IMF，2025.

五、金融危机的相关理论

（一）货币危机理论

货币危机的理论研究开始于20世纪70年代后期，有关货币危机的理论也最为成熟，目前已经形成了四代危机模型。

1.第一代货币危机模型

克鲁格曼（Krugman）在1979年发表的 *A model of Balance-of-Payments Crises* 一文中构造了货币危机的最早的理论模型。

第一代货币危机模型认为：扩张性的宏观经济政策导致了巨额财政赤字，为了弥补财政赤字，政府只好增加货币供给量，同时为了维持汇率稳定而不断抛出外汇储备，一旦外汇储备减少到某一临界点时，投机者会对该国货币发起冲击，在短期内将该国外汇储备消耗殆尽，政府要么让汇率浮动，要么让本币贬值，最后，固定汇率制度崩溃，货币危机发生。许多经济学家后来对其进行了改进和完善，最终形成了第一代货币危机理论。该理论从一国经济的基本面解释了货币危机的根源在于经济内部均衡和外部均衡的冲突，如果一国外汇储备不够充足，财政赤字的持续货币化会导致固定汇率制度的崩溃并最终引发货币危机。当宏观经济状况不断恶化时，危机的发生是合理的而且是不可避免的。它比较成功地解释了20世纪七八十年代的拉美货币危机。

2.第二代货币危机模型

1992年，英镑危机发生，当时英国不仅拥有大量的外汇储备（德国马克），而且其财政赤字也未出现与其稳定汇率不和谐的情况。第一代货币危机理论已无法对其做出合理解释，经济学家开始从其他方面寻找危机发生的原因，逐渐形成第二代货币危机理论。

最具代表性的第二代货币危机模型是由茅瑞斯·奥伯斯法尔德（Maurice Obstfeld）于1994年提出的。他在寻找危机发生的原因时强调了危机的自我促成（Self-Fulfilling）的性质，引入了博弈论，关注政府与市场交易主体之间的行为博弈。茅瑞斯·奥伯斯法尔德在其 *Models of Currency Crises with Self-Fulfilling Features* 一文中设计了一个博弈模型，说明了动态博弈下自我实现危机模型的特点，并呈现出"多重均衡"性质。该模型认为：一国政府在制定经济政策时存在多重目标，经济政策的多重目标导致了多重均衡。因而，政府既有捍卫汇率稳定的动机，也有放弃汇率稳定的动机。在外汇市场上有中央银行和广大的市场投资者，双方根据对方的行为和掌握的对方的信息，不断修正自己的行为选择，这种修正又影响着对方的下一次修正，形成了一种自促成。当公众的预期和信心的偏差不断累积，使得维持稳定汇率的成本大于放弃稳定汇率的成本时，中央银行就会选择放弃，从而导致货币危机的发生。

第二代货币危机模型较好地解释了1992年英镑危机，当时英国政府面临着提高就业与维持稳定汇率的两难选择，结果放弃了有浮动的固定汇率制。

3.第三代货币危机模型

1997年下半年爆发的亚洲金融危机呈现出许多新的特征，这次危机发生之前，亚洲许多国家都创造了经济发展的神话，而且大多实行了金融自由化。第一、二代模型已经无法较好地解释这场金融危机，更难理解的是，这些国家和地区（尤以韩国为例）在危机过后很短时间内就实现了经济复苏，某些方面甚至还好于危机之前。

第三代货币危机模型是由麦金农和克鲁格曼首先提出的，该模型强调了第一、二代模型所忽视的一个重要现象：在发展中国家，普遍存在着道德风险问题。普遍的道德风险归因于政府对企业和金融机构的隐性担保，以及政府同这些企业和金融机构的裙带关系，从而导致了在经济发展过程中的投资膨胀和不谨慎，大量资金流向股票和房地产市场，形成了金融过度（Financial Excess），导致了经济泡沫。当泡沫破裂或行将破裂所致的资金外逃，将引发货币危机。第三代货币危机理论出现较晚，但研究者们普遍认为脆弱的内部经济结构和亲缘政治是导致这场危机的关键所在。

4.第四代货币危机模型

第四代货币危机模型是在已有的三代成熟的货币危机模型上建立起来的。该理论认为，如果本国企业部门的外债水平越高，"资产负债表效应"越大，经济出现危机的可能性就越大。其理论逻辑是：企业持有大量外债导致国外的债权人会悲观地看待这个国家的经济，减少对该国企业的贷款，使其本币贬值，企业的财富下降，从而能申请到的贷款下降，全社会投资规模下降，经济陷入萧条。第四代危机模型目前尚不成熟，有待进一步完善。

（二）银行业危机理论

1.弗里德曼（Friedman）的货币政策失误论

弗里德曼的货币政策失误理论认为，因为货币需求函数的相对稳定性，货币供求失衡的根本原因在于货币政策的失误。并且，这种失误（如突然的通货紧缩）可以使一些轻微的局部的金融问题，通过加剧银行恐慌演变为剧烈的全面的金融动荡。

2.金融不稳定假说

明斯基（Hyman P.Minsky）对金融内在脆弱性进行了系统分析，提出了"金融不稳定假说"。他将市场上的借款者分为三类：第一类是"套期保值"型借款者（Hedge-financed Unit）。这类借款者的预期收入不仅在总量上超过债务额，而且在每一时期内，其现金流入都大于到期债务本息。第二类是"投机型"借款者（Speculative-financed Unit）。这类借款者的预期收入在总量上超过债务额，但在借款后的前一段时期内，其现金流人小于到期债务本息，而在这段时期后的每一时期内，其现金流入大于到期债务本息。第三类是"蓬齐"型借款者（Ponzi Unit）。这类借款者在每一时期内，其现金流入都小于到期债务本息，只在最后一期，其收入才足以偿还所有债务本息。因为这类借款者不断地借新债还旧债，把"后加入者的入伙费充作先来者的投资收益"，以致债务累积越来越多，潜伏的危机越来越大。

在一个经济周期开始时，大多数借款者属于"套期保值"型借款者，当经济从扩张转向收缩时，借款者的赢利能力缩小，逐渐转变成"投机型"借款者和"蓬齐"型借款者，金融风险增大。因而，金融体系具有内在的不稳定性，经济发展周期和经济危机不是由外来冲击或是失败性宏观经济政策导致的，而是经济自身发展必经之路。

3.银行体系关键论

詹姆斯·托宾（James Tobin）于1981年提出了银行体系关键论，其核心思想是：银行体系在金融危机中起着关键作用。在企业过度负债的经济状态下，经济、金融扩张中积累起来的风险增大并显露出来，银行可能遭受损失，所以银行为了控制风险，必然提高利率减少贷款。银行的这种行为会使企业投资减少，或引起企业破产，从而直接影响经济发展，或者使企业被迫出售资产以清偿债务，造成资产价格急剧下降。这种状况会引起极大的连锁反应，震动也极强烈，使本来已经脆弱的金融体系加速崩溃。托宾认为，在债务–通货紧缩的条件下，"债务人财富的边际支出倾向往往高于负债人"，因为在通货紧缩–货币升值的状况下，债务人不仅出售的资产贬值，而且拥有的资产也贬值。在债务人预期物价继续走低的情况下，变卖资产还债的倾向必然提前。

4."金融恐慌"理论

戴尔蒙德和荻伯威格（Diamond and Dybvig）认为，银行体系脆弱性主要源于存款者对流动性要求的不确定性以及银行的资产较之负债缺乏流动性之间的矛盾。他们在1983年提出了银行挤兑理论（又称D–D模型）。其基本思想是：银行的重要功能是将存款人的不具流动性的资产转化为流动性的资产，以短贷长，实现资产增值。在正常情况下，依据大数定理，所有存款者不会在同一时间取款，但当经济中发生某些突发事件（如银行破产或经济丑闻）时，就会发生银行挤兑。Chari和Jagannathan进一步指出，一些原本不打算取款的人一旦发现取款队伍变长，也会加入挤兑的队伍，从而发生金融恐慌。

5."道德风险"理论

罗纳德·麦金农（Ronald Mekinnon）认为，由于存款保险制度的存在，以及政府和金融监管部门在关键时候扮演"最后贷款人"的角色，一方面会使银行产生道德风险，从事具有更高风险的投资，增加了存款人受损害的可能性；另一方面也导致存款者不对银行实施监督。世界银行和IMF对65个国家在1981—1994年间发生的银行危机做的计量测试也表明，在设有存款保险制度的国家，发生危机的概率要高于没有设立存款保险制度的国家。

（三）外债危机理论

1.欧文·费雪（Owen Fisher）的"债务-通货紧缩"理论

欧文·费雪的"债务–通货紧缩"理论的核心思想是：企业在经济上升时期为追逐利润"过度负债"，当经济陷入衰退时，企业赢利能力减弱，逐渐丧失清偿能力，引起连锁反应，导致通货紧缩，形成恶性循环，金融危机就此爆发。其传导机制是：企业为清偿债务廉价销售商品→企业存款减少、货币流通速度降低→总体物价水平下降→企业净值减少、债务负担加重、赢利能力下降→企业破产、工人失业→人们丧失信心、悲观情绪弥漫→人们追求更多的货币储藏、积蓄→名义利率下降、实际利率上升→资金盈余者不愿贷出、资金短缺者不愿借入→通货紧缩。

2.沃尔芬森的资产价格下降理论

沃尔芬森的资产价格下降理论的核心思想是：由于债务人的过度负债，在银行不愿提供贷款或减少贷款的情况下，被迫降价出售资产，就会造成资产价格的急剧下降。由此产生两方面的效应：一是资产负债率提高，二是使债务人拥有的财富减少，两者都削弱了债务人的负债承受力，增加了其债务负担。债务欠得越多资产降价变卖就越多，资产降价变卖越多，资产就越贬值，债务负担就越重。

3. "综合性国际债务" 理论

苏特（Suter）从经济周期角度提出的综合性的国家债务理论认为，随着经济的繁荣，国际借贷规模扩张，中心国家（通常是资本充裕的发达国家）的资本为追求更高回报流向资本不足的边缘国家（通常是发展中国家），边缘国家的投资外债增多；债务的大量积累导致债务国偿债负担的加重，当经济周期进入低谷时，边缘国家赖以还债的初级产品出口的收入下降导致其逐渐丧失偿债能力，最终爆发债务危机。

六、金融危机的启示

（一）发展中国家金融危机对中国的启示

1994年墨西哥金融危机和1997年东南亚金融危机，对包括中国在内的新兴市场国家提供了宝贵的启示，具有重要的借鉴意义。

1.资本市场开放应循序渐进、量力而行

长期以来，IMF、世界银行和不少新古典派经济学家一直都在积极地要求发展中国家最快和最大限度地开放其资本项目。毫无疑问，开放资本项目能使国内储蓄率较低的发展中国家吸引更多的外国资本，此外，从理论上讲，资本流动既是实现经济全球化的必要条件之一，又能提高世界资源配置的效率。但是，由于国际资本市场的运作尚未达到完善的地步，而且国际社会对国际资本流动缺乏有效的管理和协调机制，因此，发展中国家在何时以及如何开放其资本项目方面必须三思而行。墨西哥和泰国金融危机的最大教训就是过早地开放了国内资本市场，放松了对资本项目的控制，提前实现了本国货币的可自由兑换，从而导致了国内宏观调控的重大杠杆货币政策的失效。

一般来说，一个国家总体经济环境要具备以下五个先决条件，方可考虑开放资本账户：（1）政府应进行财政改革，大幅度削减财政赤字，并以非通货膨胀方式弥补遗留的赤字；（2）国内外利率差距不可过大，否则跨国资金大规模流动将超过国内金融体系的承受能力；（3）国内金融市场制度与游戏规则应健全，同时应提供规避汇率与利率风险的衍生性远期与期货工具；（4）国内金融交易的税负效应应符合国际市场水平，以阻止为逃避税负差异而导致的巨额资金转移；（5）应考虑金融市场与其他实物市场之间的互动关系，应首先解除劳动、商品、贸易等市场调节所强加的各种限制，使实物部门自行调节机能增强，以适应资本账户的开放。

2.重视经济结构调整，防止泡沫形成

进入20世纪90年代，世界不少新兴市场国家在经济转型和高速增长中均出现了经济增长放慢、金融市场风波不断等问题，若干结构性、基础性经济问题已陆续显露。这说明，新兴市场国家特别是墨西哥、泰国、韩国以及东南亚各国在经历了高速增长之后，生产能力和开放程度大大提高，外资流入规模迅速扩大，国内经济受国际经济的影响增大，出现了泡沫经济崩溃导致的巨额不良债权和出口增长锐减造成的巨额对外贸易

逆差，使生产力增长与经济调控机制落后这一矛盾激化，结果都普遍表现为金融过热、房地产过热、生产过剩、金融风险加大、贸易经常项目赤字和外债相继增大。宏观经济的运行大起大落往往是金融危机的诱因，而外资投向不合理和经济结构失衡则是导致经济大起大落的深层原因。

3.利用外资规模要适度、结构投向要合理

经济发展不能过分依赖外资，利用外资规模必须适度。实践证明，外资规模过大过小都不利于经济的发展。外资规模过大，会导致一部分外资闲置或低效率使用，从而增加外资成本，加重外债负担，对经济发展造成不利影响；外资规模过小，会导致一部分生产投入要素的闲置，使国内资源得不到有效配置，从而制约经济发展。所以掌握外资的适度规模，不仅是有效利用外资、加速经济发展的前提，也是充分发挥外资促进发展中国家经济发展的必要条件。

如何把握和控制外资结构和投向，是保证合理有效利用外资的关键。墨西哥和泰国均未能有效调整外资的结构和投向，致使引进外资结构和投向不合理。外资结构不合理突出表现为外债中短期债务比重过高，短期债务比重远远超过了国际公认的警戒线，因此加重了偿债负担，使之成为国际金融投机者重点袭击的目标。外资投向不合理主要表现为，大量的外资在缺乏有效管理的情况下，未能投入生产领域，而是投入到证券市场和房地产市场等高风险领域，导致房地产和股票价格急剧上升，助长了泡沫经济膨胀。因此，发展中国家在利用外资过程中，一定要注意债务结构的优化，短期外债所占比重不能过高；要严格控制外资流入房地产、证券、期货等国民经济虚拟部门，外资流入要与本国产业结构优化升级方向一致，以避免外资引进可能出现的各种风险。

4.保持汇率制度的灵活性和稳定性

汇率制度是国际金融面临的新课题。从墨西哥、泰国、韩国的金融危机中，我们更清楚地看到汇率制度的重要性。在开放经济条件下，一方面想维护固定汇率制度，另一方面想利用利率政策来抑制通货膨胀是很困难的，或者是代价巨大的。固定汇率制度往往造成一国币值的长期高估或低估，从而造成国际收支不平衡，尤其是经常项目的赤字，最终引发金融动荡，墨西哥和东南亚国际金融危机已经清楚地说明了这点。所以，僵化的汇率制度不可能保证一个国家经济的持续发展，一国的汇率必须随着国内外经济状况的变化、对外经济关系的新特点及外部环境的变化而变化，目的是维持对外经济平衡，把不平衡消灭在萌芽阶段。

（二）发达国家金融危机对中国的启示

由于经济全球化程度的不断加深和全球金融体系的长期失衡，源自美国的金融风暴，波及范围之广、冲击力度之强、连锁效应之快是前所未有的。危机所暴露出来的发达市场经济国家的深刻矛盾，对中国具有重要的借鉴意义。

1.把握好金融创新与金融监管的平衡

格林斯潘在2002年称赞复杂衍生工具能够使风险得以分散。但2007年美国金融危机证明，当金融衍生品成为逐利的手段时，它非但难以分散局部风险，反而会产生庞大而复杂的系统风险。高收益率、高杠杆率从来都是和高风险相伴而生的，但不能就此因噎废食，不能把金融创新作为导致危机爆发的"替罪羊"。要看到，和美国发达的金融

体系相比，包括我国在内的新兴市场国家的金融创新尚处在低层次水平，金融产品单一，金融体系运作效率较低，运营体制和监管模式落后，还不能满足实体经济快速发展对金融巨大而多样化的需求。因此，要根据实际国情，以国际化、市场化、系统化为方向，积极稳妥地推进金融商品和金融技术创新，在创新中加快推进体制改革和制度完善。同时，进一步加强金融监管特别是对表外业务的监管，加强金融衍生品的信息披露和风险警示，有效防范和化解金融风险，真正做到防患于未然。

2.金融必须根植和服务于实体经济

金融是现代经济的血液，其根本功能是为实体经济提供资金融通服务，降低经济运行成本，推动经济更好更快发展。因此金融必须根植于实体经济并服务于实体经济这一根本，其价值创造必须源于实体经济的真实价值。美国金融危机证明，金融一旦脱离实体经济，就会成为无源之水、无本之木，虚拟的金融资产就会迅速膨胀，最终在泡沫破灭的同时，也会对实体经济造成巨大的伤害。因此，经济发展要着眼于促进实体经济发展，要着力把金融资源配置到真正能够创造财富的行业，配置到真正具有成长价值的企业，配置到资源能够发挥最大效用的领域，立足于做大做强实体经济，不断夯实经济发展的实体基础。

3.维持国际收支基本平衡和本国汇率的相对稳定

长期以来，美国奉行低储蓄、高消费的发展模式，实行巨额贸易赤字和财政赤字政策，2008财年美国财政赤字达到4 860亿美元，贸易赤字连续3年超过7 000亿美元。新兴市场国家则通过购买美国国债等方式，进行资金回流，来弥补美国巨大的双赤字。这次金融危机可以看作对美国巨额双赤字、新兴市场国家巨额双顺差所导致的全球收支失衡的一次硬性调整。随着许多国家资本与金融账户的逐渐开放，维持国际收支平衡更加重要，也更加复杂。当前，我国应按照主动性、可控性和渐进性的原则，进一步完善人民币汇率市场化形成机制，增强汇率弹性，保持人民币汇率在合理均衡水平上基本稳定，不能受制于一些外在压力而人为地升值或贬值。

4.宏观调控加强国际协调，重建国际金融体系

经济金融全球化在带给人类极大便利的同时，也使得在美国爆发的金融危机扩散，迅速超越国界，影响到几乎所有的国家和地区。面对危机肆虐，任何一个国家的力量都是有限的，各国应该联起手来，加强宏观经济政策协调，扩大经济金融信息交流，深化国际金融监管合作，稳定国际金融市场。这次危机充分暴露了现行世界金融体系和治理结构的缺陷，目前世界金融体系最大的问题是如何改变由不受约束的美元所主导的金融体系，建立一个新的世界金融体系，把美元发行置于国际监管之下，促进国际经济金融秩序向多极化发展。提高金融市场运作的透明度，努力推动全球金融新秩序的形成。

微课12-2

防范金融危机

金融视窗

我国的金融稳定立法

长期以来，我国持续推动金融法治建设，形成了以《中华人民共和国中国人民银行法》《中华人民共和国商业银行法》《中华人民共和国证券法》《中华人民共和国

保险法》《中华人民共和国期货和衍生品法》等基础法律为统领，以金融行政法规、部门规章和规范性文件为重要内容、地方性法规为补充的多层次金融法律体系，为金融体系稳健运行提供了有力的法治保障。但是，在维护金融稳定方面，缺乏整体设计和跨行业跨部门的统筹安排，相关条款分散于多部金融法律法规中，一些重要问题还缺乏明确的制度规范。2021年3月以来，中国人民银行会同国家发展改革委、司法部、财政部、银保监会（2023年改组为国家金融监督管理总局）、中国证监会、国家外汇管理局等部门，坚持科学立法、民主立法、依法立法，充分吸收采纳各方提出的合理意见和建议，积极推动金融稳定立法工作。金融稳定法草案以防范化解系统性金融风险为根本任务，通过建立金融风险事前防范、事中化解和事后处置的一整套制度安排，健全维护金融稳定的长效机制，强化金融发展和安全的法治保障，提升金融体系的稳健性，增强金融服务实体经济的效能，提高重大风险的应对和处置能力，促进我国经济金融持续健康发展。加强党中央对金融工作的集中统一领导，健全高效协同的金融稳定工作机制；坚持底线思维，从源头上防范金融风险；明确各方责任，及时化解金融风险；秉持市场化、法治化原则，建立健全金融风险处置机制；设立金融稳定保障基金，夯实资源保障；强化责任追究，严厉惩治违法违规行为。

资料来源：中国金融稳定领导小组. 中国金融稳定报告（2023）［R］. 北京：中国人民银行，2023.

启示：党的二十大报告强调 "推进国家安全体系和能力现代化"，我国金融稳定立法实践正是落实国家战略、筑牢法治根基的生动体现。金融稳定立法工作坚持党中央集中统一领导，统筹多部门协同推进，彰显了 "全国一盘棋" 的制度优势，引导学生树立正确的国家观念，理解党和国家维护金融安全的战略定力。

从法律意识与社会责任感培养来看，金融稳定法构建事前防范、事中化解、事后处置的全链条制度，以市场化、法治化原则明确各方权责，既填补法律空白，又为金融市场稳健运行提供刚性约束。学生应该认识到，法律是维护社会秩序、保障人民福祉的重要基石，金融从业者更应恪守法律底线，履行社会责任。同时，立法过程中的科学民主决策、设立金融稳定保障基金等创新举措，诠释了法治与创新的融合，激励青年学生以道德规范为指引，将个人价值实现融入国家金融安全建设，践行 "金融为民" 的使命担当。

☑ 项目小结

本项目阐述了金融风险对经济及社会发展带来严重影响以及金融风险的特征等相关知识；阐明了金融危机的马太性、连锁性、破坏性特征和金融危机的成因、相关传导机制以及四代危机模型理论和不同类型国家金融危机对中国的启示。本项目内容为认识风险、了解危机提供了一定的理论根据。

项目训练》

一、重要概念

金融风险　信用风险　购买力风险　金融危机

二、单项选择题

1.金融风险是金融市场的一种（　　　）。

A.内在属性　　　　B.外在属性　　　　C.非常属性　　　　D.特殊属性

2.（　　　）是指因一般物价水平的不确定变动而使人们遭受损失的可能性。

A.信用风险　　　　B.购买力风险　　　　C.利率风险　　　　D.证券价格风险

3.以下不属于信用风险的是（　　　）。

A.购货企业无法支付赊销商品的货款

B.消费者不能偿还住房贷款

C.企业不能支付银行贷款

D.物价上涨

4.（　　　）保障程度最高，风险系数最低。

A.信用贷款　　　　B.保证贷款　　　　C.抵押贷款　　　　D.质押贷款

三、多项选择题

1.汇率风险包括（　　　）。

A.买卖风险　　　　　　B.交易结算风险　　　　C.平价风险

D.存货风险　　　　　　E.经营风险

2.金融风险特征包括（　　　）。

A.扩散性　　　　　　B.周期性　　　　　　C.破坏性

D.可控制性　　　　　E.偶发性

3.贷款定价时需要考虑的因素有（　　　）。

A.中央银行利率　　　　　　B.银行负债的平均利率

C.销售费用　　　　　　　　D.贷款的风险

E.借贷资金供求

4.金融风险对微观经济的影响包括（　　　）。

A.给经济主体带来直接经济损失　　B.影响投资者预期收益

C.造成产业结构畸形发展　　　　　D.减小经营管理成本

E.影响国家收支

5.（　　　）直接影响贷款的风险程度。

A.企业经营风险　　　　B.贷款数额　　　　　C.贷款方式

D.贷款期限　　　　　　E.贷款利率

四、判断题

1.金融业特殊的高风险，一是表现其经营对象——货币资金的特殊性，一是其具有很高的负债比率。　　　　　　　　　　　　　　　　　　　　　　　　（　　　）

2.由于各国历史、经济、文化背景和发展的情况不同，也就使金融监管目标各不相同。 （　　）

3.金融监管从对象上看，主要是对商业银行、金融市场的监管，而非银行金融机构则不属于其监管范围。 （　　）

4.金融风险一旦发生就无法控制。 （　　）

5.债务人不履行约定义务所带来的风险称为市场风险。 （　　）

五、思考题

1.简述金融风险的特征。

2.金融风险对宏观经济有哪些不良的影响？

3.试述金融危机的主要理论。

六、讨论题

金融衍生品的发展是不是引发金融危机的罪魁祸首？

七、案例分析

硅谷银行倒闭

2022年起，为抑制通货膨胀，主要经济体密集开启货币紧缩模式。对多数银行而言，利率上升在改善净利润的同时，也导致其固定利率非流动资产的价值下跌，财务状况恶化。部分资产负债结构不合理的银行脆弱性凸显，银行与非银行之间的高关联度、移动支付普及等市场结构性因素也助推了风险进程。2023年3月，国际银行业发生动荡，4家总资产规模合计约9 000亿美元的银行在11天内相继出险，影响了市场对银行体系稳健性的信心。

硅谷银行成立于1983年，破产前是美国第16大银行，主要服务于美国中小型创业公司和风投基金。2019—2021年，受益于高科技企业高速增长，该行存款大量流入，资产规模快速增长超2倍，主要投向长期债券。截至2022年年末，硅谷银行总资产2 090亿美元，其中美国国债、抵押贷款支持证券（MBS）等证券投资约1 200亿美元，负债端存款总额约1 754亿美元。2022年以来，在美联储快速加息的背景下，创业公司现金流趋紧，硅谷银行存款持续下降，所持有债券资产的未实现损失也大幅增加。2023年3月8日，硅谷银行公告出售约210亿美元证券资产补充流动性，导致其证券资产从浮亏转为实亏。巨额亏损引发大规模挤兑，仅3月9日取款金额就高达420亿美元。3月10日，美国加州监管当局宣布关闭硅谷银行，由美国联邦存款保险公司（FDIC）接管。3月12日，美国财政部、美联储、FDIC发布联合声明，引用系统性风险例外条款，为硅谷银行存款提供全额保障。同时美联储推出"银行定期融资计划"（BTFP），为存款机构提供最长一年的流动性支持。3月26日，FDIC宣布由第一公民银行及信托公司收购承接硅谷银行。

资料来源：中国金融稳定领导小组. 中国金融稳定报告（2024）［R］. 北京：中国人民银行，2024.

问题：根据上述资料，分析硅谷银行倒闭对我国银行业防范金融风险带来的启示。

项目十三　金融监管

学习目标

1.知识目标

通过本项目的学习，要求学生了解金融监管的含义、金融监管的体制、金融监管效果的评价原则，明确金融监管的目标、金融监管失灵的原因，熟知金融监管的原则、金融监管的方法，掌握金融监管的理论依据、金融监管的内容、金融监管效果的评价方法。

2.能力目标

通过本项目的学习，使学生能够分析金融监管的四大目标主要针对社会经济的哪些领域发挥作用。

3.素养目标

通过本项目的学习，使学生了解金融业监管的过程，掌握金融监管的相关理论及实践知识，提高学生对金融监管理论的理解能力、对金融风险的认知能力和防范金融危机的能力，为将来从事相关领域的工作打下专业基础。

思维导图

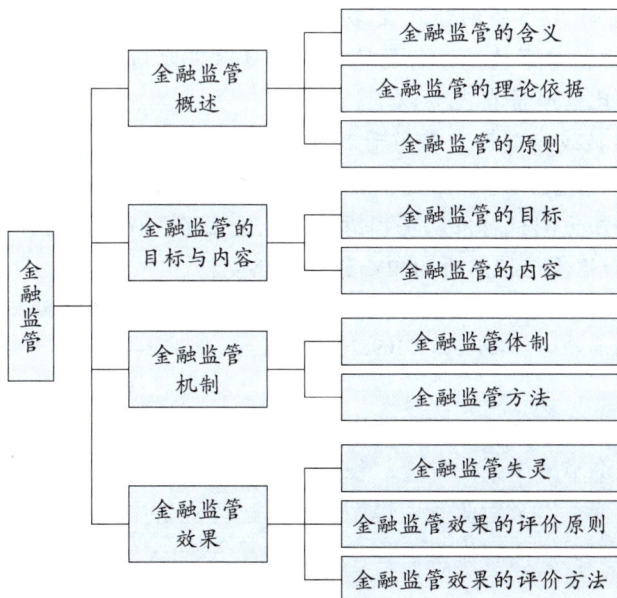

引例

2025年美国区域性银行倒闭事件

2025年6月初，全美范围内的社交媒体突然爆发一股恐慌情绪。"又有银行倒闭了！存款被冻结无法提取！"这些消息像病毒般蔓延。截至2025年5月底，美国已有4家区域性银行宣告破产，引发储户对存款安全的广泛担忧。这4家区域性银行分别是：德克萨斯州的第一公民银行（First Citizens Bank of Texas）、俄亥俄州的哥伦布信托储蓄银行（Columbus Trust & Savings）、加利福尼亚州的太平洋海岸银行（Pacific Coast Banking）以及明尼苏达州的北方互惠银行（Northern Mutual Bank）。这些银行总资产规模约270亿美元，涉及储户超过62万户。

这些银行为何会倒闭？金融监管机构的调查报告指出了三大主因：一是房地产投资过度集中，在2024年年底房地产市场调整期遭受重创；二是风险管理不善，过度依赖短期高风险投资；三是利率环境变化导致资产负债表严重失衡。值得注意的是，这四家银行的不良贷款率均超过8.5%，远高于行业2.3%的平均水平。

银行业内人士帕特里克·杜根（Patrick Dugan）表示："过去3年，美国银行业经历了近10年来最大的调整期。2023年硅谷银行和第一共和银行倒闭后，监管机构加强了对中小银行的监管，但结构性风险仍然存在。"根据穆迪最新报告，2025年美国还将有5~8家中小银行面临严重的经营困难。金融分析师杰森·李（Jason Li）解释："2023年的银行问题主要源于利率快速上升导致的债券资产贬值，而2025年的情况更多与商业地产市场调整和不良贷款上升有关。"数据显示，四家破产银行的商业地产贷款占比均超过40%，而正常情况下银行的这一比例通常在25%以下。

面对这些挑战，美国金融监管机构已采取行动。联邦储备委员会于2025年4月提出了"中型银行强化监管框架"，要求资产超过500亿美元的银行提高流动性要求和压力测试标准。美国财政部也设立了250亿美元的"区域银行稳定基金"，为面临流动性压力的中小银行提供支持。

资料来源：佚名.4家银行已破产，存款无法取出？[EB/OL].[2025-06-10].https://baijiahao.baidu.com/s? id=1834432526109810432&wfr=spider&for=pc.

思考：金融监管体系是否完善以及金融监管执行是否有效对于保护投资者权益、维护整个金融体系的安全、稳定至关重要。什么是金融监管？金融监管的理论依据是什么？金融监管应遵循怎样的运行机制？如何评价金融监管的效果？本项目将就上述内容做重点介绍。

任务一　金融监管概述

一、金融监管的含义

金融监管是指金融主管当局依据国家法律法规的授权对金融业（包括金融机构及其在金融市场上所有的业务活动）实施监督约束、管制，使它们依法稳健运行的行为总称。

通常来说，一国金融监管的范围都要涉及金融的各个领域，例如：对存款货币银行的监管；对非存款货币银行金融机构的监管；对短期货币市场的监管；对资本市场和证券业以及各类投资基金的监管；对外汇市场的监管；对衍生金融工具市场的监管；对保险业的监管等。

微课 13-1

金融监管的
概念与范围

二、金融监管的理论依据

在市场经济条件下，银行等金融机构和工商企业一样，是在市场机制调节下自主经营、自负盈亏的经济主体，市场机制在金融活动和金融市场中发挥基础性作用。那么，国家为什么要设立专门机构对金融机构和金融活动进行监管呢？从理论上讲，金融产品的公共性、金融领域内存在的外部性、信息的不对称性、垄断或者过度竞争所带来的不稳定性以及分配的不公平都会导致金融产品与服务价格信息扭曲，从而表现为金融市场的失灵，而失灵的市场机制无法保证社会资源的配置符合帕累托效率。这就为政府介入金融监管提供了理论上的支持。

拓展阅读 13-1

什么是金融
监管？

（一）金融产品和服务具有公共物品的特征

一项具体的金融服务并不具有公共产品的特性，例如，银行把一定数额的资金贷给某个企业，这一业务的受益者就是该企业。但是，一个稳定、公平而有效的金融体系却具有公共品的明显特征：每个人都可以尽享金融体系提供的信心和便利，任何人在享受上述好处的同时，并不妨碍别人享受相同的好处。但作为公共品，其局限性表现在：人们虽有内在动力消费这一物品，却得不到有效的激励为这一公共品的提供做出贡献，如银行的挤提行为、金融机构业务经营违反审慎原则过分冒险等。这就决定了要么在政府主导下构建金融体系，要么以私人部门为基础构建金融体系，但政府要通过限制过度竞争的制度安排，给予私人部门适当的保护和监管，以维护金融体系的稳定。

（二）金融领域内的负外部效应

历史经验表明，金融领域内的负外部效应尤为明显。因为：第一，金融机构不同于一般企业，它可以运用少得多的自有资本支撑同样规模的资产运营，一旦发生问题，其所有者遭受的损失要小得多，其成本是由整个金融体系及社会来承担的；第二，金融领域出现的问题往往具有传染性，比如银行挤提、证券市场的"恐慌心理"等，说明金融领域里的负外部效应有可能会自我放大；第三，这种负外部效应自我放大到极端有可能导致系统的危机或崩溃，即发生个别金融机构或环节的问题蔓延开来，最终使整个体系的运作遭到破坏，进而给实际经济部门造成损害的灾难性事件。这些严重的负外部效应的存在，为政府介入实施必要的金融监管提供了重要的理论支持。

（三）金融交易中的信息不对称

金融市场参与者要做出决策和判断，需要获得相关的信息，在不同的参与者之间，信息的分布具有很强的不对称性，这会导致交易的不公平和低效率。例如，证券员工和外部投资者相比，具有明显的信息优势，特别是他们比一般的投资者掌握更充分的市场动态信息，他们就有可能利用这一信息优势为自己牟取利益，而将风险或损失转嫁给投资者。因此，政府介入对这些信息优势者加以一定的规范、约束、监管，并制定强制的信息披露制度，可以为投资者创造公平、公正、公开的投资环境。

（四）金融领域内有可能出现垄断或者不正当竞争

金融机构规模经济的特征，使金融机构的自由竞争很容易发展成为高度集中垄断，从而带来效率和消费者福利方面的损失；金融机构为争夺客户进行恶性竞争或虚假宣传等行为的存在，会破坏正常的市场秩序，而过度竞争更可能增加金融体系的不稳定性，对金融安全和经济安全产生威胁。国家有必要在保护竞争和促进效率提升的同时，对金融机构和金融体系进行有效监管，保证其相对稳定和安全。

（五）金融市场只追求过程的公平而忽视收入分配的公平

一般地，竞争性的金融市场可以保证金融交易过程的公平，但市场本身并不能保证竞争结果的公平性，政府适时进行监管可以适当地矫正收入分配的不公平。例如，当银行出现清偿危机时，政府的存款保险制度可以对小额存款者提供全额保险，而对大额存款者超过一定数额的款项则减少或不予保险，这样既可以在一定程度上矫正收入分配的不公平，也可以对大额存款人进行激励，使他们有动力认真选择开户银行，从而对银行产生正向的激励。

三、金融监管的原则

（一）依法监管原则

依法监管有两方面的含义：一是所有金融机构都必须接受国家金融监管当局依据法律、法规的规定所进行的监督管理，不能有例外；二是国家金融监管当局实施监管必须依法而行，以确保金融监管的权威性、严肃性、强制性、一贯性和有效性。

（二）适度竞争原则

金融监管的根本宗旨就是通过适度的金融监管，实现适度的金融竞争，形成和保持金融业适度竞争的格局。因此，金融监管当局的管理重心应放在创造适度竞争环境上，既要避免造成金融高度垄断，排斥竞争从而丧失效率与活力，又要防止出现过度竞争、破坏性竞争从而波及金融业的安全与稳定。

（三）不干涉金融业内部管理原则

不干涉金融业内部管理是指要按金融监管的规律进行监管，不能对金融机构的内部管理以正式的或非正式的方式进行干预。按照这一原则要求，只要金融业的经营活动符合金融法律、法规规定的范围、种类和可承担的风险程度，并依法经营，中央银行就不应该作过多的干涉。

（四）综合监管原则

综合监管原则即将各种金融监管手段，如经济手段、行政手段、法律手段等综合配套使用，以实现有效监管；金融监管的方式、方法或工具要综合运用，即监管工具要现代化、系统化、最优化；直接监管与间接监管、外部监管与内部监管、正式监管与非正式监管、事先监管与事后监管、国内监管与国际监管、经常性监管与集中突出性监管等要同时运用。

（五）安全稳健与社会经济效益相结合原则

要求金融机构安全稳健经营是金融监管的中心目的，一系列金融法规和指标体系都着眼于金融业的安全稳健及风险防范，但金融业存在和发展的终极目的是满足社会经济的需要，促进社会经济的稳定发展。因此，金融监管应积极地把防范风险同促进金融机构实现经济效益协调起来。

（六）自我约束和外部强制相结合的原则

要保证监管的及时和有效，客观上需要自我约束与外部强制有机配合。因为，外部强制管理不论多缜密严格，其作用也是相对有限的，假如监管对象不配合、不协作，并且设法逃避应付，则外部强制监管也难以收到预期的效果；反之，如果将全部希望放在金融机构本身自觉自愿的自我约束上，则可能诱导一些金融机构开展违规经营行为，产生道德风险。

（七）监管成本与效率原则

监管并非不讲成本、不计定价，以最低的监管成本获得最佳监管效果是金融监管当局的重要原则之一。在很多国家，金融监管的费用都是由被监管者承担，这会迫使监管者尽可能节约一切监管资源，减少监管成本，提高监管效率。

除上述主要原则外，金融监管还有其他多项原则需要遵循，并且，金融监管原则还应根据变化了的市场环境及时进行调整。

知识链接13-1

金融监管的历史沿革

金融监管的发展历史大致可以划分为四个阶段。

1.20世纪30年代以前——金融监管理论与实践的自然发轫

这一阶段金融监管的特点具有自发性、初始性、单一性和滞后性，社会上对金融监管的客观要求与主观认识不足，处于金融监管的初级阶段。

后果：自由经营银行业务造成的投机之风盛行，多次金融危机给西方国家的经济发展带来了很大的负面影响。

2.20世纪30年代至70年代——严格监管，安全优先

这一阶段金融监管的主要特点是全面而严格的限制性，主要表现在对金融机构具体业务活动的限制，对参与国内外金融市场的限制以及对利率的限制等方面。

影响：强有力的金融监管维护了金融业的稳健经营与健康发展，恢复了公众的投资信心，促进了经济的全面复苏与繁荣。并且，金融监管的领域也由国内扩展到国外，开

始形成各自不同的金融监管组织体系。

3.20世纪70年代至80年代末——金融自由化，效率优先

这一时期金融监管的主要特点便是放松管制，效率优先。

客观背景：布雷顿森林体系的崩溃加大了商业银行在开展国际业务过程中的汇率风险；世界经济增长速度放缓，国际资本出现了相对过剩，银行经营日益国际化，全球性的银行业竞争更加激烈；金融的全球化、自由化及其创新浪潮使建立于20世纪30年代的金融监管体系失灵。

理论背景：货币学派、供给学派、理性预期学派等新自由主义学派从多个方面向凯恩斯主义提出了挑战，尊崇效率优先的金融自由化理论也对30年代以后的金融监管理论提出了挑战。

4.20世纪90年代至今——安全与效率并重

这一时期的金融监管最主要的特征是安全与效率并重。

背景：经济全球化进程加快，金融创新与自由化带来的金融风险更加复杂，并具有国际传染性。有效的金融监管要求政府在安全与效率之间努力寻找一个平衡点。

资料来源：东方财富网．金融监管［EB/OL］．［2025-03-20］．https://baike.eastmoney.com/item/金融监管．

任务二　金融监管的目标与内容

一、金融监管的目标

微课13-2

金融监管目标

金融监管的目标是监管行为取得的最终效果或达到的最终目标，是实现金融有效监管的前提和监管当局采取监管行动的依据。由于各国历史、经济、文化背景和发展情况的不同，不同国家和地区的具体金融监管的目标是不同的。一般来说，世界各国金融监管目标通常包括以下几个方面：

（一）确保金融稳定安全

金融业的安全稳定直接关系到整个国家经济的稳定，金融业经营具有特殊性，一个金融机构出现问题或危机往往会引起连锁反应，导致更多金融机构经营困难。并且，由于金融交易的规模急剧增大，金融交易方式日趋复杂，各金融机构和金融市场之间相互依赖程度和危机相互感染的可能性都明显增大。因此，金融监管的首要目标就是确保金融稳定安全，防范金融风险。

（二）保护金融消费者权益

金融机构是一种信用中介，集中了社会各阶层、各部门暂时闲置的货币和资本，与社会各方面的联系十分密切。金融机构如果在经营过程中出现问题，会直接损害和影响千千万万金融消费者（存款人和社会公众）的权益，进而引发社会政治、经济危机。因此，金融监管部门要将保护金融消费者权益作为重要的金融监管目标。

（三）维护金融业的公平竞争

通过对金融活动的监督管理，规范金融机构的行为，为金融企业创造一个公平竞争的环境，防止行业垄断，鼓励各家金融机构在合理有序竞争的基础上提供高效率、多样化的金融产品，推进金融创新。

（四）保证中央银行货币政策的有效实施

货币政策的有效实施以金融业为作用点和传导中介。因此，要通过金融管理当局的金融监管，使金融机构的经营活动与中央银行的货币政策目标保持一致。我国现阶段金融监管的具体目标：

1.经营的安全性

经营的安全性包括两个方面：保护存款人和其他债权人的合法权益；规范金融机构的行为，提高信贷资产质量。

2.竞争的公平性

竞争的公平性是指通过中央银行的监管，创造一个平等合作、有序竞争的金融环境，鼓励金融机构在公平竞争的基础上，增强经营活力，提高经营效率和生存发展能力。

3.政策的一致性

政策的一致性是指通过监管，使金融机构的经营行为与中央银行的货币政策目标保持一致。通过金融监管，促进和保证整个金融业与社会主义市场经济的健康发展。

二、金融监管的内容

（一）银行业监管

银行业监管是指金融主管机关或金融监管执行机关根据金融法规对银行机构实施监督与管理，以确保银行机构经营的安全和取得盈利。综观各国银行业监管状况，其监管内容大致包括以下几个方面：

1.制定有关的政策法规

金融政策法规是一国金融活动的行为准则和国家金融监管当局进行监督及管理的依据与手段。各国金融监管当局均应重视金融法规建设，使本国的金融监管朝规范化的方向发展，并且根据监管对象的不同及时地调整监管标准。

2.市场准入的管理

市场准入是金融监管当局对新设机构进行的限制性管理。把好市场准入关是保障银行业稳健运行和整个金融体系安全的重要基础。批准高质量的银行和高级管理人员进入市场，并根据审慎性标准审批银行的业务范围，将有利于降低银行的经营风险，提高银行管理水平和服务水准，促进银行的稳健发展和金融体系的稳定。

3.对银行业务的限制

对银行业务的限制主要包括以下两方面：（1）对银行业务范围的限定。金融监管当局根据不同金融机构的性质分别核定其业务范围或限制其进入某些活动领域。（2）对银行经营的监管。具体体现为对银行经营的各项指标加以规定和限定，如风险控制指标（安全性指标）、流动性指标、资本充足率指标、资产质量指标等。

4.存款保险制度

存款保险制度是指在金融体系内设立一个保险机构，各存款机构作为投保人按一定存款比例向其缴纳保险费，建立存款保险准备金，当投保人发生经营危机或面临破产倒闭时，由存款保险机构向其提供财务救助或直接向存款人支付部分或全部存款的一种制度。当银行面临破产清算时，如何保护存款人的利益成为各国金融监管当局必须重视的一个重要问题。为此，许多国家都建立了存款保险制度，这是维护整个银行体系安全的重要因素。

(二) 证券业监管

证券业监管是指证券管理机构运用法律的、经济的以及必要的行政手段，对证券的募集、发行、交易等行为以及证券投资中介机构的行为进行监督和管理。证券市场监管的主要内容包括：

1.发行市场的监管

对证券发行市场的监管是整个证券监管的第一步，一般各国都是通过审核制度来实现的。世界各国的审核制度基本上可以划分为两类：

（1）证券发行注册制。它是指法律责成证券发行者将依法必须公开的与证券发行有关的所有资料准确、充分、及时地向证券监管机构做出汇报，制成文件并申请注册登记，其内容不得存有虚假和重大遗漏。注册制遵循"公开原则"，监管机关的权力与责任仅限于保证其申报资料的完整性和正确性，而不作一系列实质性条件下的审查和批准。如果监管部门事后发现申报内容存在虚假、欺诈或不真实陈述与事项，可依法追究发行者责任。注册制只适用于成熟的市场，即市场架构完善、投资者素质较高的市场。

（2）证券发行核准制。它是指证券发行者不仅需要按法律规定公开所有必须公开的资料并确保信息的真实性，而且必须满足若干实质性条件。证券监管机构将对证券发行者进行实质性审核，并有权否决不符合实质性条件的证券发行申请。核准制奉行"实质管理"原则，据此可将不符合政府与监管机构要求的低质量的证券排斥于证券市场之外。核准制适用于证券市场历史不长、投资者素质不高的国家和地区。

由于我国证券市场历史不长，投资者经验不足，《中华人民共和国证券法》第9条规定："公开发行证券，必须符合法律、行政法规规定的条件，并依法报经国务院证券监督管理机构或者国务院授权的部门注册，未经依法注册，任何单位和个人不得公开发行证券。"

2.交易市场的监管

证券交易市场监管是证券监管的重要组成部分，证券市场的所有行为最终都会体现到交易过程中，在交易领域集中了若干证券市场失灵问题。对交易市场监管主要体现在：一是对不正当证券交易行为的监管，包括反操纵监管、反内幕交易监管和反欺诈监管；二是对过度投机和市场稳定性的监管控制，包括信用交易管理制度、交易停止制度、价格限额制度、卖空限制和政府入市等。

3.证券经营机构和从业人员的监管

在证券市场上，证券发行与交易都是通过证券经营机构和从业人员来完成的，对其进行有效监管是证券监管中的重要一环。各国对证券商的设立、财务责任和经营行为的监管制度各不相同。对证券从业人员的管理主要通过证券从业资格考试、注册认证以及市场禁入制度来实现，这也是各国通行做法。

4.信息披露的监管

充分、公开、公正的信息披露制度，可以保护公众投资者，使其免受欺诈和不法操纵行为的损害。各国均以强制方式要求信息披露，并要求信息披露具有全面性、真实性、时效性，使公司所有股东都受到公平和同等的待遇。信息披露具体包括证券发行与上市信息公开制度、持续信息公开制度和证券交易所信息公开制度，并对违反披露制度的责任主体制定了相应的处罚和制裁措施及法规。

5.欺诈行为的监管

证券欺诈行为是指证券公司及其从业人员违背客户真实意思表示，从事损害客户利益的行为。从狭义上说，这里的欺诈行为监管指的是禁止在证券发行、交易及相关活动中从事欺诈客户、虚假陈述等行为，其形式多种多样。各国在法律条款中都规定了证券经营机构、证券登记机构或清算机构以及其他相关机构存在各种欺诈客户、虚假陈述或误导行为时应承担的法律责任。

6.对证券投资者的监管

首先是对个人投资者的监管，包括对个人投资者的资格审查、买卖行为的管理和买卖途径的管理；其次是对机构投资者的监管，包括对机构投资者资金来源的管理、买卖资格及程序的管理和买卖行为的管理。

（三）保险业监管

保险业监管是指一个国家对本国保险业的监督和管理。保险业监管的主要内容包括：

1.机构监管

（1）保险机构设立的监管。为保证营业初期具备足够的偿付能力，保险公司必须拥有相当数量的资本金，并缴存一定比例作为保证金。同时，各国对保险机构的高级管理人员的任职资格也都有特别的规定。

（2）营业范围的监管。营业范围监管是指政府通过法律或行政命令，规定保险机构所能经营的业务种类和范围，一般表现在两个方面：一是金融业间（银行、保险、证券、信托业之间）的兼业问题，即是否允许保险人兼营保险以外的金融业务，或非保险机构经营保险业务；二是保险业内不同业务的兼营问题，即同一保险人是否可以同时经营性质不同的保险业务。此外，国家对保险机构的监管还体现在对保险机构的组织形式、市场退出的监管等方面。

2.业务监管

（1）条款监管。在保险条款的监管中，各国保险监管机构一般要求保险条款内容完整，明确保险标的、保险责任与责任免除、保险期限、保险价值与保险金额、保险费及缴费方式、保险赔款及保险金给付办法、违约责任和争议处理等内容。

（2）费率监管。各国保险监管机构对保险费率监管的目标是保证费率的充足性、合理性和无歧视性。因费率计算基础不同，各国对人寿保险和财产保险的费率监管采用不同的方式。对于寿险费率，只要公司没有使用歧视性规定，多数国家并不直接控制其费率。而对于财产保险，多数国家的费率监管要远比寿险费率严格，一般均由监管机构核定后方可使用。此外，为防止不正当竞争和分散风险，保险业务监管还包括经营行为监管和再保险监管等内容。

3.财务监管

保险公司的财务监管即指对其资产负债情况的监管，主要包括：

（1）资产监管。通常涉及保险公司的资产认定和资金运用两个方面。

（2）资金运用监管。通常分为两大类：一是宽松型监管，主要由保险公司自己管理自己；另一类是严格型监管，一般通过立法来规定保险公司资金运用的方式与限额。

（3）准备金监管。各国的保险法规中都有准备金提取的明确规定，且内容大体一致。

（4）偿付能力监管。偿付能力是指保险公司清偿到期债务的能力，在数值上等于认可资产与负债的差额。保险监管各方面的工作都是围绕确保保险公司的偿付能力不低于某一水平而展开的。

任务三　金融监管机制

一、金融监管体制

金融监管体制指的是金融监管的制度安排，它包括金融监管当局对金融机构和金融市场施加影响的机制以及监管体系的组织结构。金融监管体制实质上是解决由谁来监管、由何机构来监管、按照什么样的组织结构进行监管、由谁来对监管效果负责和如何负责的问题。从世界各国传统来看，主要有如下三种监管体制。

(一) 集中监管体制

集中监管体制，又称单一监管体制，是指把金融业作为一个相互联系的整体统一进行监管的体制。一般由一个金融监管机构承担监管的职责，绝大多数国家由中央银行来承担。这一体制的优势体现在：管理高度集中、法规统一，金融机构不容易钻监管的空子，避免其他模式存在的相互扯皮、推卸责任的弊端。但同时这一体制也有弊端，容易使金融监管部门养成官僚化作风，滋生腐败现象。

英国是实行集中监管体制的典型国家，由英格兰银行承担整个金融业监管的职责。法律赋予英格兰银行监管在英国境内所有银行的权力和职责。英格兰银行一向采取以合作与协商为主的监管方式，这也是英国在金融监管方面缺少比较细致的法律法规的一个原因：金融监管机构发现了问题，一般通过"道义劝说"与"君子协定"等方式来加以纠正或解决，较少对金融机构进行定期的现场检查。英格兰银行内设的金融监管委员会每年要提交一份金融监管报告，由英格兰银行作为其年度报告的一部分提交财政大臣并通过后者转呈议会。实行集中监管体制的国家还有澳大利亚、德国、卢森堡、荷兰、新西兰等。

20世纪90年代以来，金融不稳定导致经济起伏，金融危机频频发生。金融风险管理成为金融监管的核心内容和货币政策制定的重要基点。正是在这种背景下，一些国家把金融监管的职能从中央银行分离出去，出现了单独对银行业监管的机构，导致集中监管体制发生了变化。比如，英国在1997年工党上台后成立了金融监管服务局（FSA），负责对银行、住房信贷机构、投资公司、保险公司的审批和审慎监管，英格兰银行监管银行业的职责被剥离。

（二）分业监管体制

分业监管体制，又称多头监管体制，是指在银行、证券、保险等领域分别设置独立的监管机构，各司其职地行使监管职能的体制。在20世纪80年代以前，金融市场的结构特征表现为不同金融机构界限明确，金融产品简单，很容易将一个金融产品划分为银行产品或证券产品或保险产品，金融监管也就相对简单得多。一国金融监管机构分别按照被监管者所处的行业来构建，监管组织结构分工清晰，与金融业的行业特征相适应。

美国的金融监管就属于分业监管体制。美国的金融监管机构在联邦一级主要有6个，虽然管理机构复杂、职能交叉，但其监管各有重点：

（1）联邦储备体系，负责管理会员银行和一切银行持股公司。

（2）货币监理局，负责对联邦注册银行的审批和检查。

（3）联邦存款保险公司，主要监督参加保险的非会员银行和州注册的储蓄银行。

（4）联邦贷款银行及下设的联邦储贷保险公司，管理和监督储蓄银行和储贷协会。

（5）全国信用合作社管理局，管理和监督信用合作社，协调各管理机构之间及各州监督官员之间的关系。

（6）证券交易委员会，是进行证券发行、交易管理的最高机构。除此以外，美国还有一个场外交易市场证券经纪人和自营商的组织——全国证券交易商协会。

实行分业监管体制的国家，还有新加坡、芬兰、瑞典、比利时、丹麦等。

（三）不完全集中监管体制

不完全集中监管体制是指在金融业混业经营体制下，对完全集中和完全分业监管的一种改进模式。这种模式可按监管机构不完全统一和监管目标不完全统一划分，具体形式有双峰式监管和牵头监管。

双峰式监管是指根据监管目标设立两类监管机构，一类机构负责对所有金融机构进行审慎监管，控制金融体系的系统性风险。另一类机构是对不同金融业务经营进行监管。澳大利亚是"双峰式"监管模式的典型。澳大利亚历史上由中央银行负责银行业的审慎监管，自1998年开始进行不完全集中监管模式的改革。新成立的澳大利亚审慎监管局负责对所有金融机构的审慎监管，证券投资委员会负责对证券业、银行业和保险业的业务经营进行监管。

牵头监管是指在多重监管主体之间建立及时磋商和协调机制，特别指定一个牵头监管机构负责不同监管主体之间的协调工作。巴西属较典型的牵头监管模式。国家货币委员会是牵头监管者，负责协调中央银行、证券和外汇管理委员会、私营保险监理署和补充养老金秘书局分别对商业银行、证券公司和保险公司的监管。

不完全集中监管模式与集中监管模式相比的优势体现在：在不同的监管领域，相应的监管机构保持了监管规则的一致性，可以尽量避免多重机构可能造成的监管冲突问题；不完全集中监管模式设立了不止一个监管机构，并且通过职能分工配合使监管机构之间保持一定的竞争与制约，有助于提高监管效率；设置多重监管机构可以按照行业进行分工，有助于发挥各个机构的相对独特优势。

不完全集中监管模式与分业监管模式相比优势体现在：一定程度上克服了分业监管模式中机构庞大、设置繁复的弊端；一定程度上统一降低了多重监管机构之间互相协调的成本和难度，提高了监管效率；通过分别进行审慎监管和业务监管，从而尽量避免严格分开的监管机构可能出现的监管真空或者监管重复问题。

二、金融监管方法

各国金融监管的方法主要有直接监管和间接监管。

（一）直接监管

直接监管是指中央银行直接对金融机构进行的稽核和检查，包括现场检查（稽核）和非现场检查。

1.现场检查

现场检查是由稽核人员通过亲临现场对金融机构的会计凭证、账簿、报表、现金、物资财产和文字资料进行检查、分析、鉴别，直接对有关人和事进行查访，掌握第一手真实资料。现场稽核一般主要集中于资本充足状况、资产质量、管理质量、收入和利润状况、清偿能力、法规的遵守程度等方面。

2.非现场检查

非现场检查是对被稽核单位按要求报送的有关经营活动状况的资料，按照一定的程序和标准进行整理、分析和计算，对金融机构的经营现状及发展趋势做出判断的一种检查监督形式。

（二）间接监管

间接监管是监管当局委托其他部门如金融机构内部审计部门、外部审计机构、信用评级机构等从加强内部控制的角度出发，实施间接的监管。具体说来，有以下几种方法：

1.金融机构的内部审计

内部审计是由金融机构自行组织实施的，主要涉及银行内部的各项管理工作实施情况，包括检查自身会计控制、营运控制、行政管理控制等的完整性与准确性，并参与检查和修改业务政策和业务程序。其主要目的是保证资产的安全性和遵守相关的法律法规，提供高效准确的业务记录，评价管理控制的程序和有效性，并为制定政策提供参考。金融机构的内部审计及内部控制在整个监管体系的设计中，具有基础性的地位。

2.外部审计

外部审计是监管当局委托社会上的会计师事务所来参与监管。这种审计形式可以提高金融监管的客观性和公正性，有效地避免舞弊、作假现象，防止内部审计的主观性和监管当局的疏漏，使监管当局的监管更有针对性。

3.对金融机构的评级

评级制度是通过综合考虑金融机构的资本充足性、资产质量、管理能力、盈利能力及流动性能力等因素，按评级结果将金融机构划分为几个等级，供监管当局决策使用。这种评级还可以利用社会上的资信评估机构来进行。

4.行业自律

金融业自律是指同一行业的从业者组织基于共同利益，制定规则，进行自我约束，实现本行业内部的自我监管，以保护自身利益并促进本行业的发展。一般来说，金融业自律组织形式主要为金融行业公会或银行家协会。

当然，任何一种方法都并非单独运用，各国金融监管当局要根据本国的经济环境和金融发展特征，来确定和选择适宜本国国情的监管手段和方法。

拓展阅读13-2

文化与利益：
金融监管尺度
摇摆的根源

任务四　金融监管效果

一、金融监管失灵

虽然政府的管制在一定程度上可以矫正市场缺陷，但政府也会面临着失灵问题，即政府监管并不必然能够实现资源的有效配置。原因如下：

（一）监管者的经济人特性

从理论上看，金融监管者是社会公众的委托人，代表社会公众的利益，能够在某种程度上超越具体的个人利益。但在实践中，监管部门及监管者个人的目标并不是或并不仅仅是公共利益的最大化，而是有自己的组织目标与经济利益，这就使得监管部门具有了某种类似个人经济人的特征，从而追求个人利益的最大化。特别是当监管者掌握着垄断性的强制权力时，很容易被某些特殊利益集团俘获，并成为它们的代言人。作为交换，监管者可以获得相当丰厚的回报。

（二）监管行为的非理想化

尽管监管者主观上想最大限度地弥补市场缺陷，但由于受到各种客观因素的制约，也有可能力不从心，无法全面及时地行使其监管职能，因此，不一定能达到理想化的目标。制约监管效果的客观因素有：监管者对客观规律的认识具有局限性、监管者面临着信息不完备问题、监管时滞问题等。

（三）监管者处于独特的垄断地位

由于政府提供的公共服务往往具有不可替代性，因此它们缺乏市场竞争和约束，就没有改进监管效率的压力和动机。另外，金融监管机构具有政府部门的组织结构运作机制，也与一般的政府部门一样，极易导致监管的官僚主义行为。

总之，金融监管的失灵虽然表现多种多样，但概括起来主要有两个：监管越位，管了不该管的；或者是监管缺位，该管好的却放任不管。因此，应对监管效果进行有效的评价，通过该方式可以发现监管中的问题和缺陷，实现对监管者的有效监督，防止监管者管制过度或管制松懈，改进和完善金融监管。

二、金融监管效果的评价原则

(一) 客观性原则

这一原则是指在对金融监管效果进行评价时，要以事实为依据，进行客观准确的评价，不能受任何主观因素的影响。评价有定性和定量两种。其中，定量评价主要是根据现有的一些数据计算一些指标，由于数据是原始的和不能更改的，比较客观，所以客观性原则主要是对定量评价的要求。

(二) 辩证的原则

评价的首要目的是确定监管体制现有缺陷的性质和程度，评价不应该只关注所取得的成就，也应该注意到缺陷，这样才能更准确地衡量金融监管的总体情况。评价结果不应用来给监管体制评分和对其进行排名，而应用来制订行动计划，有步骤地采取必要的改进措施。评价还应说明需采取怎样的措施和何时采取措施来弥补缺陷，并说明是否需要进一步的评估。

(三) 定性和定量相结合的原则

定性和定量相结合的原则是指在评价时，既要对金融监管进行评价性的总体描述，还要有具体的数量指标来支持前面的评价性描述，只有将定性和定量结合起来，才能相辅相成，起到珠联璧合的效果，从而得出准确的评价。

(四) 重要性原则

这一原则是指在对金融监管评价中，要抓住重点，不能面面俱到，否则会耗费不必要的劳动，而且由于各种评价纷繁复杂，会有种找不到核心与关键的感觉，因而即使做出很大的努力也不见得取得良好的评价效果。

(五) 评价必须有足够的深度

这样才能断定金融监管的各项标准是真正达标还是仅仅在理论上达标。金融监管是一项十分复杂的工作，要想真正看出金融监管的效果和效率，必须多方面收集数据和资料，并且能够对数据和信息进行充分的挖掘，唯有如此，才能对金融监管做出有一定价值和意义的评判。

三、金融监管效果的评价方法

对于金融监管效果的评价，可以有多种不同的分析方法，例如模型分析法、成本收益分析法、成本有效性标准分析法等。这里主要考察成本收益分析法，因为它是一种比较传统的、广为接受的公正方法。

成本收益分析法是经济学中一个很基本但是很有用的分析方法，其用来评价金融监管效果时，就是对监管的成本和监管取得的收益进行比较和衡量，从而看出金融监管是否有效。

(一) 监管成本分析

监管成本可以分为两类：监管引起的直接资源成本和监管引起的间接效率损失。

监管引起的直接资源成本可以分为由政府承担的行政成本和由金融机构承担的执行成本两个部分。前者指监管需要政府设立监管部门来专门负责制定和实施有关条例和细则，这一过程需要耗费人力、物力。后者主要包括被监管者为按照规定保留记录而雇用专人，以及为其提供办公设施和材料等方面的费用；聘请专门律师的费用；按照规定交纳的各种费用，比如向金融监管当局交纳的存款准备金，向存款保险公司或其他类似机构交纳的存款保险金，向本行业监管机构为客户建立的补偿基金所交纳的款项；还有按规定提取的坏账准备金等。

监管引起的间接效率损失是不易观察到的，它是由于监管的实施使整个社会的福利水平下降了。这主要表现为：道德风险，指监管会促使私人部门改变行为，或者有意去冒更大的风险以牟取厚利，或者虽无意主动冒险但却疏于防范，使损失发生的可能性更大；监管有可能削弱竞争，导致静态低效率；妨碍金融机构的创新，导致动态低效率；监管过于严厉等。

（二）监管收益分析

对于金融监管的评价，尤其是定量评价有很大的难度。因为对于金融监管效率评价没有固定的指标体系，无法分解出金融稳定或金融发展中哪些是金融监管的贡献，哪些是市场的贡献。选取一部分重要的可以量化的指标进行分析，可以在一定程度上反映金融监管的成果或效率。

1.宏观金融发展能力

货币经济比率是量化宏观金融发展及运行效率的一个较好指标。货币量与经济总量之间的比率既是反映经济货币化程度的指标，也是从宏观上衡量货币作用效率的指标。货币的作用效率越高，对货币的需求也就越小，货币量对经济量的比率也就越低。另一个指标为货币结构比率，是指货币内部通货占货币的比率、货币占广义货币的比率以及广义货币占金融资产的比率。由于经济发展的复杂性和各国金融制度的差异，用货币结构比率衡量金融效率，需要把三种比率统一起来进行分析，可以用三种比率之积代表货币结构综合比率，此值越低，意味着宏观金融效率越高。

2.金融机构运营评价

可以从金融监管在防止金融机构倒闭、保护存款人利益以及降低金融机构的运营风险等方面来分析，采用定量分析方法分析金融危机后监管当局加强对金融机构的监管带来的收益变化。

3.金融市场效率评价

可以从金融市场日趋规范化和金融创新层出不穷两个方面来分析。实际上，金融监管和金融创新是紧密相关的，金融机构开展创新一个重要方面就是为逃避金融监管。

知识链接 13-2

新巴塞尔协议

2004年6月，巴塞尔银行监管委员会根据第三稿的反馈意见推出了《新巴塞尔协议》。《新巴塞尔协议》在《巴塞尔协议》的目的基础上又新增了三个目的，即构筑全面的风险管理体系、增强资本准备的风险敏感性以及扩大适用对象的范围。

新协议由三根支柱构成，包括最低资本要求、监管当局的监督检查和市场纪律。这三根支柱的关系可以说是相辅相成的。

关于第一根支柱——最低资本要求，除信用风险和市场风险之外，新增了操作风险，即新的最低资本要求由三个风险组成并据此算出。但对于所要求的银行最低资本准备，巴塞尔银行监管委员会还是把它维持在8%的水平上。

在新协议里，监管当局的监督检查被作为第二根支柱。在监督检查的过程中，对银行是否持有所规定的最低资本准备和银行持有的资本准备与它的实际风险是否相吻合的检查被明确地规定为监管当局的职责，并且监管当局被要求确保监督过程的透明，以及对其所做出的判断要有合适的解释。

市场纪律是《新巴塞尔协议》的第三根支柱。在新协议里，巴塞尔银行监管委员会期待通过市场纪律来评价银行的风险程度，以补充第一根支柱最低资本要求的不足之处。

从内容来看，和1988年出台的《巴塞尔协议》相比，《新巴塞尔协议》有以下几个引人注目的变化：

（1）在风险计量方法上，新协议积极地导入了银行内部所使用的技术水平比较高的风险管理模型，也称内部模型法。巴塞尔银行监管委员会正在摆脱原来的那种一刀切的监管手法，试图向一种重视银行管理过程、能够灵活地反映银行风险变化的监管手法转变。正是由于有这样的优点，内部模型法才被巴塞尔银行监管委员会积极地提倡和采用。

在新协议里，尽管巴塞尔银行监管委员会向银行推荐使用比较高级的风险测定方法，但这不是唯一的，巴塞尔银行监管委员会同时还为所有的银行提供了几种可供选择的方法。这可以说是第二个特征。例如，关于操作风险的测定，巴塞尔银行监管委员会考虑到每个银行管理操作风险的具体情况，向银行提出了三个程度不等的可供选择的方法。这一点在1988年出台的《巴塞尔协议》中是看不到的。

（2）展示了监管当局监管手法变化的另一个侧面。具体地说，就是巴塞尔银行监管委员会试图摆脱那种无视银行动机的监管手法，实现向重视银行规避监管的动机的监管手法的转变。

（3）在新协议中，监管当局加强银行动机管理并不仅仅表现在使用监管菜单上，作为第三根支柱的市场纪律也是加强银行动机管理的一个侧面。因为市场投资者所持有的信息有可能比监管当局的更准确、更全面或者更有效，因此，对监管当局来说今后的银行监管已经到了不得不依靠市场力量的地步。

我们从其框架和特征就能了解到，《新巴塞尔协议》已经发生了巨大的变化。这个变化反映了两个事实：一是新协议的构筑明确是以努力缩小银行资本准备和银行风险之间的背离程度为方向的；二是新协议的构筑同时又是以重视银行的动机为方向的。因此，从理论上说，《新巴塞尔协议》和《巴塞尔协议》相比，前者应该在银行监管上具有更好的效果。

资料来源：刘肖原，李中山. 中央银行学教程［M］. 北京：中国人民大学出版社，2011：326-327.

金融视窗

"昆明泛亚"非法吸收公众存款案

一、基本案情

被告单位昆明泛亚有色金属交易所股份有限公司（以下简称"昆明泛亚公司"）。

被告单位云南天浩稀贵金属股份有限公司（以下简称"云南天浩稀贵公司"）。

被告人单九良，男，汉族，1964年5月4日出生。

其他被告单位、被告人身份情况，略。

2011年11月至2015年8月间，被告单位昆明泛亚公司董事长、总经理（总裁）单九良与主管人员郭枫、王飚经商议策划，违反国家金融管理法律规定，以稀有金属买卖融资融货为名推行"委托受托"业务，向社会公开宣传，承诺给付固定回报，诱使社会公众投资，变相吸收巨额公众存款。被告单位云南天浩稀贵公司等3家公司及被告人钱军等人明知昆明泛亚公司非法吸收公众存款而帮助其向社会公众吸收资金。昆明泛亚公司非法吸收公众存款1 678亿余元，涉及集资参与人13万人，造成338亿余元无法偿还。此外，单九良、杨国红还在经营、管理昆明泛亚公司期间，利用职务之便，单独或共同将公司财物据为己有。

二、裁判结果

本案由云南省昆明市中级人民法院一审，云南省高级人民法院二审。

法院认为，被告单位昆明泛亚公司等4家公司、被告人单九良等21人违反国家金融管理法律规定，变相吸收公众存款，数额巨大，其行为均已构成非法吸收公众存款罪；单九良、杨国红利用职务便利，非法将本单位财物据为己有，数额巨大，其行为构成职务侵占罪，均应依法惩处。据此，以非法吸收公众存款罪判处昆明泛亚公司罚金人民币10亿元，分别判处云南天浩稀贵公司等3家被告单位罚金人民币5亿元、5 000万元和500万元；以非法吸收公众存款罪、职务侵占罪判处单九良有期徒刑18年，并处没收个人财产人民币5 000万元，罚金人民币50万元。对其他被告人分别依法追究相应的刑事责任。查封、扣押、冻结的涉案财物依法处置，按比例发还集资参与人；违法所得继续予以追缴，不足部分责令继续退赔，并按同等原则发还集资参与人。

三、典型意义

本案是借用合法经营的形式实施非法集资犯罪的典型案例。本案中，作为合法设立的被告单位昆明泛亚公司，以"稀有金属买卖融资融货"为名，推行"委托交割受托申报""受托委托"业务，将其打造为类金融交易所机构，伙同部分金属生产、销售实体企业在泛亚交易平台上制造虚假资金需求，营造交易火爆假象，借助大型网络媒介、电视电话、经济学者咨询会、户外广告，甚至在银行柜台展示等途径，包装成收益与金属价格涨跌无关、资金随进随出的类金融理财产品，诱使社会公众投资，形成大量资金沉淀，并控制、分配沉淀资金，实现变相吸收公众存款的目的，其行为符合非法吸收公众存款罪的构成要件，依法应当追究刑事责任。本案警示各类公司、企业要依法依规经营，切莫借用合法经营的形式实施违法犯罪活动，否则，必将受到法律的制裁。

资料来源：烟台市中级人民法院．"昆明泛亚"非法吸收公众存款案［EB/OL］．［2023-04-28］．http://ytzy.sdcourt.gov.cn/ledafy/370795/370773/9631896/index.html

启示：金融为民是宗旨，风险防范守底线。党的二十大报告要求"守住不发生系统性风险底线"，并将"健全资本市场功能"作为深化金融供给侧结构性改革的重要任务。昆明泛亚案暴露了部分平台监管真空、投资者保护缺位等问题。这要求监管机构必须具有穿透式监管能力，对"伪创新""伪交易所"保持高度警惕，坚决打击非法金融活动。金融机构应切实履行风险揭示义务，投资者也需提升金融素养，摒弃"保本高息"幻想。唯有各方协同筑牢风险"防火墙"，才能真正保护人民群众的"钱袋子"，维护金融市场健康秩序。

昆明泛亚案是一记沉重警钟。它警示我们：金融发展必须牢牢锚定法治根基与人民立场。唯有坚持依法治国、强化金融监管、提升全民金融素养，方能构建安全、稳健、高效的现代金融体系，切实增强人民群众的获得感、幸福感、安全感，为高质量发展保驾护航。

☑ 项目小结

本项目介绍了金融监管的理论依据，从银行业监管、证券业监管和保险业监管等三方面阐述了金融监管的主要内容，介绍了对金融监管效果进行评价的基本方法，阐明了集中监管、分业监管和不完全集中监管等监管体制。

项目训练》

一、重要概念

金融监管　市场准入　集中监管体制　直接监管　成本收益分析法

二、单项选择题

1.适用于较成熟的证券发行市场的审核制度是（　　　）。

A.注册制　　　　B.存款保险制度　　C.核准制　　　　　D.市场准入制度

2.我国的金融监管体制属于（　　　）。

A.集中监管体制　　　　　　　　B.分业监管体制

C.不完全集中监管体制　　　　　D.双峰式监管

3.下列属于直接监管的监管方法是（　　　）。

A.行业自律　　　　　　　　　　B.对金融机构的评级

C.现场检查　　　　　　　　　　D.金融机构的内部审计

三、多项选择题

1.金融监管的原则包括（　　　）。

A.依法监管　　　　　　　　　　B.综合监管

C.适度竞争　　　　　　　　　　D.不干涉金融业内部管理

E.监管成本与效率

2.一国金融监管的目标包括（　　　）。

A.物价稳定　　　　　　　　　　　B.确保金融稳定安全

C.保护金融消费者权益　　　　　　D.维护金融业的公平竞争

E.保证中央银行货币政策的有效实施

3.金融监管效果的评价原则有（　　　）。

A.客观性　　　　　　　　　　　　B.重要性

C.定性和定量相结合　　　　　　　D.评价必须有足够的深度

E.效益性

4.金融监管失灵的原因有（　　　）。

A.监管者的经济人特性　　　　　　B.监管行为的非理想化

C.监管收益低　　　　　　　　　　D.监管成本高

E.监管者处于独特的垄断地位

四、判断题

1.金融领域出现的问题往往具有传染性，说明金融领域的负外部效应有可能自我放大。　　　　　　　　　　　　　　　　　　　　　　　　　（　　　）

2.金融监管应积极地把防范风险同促进金融机构实现经济效益协调起来。　（　　　）

3.不完全集中监管在一定程度上克服了集中监管体制中机构庞大、设置繁复的弊端。　　　　　　　　　　　　　　　　　　　　　　　　　　（　　　）

4.金融监管可能会促使私人部门有意去冒更大的风险以牟取厚利，使损失发生的可能性更大。　　　　　　　　　　　　　　　　　　　　　　　（　　　）

五、思考题

1.金融监管的目标是什么？

2.银行业监管的主要内容是什么？

3.证券市场监管的主要内容是什么？

4.金融监管的方法有哪些？

5.金融监管体制如何进行分类？

6.金融监管效果的评价原则有哪些？

六、讨论题

结合我国银行业监管的现状，讨论我国建立存款保险制度的重要性。

七、案例分析

包商银行破产倒闭

包商银行股份有限公司（Baoshang Bank Limited，简称包商银行）于1998年12月28日经中国人民银行批准设立，其前身为包头市商业银行，2007年9月28日经原中国银监会批准更名为包商银行，成为区域性股份制商业银行，总部设在包头市。回顾包商银行破产处置过程，可以分为以下三步：

1.宣告接管

2019年5月24日，中国人民银行和原银保监会联合宣布对包商银行实施接管，接管期间由中国建设银行负责管理包商银行分行的运营。针对债权处置，自2019年5月24日至5月28日，监管逐步确立了债权保障的基本范围，最终确定全额赔付上限为5 000万元。虽未实现整体全额保障，但包商银行的存款保障依然远高于存款保险制度中最高50万元的赔付额度标准，显示出监管对于银行风险处置的谨慎态度。在充分保障客户债权合法权益的同时，打破了刚性兑付，严肃了市场纪律。

2.清产核资

2019年6月，为摸清包商银行的"家底"，接管组以市场化方式聘请中介机构，逐笔核查包商银行的对公、同业业务，深入开展资产负债清查、账务清理、价值重估和资本核实，全面掌握了包商银行的资产状况、财务状况和经营情况。清产核资结果显示，以2019年5月24日接管日为基准，包商银行资不抵债金额为2 200亿元。

3.破产重组

2019年9月，包商银行改革重组工作正式启动。由于包商银行资产缺口巨大，在公共资金承担损失缺口之前，没有战略投资者愿意参与包商银行重组。中国人民银行和原银保监会最终决定采取新设银行收购承接的方式推进改革重组。一是设立新银行。由存款保险公司会同中国建设银行全资子公司建信投资、徽商银行以及内蒙古自治区财政厅等内蒙古自治区内8家发起人在内蒙古自治区共同发起设立蒙商银行，承接包商银行内蒙古自治区内资产负债及相关业务，服务内蒙古自治区经济社会发展，不再跨区域经营。2020年4月底蒙商银行正式成立，5月全面营业。二是将包商银行内蒙古自治区外4家分行资产负债及相关业务打包评估，出售给徽商银行。随后开展责任追查工作，多名内蒙古地区原银保监会官员被查处。

2020年11月23日，包商银行资不抵债进入破产程序，最终在2021年2月7日，北京一中院裁定包商银行破产，包商银行风险处置工作基本完成。

资料来源：清华五道口金融学院. 首例不完全救助的银行处置 包商银行破产事件［EB/OL］.［2023-10-20］. https：//baijiahao.baidu.com/s？id=1780244227599619727&wfr=spider&for=pc.

问题：通过上述案例，分析为什么要对金融行业进行监管。根据上述案例中体现的我国商业银行经营中的实际情况，分析我国银行业应重点监管的内容。

项目十四 金融创新与金融改革

学习目标

1.知识目标

通过本项目的学习，要求学生了解金融创新的主要内容，明确现代经济发展中的金融创新对经济的影响，熟悉我国金融创新与金融改革的概况，掌握我国进行金融创新与改革的动向及发展趋势。

2.能力目标

通过本项目的学习，使学生了解国内外金融发展动态，能够把握金融发展的趋势，具有经济金融分析和研判能力。

3.素养目标

通过本项目的学习，提升学生金融素养，培养学生积极进取的金融创新精神、严谨有序的风险控制和合规意识。

思维导图

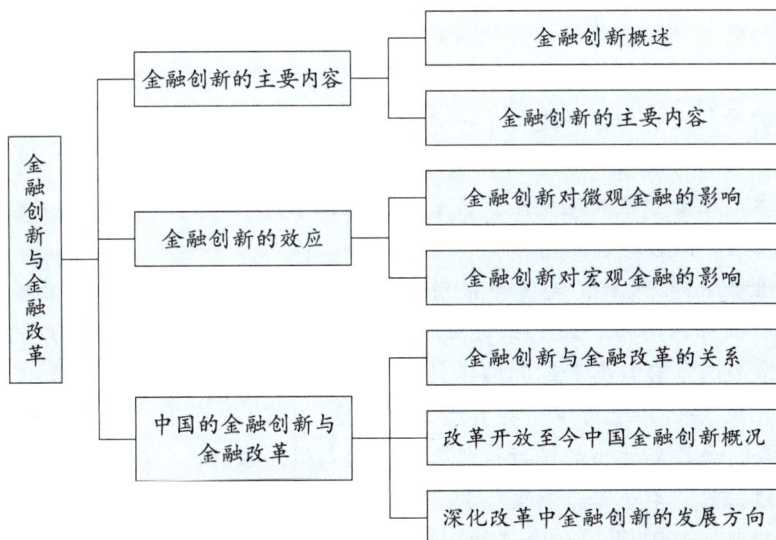

引例

美国的金融创新

总体上说，20世纪60年代以前，美国金融系统的"自由进入"导致过多的小银行竞争激烈，引起银行恐慌之后导致高度的银行监管。而高度金融监管的结果是不可抑制的市场创新要求在环境适宜的时候诱导性地变迁出市场主导型这种金融创新来。

美国的金融创新可分为三个时期：

1.1965—1972年的第一次金融创新

对金融服务的强有力需求是创新的一个早期原因。1965—1972年，消费价格年平均增长4%，此前的增长仅为1.5%~2%。同时，美联储和财政部改变长期坚持的稳定低息政策，将利率升高了1倍，达到6.5%和5%。而银行对储蓄存款的非市场利率法定上限则固定在3%，市场迅速出现了对于具有市场利率的流动性证券的需求。这时花旗银行设计出一种"大额定期可转让存单"以应对这一需求，而不久证券业出现的"货币市场共同基金"成为一种体制性创新。这是一种由于银行自身固有的制度延续性，其相对于证券创新而言，对于环境条件的变化反应更加缓慢而带来的制度创新。

2.1973—1982年的第二次创新

在此期间，美国经历了和平时期最严重的通货膨胀，其诱因是两次大规模的石油冲击。从20世纪40年代中期开始一直被高估的美元面临着前所未有的通货膨胀压力。在这种情况下，市场以新的金融工具形式创新以应对克服金融波动性的需求。最重要的两种创新是金融资产期权和资产期货。同时，理论界竭力呼吁政府应该放松对银行的过度管制。在政府1982年完全放松对储蓄利率上限的管制之前，银行进行了一系列的创新：开发出浮动利率抵押贷款和浮动票据以使存贷款灵活性一致，同时，以技术进步为基础设立其他收费业务，如信用卡、现金管理和流动账户、自动提款机等。

3.1982年以后的创新

20世纪80年代后，美国一系列金融立法的基本立足点都在于放松管制，消除银行业并购障碍，鼓励银行业进行有序的市场竞争。面对着80年代后期越来越激烈的来自日本和欧洲的银行竞争压力以及"经济一体化"浪潮，美国银行业在90年代初进行了一些实质性的调整。1990年年底，美国共有46个州颁布法令，允许其他州的银行持股公司收购本州的银行，打破了美国金融史上占统治地位的"单一银行制度"和"单一州原则"的限制，为银行业跨州并购打开了绿灯。1991年国会通过的《联邦存款保险公司改进法》允许所有储蓄机构和国民银行之间在银行合并条例的范围内进行并购。1994年美国国会又出台了《跨州银行法》，明确一家银行持股公司可以收购任何一个州的银行，银行可以在其注册地外的州直接开设一家分行。法案还明确提出，从1997年6月1日起，任何一家独立的银行都可以与其他州的另一家银行合并。美国国会于1999年通过了《金融服务现代化法案》，正式宣告了限制美国银行业并购的、长达60多年的《1933年银行法》时代的终结。

资料来源：吴清扬. 深度研究美国储贷危机及商业银行并购史（一）[EB/OL].[2019-08-30]. https://xueqiu.com/6412041089/132083656.

思考：创新是一个国家兴旺发达的不竭动力，金融发展到今天，无不是金融创新带来的结果。正因为有金融工具、金融机构、金融服务和金融制度的不断创新，才使金融业焕发出生机和活力，从而推动了经济的发展。那么，金融创新包括哪些内容？有什么效应？我国的金融创新与改革情况如何？这些问题将在本项目得到解答。

任务一 金融创新的主要内容

一、金融创新概述

（一）金融创新的含义

金融创新是指在金融领域内部对各种金融要素所进行的重新组合和创造性变革。最初狭义的金融创新只是指金融工具的创新，后来广义的金融创新发展为金融业务、金融工具和金融制度（包括机构、组织形式及管理方法）的创新。金融创新始于20世纪60年代的美国等西方国家，70年代全面展开，80年代以后尤为活跃，成为全球化的大趋势。在这一过程中，西方国家的金融创新革新了传统的金融业务和经营管理方式，给整个金融业带来了巨额的利润和空前的繁荣，并促进了金融的全球化进程，对世界金融领域的发展产生了深远的影响。

拓展阅读14-1

金融创新的含义

（二）金融创新的动因

从20世纪60年代初产生，到80年代在西方国家达到高峰，金融创新的产生有着复杂的原因和条件。

1.规避金融风险

自20世纪60年代开始，西方商业银行的经营环境发生了巨大的变化。较高的通货膨胀率以及市场利率的急剧波动使西方商业银行面临着较大的金融风险。为了避免和降低利率风险，各商业银行产生了创新金融工具的需求。这个时期具有代表性的金融产品创新有浮动利率票据（1970，国际银行机构）、外汇期货（1972，美国）、外汇远期（1973，国际银行机构）、浮动利率债券（1974，美国）和利率期货

（1975，美国）等。由于20世纪70年代的通货膨胀、汇率及利率的频繁波动，投资回报率有着较大的不确定性，从而激发各商业银行不断创造出可降低利率风险的新的金融工具。

知识链接14-1

20世纪90年代以来金融创新的动因

20世纪70年代末和80年代初，美、英等国的通货膨胀率均为两位数以上。长期高通货膨胀率带来了市场利率上升的剧烈波动。美国短期国库券利率，在60年代中期一直低于5%，而后节节攀升，70年代在4%~11.5%之间波动，80年代则在7%~15%之间波动。短期市场利率的上升给长期证券造成资本损失并带来负收益。利率风险的增加，则降低了长期证券的吸引力，也使持有这类资产的金融机构陷入困境。为避免和降低利率风险，金融创新主要反映为金融工具的创新，特别是大量可变利率债务工具的开发，如可变利率存单、可变利率抵押契据、可变利率贷款等。进入90年代，各国通货膨胀压力大为缓解，但是，一方面，随着经济全球化的不断发展，国家之间经济金融联系越来越密切，在一国或地区所发生的经济金融动荡和危机不可避免地会波及其他国家和地区，比如1994年的墨西哥比索危机、1997年的亚洲金融危机等。另一方面，国际资本流动带来的冲击使国际金融市场的动荡加剧，在此背景下，金融机构为了防范和化解金融风险，不断要求开发新业务，创新金融工具，因此金融创新在90年代不断发展，而风险防范的重点则从利率风险转移到汇率风险和信用风险等。

资料来源：韩韵琴. 金融学［M］. 北京：北京理工大学出版社，2010.

2.规避金融管制

西方各国在经历了20世纪30年代的经济大萧条以后，纷纷通过立法对银行业进行严格的管理和限制。当政府的金融管制束缚了金融业务活动和金融业的进一步发展时，金融机构为了自身的生存和发展，就会千方百计地通过金融创新，规避金融监管当局的法规限制，努力把约束及由此造成的损失降到最低，进而赢得竞争优势。例如在美国，70年代出现的自动转账制度（ATS），规避了活期存款不准付息的限制；可转让支付命令账户（NOW），则规避了储蓄账户不准开支票的限制；货币市场互助基金（MMMF），规避了定期存款利率的高限。但是，进入90年代以后，世界各国特别是发达国家的金融改革空前活跃，金融市场监管主体不再墨守成规，而是积极顺应世界经济金融发展趋势的客观要求，大胆进行金融改革。所以，90年代以前的金融创新以规避金融管制为特征，而今天的金融创新则以金融改革推动金融发展为特征。

3.技术进步推动了金融创新

20世纪80年代以后，计算机技术、通信技术和信息处理技术在金融业中得到广泛应用，极大地改变了传统的金融业务和金融交易方式，如资金的调拨方式、自动提款机以及交易所自动报价系统等的出现，大大降低了市场交易成本，节约了交易时间，特别是网络技术的迅猛发展和广泛应用，将全球金融市场紧密联系在一起。技术因素不仅是金融创新的手段，更是推动金融创新的巨大动力。

4.金融自由化催生了金融创新

金融自由化也称"金融深化"，是"金融抑制"的对称。金融自由化理论主张改革金融制度，改革政府对金融的过度干预，放松对金融机构和金融市场的限制，增强国内的筹资功能以改变对外资的过度依赖状况，放松对利率和汇率的管制使之市场化。

20世纪80年代，由于世界性的债务危机，西欧各国普遍放松了金融高管制，金融自由化显著增强。同时，由于商业银行的存贷款利率受到限制，商业银行在资产负债业务以外寻求新的利润增长点，进而推动了银行表外业务的创新和发展。

二、金融创新的主要内容

（一）金融业务创新

1.负债业务的创新

20世纪60年代以后，世界经济金融形势发生了变化，非银行金融机构大量增加，利率风险日益增大，商业银行的负债经营陷入困境，尤其在70年代以后，通货膨胀率上升，而利率水平却受到政府的管制，使金融机构的经营成本增加。为了增加银行的资金负债来源，同时规避政府的管制，各商业银行对负债业务进行了一系列创新，主要包括：

（1）大额可转让定期存单。大额可转让定期存单与传统的银行存款的区别在于：传统的定期存款记名，不可转让，金额上没有限制，而大额可转让定期存单购买后即可流通转让，在金额上最低不能小于10万美元（美国花旗银行规定）；一般的定期存款提前支取只能按活期存款利率计息，而大额可转让定期存单可以市场价格进行转让，实际收益率取决于资金的市场价格，规避了政府关于利率最高限额的管制。

（2）可转让支付命令账户。这是20世纪70年代初由美国储贷银行推出的新型存款账户，该账户不使用支票，而使用支付命令对第三者进行支付。这一账户的出现既解决了活期账户不能开支票的问题，又有效地规避了活期存款不得支付利息的管制，从而吸引了资金，增加了负债来源。

（3）货币市场存款账户。这是由美国货币市场基金会首创的，客户需要在这个账户中保留最低2 500美元的存款余额，付息时不受最高利率限制，而是按货币市场利率随时调整，从而使这一存款账户兼有储蓄与投资的双重功能，适合于小额投资者。

（4）自动转账服务。这是指客户在银行开立两个账户，一个是无息的活期存款账户，一个是有息的储蓄存款账户，前一个账户永远保持1美元的活期存款余额，其余存款都存入储蓄账户。当客户需要支付时，则从储蓄账户转到活期账户开出支票用于支付，银行自动把需要的资金从储蓄账户转到活期账户并兑付支票。这项新型业务使客户既可以方便地开出支票，又能获得利息收入。

负债业务的创新不仅使商业银行增加了新的资金来源，非银行金融机构也可以利用创新业务吸收资金，而且商业银行的经营管理也从资产管理发展到负债管理阶段。

2.资产业务的创新

资产业务一直是商业银行经营管理的重点内容，但为了减少或分散风险，增加盈利渠道，实现资产形式的多样化，各商业银行进行了资产业务的创新。

（1）消费信用。这种业务兴起于第二次世界大战后，目前这一资产业务形式发展更加迅速，已成为各国商业银行创新的主要资产项目。消费信用业务分为一次偿还的消费信用和分期偿还的消费信用，后者运用比较广泛。消费信用既可以带动国内经济需求的增长，又拓宽了商业银行的业务领域，还可起到提高人民生活水平的作用。

（2）住宅放款。这是商业银行以住宅为抵押品而发放的贷款，包括固定利率抵押放款、浮动利率抵押放款和可调整的抵押放款等。住宅放款带动了国民经济中建筑业的发展，也成为金融机构的重要资产业务形式，尤其是在目前资产证券化的进程中，住宅放款成为首选的证券化资产。

（3）浮动利率抵押贷款。这是美国加利福尼亚储蓄贷款协会为了应对利率波动，于1975年创造的一种创新贷款方式。当市场利率（通常指国库券利率）上升或下降时，这种抵押贷款的利率也随之上升或下降，同时对抵押贷款的付款也随之改变。这种贷款起初利率较低（低于传统抵押贷款的固定利率），从而吸引大量客户，但接受这种贷款后利率可能会发生变化，如果利率上调，则贷款的支付款额可能会增加。

（4）银团贷款。这是指由若干家银行按共同的条件向借款人提供的贷款，目前已成为国际贷款的主要形式。

知识链接14-2

银团贷款的起源与发展

第二次世界大战后，西方主要经济体为了迅速弥合战争创伤，采用多种方式筹措资金、发展生产、振兴经济，产生了巨大的资金需求，银团贷款应运而生。首笔银团贷款1967年出现于美国纽约，突破了国际银行业300多年来一直采用的单一借款人对应单一贷款人的传统信贷方式。数家、数十家甚至上百家贷款银行按照统一的贷款条件和同一文本向同一借款人提供各自承诺的贷款额，形成一笔贷款业务，这无疑是银行信贷方式的标志性创新。之后，银团贷款便在美、欧、日等主要经济体推广开来。进入21世纪，国际银团贷款总量呈逐年上升趋势，2007年，创历史纪录，达到3.98万亿美元。受国际金融危机的影响，2008年、2009年国际银团贷款出现较大降幅。随着世界经济的逐步复苏，自2010年开始，全球银团贷款增速强劲，2010年同比增长52%，2011年同比增长42%，达到3.75万亿美元。国际银团贷款使用范围日趋广泛，其占全部公司贷款余额的比例超过20%。银团贷款之所以在一些经济体中发展较快、占比较高，其动因在于银团贷款既是支持实体经济发展的重要融资方式，又是管控金融风险的重要手段。目前不仅在国际上，在很多国家中，银团贷款也成为国内贷款的重要形式。

资料来源：杜金富. 支持实体经济与管控金融风险 需要大力发展银团贷款［J］. 金融时报，2012.

3.中间业务的创新

中间业务的创新改变了银行的传统业务结构，增强了银行的经营和盈利能力。中间业务的创新主要包括信托业务创新和租赁业务创新。

此外，随着技术的进步，银行卡被开发与使用，电子转账系统也得以应用，从而使银行的支付和清算系统也得到了创新，这些创新给世界带来了极大的便利。

（二）金融工具创新

金融工具创新一方面是指欧洲货币市场上金融工具的创新，另一方面是指金融衍生市场上金融工具的创新。

1.欧洲货币市场上金融工具的创新

在欧洲货币市场上创新的金融工具主要是贷款工具，如多种货币贷款、平行贷款、背对背贷款、浮动利率债券、票据发行便利、远期利率协议等。

（1）多种货币贷款。它是指欧洲货币市场上的欧洲银行同借款人签订协议，允许借款人选择多种货币进行贷款，但借款人必须用相同的币种加以偿还的贷款业务，可以利用汇率和利率变动的差别来减少风险。

（2）平行贷款。它是指分属不同国家的两家公司经过协商，以贷款形式向各自驻对方国家的子公司提供对等的本国货币，贷款期满时，再由两个子公司分别归还所借贷款的业务。

（3）背对背贷款。它是指分属于不同国家的两家跨国公司相互提供不同货币的贷款，再各自将资金转贷给驻对方国家的子公司，供子公司使用。

（4）浮动利率债券。它是一种发行者无担保债务且可以流通转让的欧洲债券。

（5）票据发行便利。它是指银行与贷款人之间签订的在未来一段时间内由银行以承购连续性短期票据的形式向借款人提供信贷资金的协议，协议具有法律约束力。

（6）远期利率协议。这一协议是一种合约，在合约中双方协定某种利率，在合约的清算日按特定的期限支付某一名义存款的利息。远期利率协议主要用于银行机构间防范利率风险，它可以保证合同的买方在未来一定时期内以固定的利率借取资金或发放贷款。

2.金融衍生市场上金融工具的创新

金融衍生市场是相对于基础市场（商品市场、资金市场、证券市场）而言的派生市场，这种派生市场的工具称为金融衍生工具，它们是一种双边合约，其价值取决于基础市场商品或资产的价格及其变化情况。金融衍生市场创新最典型的就是金融期货和金融期权。

此外，在金融衍生市场上还存在着其他工具，如商品派生证券、指数货币期权凭证、弹性远期合约等。

（三）金融市场创新

金融市场的形成经历了从低级到高级、从萧条到繁荣、从无序到有序、从羸弱到强大、从国内到国际的不同发展阶段。

1.金融市场出现了全球化趋势

在金融全球化和自由化的背景下，许多国家原来分割和相对独立的金融市场迅速连为一体，正向一个密切联系的整体市场发展。不仅金融市场交易全球化，交易主体也都已全球化。

2.金融市场内部的空前发展和变化

金融市场参与者在金融市场上的活动都明显增强，机构投资者成为证券市场上新的主体，证券投资基金和保险基金成为位居前列的机构投资者，从事证券交易活动的金融机构显著增加，交易活动也更加频繁。

金融市场交易对象的变化更大，随着新的金融工具的层出不穷，各种衍生金融工具的不断涌现，经纪人和经纪公司成为发展越来越快的职业。

3.发展中国家和地区纷纷建立和开放金融市场

发展中国家和地区为了根本改变金融压制的现状，纷纷建立和开拓国内金融市场，甚至致力于发展国际金融中心。

4.国际融资证券化趋势进一步发展

国际融资证券化是指随着金融结构的变化，作为一种持续性的筹资手段的证券化和贷款债权的证券化。筹资手段的证券化是指从传统的通过银行来筹集资金的方式逐渐向通过金融市场发行证券转变。贷款债权的证券化则是指金融机构以贷款债权作担保发行证券，即以证券交易转让贷款债权，使贷款债权具有流动性。

(四) 金融制度创新

1.金融机构体系的创新

金融机构起源于银行机构，银行一直是金融机构体系的基础和主体，但随着金融制度的不断创新，银行机构也不断得以创新，出现了以计算机网络为主体而无具体营业点的网络银行、以家庭为对象使居民足不出户即可享受各种金融服务的家庭银行、专门为企业提供一切金融服务的企业银行，还出现了由多国共同组成的跨国银行、国际性联合银行。20世纪70年代以后，跨国银行、金融百货公司、金融超级市场等新型金融机构风行欧美并逐渐推广到世界其他国家和地区。

此外，非银行金融机构发展迅速，其种类不断增加，经营规模不断扩大，各种具有新业务的保险公司以及养老基金、住宅金融机构、金融公司、投资（信托）基金、租赁公司等越来越多地成为金融机构体系的重要组成部分。

2.金融机构之间出现同质化趋势

由于金融机构在业务形式和组织机构上不断创新，银行与保险信托、证券等非银行金融机构之间的职能分工界限逐渐模糊，各国的金融机构都面临着从分业经营向综合化混业经营发展的问题。

3.金融监管制度的创新

金融创新使全球金融监管出现自由化倾向，这自然符合当今金融自由化、经济全球化的国际经济大背景；但同样由于金融创新，加大了金融风险，所以各国政府的金融监管更趋国际化，注重国际的协调与合作。1975年，在国际清算银行主持下成立了专门致力于国际银行监管工作的巴塞尔委员会。该组织分别于1988年和1997年出台了《巴塞尔协议》和《银行有效监管核心原则》，这些成为国际银行业监管的重要规章。而面对动荡的国际金融环境和日益严重的金融风险，各国监管当局也正以不断创新的方式和手段建立新型的国际化金融监管体系。

任务二 金融创新的效应

金融创新包括金融业务、金融市场以及金融制度等多层次、多领域的创新，对金融业乃至整体经济运行的影响也较为广泛和深远。从总体上看，金融创新对微观金融和宏观金融均产生了不同的效应。

一、金融创新对微观金融的影响

(一) 增强了银行的发展能力

通过金融创新涌现出大量新的金融业务和金融工具，提高了银行规避利率、汇率风险的能力；同时也提高了企业、家庭和投资者进行金融资产投资的积极性，扩大了银行资金来源渠道，改善了资产结构。所以，从整体上提高和增强了银行等金融机构的实力和自我发展能力。

(二) 提高了银行的经营效益

通过表外业务等金融创新，几乎改变了金融生活，不断涌现的新工具、新服务、新技术使非资产性收益在金融机构总收益中的比重大幅度提高。金融创新使银行在传统利息收益的基础上，增加了大量的表外非利息收入，大大提高了银行的经营效益。

(三) 提升了金融机构的工作效率

金融创新以新型化、多样化、电子化、交易技术化等为特征，使金融机构的渗透力、活动力和工作效率大大增强。同时，金融创新使金融业的资本增长能力得以加强，设备的现代化配置及更新能力日益提高，金融机构的经营管理水平和人员素质也得到了逐步提高，从而提升了整体金融机构的竞争力和工作效率。

(四) 带来了新的金融风险

金融创新一方面转移和分散了一部分金融风险，但另一方面又带来了新的金融风险。

首先，从金融创新对金融风险的转移和分散来看，金融创新带来新的金融工具并使资产证券化，这使金融机构的资产流动性大大提高，从而规避了利率风险、汇率风险、通货膨胀风险和信用风险等。同时，金融创新也为分散和转移风险创造了新的途径，如股票期货指数的产生有利于防范股票市场的系统性风险等。此外，从金融制度的创新来看，不仅有利于转移金融风险，还有利于加强对金融业的监管，不断改善金融监管制度和方式，维护金融体系的稳定。

其次，从金融创新带来的新的金融风险来看，金融创新使金融机构的经营风险增大，因为金融创新使金融机构出现同质化趋势，这无疑加剧了金融机构的竞争，银行传统的存贷利差缩小，金融机构不断增加从事高风险的业务，降低了经营的安全性，导致金融机构的经营风险增加。

金融创新增加了表外风险，即无法在资产负债表中反映而又可能转化为银行真实负债的行为所带来的风险。表外业务规模不断增加，这种风险出现的可能性也随之增加。

金融创新推动了金融自由化和国际化，原有的金融管制失去了应有的效力，同时也使一国金融机构之间、本国与外国金融机构之间、国内金融市场与国际金融市场之间的相互依赖性增加，其中任何一个差错都会波及整个金融系统，这种自由化和国际化带来了放松管制的风险和危及整个金融体系安全的"伙伴风险"。

拓展阅读14-2

从美国"次贷危机"看金融创新

金融创新为金融投机活动提供了新的手段和场所，从而可能引发更大的金融投机风险。

此外，从新技术支撑金融创新带来的金融风险来看，银行卡、网上银行、手机银行等的使用也增加了金融系统的支付安全问题，这从另一个侧面来说也是一种金融风险。

二、金融创新对宏观金融的影响

(一) 金融创新对货币需求的影响

1.金融创新改变了货币需求的结构，导致货币需求的不稳定性有所增加

随着金融工具的不断创新，出现了许多既有交易功能，又有投资功能的新型账户，从而使金融资产之间的替代性不断扩大。在交易性货币需求与投机性货币需求之间的界限模糊不清的情况下，人们往往减少交易性货币需求而增加投机性货币需求，而由于投机性货币需求受利率、汇率等市场因素的影响较多，所以会造成整个货币需求量的不稳定。

2.金融创新改变了货币的流通速度

从狭义货币来看，金融创新减少了对货币的需求，提高了货币的流通速度。因为金融创新推出了很多M1的替代品，并使得大量的M1向此类替代品转移，这就加快了货币的流通速度。从广义货币来看，金融创新对货币流通速度的影响则不确定。

3.金融创新使货币对利率的需求弹性有所下降

在金融创新中，金融机构资产结构的变化，使得利差收入在经营收入中所占比重下降，因此，货币需求对利率的敏感程度下降了。

(二) 金融创新对货币供给的影响

1.金融创新使货币定义及计量的难度增大了，削弱了货币量的可测性

金融创新出现了大量新的金融工具，这些金融工具在不同程度上都具有货币性，这样就使得金融资产之间的相互替代性加大，如可转让支付命令账户、自动转账服务账户及货币市场互助基金账户、信用卡等都可以不同程度地替代货币或执行货币的职能，从而使货币的定义更加困难。所以，尽管美国、英国等国家在金融创新活跃的时期都多次修改货币的定义，但仍无法准确地计量货币供给量。

2.金融创新使货币乘数增大了

一方面，由于新的金融工具提高了金融资产的整体报酬率，社会公众持有通货的机会成本增加，必然减少对通货的持有量。另一方面，支付及清算速度加快和成本降低也促使社会公众减少对通货的持有量。这使得现金漏损率下降，通货-存款比率下降。对金融机构而言，金融创新后，出现了许多介于活期存款和定期存款之间的新型负债账户，导致法定存款准备金实际提取数的下降。另外，除上述现金漏损率和法定存款准备

金这两个影响货币乘数的因素以外，超额储备同样会影响货币乘数。金融创新使金融机构有了更多可选择提供储备的途径，在需要时可以较容易地从货币市场上获得相应的储备，同时金融创新又使金融机构持有超额储备的机会成本提高，这样就必然导致金融机构最大限度地降低超额储备规模，因超额储备与法定准备金率同样与货币乘数成反比，所以超额储备的下降会进一步增大货币乘数。

3.金融创新使中央银行对基础货币的可控程度降低

构成基础货币的中央银行向商业银行的贷款在金融创新影响下规模缩小了。这是因为，金融创新使商业银行的筹资渠道拓宽了，负债来源增加了，商业银行的资产流动性也提高了，所以商业银行从中央银行借款的数量减少了，这使得中央银行通过再贴现（再贷款）手段调节基础货币的能力下降。

（三）金融创新对货币政策的影响

金融创新对货币政策的影响主要表现在对货币政策工具的影响方面。

1.存款准备金制度的功能被弱化

商业银行通过对创新的金融工具的使用，如回购协议、货币市场互助基金等，更充分地利用货币市场，规避存款准备金的限制。同时，商业银行也可以通过负债管理的创新，调整其负债结构，降低存款比例，增加其他资金来源，减少应交准备金。

2.再贴现政策的作用被弱化

如前所述，金融创新使商业银行的筹资方式、渠道大大增加，相应地降低了对中央银行再贴现的依赖性，所以导致再贴现政策的作用有所下降。

3.传统的选择性政策工具失效

在金融创新后，特别是规避管制型的金融创新（如可转让支付命令账户）的出现，使中央银行不得不放弃诸如利率限制、法定保证金、信用配给等典型的传统货币政策工具。

4.公开市场操作的作用被强化

金融创新导致的资产证券化趋势以及金融市场的高度自由化、一体化，为中央银行进行公开市场操作提供了多样化的买卖工具。另外，金融机构在金融创新过程中，其资产构成中有价证券比重增加，特别是政府债券成为金融机构重要的二级准备，这些都使得中央银行通过公开市场操作业务能够更加直接地影响金融机构的运作。所以，各国中央银行越来越多地利用公开市场操作这一政策工具，使其成为中央银行最为重要的货币政策工具。

拓展阅读14-3

金融创新的效应

任务三　中国的金融创新与金融改革

金融创新理论是在20世纪80年代中期被引入中国的。随着我国金融体制改革的不断深入，金融创新问题在我国也受到了前所未有的重视。事实上，我国的金融改革正是一个不断的金融创新的过程。

一、金融创新与金融改革的关系

金融创新要在金融领域内对各种金融要素进行新的整合，金融机构为了生存、发展和迎合客户的需要，就要不断创造新的金融产品、新的金融交易方式以及新的金融市场、新的金融机构和金融制度。总之，金融创新是为了适应整体经济形势的变化，不断追求利润机会而形成的一切市场改革，可见，金融创新是根据世界各国金融发展的不同背景条件而进行的有针对性的金融改革。金融创新与金融改革两者互相促进，一方面，金融创新是金融改革的结果，正是金融改革使得金融体系发生了深刻的变化，才出现金融机构的多元化、金融业务的全能化及金融工具的多样化等方面的金融创新；另一方面，金融创新又促进了金融改革，比如金融业务和金融工具的创新，使金融机构在动员社会资金方面的功能增强，有力地促进了储蓄向投资的转化，与此同时，金融业务与金融工具的创新促使传统的金融制度进行相应的改革和调整，并鼓励和刺激新一轮的金融创新。

前面讲述的西方国家的金融创新是在第二次世界大战后，国际资本流动及欧洲货币市场的建立与发展、20世纪70年代世界"石油危机"以及由此产生的石油美元回流冲击国际货币体系和金融市场等背景下，受计算机与通信技术的发展、通货膨胀的加剧、利率频繁波动以及金融业务竞争的日益激烈的冲击而产生和实施的一系列在金融业务、金融制度等方面的金融改革。

在中国，由于金融创新的背景、性质、条件和要求均与西方国家的金融创新不同，所以在金融改革创新的方向和内容上与西方国家存在较大差异。我国20世纪80年代以后进行了大规模的经济体制改革，经济体制改革的一个关键内容就是进行深刻的金融体制改革，而我国金融体制改革的过程，正是一个不断突破传统旧体制、推进金融市场化、促进金融发展的过程。从这个意义上说，中国金融体制改革的过程就是一个金融不断创新的过程，而且随着我国经济体制改革的不断深化以及经济全球化进程的加快，金融创新将进入一个新的发展时期。尤其在我国加入了世贸组织以后，金融业的全面开放加快了金融体制改革的进程，外资金融机构广泛介入我国金融市场，带来了更多的金融创新业务，竞争加剧也迫使国内金融业加快了金融创新的步伐。另外，受国际金融业发展趋势的影响，我国金融监管逐渐走出传统的金融抑制状态而趋向市场化，从而进一步促进了金融创新的发展。毋庸置疑，在各种因素的共同作用下，我国的金融创新将不断成为推动我国金融改革的重要力量。

二、改革开放至今中国金融创新概况

（一）中国金融创新的历史背景

中华人民共和国成立以后，我国实行的是高度集中统一的计划经济体制，金融体制也基本照搬了苏联的"大一统"国家银行体制，唯一的信用机构——银行作为财政的附属，缺乏独立性和自我发展空间，因而没有以提高盈利水平和效率为目标的金融创新的微观动机；在计划经济体制下，以行政手段进行宏观调控，金融管制非常严格，更缺乏金融创新的宏观环境。所以，在传统的计划经济体制下，我国几乎没有进行任何有意义的金融创新。

党的十一届三中全会以后，我国开始了大规模的经济体制改革，金融业作为经济体制改革的重中之重，必须适应商品经济发展，打破计划体制的种种限制、束缚，激发金融业的活力，按市场经济体制的模式建立新的金融体制。金融创新正是在这种金融改革中有了微观动机和宏观环境，成为推动各项金融改革的动力和方式，并取得了显著的成果。

（二）中国金融创新的主要内容

中国的金融创新始于改革开放以后，其主要内容是围绕金融机构体系、金融管理制度、金融工具和金融业务、金融市场、金融交易技术等方面进行创新。

1.金融机构体系的创新

（1）金融体制发生重大变革，从"大一统"的国家银行到单独设立中央银行，形成了独立的中央银行体制。

（2）金融机构多样化，包括四大国有商业银行的恢复和建立；政策性金融与商业性金融相分离，三家政策性银行的建立；股份制商业银行（全国的和地方的）的建立和发展；国有商业银行的股份制改造；以保险机构、证券公司、信托投资机构等为主体的非银行金融机构体系的形成；外资金融机构的陆续进入等。

2.金融管理制度的创新

（1）中央银行宏观调控与管理方式的变革。中央银行单独设立以后，我国的金融管理从计划管理转变成宏观调控，最初中央银行使用以行政管理手段为主的货币政策工具进行宏观调控，后来随着中央银行货币政策独立性的增强和调控外部环境的改善，中央银行启用存款准备金、公开市场操作、再贴现等间接宏观调控手段，逐步建立和完善市场经济条件下中央银行的宏观调控体系。

（2）信贷资金管理制度的改革。我国对金融机构的信贷资金管理经历了多次改革，从"统存统贷"到"差额包干"，再到"实存实贷"，最后在1998年，取消了对国有商业银行的信贷规模控制，全面实行资产负债比例管理，使中央银行对金融机构的信贷资金管理实现了间接的科学化的管理。

（3）外汇管理制度的改革。为了适应我国对外开放的改革需要，我国改革了计划经济时期的高度集中的外汇管理体制，先后实行了汇率并轨和人民币经常项目下的自由兑换。

（4）监管制度的改革。2003年银监会成立后，我国银行业金融机构有了规范的行业监管机构，保证了监管的科学性和规范性，同时也使中央银行能更好地独立执行货币政策，开始形成"一行三会"（中国人民银行、中国银行业监督管理委员会、中国证券业监督管理委员会、中国保险业监督管理委员会）的较为完善的宏观金融监管体系。

此外，还对金融机构的利率管理引入了市场机制，从同业拆借利率开始，逐步推进利率的市场化改革进程，以增强利率的弹性和调节作用。

3.金融工具和金融业务的创新

中国金融体制改革以后，金融工具出现了前所未有的多样化，如国库券、商业票据、各种短期融资债券、回购协议、大额可转让存单等货币市场工具的创新；长期政

货币银行学

府债券、企业债券、金融债券、可转换债券、股票、股权证等资本市场工具的创新等。

随着中央银行实施间接调控，特别是对金融机构监管的规范化，我国银行机构的业务范围有了极大的发展。从银行负债业务来看，先后出现了金融债券、可转让大额存单、同业存款、保险储蓄、通知储蓄、住宅存款等创新业务；从银行资产业务来看，出现了证券投资、同业放款、抵押（质押）贷款、消费贷款、银团贷款等创新业务。尤其值得一提的是，中间业务在银行越来越得到重视和发展，代理、咨询、租赁以及银行卡、信用卡业务等创新性中间业务也在我国银行业务中迅速发展起来。

此外，非银行金融机构业务，如保险、信托投资（理财）、基金等业务也得到不断的创新和发展。

知识链接14-3

中国的银团贷款

中国的银团贷款起步于20世纪80年代，自90年代开始快速发展。随着我国加入世界贸易组织和金融市场化改革的深入推进，国内银团贷款市场发展显著提速，在基础设施、能源化工、交通运输等重点领域形成了一批标志性银团贷款项目。2004年起，商业银行基于资产负债管理需求，积极推动银团贷款二级市场交易，银团贷款转让交易规模持续扩大，一级市场和二级市场协同发展的格局基本形成。

近年来，我国银团贷款市场呈现高质量发展态势：一方面，监管制度持续完善，由中国银行业协会银团贷款与交易专业委员会等行业组织推动，形成了规范的市场标准；另一方面，数字化赋能显著提升，部分银行已实现银团贷款全流程线上化操作。市场参与主体也日趋多元化，除传统商业银行外，政策性银行、外资银行及部分非银金融机构也积极参与。截至2023年年末，我国银团贷款余额已突破12万亿元人民币，较2011年的3.02万亿元增长近3倍，年均复合增长率保持在15%以上。银团贷款占公司贷款余额比例提升至约15%，虽较2006年的5%有显著进步，但与欧美成熟市场30%左右的占比相比仍存在提升空间。

当前，在"双循环"新发展格局下，银团贷款正通过以下方向实现创新发展：一是聚焦国家重大战略，为"新基建"、绿色金融等领域提供结构化融资支持；二是创新跨境银团模式，服务共建"一带一路"项目；三是深化二级市场流动性建设，推动标准化银团贷款资产证券化产品发展。

资料来源：中国人民银行调查统计司. 2023年金融机构贷款投向统计报告［EB/OL］.［2024-01-26］. http://www.pbc.gov.cn/goutongjiaoliu/113456/113469/5221508/index.html.

4.金融市场的创新

（1）货币市场的形成。我国建立了以同业拆借、商业票据和短期政府债券为主的货币市场。

（2）外汇市场的逐步建立。随着外汇管理体制的改革，我国建立了银行与企业间的外汇零售市场、银行与银行间的外汇批发市场、中央银行与外汇指定银行间公开市场操作相结合的外汇统一市场。

（3）资本市场的建立与发展。随着金融工具的不断创新，尤其是长期金融工具的丰富与完善，我国建立和发展了以股票、债券、基金等为主要品种的一级、二级市场。

此外，我国的黄金市场、金融衍生品市场也在迅速发展中。

5.金融交易技术的创新

计算机及现代通信技术在金融业的广泛应用，加快了金融电子化的进程。这主要体现为：

（1）实现了金融机构资金汇划电子化。近几年来，计算机处理系统的开发及卫星通信的联网，实现了一次数据输入、一条龙处理银行联行业务，不仅提高了工作效率，缩短了同城异地金融机构间的对账和清算汇差资金的时间，而且在系统内及系统间设置了一系列防范控制机制，增进了联行业务银行资产的安全性，提高了全社会的资金使用效率。

（2）我国运用现代通信技术建立了全国金融专用的通信网络，为股票交易和储蓄通存通兑等业务的开展提供了技术保障，而且我国的部分金融技术交易领域起点较高，如上海和深圳证券交易所，在电子化装备方面足以与香港联合交易所等世界级的证券交易所相媲美。

（3）形成了一个全国性的跨银行、跨地区的银行卡信息交换网络中心，使我国银行卡的发展进一步有了技术保证，银行卡国际受理业务也不断增多。

此外，网上银行、电话银行、自助银行等电子化金融业务的快速发展更是标志着我国金融交易技术创新的迅猛发展。

三、深化改革中金融创新的发展方向

（一）发展和完善市场经济对金融创新的需求

1.市场经济中现代企业制度的建立对金融创新的需求

现代企业制度的建立使企业在外部融资、股份制改造、企业并购、财务管理、资金分析、投资咨询、破产清偿、保险保障等各方面对金融业提出了新的服务需求，金融业必须通过金融创新，如组织结构的调整、服务范围和服务品种的增加、服务手段和服务工具的更新等来满足企业的需求，这就不断地激励金融业在组织结构、业务工具以及经营管理等各方面的金融创新。

2.居民货币收入的增加和消费观念的变化对金融创新的需求

随着市场经济的发展，我国居民收入持续大幅度增长，居民收入的增长和金融意识的提高，使他们不再满足于现有的储蓄和投资方式，要求金融机构创造出更多的金融资产供其选择，推出更多的新型金融工具满足其投资保值或规避风险的需求。此外，随着居民消费观念、消费结构的变化，金融机构需要在资产业务和中间业务方面有更多的创新，如提供更多的消费信贷、家庭金融服务（投资理财、财务顾问）等。

3.政府行为的市场化对金融创新的需求

在市场经济条件下，政府的投融资及宏观调控更多地通过市场进行，如公债的发行和流通转让、中央银行通过公开市场操作进行宏观调控等，这些都要求金融市场、金融工具和金融交易方式的创新与之相配套。

4.对外开放对金融创新的需求

随着对外开放的进一步扩大，我国的经济和金融加入了经济全球化的行列，这对金融业提出了更高的创新需求，如在国际结算业务、国际融资业务方面，以及进一步借鉴外资银行的创新业务以满足我国金融业与世界接轨的需要等。

（二）发展金融创新中应着重解决的问题

我国的金融创新是在发展和完善社会主义市场经济体制、深化金融改革的过程中进行的，吸取以往金融创新的经验，结合当前和今后一段时期的经济实际，我国的金融创新应注意解决以下几个问题：

1.加强内部机制和金融市场创新

（1）要创新完善金融组织制度和产权制度，健全其公司治理结构和内部组织结构；要加大业务创新力度，降低金融机构的经营成本，提高经营效率和经济效益；要加大内控机制的创新力度，防范金融风险，保护金融当事人权益，保障金融交易活动公平、顺利，提高金融运行效率。

（2）要进一步加大金融市场的创新力度，进一步推进银行间债券市场的发展，尤其是加快资本市场股权分置改革的步伐，加强对保险资金运用的管理以及大力培育机构投资者。

2.改善金融创新的外部环境

（1）改善法律环境。推进金融创新需要法律制度的创新，要不断修订完善现有的金融法律，创造适合经济和社会发展现状、满足企业融资需要并能为金融业提供安全稳定和创新发展环境的一整套法律制度。

（2）改善监管环境。推进金融创新要创新监管理念和监管模式，金融业的业务创新不断对金融监管提出更新范围、更高层次的要求，从而促进监管模式的变革和提升。要建立健全综合经营趋势下的金融分业监管体制和相应的制度规范，形成从市场准入、业务合规、风险控制到市场退出的全方位监管体制。

（3）改善市场环境。首先，要培育竞争性市场环境，借助国有股份制银行和其他股份制银行、非银行金融机构的迅速发展以及外资金融机构大量涌入的契机，培育良好的竞争性市场，为金融创新提供更好的环境动力。其次，各级政府要切实转变职能和观念，坚持服务与管理并重，为金融创新提供良好的外部环境。

3.强化金融创新的支撑点

金融创新需要现代科技和人才的支撑，金融创新从一定意义上来说就是科学技术在金融领域的创新和应用。要加快高新技术在金融监管与服务中的推广和应用，实现金融监管手段的现代化、金融市场运行管理的信息化和金融服务形式的多样化，最大限度地提高金融运行和金融服务效率。另外，全球金融市场创新风起云涌，金融理论和实践都在不断变化，要加强对金融从业人员队伍的建设和知识、技能的培训，创新用人机制，增强现代金融意识和业务素质，全面提高金融业的自主创新能力和创新水平。

知识链接14-4

从银行卡的创新与发展看现代科技在金融业中的支撑作用

如今，每当人们手持有"银联"标志的银行卡，在全国各地刷卡消费时，感受到的不仅是一种潮流，更应感到很自豪。因为我国银行卡今天能取得全国联网通用的成果，也是来之不易的，这全靠现代科技在金融监管与服务中的推广和应用。

1985年3月1日，中国银行珠海分行发行了中国内地第一张信用卡——中银卡，打开了中国信用卡的大门。此后，在中国人民银行的积极领导和组织协调下，各家商业银行不断深入探讨研究，纷纷发行自己的信用卡。但随之而来的就是高科技手段对信用卡联网的支撑问题。1988年8月20日，经国务院批准，中国人民银行成立了中国金融电子化公司，负责卫星通信网的建设工作，为全国各家银行异地间的联网、资金划拨和资金清算提供运行平台。经过3年多的建设，电子联行业务逐步开始运行。1991年中国人民银行又成立了主管金融电子化的职能机构——金融科技司，各分行下设金融科技处，负责金融电子化发展规划、技术标准及管理办法的制定、项目审批、检查指导和联合协调等。1992年，在已建成北京中央卫星总站和全国236个大中城市地面卫星接收发射小站，并开通运行的基础上，又组建起中国人民银行资金清算总中心，各分行设分中心。此外，中国人民银行还组建起金融标准化委员会。这一系列措施为银行卡走上联合发展之路创造了有利条件和组织发展保证。2002年3月26日，中国银联股份有限公司在上海成立，标志着一个全国性的跨银行、跨地区的银行卡信息交换网络中心形成，随之我国银行卡的发展进一步有了技术保证，银行卡国际受理业务也不断增多。近年来，银行卡的形态和功能已从实体卡向数字化方向拓展。中国银联联合各商业银行推出的"云闪付"App（2017年上线）支持银行卡无卡化交易，用户可通过手机NFC或二维码完成支付。截至2023年，银联网络已覆盖全球180个国家和地区，移动支付交易规模占全球总量的50%以上。

我国银行卡产业的发展可以证明，只有现代化电子信息技术等高科技手段的支撑，才能改革传统手工作业模式，适应金融业服务手段和经营管理现代化、自动化的需要，使金融业发展达到应有的、国际标准化的水平。

资料来源：中国人民银行. 2022年支付体系运行总体情况［EB/OL］.［2023-03-20］. http：//www.pbc.gov.cn/zhifujiesuansi/128525/128545/128643/4822810/index.html.

金融视窗

金融行业的金融产品创新案例

近年来，随着科技的飞速发展和金融市场的变化，金融行业对创新产品的需求越来越迫切。金融产品的创新不仅可以满足人们日益多样化的投资和融资需求，也可以提升金融机构的竞争力和市场份额。

1.数字货币

数字货币是一种以密码学方式加密并保护交易安全性的虚拟货币。在传统的金融体系中，人们使用纸币和电子银行账户进行交易，但这些方式都受到了传统金融机构和中央银行的控制。而数字货币则通过区块链技术实现了去中心化交易，使交易更加安全和透明。比特币就是数字货币的一个典型例子。它于2009年发布，由匿名的开发者或开发团队创建。比特币通过区块链技术记录和验证交易，实现了点对点的转账和价值存储。比特币的出现引发了全球范围内对数字货币的关注和研究，也催生了更多类似的数字货币项目。

2.绿色金融产品

随着全球对环境保护的关注度提升，绿色金融产品成为一个新的市场机遇。绿色金融产品是指以环境友好和可持续发展为目标，提供融资、投资和保险等服务的金融产品。世界上的许多银行和金融机构纷纷推出绿色债券和绿色贷款产品，用于支持和推动环保和可再生能源等领域的项目。这些产品不仅可以对环境产生积极的影响，还可以帮助金融机构树立良好的社会形象。

金融行业的金融产品创新正日益引领金融业的发展。无论是数字货币还是绿色金融产品，都以满足人们不断增长的需求为目标，并在不同的领域为金融行业带来了全新的机遇和挑战。未来，随着科技的不断进步和市场的不断变化，我们可以期待更多创新的金融产品涌现出来。

资料来源：百度文库. 金融行业的金融产品创新案例［EB/OL］.［2025-03-20］. https：//wenku. baidu. com/view/909448210329bd64783e0912a216147917117e98. html？ fr=income2-doc-search&_wkts_ = 1750245588336&wkQuery= % E9%87%91%E8%9E% 8D% E8%A1%8C% E4%B8%9A% E7%9A% 84%E9%87%91%E8%9E% 8D% E4%BA% A7%E5%93%81%E5%88%9B% E6%96%B0%E6%A1%88%E 4%BE%8B&needWelcomeRecommand=1.经过删减。

启示：党的二十大报告明确提出"推动经济社会发展绿色化、低碳化是实现高质量发展的关键环节""依法将各类金融活动全部纳入监管，守住不发生系统性风险底线"。金融产品创新正是践行这一精神的生动实践。数字货币依托区块链技术实现去中心化交易，绿色金融产品聚焦可持续发展，二者彰显了金融创新精神，展现行业顺应科技与环保趋势的变革活力，为满足多元投融资需求、提升机构竞争力开辟新路径。

然而，创新需以严谨的风险控制和合规意识为前提。数字货币面临监管空白、匿名交易引发的洗钱风险，绿色金融存在标准模糊、"洗绿"隐患，警示从业者必须强化合规思维，完善风险防控机制。这要求青年学子在追求创新时，既要保持开拓精神，主动探索金融与科技、环保融合的新可能，又要严守风险底线，深刻理解金融监管对行业健康发展的重要性，以专业素养推动金融创新行稳致远，助力构建安全高效的现代金融体系。

☑ 项目小结

本项目主要介绍了金融创新的主要内容以及金融创新对宏观金融和微观金融的影响，结合中国改革开放的实际介绍了中国金融创新的发展情况，指出了金融改革与金融创新的关系，最后提出了我国金融创新中应着重解决的几个问题。

项目训练 》

一、重要概念

金融创新　狭义的金融创新　广义的金融创新

二、单项选择题

1.不使用支票，而使用支付命令对第三者进行支付的账户是美国储贷银行20世纪70年代创新出来的（　　　）账户。

A.货币市场存款　　　　　　　　　　B.大额可转让定期存单

C.可转让支付命令　　　　　　　　　D.自动转账服务账户

2.下列属于衍生性金融工具创新的是（　　　）。

A.票据发行便利　　　　　　　　　　B.欧洲或亚洲美元存单

C.互换　　　　　　　　　　　　　　D.牛市定期存款

3.《巴塞尔协议》属于（　　　）。

A.国际金融业务创新　　　　　　　　B.国际金融监管制度创新

C.金融市场创新　　　　　　　　　　D.金融机构体系创新

三、多项选择题

1.原生性债务工具创新包括（　　　）。

A.可转让支付命令　　　　　　　　　B.货币市场存款账户

C.票据发行便利　　　　　　　　　　D.欧洲或亚洲美元存单

E.互换

2.衍生性金融工具创新包括（　　　）。

A.金融期权　　　　　　　　　　　　B.扬基定期存款

C.互换　　　　　　　　　　　　　　D.金融期货

E.弹性远期合约

3.金融创新对货币政策的影响表现为（　　　）。

A.存款准备金制度作用被强化　　　　B.再贴现政策作用被弱化

C.公开市场操作的作用被强化　　　　D.传统的选择性政策工具失效

E.传统的数量性政策工具失效

四、判断题

1.金融自由化（去监管化）以及技术进步推动了金融创新。　　　　　（　　）

2.银行资产业务创新主要表现为贷款形式多样化以及资产证券化。　　（　　）

3.从金融创新的角度来说，各国的金融机构都面临着从分业经营向混业经营发展的问题。　　　　　　　　　　　　　　　　　　　　　　　　　　　　　（　　）

五、思考题

1.国际上西方国家金融创新主要包括哪些内容？

2.金融创新对宏观和微观金融分别有哪些积极作用和负面影响？

3.我国在完善社会主义市场经济过程中有哪些金融创新与改革？

六、讨论题

结合国际国内的实际，讨论金融创新与金融风险的关系。

七、案例分析

科技改变金融——招商银行创新发展

从20世纪90年代一卡通、一网通等具有银行业里程碑意义的创新产品，到2002年通过上市募资抢抓市场机遇，再到如今向智能银行、数字金融迈进……复盘招商银行的发展历程，便可发现其每次选择都精准而果断，并带来一次次的跃迁。

从发展节点来看，招商银行三次成功转型奠定了"零售之王"的基础。而从信息技术角度来看，无论是"一卡通"还是"一网通"，再到后来大力发展App线上经营，招商银行均敏锐地抓住了互联网与金融科技的机遇，并随之走出了差异化发展道路。

2022年年底，ChatGPT问世后，生成式人工智能浪潮席卷而来。2023年10月，中央金融工作会议指出，做好科技金融、绿色金融、普惠金融、养老金融、数字金融"五篇大文章"。招商银行再次做出了选择，缪建民董事长在2023年度报告致辞中指出"打造以智能银行为核心的新的护城河"。在金融科技的推动下，招商银行不断推进智能化服务的升级。通过智能风控与流程优化等措施，银行实现了风险控制与业务流程的全面优化，为银行的稳健发展和客户服务质量的提升提供了强大动力。

资料来源：佚名. 走进招商银行 从一卡通到智能银行 "零售之王" 数字金融变革正当时［EB/OL］.［2024-12-09］. https：//baijiahao.baidu.com/s? id=1817965810065746345&wfr=spider&for=pc.

问题：金融机构应如何构建适配科技发展的风险防控体系？传统银行在数字化转型中，怎样实现组织架构与科技战略的协同？面对快速迭代的金融科技，如何保障客户数据安全与隐私保护？分析科技在银行业务创新中的作用及科技金融的发展趋势。

［1］ 中国人民银行金融稳定分析小组，中国金融稳定报告（2024）编写组．中国金融稳定报告（2024）［M］．北京：中国金融出版社，2024．

［2］ 李晓光．中央银行学［M］．北京：经济科学出版社，2023．

［3］ 张杰．现代金融体系中的中央银行［M］．上海：上海财经大学出版社，2022．

［4］ 刘金全．货币政策与宏观经济［M］．北京：中国社会科学出版社，2021．

［5］ 陈雨露．中央银行与金融监管［M］．北京：中国金融出版社，2020．

［6］ 李勇．中央银行货币政策的传导机制［J］．金融研究，2024（2）：15-28．

［7］ 王宇．金融危机中的中央银行作用［J］．国际金融研究，2023（3）：45-56．

［8］ 刘斌．中央银行独立性与宏观经济稳定［J］．经济学动态，2022（4）：23-34．

［9］ 张明．中央银行的货币发行与调控［J］．财经问题研究，2021（5）：56-67．

［10］ 李建强．中央银行的金融服务职能［J］．金融论坛，2020（6）：34-45．

［11］ 周小川．央行降准支持实体经济［N］．金融时报，2024-01-05．

［12］ 易纲．2008年全球金融危机中的央行作用［N］．中国经济时报，2023-08-12．

［13］ 潘功胜．反洗钱与金融秩序维护［N］．中国证券报，2022-11-20．

［14］ 张红伟．货币金融学［M］．北京：科学出版社，2023．

［15］ 曹龙骐．金融学［M］．4版．北京：高等教育出版社，2022．

［16］ 曼昆．经济学原理［M］．梁小民，译．8版．北京：北京大学出版社，2021．

［17］ 布兰查德．宏观经济学［M］．楼永，孔爱国，译．7版．北京：中国人民大学出版社，2020．

［18］ 林毅夫．通货紧缩的理论与现实［M］．北京：中国经济出版社，2023．

［19］ 陈铭．通货膨胀下的宏观调控对策［J］．网络财富，2024（7）：15-28．

［20］ 克鲁格曼．通货紧缩的理论与现实［N］．纽约时报，2024-05-04．

［21］ 哈泽德．通胀还是通缩：经济的两难选择［J］．经济学家，2024（5）：5-15．

［22］ 李勇．通货膨胀的成因与治理［J］．金融研究，2023（2）：15-28．

［23］ 王宇．通货紧缩对经济的影响及治理措施［J］．国际金融研究，2022（3）：45-56．

［24］ 周小川．通货紧缩危害甚于通货膨胀［N］．经济参考报，2024-05-02．

［25］ 易纲．通货膨胀与通货紧缩的治理［N］．中国经济时报，2023-08-12．

［26］ 潘功胜．通货膨胀对经济的影响［N］．中国证券报，2022-11-20．

［27］ 高鸿业．西方经济学［M］．8版．北京：中国人民大学出版社，2021．

［28］胡代光．西方经济学说的演变及其影响［M］．北京：北京大学出版社，2001.

［29］钱晔，崔宏伟．金融学基础［M］．7版．大连：东北财经大学出版社，2022.

［30］蒋先玲．货币金融学［M］．4版．北京：机械工业出版社，2024.

［31］中国人民银行货币政策司．2024年第四季度中国货币政策执行报告［R］．北京：中国人民银行，2025.

［32］朱淑珍．金融风险管理［M］．5版．北京：北京大学出版社，2023.

［33］香帅．香帅金融学讲义［M］．北京：中信出版集团，2020.

［34］韩秀云．宏观经济通识［M］．北京：中信出版集团，2019.